Hans-Peter Gaußmann

Mein geteiltes Leben

Auch in der Welt des scheinbaren >Andersseins<, des Fremden, Unbekannten, allzu oft Verdammten und Belächelten gab und gibt es eine Sehnsucht nach Geborgenheit, nach verlässlichen Werten.

Hans-Peter Gaußmann

Mein geteiltes Leben

Romanerzählung

Projekte-
Verlag

Impressum

1. Auflage
© Projekte-Verlag Cornelius GmbH, Halle 2007 • www.projekte-verlag.de

Satz und Druck: Buchfabrik JUCO • www.jucogmbh.de

ISBN   978-3-86634-238-5
Preis: 19,80 EURO

INHALT

1. KAPITEL
Frühe Jahre – S. 12
Erste Liebe – S. 26
Spanische Geschichten – S. 49

2. KAPITEL
Anfang und Mitte – S. 144
Weihnachtliches – S. 206

3. KAPITEL
Gier nach Leben – S. 237
Mord und Sühne – S. 347

4. KAPITEL
Der spanische Traum – S. 427

16. Mai 1996

Justizvollzugsanstalt Hohenfels in Oberhessen

PP wälzt sich mit Blähungen auf seiner Pritsche, die Luft in der engen Zelle ist heiß und stickig. Sein Zellengenosse Harald schläft ruhig und fest, er furzt nur manchmal laut in die Nacht. PP ist direkt neidisch: Das bringt dem alten Schnarchsack Erleichterung und ich muss mich mit meiner Luft im Bauch herumquälen! Harald ist 15 Jahre jünger als PP. Er hat seine Frau mit seinem Vater beim Seitensprung erwischt und beide im Zorn mit der Axt erschlagen. Er zeigt nie eine Spur von Reue. „Die haben's nicht anders verdient und dein Junkie auch nicht. Der wäre sowieso bald über den Jordan gegangen, also mach dir keine Gedanken." Glücklicher Harald mit deinem einfachen Gemüt. Seinen Frieden mit der Schuld hat PP längst gemacht. Da plagen ihn keine Gewissensbisse mehr, die hat ihm Harald in endlosen Gesprächen gründlich ausgeredet.

Die Nächte im Knast sind lang und qualvoll. Die ungesunde Gefängniskost trägt Schuld daran. PP geht auf die sechzig zu, sein Magen ist längst nicht mehr so stabil wie früher. Dr. med. Ludwig Meister, der Gefängnisarzt, hat ihm zu Schonkost geraten, aber Schonkost im Kittchen? Nicht zu essen. Quälend das ewige Sodbrennen und sein ständiges Völlegefühl. Was ihm fehlt, sind ganz einfach frische Luft und Bewegung. Jeden Tag nur eine halbe Stunde Hofgang, das ist ihm ganz einfach zu wenig.

Sein „ungeteiltes Leben", das sich PP in solch schlaflosen Nächten wie heute vorstellt, wäre so einfach zu erfüllen gewesen. Er hätte nur eines der vielen Mädchen, in die er als junger Mann verliebt war, heiraten und Kinder zeugen müssen, also, ein so genanntes „bürgerliches Leben" führen müssen. Aber es ist anders gekommen, ganz anders.

Er führte spätestens ab dem Tag, an dem er erkannte, ich bin anders als meine Freunde, mir gefallen Mädchen und Jungen, ein „geteiltes Leben". Das mit seiner speziellen Vorliebe für Jungen behielt er aber besser für sich, damals machte es keinen Sinn, sich zu „outen". Die körperliche Liebe zwischen Männern galt in den 50er Jahren als „abartig und pervers". Die Betroffenen wurden in gewissen Fällen sogar strafrechtlich verfolgt.
PP hat lange nicht die Kraft gefunden, sich diesem Dogma zu entziehen.

Geblieben sind ihm die Frauen, aber unterschwellig verspürte er stets das Verlangen nach dem Körper eines Mannes. Seit seiner Pubertät hämmerte eine Frage in seinem Kopf: Bin ich nun ein schlechter Mensch, nur weil ich außer Mädchen auch Jungen mag? PP hat sich durch seinen Mangel an Mut in ein Doppelleben manövrieren lassen, sich über Jahre hinweg selbst bestraft. Nur weil die Natur ihn mit einer winzig kleinen Besonderheit ausgestattet hatte – ihm gefielen schöne Frauen und hübsche Männer –, hat er sich so schlimm kasteit, so viele Jahre auf die Männer verzichtet.
Oft wird behauptet, es wäre eine Gnade, „bi" zu sein, doch PP wurde es zum Verhängnis. Er hätte niemals so lange warten dürfen. Er hätte sich, mit einigem Abstand zu Manuels Tod, wieder einem jungen Mann zuwenden müssen, doch er versagte sich jeden körperlichen Kontakt zu Männern. Was er sich damit antat, geht gegen jedes menschliche Gefühl: Zwanzig Jahre lang unterdrückte er seine homoerotischen Neigungen aus Treue zu seinem verstorbenen Freund. Was sich während dieses Männerzölibats in ihm aufstaute, war, als es dann doch wie ein Vulkan ausbrach, nicht mehr zu halten gewesen. Wie heiße Lava ergoss sich seine maßlose Gier, das Versäumte nachzuholen, über seine Gefühlswelt, wälzte alle seine Ideale nieder wie Kartenhäuser.

PP, wie man ihn in Abkürzung der Anfangsbuchstaben seiner beiden Vornamen meistens nennt, ist dadurch im Laufe der Jahre

zu einem hochsensiblen, verletzlichen Menschen geworden. Manchmal wirft man ihm daher Arroganz und Überheblichkeit vor. Das ist aber nur sein Schutzwall, seine Fluchtburg.
Mit seinem Namen ist es so eine Sache ... Er hat zwei Vornamen, den ersten vom Vater, den zweiten vom Patenonkel. Wenn er sich bekannt macht, nennt er immer nur seinen zweiten Vornamen: Peter. Ihm ist es lieber, wenn man ihn so anspricht. Nur seine Mutter ruft ihn mit beiden Vornamen: Paul-Peter. Das hört er gerne von ihr. Er betrachtet dies als ein Privileg der Mutter, bei ihr klingt es wie ein Kosename.

In der Schule nannten ihn seine Mitschüler „Adenauer". Sein Faible für Politik und Geschichte hat ihm diesen Spitznamen eingebracht. Darauf war er stolz, das schmeichelte ihm mächtig. Auch später, als seine Kumpane „Oberst" zu ihm sagten, ein Ausdruck dafür, dass sie ihm vertrauten, weil er so etwas wie ihr Anführer gewesen ist, hat ihm das gefallen. Eitel ist er schon. Aber zu keinem seiner Freunde hätte er sich jemals getraut, zu sagen: „Ich möchte so gerne mal mit einem Mann schlafen, akzeptier' das oder verschwinde aus meinem Leben!" So weit ging sein Vertrauen zu ihnen nicht.

Manchmal kommt PP auf einen Gedanken: Irgendwo in der Weite des Weltraumes, in einer ganz anderen Galaxie, gibt es einen Planeten wie unsere Erde. Dort lebt mein Doppelgänger, einer, der alles das richtig gemacht hätte, was ich, PP, glaube, hier unten auf der alten Erde versäumt oder falsch gemacht zu haben. Sein Doppelgänger, der „PP aus dem All", hätte in seiner Jugend mehr gelernt, würde sich in Literatur und Kunst besser auskennen, hätte nicht so viel gesoffen in seinem Leben. Hätte sein „bi Sein" ausgelebt und wäre glücklich damit geworden. Der galaktische PP hätte sich nicht ausgerechnet mit einem Junkie eingelassen und versucht, diesen vom Heroin weg in ein normales Leben zu führen. Das musste ganz einfach schief gehen, da hat

keiner eine Chance. Auch PP ist daran gescheitert und letztlich an diesem Versuch zerbrochen.
Der Sternen-PP hätte Sascha auch nicht erwürgt, der hätte die Nerven behalten und wäre rechtzeitig vorher gegangen. Der hätte sich auch nicht so schamlos ausbeuten lassen, hätte sich nicht bis zur Selbstverleugnung, bis zum finanziellen Ruin für diesen maßlosen und undankbaren Junkie geopfert. Hätte sich nicht tiefer und tiefer in den Sumpf aus Hass und Liebe hineinziehen lassen, aus dem es keinen Ausweg gibt.

PP entwickelte im Laufe der Jahre so etwas wie ein Gespür für das Übersinnliche. Es half ihm, mit den Dingen besser fertig zu werden. Nach größeren körperlichen Anstrengungen kommt es bei ihm öfter zu einem Schwindelgefühl, das mit Wärme und Geborgenheit einhergeht. Dieser Schwindel ist fast mit einem Orgasmus vergleichbar, schön und angenehm. PP empfindet ihn nicht als schmerzhaft und doch ist er bedrohlich, sendet eine Art von Signal aus, als ob er daran einmal sterben würde. Ist trotzdem nicht unangenehm, nimmt ihm scheinbar die Angst vorm Sterben. Als Begleiterscheinung zu den Schwindelattacken läuft in seinen Gedanken zeitgleich ein Film mit Erinnerungen an seine Kindheit ab. Ein Film ohne Bezug zur Realität, zusammenhangslos, banal. Er sitzt mit der Zeitung am Küchentisch, eine Bildergeschichte lesend. Seine Mutter backt daneben Weihnachtsplätzchen für die Familie und summt leise die Weihnachtslieder aus dem Radio mit. Der Inhalt der Geschichte in Kurzform: Das Phantom, der Held, befindet sich auf einer Pirateninsel. Die Piratinnen haben seine Verlobte, Diana, entführt und er möchte sie befreien. Die Piratenchefin verliebt sich in das Phantom, doch Molly, die Böse, die mit der Pudelmütze auf ihrem schönen blonden Kopf, hintertreibt diese Liebe. Sie fürchtet um den Bestand der Bande.
Bei dem Gedanken an Molly mit der Pudelmütze kann PP dieses eigenartige Schwindelgefühl fast abrufen, es gelingt ihm nicht immer, aber oft. Nach diesem Gefühl – bedrohlich, sogar lebens-

bedrohlich – ist er fast süchtig. Der Schwindel, der Geruch von Weihnachtsplätzchen? Unerklärlich für den normalen Verstand, was ihn so süchtig danach macht.

Mit keinem einzigen Menschen hat er je nur ein Wort über seine Wahrnehmungen gesprochen, er möchte von seinem Umfeld nicht als neurotischer Spinner eingeordnet werden.

PP denkt an früher, an zu Hause, an die Eltern: Wie ist das alles nur mit mir gekommen? Warum hat mein Leben diesen Verlauf genommen?
Nach schöner, behüteter Kindheit und Jugend, so ein Absturz! Ich, ein Mörder, wegen vorsätzlichen Mordes vom Richter zu lebenslanger Haft verurteilt.

Am 20. November 1985 hat er zugedrückt, musste sich befreien. Getrieben von der Angst um die Zukunft, finanziell am Ende, gab es keinen anderen Ausweg.
Es ist so einfach gewesen, den Peiniger zu töten.
Der Staatsanwalt plädierte in der Verhandlung auf Vorsätzlichkeit, obwohl es eigentlich mehr eine typische Affekthandlung war.
PPs Gedanken gehen hin und her, kreisen um die Schulentlassung 1956, seine Lehrzeit als Mechaniker, die Arbeit in der Gärtnerei.
Das ist alles schon so lange her und doch ist ihm, als sei es gestern erst gewesen ...

1. KAPITEL

Frühe Jahre

Wenn Johann Wolfgang von Goethe in einem Brief an den Herzog von Sachsen schreibt: „Lehrjahre sind keine Herrenjahre", so hatte er damals sicher Recht. Noch 1956 nannte man uns Lehrlinge „Stifte". An die allgemeinen Sitten und Gepflogenheiten wurden strengere Maßstäbe als heute angelegt. Ich habe dies umso deutlicher empfunden, sollte ich doch einen Beruf erlernen, der mir nicht recht zusagte, und der Lehrbetrieb war nicht gerade nach meinem Geschmack und meiner Veranlagung. Mein Vater wollte einen Mechaniker aus mir machen. Vielleicht hätte er es auch gerne gesehen, wenn ich in seine Fußstapfen getreten wäre und Maurer gelernt hätte. Aber da hatte Vater keine Chance, dafür war Mutter nicht zu haben, einer von der Sorte reichte ihr.

Ich selbst wäre viel lieber Dekorateur geworden. Mir hat es immer so gut gefallen, wie schön und geschmackvoll in den Frankfurter Textil-Kaufhäusern die Schaufenster dekoriert waren. Stundenlang konnte ich davor stehen, die hübschen Anzüge, Hosen und Pullover bewundern und träumen, wie ich mit einem weißen Kittel bekleidet und ohne Schuhe an den Füßen die Puppen anziehe, dabei die Schaufenster mit passenden Accessoires zum Leben erwecke und meiner Fantasie freien Raum lasse. So etwas hätte ich gerne gemacht!

Nach Ansicht meines Vaters war das aber kein Beruf für einen Jungen. Ich weiß nicht, woraus er diese Erkenntnis abgeleitet hat, er sah es jedenfalls so. Mutter wäre das mit dem Dekorieren auch lieber gewesen.

Jedenfalls wurde ich ein Mechaniker. Wie meine Eltern sich letztlich geeinigt haben, ist mir bis heute nicht klar. Es muss wohl ein Kompromiss zwischen dem von Mutter und mir favorisierten Dekorateur und dem vom Vater gehegten Wunsch des Maurers gewesen sein.
Wie Maurer und Dekorateur zu einem Brei vermengt, später in ihre Einzelbestandteile zerlegt, in der Summe „Mechaniker" ergab, war für mich nie vollziehbar. Aber mich hat auch keiner gefragt. Ich hatte das zu tun, was meine Eltern von mir erwarteten.
Wer sich nun ein Drama erhofft, den muss ich leider enttäuschen. Ich habe mich mit dem Mechaniker doch noch arrangiert, war später, als ich auf der Karriereleiter etwas höher stieg, sogar stolz auf meinen Beruf. Ich habe stets bei erfolgreichen Firmen gearbeitet und mit dem Erfolg des Unternehmens stiegen auch meine Leistungen.
Es ist angenehmer und einfacher, wenn man mit sich und seiner Arbeit zufrieden ist. Wo es einmal nicht mehr so gut gelaufen ist, ich unzufrieden war, bin ich gegangen.
In den Jahren des „Deutschen Wirtschaftswunders" war es für einen jungen Mann kein Problem, die Arbeitsstelle zu wechseln. Dazu hätte ich mich noch nicht einmal meiner Arbeitskleidung entledigen müssen – zum einen Fabriktor hinaus und zum anderen wieder hinein.
Die geschilderten Verhältnisse sind nicht immer so geblieben. Als ich Anfang der 80er Jahre zwangsweise aus dem Berufsleben ausschied, sah es schon nicht mehr so rosig für die Arbeitnehmer aus. Da zählten die Statistiker bereits etwa zwei Millionen Arbeitslose in der BRD.

Fragt man einen 14-jährigen Buben: „Was willst du denn einmal werden?", halte ich das für idiotisch.
Mit 14 Jahren hat man ganz andere Dinge im Kopf, da ist für Gedanken an einen künftigen Beruf kein Platz frei. Dieser

Kopf steckt voller Fantasien und besitzt noch den unbeschädigten Glauben, in welch wunderschöner Welt wir leben.
Bei den heutigen 14-Jährigen stellt sich eine Frage nach dem zukünftigen Beruf noch nicht, sie gehen, bevor sie sich entscheiden müssen, noch einige Jahre zur Schule. Mit 18 oder 19 Jahren fällt es ihnen dann leichter, sich für einen Beruf oder ein Studium zu entscheiden.

Bäcker, Metzger, Schuster, Schneider, Schreiner, Schlosser, Maler, Maurer, Mechaniker oder Werkzeugmacher waren damals die gängigen Berufe für uns Buben. Es wurden überall dringend Arbeitskräfte benötigt, denn unser Land befand sich im Wiederaufbau. Es wurde gebaut, neue Fabriken wurden gegründet, alt eingesessene Firmen expandierten. Die ersten Gastarbeiter aus Italien und Spanien strömten ins Land. Arbeiten machte Spaß, außerdem konnte man gutes Geld damit verdienen.

Bei den gleichaltrigen Mädchen waren Verkäuferin, Frisörin, Damenschneiderin oder für die schulisch etwas besseren auch eine Bank- oder Bürolehre die großen Renner.

Manche Kinder sollten aus familiären Gründen einen bestimmten Beruf erlernen. Eltern oder Großeltern besaßen einen Laden oder einen Handwerksbetrieb, die Nachfolge musste gesichert werden. Egal, ob diese Kinder nun wollten oder nicht, sie hatten zu gehorchen.

Wurde ich von den Großeltern, Onkeln oder Tanten angesprochen: „Na, Paul-Peter, was möchtest du denn einmal werden? Hast du schon eine Lehrstelle?", kam ich in arge Verlegenheit. Mit hochrotem Kopf bin ich der Frage ausgewichen. Fast kein Kind aus meiner Klasse konnte diese lebenswichtige Frage sicher für sich beantworten, da gab es nur wenige Ausnahmen. Mit 14 Jahren ist man noch nicht so weit. Man spürte zwar den Druck – Du musst dich deiner Verantwortung stellen! –, aber sofort verdrängte ich diese Entscheidung wieder und antwortete dem Fragenden so, wie er es gerne hören wollte: „Wir sind noch am suchen, aber morgen muss ich zu einem Vorstellungsgespräch. Es wird schon irgendwie klappen." Hätte ich meine eigene Meinung frei äußern dürfen, dann hätte ich vielleicht mit „Schlagersänger" geantwortet. Elvis Presley und seine Rockmusik, Conny und Peter Kraus haben mich begeistert, kein Bäcker, Malermeister oder Schlossergeselle. Auch mit der Antwort „Filmschauspieler" hätte ich sicher nur ungläubiges Kopfschütteln ausgelöst. Was gab es damals für schöne, spannende Filme mit Piraten, Indianern und Cowboys oder Tarzan, dem Dschungelhelden, in den Kinos? Männer wie Errol Flynn, John Wayne oder Johnny Weissmüller waren meine Helden, kein Werkzeugmacher oder Maurerpolier. Nicht zu vergessen, die Filme mit dem leider so früh verstorbenen Rebellen und Jugendidol James Dean.

Gelernt haben wir dann doch alle einen „anständigen" Beruf. Keiner aus meiner Klasse ist je beim Film gelandet oder sonst irgendwo ein großer Star geworden. Aber wir brauchten Hilfe, tätige Hilfe, wie z. B. eine Berufsberatung, denn unsere Fähigkeiten, Talente und Neigungen mussten kanalisiert werden. Im Herbst 1955 wurden unsere beiden Schulklassen vom Arbeitsamt zu einem Infoabend eingeladen. Wir Kinder sollten uns Gedanken machen, was wir mal werden wollten, um dann gezielte Fragen zu den einzelnen Berufen stellen zu können. Toll, wie einfach sich das unsere Eltern und Lehrer gemacht haben …
Mir passte das Lehrstelle Suchen ganz und gar nicht in den Kram. Ich wollte mich noch nicht festlegen und außerdem standen wichtigere Dinge an. Bei den letzten Winterstürmen waren in unserem Gemeindewald, nahe beim Wasserschloss, drei, vier kräftige Linden umgestürzt. Deren weiches Holz war gut für die Anfertigung einer Armbrust geeignet, denn wir wollten auf Hasenjagd gehen.

Mit dem Nachbarsjungen Gerd hatte ich mich bereits verabredet. In der Absicht, bevor die Waldarbeiter die Bäume endgültig wegräumten, einige Scheite aus dem Windbruch zu bergen, machten wir uns auf den Weg. Gerd, ein Jahr älter als ich, besuchte das Gymnasium im Nachbarort. Der musste sich noch keine Sorgen wegen einer Lehrstelle machen. Also, warum gerade ich? Die Hasenjagd ging vor.
Das mit dem Holz hat gut geklappt, wir haben uns die besten Scheite ausgesucht. Wie so eine Armbrust aussehen musste, war uns klar. Im Heimatmuseum des Nachbarörtchens waren verschiedene Exponate ausgestellt und die haben wir uns vorher genau angeschaut. Auf der Schnitzbank, der Vater eines Klassenkameraden besaß eine, begannen wir mit unseren Schnitzübungen. Nach einigen misslungenen Versuchen gelang es uns recht bald, eine ganz passable Armbrust zu schnitzen.
Für den notwendigen Antrieb der Pfeile musste ein ausgedienter Regenschirm meiner Omi herhalten. Seine Stahlspeichen erzeugten die notwendige Antriebskraft. Den ersten Abzugshebel aus Sperrholz hat es gleich zerrissen, so stark war die Kraft des Regenschirmes. Mühsam habe ich dann mit der Laubsäge einen Abzugshebel aus Eisenblech ausgesägt. Der hat dem Druck standgehalten und ich war durch diese Tätigkeit bereits ein halber Mechaniker geworden – Wozu noch großartig in die Lehre gehen? Ich kann ja schon alles …
Mein Opa musste dann nur noch mit einem Nuthobel die Führungsrille für die Pfeile einarbeiten. Vater ist uns irgendwie auf die Schliche gekommen und als er gewahr wurde, was wir da machten, hat er mit der Mutter geschimpft: „Deun Vadder hilft dene Lausbuwe aach noch bei dem Bledsinn, der Bub soll sich um soi Lehrstell kimmern!"
Was wir noch nicht hatten, waren Pfeile, gute Pfeile, oder Bolzen, wie sie bei der Armbrust genannt werden.
Der Junge, der mit Vaters Schnitzbank, hatte da so eine Idee: Sein Vater besaß einen kleinen Kolonialwaren-Laden. Für

Reklamezwecke gab er uns Kindern öfter mal kleine Papierfähnchen aus fünf Millimeter dicken Holzstäben. Das wären die richtigen Bolzen für uns! Aus Eisenblech fertigten wir uns Pfeilspitzen an. Den Schwerpunkt der Bolzen haben wir in endlosen Schießübungen mit Hilfe kleiner Bleiringe festgelegt. Die Hasenjagd konnte also beginnen! Dass man uns oder unsere Eltern wegen Wilderei belangen könnte, sollte der Feldschütz uns erwischen, ist uns beiden zu keiner Zeit in den Sinn gekommen. Um es gleich vorweg zu nehmen, keinem Hasen wurde auch nur ein Haar gekrümmt. Wir haben keinen getroffen. Unsere Armbrust war gut, die Hasen besser. Wie wir es auch anstellten, Gerd als Schütze, ich mit Hasso, dem Hund seiner Mutter, oder umgekehrt, es wurde nichts mit dem Hasenbraten. Wir zogen von Oktober bis weit in den Dezember hinein, immer gegen Abend, durch das als „Im Hasensprung" bezeichnete Flurstück. Als der Frost kam und bald darauf der erste Schnee fiel, haben wir die Jagd aufgegeben. Am traurigsten von uns ist wahrscheinlich der Hund gewesen. Ihm bekam die frische Luft am besten und er konnte nach Herzenslust den Hasen hinterher rennen, erwischt hat er allerdings auch keinen.
Heute, mehr als 40 Jahre nach unseren damaligen Jagdabenteuern, gibt es keinen Hasensprung mehr, alles zubetoniert und die Feldhasen sind auch ohne unser Zutun so gut wie ausgerottet. Der gemeine Feldhase steht auf der Roten Liste der besonders gefährdeten Tierarten in Europa weit oben.

***

Erhielt ein Volksschüler eine Einladung zum Eignungstest als Elektromechaniker bei der Firma *A & B* in Frankfurt, galt dies als eine ganz besondere Auszeichnung.
Meine Berufung zu diesem Test wurde von einem guten Freund meines Vaters in die Wege geleitet. Er, dort als Meis-

ter beschäftigt, besaß nach landläufiger Auffassung eine „gute Stellung", so eine sollte ich nach Ansicht meiner Eltern später auch einmal haben. Onkel Gottfried wies aber vorsorglich darauf hin: „In aller Regel werden ja nur Lehrlinge mit mittlerer Reife oder Abitur angenommen." Aber in Anbetracht der guten Freundschaft und man wisse ja nie ... Ich sollte es halt mal versuchen.

Anfang Januar 1956, noch in den Weihnachtsferien, war es dann so weit. Für den Test wurden drei Tage angesetzt. Mein Vater hat mich mit dem Auto morgens zu *A & B* gebracht und abends wieder abgeholt.
Er arbeitete damals noch in Frankfurt und da war diese Lösung nur allzu nahe liegend. Wir waren insgesamt etwa 25 Absolventen, aber nur zehn davon sollten eine Lehrstelle bekommen. Ich war der Jüngste und Kleinste von allen, meine Mitbewerber so im Alter zwischen 18 und 21 Jahren, zwei, drei bestimmt auch älter, die hatten wahrscheinlich schon ein Studium geschmissen und versuchten nun hier ihr Glück. Alle Jungs sind sehr freundlich und nett zu mir gewesen, sie betrachteten mich, den Kleinsten, sicher als eine Art Maskottchen.
Am ersten Tag mussten wir vormittags ein Diktat und einen Aufsatz schreiben. Nach einem vorzüglichen Mittagessen in der Werkskantine wurden psychologische Tests durchgeführt. Wir sollten irgendwelche Zahlen, Worte oder Buchstaben auf DIN A4-Blättern ergänzen und vorgegebene Zeichnungen vervollständigen. Ich war mir sicher, gut mitgekommen zu sein.
Am nächsten Tag war Rechnen dran, da musste ich passen. Die meisten Rechenaufgaben konnte ich nicht lösen. Wir haben diese Rechenarten in der Volksschule noch nicht durchgenommen. Das war zwar schlimm für mich, aber nicht zu ändern.
Am dritten Morgen wollte ich nicht mehr hingehen und es bedurfte der ganzen Überredungskunst meiner Eltern, dass ich die Flinte nicht schon vorzeitig ins Korn geworfen habe. Der

letzte Tag war kleinen praktischen Übungen vorbehalten. Mit einer Art von Modellbaukasten sollten wir funktionsfähige Apparate bauen. Später aus Draht kleine Figuren biegen.

Erwartungsgemäß kam nach drei Wochen eine klare, aber deutliche Absage von *A & B*. Obwohl ich das eigentlich nach dem Mathe-Desaster schon erwartet hatte, war es trotzdem eine herbe Niederlage. Es war bitter, so ausgesiebt zu werden. Also, Ärmel hoch und weiter nach einer Lehrstelle suchen! Nur nicht aufgeben! Die Beharrlichkeit und der Nachdruck, mit denen ich mich später im Berufsleben immer wieder durchsetzen konnte, nahmen hier ihren Anfang. Ich wollte ein Mechaniker werden! Basta!
Von der Berufsberatung des Arbeitsamtes erhielt ich in den nächsten Wochen einige Adressen von Ausbildungsfirmen. Anlässlich eines Vorstellungstermins, den ich zusammen mit meinem Vater wahrgenommen habe, sind wir bei der Firma *Hauff Stahlbau GmbH* erfolgreich gewesen. Wir besprachen mit dem Chef die Konditionen für einen Lehrvertrag und die Sache konnte beginnen: Am 3. April 1956 habe ich meine Lehre als Mechaniker in der Betriebswerkstätte angetreten. Am 26. April des gleichen Jahres wurde ich 15 Jahre alt.

***

Unsere Schulzeit näherte sich mit Riesenschritten dem Ende. Wir Kinder haben uns sehr auf diesen Tag gefreut. Endlich frei, weg von den „blöden" Lehrern! Die haben uns doch nur gegängelt und bevormundet. Man begreift als Heranwachsender noch nicht, welchen Stellenwert die Schulzeit im Leben eines Menschen einnimmt. Zu keiner Zeit ist man je wieder so frei und unbeschwert wie als Schulkind.
Für die Abschlussfeier, den symbolischen Teil des Abschiedes von acht Jahren Schule, hatten wir Friedrich Schillers „Wil-

helm Tell" einstudiert. Unser Klassenlehrer Herr S. gab sich als Spielleiter viel Mühe mit uns und die Darsteller haben nach gewissen Anfangschwierigkeiten doch noch eine ganz passable Aufführung hinbekommen.

Dekoration und Bühnenbild machten wir selbst: Berge mit einer Burg, ein Waldstück und die berühmte „hohle Gasse", durch die der Landvogt Geßler reitet, wurden auf alte Betttücher gemalt. Eine Bohnenstange aus dem Lehrergarten gab die Stange für den Hut ab, den die Leute grüßen sollten und an dem sich der ganze Streit erst entzündete. Alles musste original sein, die Leibwache des Vogtes steckten wir stilecht in silberne Ritterrüstungen, die vom Karnevalsverein ausgeliehen waren. Die Armbrust für den Apfelschuss, meine Hasenjagd-Armbrust, kam nun doch noch zu Ruhm und Ehren. Ich hatte sie für die Aufführung braun angestrichen. Auf der Bühne wurde selbstverständlich nicht scharf geschossen, sondern nur so getan. Ein Mitschüler erhielt die ehrenvolle Aufgabe, den Apfel, der an einer langen, dünnen Schnur festgebunden war, vom Kopf des Tellbuben zu ziehen. Aufgeregt stand er hinter den Kulissen, er hatte die wichtigste Aufgabe des Abends übernommen und war ganz stolz auf seinen Job. Der Tell zielte und rief mit fester Stimme: „Herr, mein Gott, lenk' Aug und Hand mir, dass ich des Knaben Haupt nicht treffe!"

Der Schuss fiel und mit ihm der Apfel. Wir verwendeten natürlich zwei Äpfel, einen für den Kopf des Buben und einen mit dem Bolzen drin, den der kleine Tell zum Landvogt brachte. „Fürwahr ein Meisterschuss!", rief der Vogt.

Das Publikum spendete uns stürmischen Beifall, Regie und Darsteller hatten Vortreffliches geleistet. Nach Turnübungen und Darbietungen des Schülerchors kam ich mit einem Gedicht dran. Ich war sehr aufgeregt, Lampenfieber eben, brachte es aber gut hin. Hinter dem geschlossenen Bühnenvorhang hatte sich unser Klassenlehrer postiert. Er hätte mir, sollte ich einmal stecken bleiben, zur Not vorsagen können.

„Nun sitzen wir im festgeschmückten Saal
und reichen uns zum Abschied bald die Hände.
Was wir ersehnten, erhofft so manches Mal,
mit dieser Feierstunde geht zu Ende,
die lange Schulzeit, die durch viele Stunden
uns allesamt in Freud' und Leid verbunden ..."

Ich bin heute noch der Meinung, schönere Worte für das Ende eines Lebensabschnittes kann man nicht finden.

Meine Eltern haben mir eine schöne Konfirmation ausgerichtet, es wurde richtig groß gefeiert. Mit Großeltern, Onkeln und Tanten, Verwandten und Bekannten. Am nächsten Tag noch Kaffee und Kuchen für die Nachbarschaft.

Die Konfirmation ist so etwas wie der Abschied von der Kindheit, sie setzt einen Punkt hinter eine schöne und glückliche Zeit, verbracht in der Geborgenheit des Elternhauses, erzogen und geprägt im Schutz eines Wertegefühles, das heute so nicht mehr besteht.

***

Bei meinem Lehrbetrieb, der *Hauff GmbH*, handelte es sich um ein mittelständisches Unternehmen mit etwa 120 Beschäftigten, das im Zuge der positiven wirtschaftlichen Entwicklung der Nachkriegsjahre von einer kleinen Schlosserei zu einem hochmodernen Betrieb expandiert ist.
Die Firma fertigte Stahlzargen, Feuerschutztüren, schmiedeeiserne Hoftore und Gartenzäune, Schaufensterfronten aus Profilstahl oder Aluminium für die damals gerade boomende Baubranche an.

Um zu meiner Arbeitsstelle zu gelangen, musste ich um 6.01 Uhr den Bus ab Kirchplatz nehmen. Das bedeutete zwangsläufig, jeden Tag, außer am Sonntag, um 5.15 Uhr aufzustehen. Der Samstag war damals noch Arbeitstag. Die wöchentliche Arbeitszeit betrug 48 Stunden. Dafür erhielt ein Lehrling 55,00 DM Ausbildungsbeihilfe im Monat. Von meinen Eltern bekam ich 1,50 DM Taschengeld pro Woche, den Rest habe ich für Kost und Logis abgeben müssen.

Die ersten beiden Lehrjahre waren für mich ein finanzielles Desaster. Mein mageres „Sonntagsgeld" reichte nicht hinten und nicht vorne. Die Karte fürs Kino kostete 60 Pfennige, dazu noch eine Cola und ein paar Erdnüsse, mit dem Rauchen hatte ich auch angefangen. Meine Großeltern haben da etwas ausgeholfen, aber die hatten noch mehr Enkel, konnten nicht nur mich unterstützen.

Seit unserem vorletzten Schuljahr ging ich, zusammen mit ein paar Freunden, nebenher arbeiten. Die Eltern meines Freundes Michel besaßen eine Erdbeerplantage und Michels Vater zahlte uns damals schon 1 Mark Stundenlohn – viel Geld für einen Schüler.

Wir haben im Frühjahr die Stauden gehackt und gejätet und im Sommer bei der Ernte geholfen. Jetzt ging das nicht mehr, wir Lehrlinge waren praktisch ohne jede Freizeit. Wenn wir samstags um 12 Uhr endlich Feierabend hatten, konnten wir nicht auch noch auf die Felder gehen. Wir benötigten unsere Freizeit für die Hausaufgaben der Berufsschule oder um die von den Kammern vorgeschriebenen Berichtshefte zu führen. Dieser Zustand änderte sich erst, als der Samstag langsam zum arbeitsfreien Tag gemacht wurde.

„Samstags gehört mein Papi mir!", lautete das Schlagwort der Gewerkschaften, mit dem sie ihr Ziel, die 45-Stunden-Woche, gegen den erbitterten Widerstand starker konservativer

Kräfte im Arbeitgeberlager schrittweise durchsetzen konnten. Weltanschauung hin oder her, jetzt konnte ich samstags wieder in der Gärtnerei arbeiten, bekam 1,50 Mark Stundenlohn und hatte endlich wieder Geld in der Kasse. Das war auch bitter nötig. Mit 17 Jahren geht ein junger Mann im Kino nicht mehr in die Jugendvorstellung, sondern mit seiner Freundin in die Abendvorstellung, zuvor ins Café oder in ein Restaurant. Dieses Vergnügen hatte auch damals schon seinen Preis.

Im Herbst 1959 wurde ich vor der Industrie und Handelskammer Offenbach zur Gesellenprüfung zugelassen und habe diese mit zwei Mal „gut" bestanden. Mein erster Stundenlohn betrug 1,95 DM. Ich war mächtig stolz, nun mein eigenes Geld zu verdienen. Nach zwei Wochen rief mich der Chef zu sich ins Büro und erhöhte meinen Stundenlohn rückwirkend auf 2,10 DM. Mit meinen Eltern handelte ich Folgendes aus: 20 Mark vom Wochenlohn durfte ich für mich behalten, den Rest bekam Mama. Dafür hatte ich Kost und Logis frei, für meine Kleidung und das Fahrgeld kam sie auch auf.

Mit dem Verdienst aus der Gärtnerei war ich nun ein gemachter Mann. Jetzt konnte das Leben so richtig beginnen: Kino, Café, Mädchen, tanzen gehen. Junges Herz, was begehrst du mehr? Mit 18 kann das Leben so schön sein …

*****

18. Oktober 1996

JVA Hohenfels

Heute Morgen beim Gefängnisarzt ist ein Engel anwesend, so kommt es PP vor, als ihn die junge Frau freundlich lächelnd begrüßt und seine Karteikarte aus dem Kasten nimmt.
Meistens sucht einer der Justizbeamten die Karteikarten der Häftlinge heraus und legt sie dem Doktor auf den Schreibtisch. Aber heute, oh Wunder, dieses zarte Wesen, das sich PP mit „Gestatten, Veronika Katz" vorstellt.
Herr Dr. Meister betreibt in der nahe gelegenen Kleinstadt eine Praxis für Allgemeinmedizin und betreut nebenher ein Mal im Monat die Sprechstunde für die Gefangenen in Hohenfels. Die größeren JVAs verfügen über eigene Ärzte und Krankenhäuser, aber hier, bei einer Belegung mit etwa 180 Strafgefangenen, wäre der Aufwand zu groß gewesen. Die Krankenstation ist modern eingerichtet und verfügt über die notwendigen Geräte. Wenn der Doktor nicht da ist, kümmert sich ein Sanitäter um die meist kleinen Wehwehchen der Häftlinge. Ist einer ernsthaft krank, bringt man ihn in das Bezirkskrankenhaus der JVA Butzbach oder in das Zentralkrankenhaus der JVA Kassel I.

PP berichtet dem Arzt von seinen Blähungen und dem ständigen Völlegefühl, verbunden mit quälendem Sodbrennen. In den fast zehn Jahren, die er nun schon hier in Hohenfels einsitzt, wurden seine Magenprobleme immer schlimmer.
Der Doktor gibt ihm ein geeignetes Medikament und verspricht, eine Magenspiegelung durchführen zu lassen.
Beim Hinausgehen lächelt ihm der Engel Veronika Katz noch einmal zu und nickt dabei aufmunternd mit dem Kopf. Diese Geste tut ihm gut, PP ist immer noch ein attraktiver Mann. Dieses kleine Lächeln der jungen Frau empfindet er als Wohltat in einer kalten, nur vom täglichen Kampf ums Dasein und Überleben geprägten Gefängniswelt.

Nachts auf seiner Pritsche denkt er wieder an das Lächeln der jungen Frau. Wer hatte ihn zuletzt in der Freiheit angelächelt? Wie war das in seiner Jugend, damals, als er die Liebe entdeckte?

*****

Erste Liebe

Kein menschliches Gefühl hat so viele Varianten und Facetten wie die Liebe. Im Laufe des Lebens habe ich so meine Erfahrungen damit gemacht ... Zu keiner Zeit erlebte ich diese Gefühle jedoch so unvorbereitet wie in der Jugend. Da ist zuerst die reinste Form der Liebe, die zwischen Mutter und Kind. Sie hält ein ganzes Leben, bis über den Tod hinaus. Sie lässt sich nicht zerstören, selbst wenn Mutter und Kind über Jahre hinaus zerstritten sind und meinen, sie kämen nie mehr zusammen. Eine Mutter kann alles verzeihen, sie liebt ihr Kind und das Kind liebt seine Mutter. Beide finden immer wieder zueinander.

Die Liebe zum Vater ist schon problematischer. Der Vater in seiner klassischen Rolle als der Ernährer und Beschützer der Familie, die er nun mal im Laufe der Evolution einnehmen musste, wird sicher geliebt und kann selbst auch lieben. Ich nehme einmal an, unsere Väter konnten das nur nicht so zeigen, ihre Erziehung ließ es nicht zu. Die dumme Sache mit dem deutschen Jungen, der „flink wie ein Wiesel, zäh wie Leder und hart wie Kruppstahl" sein sollte, hat vieles verdorben. Sie sind aus Krieg und Gefangenschaft nach Hause gekommen, in familiäre Bindungen eingedrungen, die jahrelang ohne sie auskommen mussten, zu Kindern, die ihre Väter oft gar nicht kannten.

Der Vater wurde in der ihm angestammten Rolle anerkannt, man fühlte sich sicher und geborgen, wenn er da war. In späteren Jahren hätte er der Lehrer, der Ratgeber und Freund seiner Kinder werden können, aber nicht viele unserer Väter sind dieser Rolle gerecht geworden. Zwischen mir und meinem Vater gab es immer eine gewisse Distanz, wir haben uns respektiert, aber nie wirklich geliebt.

Dann gibt es die Liebe zu Gott. Kann man Gott lieben? Ich glaube nicht, man sucht ihn in jedem Abschnitt seines Lebens neu. Hat man Glück, findet man ihn. Hat man seinen eigenen Weg zum „lieben Gott" gefunden, kann man sich mit ihm und seinen Geboten arrangieren. Eine Liebesbeziehung wird das allerdings nie werden, eher die Basis für Vertrauen, Achtung und Ehrfurcht vor dem Schöpfer und seinen Geschöpfen.

Die Liebe zum Vaterland. Kann man ein Land lieben? Man liebt die Heimat und ihre Menschen. Die Liebe zur Heimat ist die einzige Liebe, um die man nicht kämpfen muss, sie ist immer gegenwärtig. Wenn man das große Glück hat und dafür empfänglich ist, entdeckt man seine Zuneigung für ein anderes Land, für eine andere Kultur, und man macht beides zum Synonym für einen Lebenstraum, so wie ich es mit Spanien erlebt habe.

Es gibt die Liebe zur Natur, die Liebe zu einem Hund, die Liebe zu gutem Essen und Trinken. Alles Varianten in jeglicher Art und Form, irgendwas oder irgendwen zu lieben.

Und es gibt sie auch, die Liebe, die wahre, die echte, die einzige, zu einem Partner oder einer Partnerin? Man entdeckt sie immer wieder neu. Manchmal hält sie ewig, manchmal nur Stunden. So eine Liebe kann stürmisch sein, manchmal tut sie weh. Oft ist sie auch nur ganz leise, mal nur einseitig und wird von der oder dem Angebeteten nicht erwidert. Sie kann einen Menschen in den Ruin, ja, sogar in den Tod treiben.

All dies kennt man noch nicht, wenn man zum ersten Mal seinen Körper spürt, wenn man merkt, dass irgendetwas mit einem geschieht, und man es nicht einordnen kann. Etwa ab der 7. Klasse, wir waren 14 Jahre alt, stellten wir gewisse körperliche Veränderungen an uns und unseren Freunden fest. Unsere Stimmen wurden tiefer, das Schamhaar dichter. Unser „bestes Stück", inzwischen gewachsen, wurde nach gemeinsamen Schwimmbadbesuchen oder in der Turnstunde frei nach dem Motto „Wer hat den Größten?" mit dem der Freunde verglichen. Das Thema mit der Größe ist bei den heutigen jungen

Männern immer noch aktuell, wird aber professioneller behandelt als damals bei uns. Freier, öffentlicher, ungezwungener. Ein befreundeter Reiterkamerad und Urologe versicherte mir einige Jahre später: „Die jungen Burschen der heutigen Generation kommen in meine Sprechstunde und fragen mich, ob ihr Penis den gängigen Normen entspricht."
Respekt, das hätten wir uns nie gewagt. Wir kannten weder einen Urologen noch hätten wir gewusst, was für eine Sorte Doktor das überhaupt ist.

Bei den Mädchen, mit denen wir die Schulbank drückten und die wir jahrelang nicht wahrgenommen hatten, und wenn doch, sie dann eher abfällig als „Schneegänse" bezeichneten, bildeten sich erste zarte Rundungen, bei deren Anblick wir Buben ganz unruhig wurden.
Da gab es Kinder, die alles etwas früher wussten als wir übrigen, die haben haargenau berichtet, wie das mit dem Kinderkriegen geht, wie man es macht. Einschlägige Bilder machten die Runde, üble Zoten wurden gerissen. Von den Eltern kam nichts, wir waren auf uns selbst gestellt. Das Thema Sexualität war mit einem Tabu belegt. Wie man sich „von dem Druck befreien" konnte, haben uns die größeren Buben gezeigt. Wir wurden beim Umgang mit unserer frühkindlichen Sexualität nicmals das Gefühl los, etwas Verbotenes zu tun. Man hat uns ständig einreden wollen, Sexualität sei etwas Schlechtes, Ungehöriges, Unreines. Keiner sagte uns, dass Liebe und Sexualität, mit einem Partner oder einer Partnerin respektvoll ausgelebt, zu den schönsten Dingen im Leben von uns Menschen gehören, mit denen uns die Schöpfung ausgestattet hat. Die Passivität unserer Eltern und Lehrer habe ich nie verstehen können. Sie haben uns in dieser schwierigen Phase der Pubertät allein gelassen. Sie hätten mehr mit uns reden müssen, stattdessen hagelte es Verbote bei Androhung von Strafen. Wir wurden in jeder Hinsicht falsch erzogen. Es dauerte

sehr lange, bis ich als junger Mensch das Gefühl für ein ungezwungenes Sexualverhalten entwickeln konnte, frei von jeder Verklemmung und falscher Scham. Meine Klassenkameraden und ich spürten etwas in uns, wussten aber nicht, was es war, waren ihm hilflos ausgeliefert.

Ich bin nicht mehr zu unserem Metzger gegangen. Ich erfand tausend Ausreden, denn ich hatte mich hoffnungslos in die Verkäuferin verliebt. Eine Schwärmerei ohne jegliche Aussicht auf Erfolg. Sie: groß, blond, sehr hübsch, verheiratet und mindestens zehn Jahre älter als ich.
Wenn ich in den Laden kam und sie mich fragte, was ich kaufen wolle, brachte ich keinen Ton heraus. Ich habe sie nur angestarrt, das war mir dann richtig peinlich. Daraufhin beschloss ich, nicht mehr dort einzukaufen. Da halfen auch die Drohungen meiner Mutter und die Versprechungen meiner Omi auf reichlich Taschengeld nichts mehr. Wenn sie Fleisch und Wurst haben wollten, mussten sie selbst in die Metzgerei gehen.

***

In diesem Kapitel über die erste Liebe muss unbedingt die Frage beantwortet werden, wann ich es zum ersten Mal bemerkte. Mir gefielen nicht nur Mädchen, sondern auch Jungen übten einen gewissen Reiz auf mich aus, ja, sie erregten mich sogar.
Das kam zunächst ganz schleichend, nicht so von heute auf morgen. So mit 13 oder 14 Jahren machte ich mir Gedanken: Bei dir ist irgendetwas anders als bei deinen Freunden. Die haben nur Augen für Mädchen. Dir gefallen Mädchen auch, aber bei manchem deiner Klassenkameraden, oh weia ...
Homoerotische Neigungen sind in diesem Alter nichts Besonderes, verlieren sich aber meist später wieder. Bei mir sind sie zeitlebens geblieben.

Ein „normaler" Junge wartet und giert auf sein „erstes Mal" mit einem Mädchen. Wir Buben redeten oft darüber und machten die üblichen Witze. Wir sahen ja täglich, welch weibliche Prachtexemplare in unserem Umfeld – Schule, Lehrstelle, Sportverein – aufwuchsen. All diese Reize brachten uns ganz durcheinander. Ein schönes Gesicht, eine gute Figur, lange Haare, der Anblick eines hübschen Busens und weiblicher Rundungen sorgten für Unruhe in unseren Köpfen und unseren Hosen. Bei mir, so stellte ich zu meinem Erstaunen fest, lösten ein knackiger Hintern, starke, muskulöse Beine, schöne schlanke Hände, athletische Schultern und Oberarme oder die wohlgeformte Brust eines Jungen die gleichen Empfindungen aus. Zunächst war ich nur überrascht: Wie kann es so was geben? Wieso gefallen dir deine Mitschüler und Freunde genau so gut wie Mädchen?

Später war ich wegen meiner merkwürdigen Empfindungen eher frustriert, konnte einfach nicht einordnen, was da mit mir geschehen ist. Ich suchte die Ursache bei mir, dachte: Du bist schlecht! Es ist eine Sünde, wenn du einen aus deiner Klasse begehrst. Außerdem machen doch alle immer nur Witze über die „warmen Brüder". So einer willst du doch nicht sein ...

Nein, ich war keinesfalls schlechter als meine Mitschüler, nur ein klein wenig anders. Hätte ich mich damals meinen Eltern anvertraut, wäre ich wahrscheinlich in einer Jugend-Erziehungsanstalt gelandet. So wurde das in diesen Jahren erledigt: Betroffene wurden umerzogen, „geheilt"! Also habe ich meine Gefühlsregungen verborgen, es konnte nicht sein, was nicht sein durfte. Ich wurde wegen meiner „perversen" Veranlagung ein Leben lang zum Lügner, fand nie den Mut, mich zu bekennen, um mich dadurch zu befreien. Ich wurde zum ewigen Wanderer zwischen den Welten, innerlich zerrissen und ständig im Zweifel. Dabei hätte ich doch eigentlich froh sein können, dass mich die Natur so ausgestattet hat, die Liebe, unser edelstes und schönstes Gefühl, mit beiden Geschlechtern teilen zu dürfen.

In den 50er Jahren gab es noch echte Probleme für junge Menschen, wenn sie schwul, lesbisch oder bisexuell orientiert waren. Wurde das bekannt, stempelte man sie als Außenseiter ab. Heute kräht kein Hahn mehr danach. Im Gegenteil, es gilt fast schon als schick und zeitgemäß, wenn man ein wenig anders ist – „schwul ist cool".

Vermisst habe ich zunächst nichts, noch nichts. Solange ich meine Neigungen zum eigenen Geschlecht noch unterdrücken konnte, war alles erträglich. Ich habe, genau wie jeder andere Junge in meinem Freundeskreis, meine ersten Erfahrungen mit Mädchen gemacht. Sie machten es mir leicht. Das Bedürfnis, mit einem hübschen jungen Mann zu schlafen, war damals noch nicht so ausgeprägt, glimmte aber unter meiner Haut und wurde, als der Spanier Manuel diese Glut entfachte, zum lodernden Feuer.

Manchmal gerieten meine Gefühle und Empfindungen in einen Zustand, den ich lange nicht einordnen konnte und von dem ich eigentlich erst heute so richtig sagen kann, was es tatsächlich gewesen ist: Ich war ein selbstverliebter Narziss, eitel bis zur Arroganz, stolz auf meinen hübschen Körper, meine schönen blonden Haare, meine schicken Klamotten. Aber dann war ich wieder so sensibel, so verletzlich, da genügte nur eine kleine Bemerkung und ich war beleidigt, habe mich in mein Schneckenhaus zurückgezogen – eine gespaltene Person mit Charakterzügen, die mir vieles im Leben nicht gerade leicht gemacht haben.

Die erste schmerzliche Erfahrung mit meiner ganz speziellen Neigung machte ich im Sommer 1954. Damals ging unsere Kinderclique oft nachmittags nach der Schule gemeinsam ins Schwimmbad. Etwa zwei Jahre zuvor war Gabriel, ein Junge aus Frankfurt, zusammen mit seiner Oma in eine kleine Wohnung im Nachbarhaus gezogen. Er, ein Jahr älter als ich, kam in meine Klasse. Wir freundeten uns an, verbrachten viel Zeit miteinander. Manchmal machten wir nachmittags gemeinsam unsere Hausaufgaben, mal bei uns, mal bei ihm in der Wohnung. Wenn wir alleine waren, haben wir hin und wieder onaniert, so, wie Buben das in diesem Alter nun mal machen. Das gehörte einfach dazu, das machten alle in unserer Klasse. Man wollte ja schließlich testen, wer dabei schon einen Samenerguss bekam.

In diesem Sommer aber empfand ich plötzlich ganz andere Dinge für Gabriel. Im Schwimmbad habe ich ihn immerzu angeschaut, er fing an, mir zu gefallen. Durch das Jahr Altersunterschied wirkte sein Körper bereits etwas männlicher. Wie gerne hätte ich ihn einmal angefasst und vielleicht sogar ... geküsst?

Durch diese, mir bis dahin unbekannten Empfindungen war ich total verunsichert, habe mich wegen meiner Gefühle geschämt, konnte nicht mehr so unbekümmert wie früher mit ihm zusammen sein. Wenn wir nun allein in der Wohnung waren, kam es zu keinen Spielchen mehr. Ich hatte Angst, entdeckt zu werden, und ich hätte mich nie gewagt, ihm zu sagen, was ich für ihn empfand. Unsere Zwanglosigkeit war dahin.

Gabriel konnte das nicht verstehen und hat mich ausgelacht, weil ich neuerdings so „verschämt" sei. Ich konnte ihm doch nicht sagen, dass ich mich ein wenig in ihn verliebt hatte ...

***

Am ersten Schultag nach den Sommerferien 1955 betrat der Rektor zusammen mit einem hübschen Mädchen unser Klassenzimmer und stellte sie uns als neue Mitschülerin vor.
Von diesem Tag an wurde alles anders: Wir Buben spielten verrückt und die Mädchen waren neidisch auf die neue Konkurrenz.

Sie hieß Uta und war ein Waisenkind aus Frankfurt, das bei einer älteren Frau aus dem Dorf als Pflegekind untergekommen war. Sie sah verdammt gut aus und wusste das auch. Sie verstand es vortrefflich, mit ihren weiblichen Reizen zu spielen, verteilte ihre Gunst sehr großzügig an alle und jeden, im Grunde genommen aber an niemand bestimmten, war einfach nur freundlich und nett zu allen. Wir eitlen Gockel haben das total falsch interpretiert. Jahrelange Freundschaften zerbrachen in wenigen Sekunden wie Glas, nur weil einer sich einbildete, ein anderer habe etwas mehr Zuneigung von Uta erfahren als er selbst.
Was stellten wir nicht alles an, um ihr zu imponieren? Angefangen von ihr die Schultasche tragen, über das Mitbringen von Obst aus dem heimischen Garten, bis hin zum Gedichteschreiben. Eine unendlich lange Reihe von Ideen, um Utas Zuneigung zu erlangen. Ich hätte nie gedacht, dass meine Mitschüler so viel Sinn für Romantik besaßen, so viel Fantasie entwickeln konnten.
Mir kam der Umstand zu Hilfe, dass meine Großmutter mit dem halben Dorf verwandt war. Else, bei der Uta als Pflegekind lebte, war eine ihrer vielen Kusinen. Beide Frauen haben sich oft besucht. Früher hat mich das nicht sonderlich berührt, aber jetzt … Ich habe Omi genervt und sie immer wieder bedrängt: „Wann gehst du denn wieder zur Else? Wenn du sie das nächste Mal besuchst, gehe ich mit dir."
Meiner Großmutter wurde bald bewusst, wie der Hase lief, sie hatte längst bemerkt, dass ich eigentlich hinter Uta her gewesen bin.
Sie hat sich nichts anmerken lassen und nur gesagt: „Morgen gehe ich zur Else, kannst mitgehen, wenn du willst."
Und wie ich wollte! Uta hat's anscheinend auch gefallen, denn jedes Mal, wenn ihre Pflegemutter meine Omi besuchte, kam sie mit zu uns. Wir haben zusammen gespielt, Hausaufgaben gemacht oder sind mit unserem kleinen Hund spazieren gegangen. Meine Klassenkameraden haben mich in Ruhe gelas-

sen, unsere Freundschaft stillschweigend geduldet. Die dachten wahrscheinlich, wir wären verwandt miteinander. Ich habe da nicht widersprochen.
Bei unseren gemeinsamen Unternehmungen ist mir aufgefallen, ihr kokettes Verhalten war nur reine Show. Sie war einfach nur ein liebes, zärtliches Mädchen und gänzlich ohne Erfahrungen in Sachen Liebe, genau wie ich. Scheu und einfühlsam sind wir auf Entdeckungsreise gegangen. Wunderschön, wenn zwei so junge Menschen ihren Körper und ihre Gefühle für einander entdecken. Ich hatte mich unsterblich in Uta verliebt und sie sich in mich.

So unverhofft, wie Uta bei uns in der Klasse aufgetaucht war, ist sie auch wieder verschwunden. Else kam ins Krankenhaus und ist bald darauf gestorben. Uta musste zu einer anderen Pflegestelle in eine fremde Stadt gehen. Ich habe nach ihrem Weggehen nichts mehr von ihr gehört. Ein bisschen traurig war ich schon, aber wer so jung ist, vergisst schnell. Es tut ein paar Tage lang weh, danach kommen wieder andere Dinge, die wichtiger erscheinen. Die Erinnerung an die erste zarte Liebe bleibt jedoch ein Leben lang.

***

Zu Beginn meiner Lehrzeit bei der Firma *Hauff GmbH* machte ich die Bekanntschaft von Marina. Sie trat am selben Tag eine Bürolehre an, wir waren sozusagen „Stifts-Kollegen". Marina sah ganz so aus, wie ich mir ein Mädchen vorstellte, groß, schlank, dunkelblond, sehr weiblich. Sie war immer nett und freundlich, hatte gute Manieren. Ich habe von der ersten Minute unserer Begegnung an für sie geschwärmt. Gekleidet war sie nach der Mode der 50er Jahre: ein blau gemusterter Trägerrock, eine weiße Bluse, hohe Schuhe. Die jungen Mädchen trugen damals weiße Petticoats, die neckisch unter ihren weiten Röcken hervorschauten. Ein Mädchen direkt zum Verlieben; für mich aber eher eine stille Liebe. Marina verhielt sich nett und freundlich zu mir, vielleicht so, wie Mädchen mit ihren kleinen Brüdern umgehen. Aber Liebe? Ich habe mich nicht zu offenbaren gewagt, zumindest am Anfang nicht. Wir hätten schon rein äußerlich nicht zueinander gepasst, sie mit 1,70 m Größe, eine Schönheit, ich mit meinen knapp 1,50 m, ein Bübchen.

Zwei Jahre später, im Juni 1958, fand ein Ausflug der Berufsschule an den Rhein statt. Zuerst ging es mit dem Zug nach Mainz, dann mit einem der großen Flussdampfer den Rhein abwärts zur Loreley.
Unser Chef, Herr Hauff, übernahm großzügigerweise die Fahrtkosten für uns Lehrlinge. Dem Ältesten gab er ein ansehnliches Taschengeld für Speisen und Getränke mit. Das bedeutete zwangsläufig, dass wir den ganzen Tag gemeinsam verbrachten, schließlich wollte keiner auf Würstchen und Cola, die von dem Taschengeld gekauft wurden, verzichten. Marina saß neben mir und wir alberten herum. Die größeren Jungs waren alle hinter ihr her, doch sie ließ sich davon nicht beirren und blieb bei mir sitzen. Marina schien ihr Herz für mich entdeckt zu haben; sie suchte jetzt ständig meine Nähe. Nun passten wir auch rein äußerlich besser zusammen. Ich war gewachsen und hatte mich zu einem ganz passablen jungen Mann gemausert. Ich trug, der damaligen Mode entsprechend, meine Haare hinten lang und vorne kurz. Der Nacken wurde wöchentlich vom Frisör ausrasiert, über meine Stirn fiel eine kleine Locke. Gut gekleidet, immer korrekt, nicht affig und übertrieben, eher sportlich, konnte man sich mit mir sehen lassen. Dessen war ich mir auch bewusst und es schmeichelte meinem Ego ungemein, wenn mir die Mädchen nachliefen oder mich sonntags der hübsche italienische Kellner im „Café Fips" so begehrlich anschmachtete und besonders freundlich bediente.

Wir hatten einen wunderschönen Tag am Rhein, verliebt und glücklich. In dieser Nacht bin ich nicht nach Hause gegangen; Marina hat mich mit zu sich genommen. Wenn man so lange auf etwas wartet und es dann endlich bekommt, verliert es danach seinen Reiz, ist plötzlich nicht mehr so wichtig. Wir beide sind nach diesem wunderschönen Tag auf dem Schiff nie wieder zusammen ausgegangen. Marina verlegte ihre Prüfung auf einen früheren Termin und ist bald darauf von Hauff weggegangen. Ihre Arbeitkollegin Doris machte mir später Vorhaltungen: „Du hättest bei ihr bleiben sollen, sie hat dich geliebt. Aus Kummer hat Marina einen Herrn Schröder geheiratet und bald darauf einen kleinen Sohn bekommen. Es geht den beiden gut. Und du, rechne mal nach!"

***

Im August 1958 verbrachte ich mit meinen Freunden Michel, Eduard, Gabriel, Ernst, Heiner und Martin zwei Wochen im Jugend-Rot-Kreuz-Zeltlager am Edersee. Weit weg von zu Hause, weg von den ständigen Ermahnungen der Eltern: „Paul-Peter, das macht man nicht! Benimm dich doch!" usw.
Und nun, zwei herrliche Wochen ohne das ewige Nörgeln der Alten, fantastische Aussichten. Außerdem waren wir Burschen von damals weitaus romantischer veranlagt als die heutigen jungen Männer, da kam uns so ein Zeltlager gerade recht. Wir schwärmten für nächtliche Abenteuer mit Lagerfeuer unter freiem Himmel. Und dabei ein hübsches Mädchen im Arm, das war so ganz nach unserem Geschmack.
Das Zeltlager lag direkt am See und hatte Platz für etwa 300 Kinder, Jugendliche und deren Betreuer. Erreichen konnte man es über eine ungeteerte Forststraße, die in dem kleinen Ort Herzhausen begann. Den Mittelpunkt des Lagers bildete eine große Wiese. Hier fanden die sportlichen Aktivitäten statt. Am Seeufer gab es den Badestrand für Schwimmer mit einem

breiten Holzsteg. Die Nichtschwimmer mussten zum drei Kilometer entfernten Dorf Asel laufen; im flachen Wasser konnten sie ungefährdet planschen. Nach Westen hin lagen die Wirtschaftsgebäude, die Küche, die Waschräume und Toiletten. Nahe bei der Küche standen, geschützt von einem kleinen Fichtenwäldchen, Bänke und Tische, an denen die drei täglichen Mahlzeiten eingenommen wurden. Wenn es regnete, wurden wir beim Essen nass. Nach Osten hin lagen die Zelte, ein Zelt für maximal zehn Personen. Unsere Gruppe erhielt ein Zelt am hinteren Ende der Reihe. Dort waren wir nahezu ungestört. Jeder bekam ein Feldbett. Schlafsack, Kissen und Decken hatten wir von zu Hause mitgebracht. Meine Schwärmerei für Gabriel hatte sich noch nicht gelegt, im Gegenteil, sie war eher heftiger geworden. Wir lernten den gleichen Beruf, besuchten die gleiche Klasse der Berufsschule. Dadurch kam ich mit ihm viel öfter zusammen, als mit den übrigen Freunden. Er war so ein hübscher Junge geworden. Hier auf engstem Raum, in unserem Zelt, eine wahre Folter.

Täglich konnte ich ihn sehen, mit ihm reden, wie schön. Unsere Feldbetten standen eng beieinander. Nachts habe ich förmlich seinen Atem gespürt; nur allzu gerne wäre ich zu ihm unter die Decke geschlüpft … Morgens ausziehen, alle Mann nackt im See waschen. Es wurde eine einzige Qual für mich, meine Empfindungen und körperlichen Reaktionen unter Kontrolle zu halten.

Oft bin ich mit den kleineren Kindern zum Baden nach Asel an den flachen Strand gegangen. Ich hatte sie sicher hinzubringen und auch gesund wieder zurück.

Mir ging die Geschichte mit Marina nicht aus dem Kopf und ich machte mir bittere Vorwürfe, weil ich mich so sang- und klanglos davongestohlen hatte. Und was bitteschön meinte Doris mit dem „Nachrechnen"? Sollte da was? Aber wir hatten doch aufgepasst! Die will dir nur ein schlechtes Gewissen

machen, sicher ist sie selbst scharf auf dich, versuchte ich die Sache abzutun.
Meistens saß ich etwas abseits und habe geangelt, dabei immer mit einem Auge auf meine kleinen Schützlinge geachtet. Mir tat das Alleinsein gut. Ich musste über vieles nachdenken: Wie soll das nur mit mir weitergehen? Mag ich nun lieber Mädchen oder lieber Jungen, oder gar beide? Wo wird das einmal hinführen?
„Na, schon was gefangen?", unterbrach eine jugendliche Stimme meine Einsamkeit.
Ich schaute auf und hatte meine Antwort. Auf der Stelle habe ich mich unsterblich in dieses Wesen da vor mir verliebt. Das ging bei mir immer sehr schnell; von einer Sekunde zur anderen konnte ich mich Hals über Kopf verlieben. Augenblicklich waren alle Gabriels der Welt vergessen. Blonder Pferdeschwanz, freches, lustiges Gesicht, nicht sehr groß, nette zierliche Figur und doch alles dran, roter Trägerrock, helle Bluse, rotweiße Ringelsocken, braune Sandalen. Die da, die wollte ich, die musste meine Freundin werden, und zwar noch heute, wenn möglich sofort.
„Hier versteckst du dich also! Ich habe dich gestern Abend beim Lagerfeuer mit deinen Freunden gesehen. Du hast mir gefallen, ich suche dich bereits den ganzen Vormittag. Ich bin das Pöttchen und komme aus Herne. Wie wär's denn mit uns beiden?"
Zunächst war ich sprachlos: So dreist hat dich bisher noch kein Mädchen angemacht und die ist höchstens 16.
Aber eitel, wie wir Jungs nun mal sind, habe ich mich so geschmeichelt gefühlt, wie noch nie zuvor in meinem Leben. Von diesem Moment an waren wir unzertrennlich. Meine Freunde haben ganz schön gestichelt, kaum dass ich abends in mein Bett gekommen bin.
Es war so schön mit diesem Mädchen! Die Liebe hielt bis zum Montagabend, da küsste das Pöttchen meinen Freund

Martin auf „unserer" Bank. Ich kam dazu. Er wurde von dem kleinen Luder genauso überrumpelt wie ich.

Zunächst dachte ich an ein Duell, nachdem wir uns heftig gestritten, ja, fast geprügelt hatten. Einer musste weg, entweder er oder ich! Sein Vater sollte ihn abholen, für uns beide war hier kein Platz mehr!

Wir waren beide ganz furchtbar beleidigt, haben uns wegen der kleinen Göre benommen wie die Deppen. Da zeigte sich, was Freunde wert sind. Michel hat uns beiseite genommen und gehörig den Kopf gewaschen, dafür gesorgt, dass wir uns wieder vertrugen. „Entweder ihr gebt Ruhe und alles ist wieder okay oder wir fahren heute noch nach Hause. Aber dann ist es vorbei mit unserer Freundschaft! Entscheidet euch, ihr liebestollen Hanswurste."

***

Gabriel zog bald darauf mit seiner Oma zurück nach Frankfurt. Seiner Oma wurde die Arbeit im Haushalt zu viel und in Frankfurt konnte ihr eine Verwandte behilflich sein. Zum Abschied trafen wir uns alle in unserem Stammcafé. Gabriel war ein wenig traurig, als er unseren Freundeskreis verlassen musste. Gewiss, nach Frankfurt ist es keine Weltreise, aber wir wissen doch alle, wie so was geht. Am Anfang besucht man sich noch, lernt dann in der neuen Umgebung neue Leute kennen und die alten Verbindungen schlafen ein.

Als wir uns verabschiedeten, sprach ich Gabriel auf diesen Umstand an. Ich wollte von ihm wissen, ob wir in Kontakt bleiben würden.

„PP, ich habe längst bemerkt, dass ich dir gefalle, mehr und anders als dir sonst einer von unseren Freunden gefällt. Ja, du würdest gerne mit mir schlafen, stimmt das? Ich habe doch recht damit?"

„Du weißt das? Du hast dir nie was anmerken lassen. Ist dir meine Zuneigung nie lästig geworden."

„Warum denn, es ist ja nichts passiert, du bist immer sehr zurückhaltend damit umgegangen. Am Edersee ist mir aufgefallen, wie du mich manchmal angeschaut hast. Das ist vielleicht dein Fehler, geh' ruhig mal auf die Jungs zu, die dir gefallen. Die sagen dir dann schon, was sie wollen und was nicht. Du kannst das ruhig machen, dir werden sie nicht böse sein, du bist schließlich kein Tuntentyp."
„Du gibst mir solche Ratschläge? So, wie ich das sehe, stehst du doch auf Mädchen."
„Du bist ein hübscher Kerl, PP. Es gab einmal eine Zeit, da hätte ich nicht nein zu dir gesagt. Damals sind wir noch zur Schule gegangen. Du kannst dich sicher erinnern, was wir manchmal nach den Hausaufgaben gemacht haben. Aber dann wolltest du plötzlich nicht mehr mitmachen. Ich war damals sehr enttäuscht und dachte, es hätte etwas mit mir zu tun. Wenn wir weitergemacht hätten, wer weiß, wie es ausgegangen wäre. In diesem Alter hat man seine Orientierung noch nicht so ganz genau gefunden, man ist für vieles offen."
„Schade, Gabriel, aber jetzt ist es zu spät dafür. Wir haben beide unsere Wahl getroffen, du gehörst den Mädchen und ich stehe zwischen den Fronten."
„Sieh das doch nicht so verbissen. Manch einer beneidet dich sicher darum. Es ist doch schön für dich, wenn du mit Mädchen und mit Jungen was unternehmen kannst."
„Gabriel, du überraschst mich immer mehr. Es tut mir wirklich gut, zu hören, was du da sagst. Ich denke immer, ich bin schlecht, weil ich so veranlagt bin."
„Aber nein, rede dir doch da nichts ein. Und was noch wichtiger ist, lass dir nichts einreden. Bleib so, wie du bist. Du bist ein lieber Kerl. Wir bleiben weiterhin in Kontakt."

Für den Anfang traf seine Voraussage noch zu; wir haben uns weiterhin gesehen. Im Laufe der Jahre wurden unsere Treffen

immer seltener. Eines Tages war Gabriel verschwunden. Vielleicht hat er geheiratet. Ich habe nichts mehr von ihm gehört. Verwandte, die ich fragen konnte, gab es keine mehr.
Viele Jahre später habe ich erfahren, dass er nach Kanada ausgewandert ist.

***

Nachdem Gabriel nicht mehr da war, habe ich oft über unsere Unterredung nachdenken müssen. Ganz so einfach, wie Gabriel es gesagt hatte, hingehen und zu einem der hübschen Knaben sagen: „Du gefällst mir, lass uns doch mal zusammen ausgehen!", so einfach war das nun doch nicht. Mir ist nie richtig klar gewesen, wie ich künftig mit meiner ganz speziellen Neigung umgehen sollte. Der Drang, mit einem jungen Mann etwas anzufangen, war ja da, aber an Mut, einen anzusprechen, hat es mir immer gefehlt.
Ich stellte nur immer häufiger fest, dass mir einige der Männer, mit denen ich täglich zusammentraf, sehr gut gefallen haben. Manche habe ich besonders gerne gesehen und dabei so eine gewisse anregende Unruhe gespürt.
Es war schon eigenartig, mit Jungs, die mich nicht interessierten, bin ich ganz normal umgegangen, traf ich aber auf einen, der mir gefallen hat, wurde ich verkrampft und fing an, zu stottern, hätte vor Scham im Boden versinken wollen. Ich nahm eine Haltung an, die dem, den ich erreichen wollte, eher lächerlich vorgekommen sein muss. Mich öffnen wollte ich nicht, nur keine Blöße geben, nur keine Gefühle zeigen, ich könnte mir ja eine Abfuhr einhandeln. Hätte ich den Mut dazu gehabt, hätte ich mich gewundert, wie viele Männer auf diesem Gebiet ebenfalls „neugierig" sind. Heute weiß ich das. Aber damals?
Deshalb, weiter so, PP, bleib du lieber bei deinen Mädchen! Das ist unverfänglicher und bringt dir außerdem die Ach-

tung deiner Freunde ein. Weiberhelden genießen immer und überall Ansehen, über Schwule lacht man nur. So ist das Leben und als so besonders dramatisch habe ich das alles dann doch nicht angesehen.

Ich war jetzt 18 Jahre alt und stand kurz davor, meine Lehre erfolgreich zu beenden. Ich hatte einen netten Freundeskreis und kam bei den Mädchen gut an. Mir ging es also gut, eigentlich hätte ich zufrieden sein müssen. Aber im folgenden Sommer wurde ich zum ersten Mal massiv und schmerzhaft mit meiner Neigung für junge Männer konfrontiert. Ich konnte mir zwar vorstellen, mit einem zu schlafen, aber zum Ernstfall war es bisher noch nicht gekommen; ich bin immer ausgewichen, habe mich daran vorbei gelogen. Mir genügten meine Freundinnen und der „Richtige" ist mir noch nicht über den Weg gelaufen.
Dann holte mich, völlig unerwartet, die Realität ein. Nicht so, wie ich mir das immer gedacht habe: Ich bestimme den Zeitpunkt. Nein, Pustekuchen, ein junger Mann hatte sich in mich verliebt, war hinter mir her. Diesen Fall hatte ich nicht auf meiner Rechnung, nicht im Entferntesten auch nur daran gedacht. Es traf mich völlig unvorbereitet.
In meiner Lehrfirma arbeitete seit einigen Monaten ein junger Mann aus Südtirol. Christian Zeginer war mit den ersten italienischen Gastarbeitern nach Deutschland gekommen und wohnte im Barackenlager, das unser Chef für sie errichten ließ. Ein hübscher junger Mann, mittelgroß, athletische Figur, schwarze, gelockte Haare, mehr so ein südländischer Typ, bei dem sonst eher die Mädchen schwach werden.
Wir sind uns hin und wieder begegnet, unsere Kontakte beschränkten sich aber mehr auf berufliche Dinge. Es wäre mir nie in den Sinn gekommen, mit ihm etwas anzufangen. Erstens wollte ich damals noch nicht mit Männern schlafen, zweitens war er, meiner Meinung nach, eher ein Frauentyp. Wozu also Zeit verschwenden … Es wird, wenn meine Zeit erst einmal

gekommen ist, sicher noch genug Mütter mit hübschen Söhnen geben.

Christian, etwa fünf bis sechs Jahre älter als ich, hätte mir schon gefallen, aber ich dachte keine Sekunde daran, dass ihn die gleichen Nöte plagten wie mich. Manchmal habe ich für ihn eine Maschine einrichten müssen, dabei sprachen wir über belanglose Dinge: Fußball, Mädchen, die neuesten Tänze – worüber junge Männer halt so reden.

Er war ein netter Kerl und sprach sehr gut deutsch. Einmal, als ich ihm Fotos von meinem kleinen Bruder zeigte, erzählte er mir von sich und seiner Familie. Sein Vater war Italiener, seine Mutter, eine Deutsche, besaß in Meran einen kleinen Laden. Da es für ihn dort keine Arbeit gab, ist er nach Deutschland gegangen.

Ich gewann immer mehr den Eindruck: Der kann dich gut leiden. Er sah mich manchmal so fragend an, in seinem Blick lag dabei etwas Forschendes, was ich aber nicht einordnen konnte. Inzwischen kann ich die suchenden Blicke von Männern besser deuten, heute fällt es mir wesentlich leichter einen „Mitbetroffenen" auf Anhieb zu erkennen.

Im Laufe der Jahre entwickeln sich so etwas wie Sensoren, mit deren Hilfe man seine „Artgenossen" recht gut orten kann. Mir war Christian nicht unsympathisch, aber was soll's, er schien mir unwiederbringlich an die Mädchen verloren zu sein.

Im Sommer, an einem sehr heißen Tag bin ich nach der Arbeit mit dem Rad zur Kiesgrube gefahren. Irgendwen werde ich schon treffen, Ernst und Horst sind bestimmt schon an unserem Stammplatz, dachte ich beim Strampeln durch die Nachmittagshitze. Doch keiner war da. Macht nichts, bin ich eben solo.

Nach einem erfrischenden Bad habe ich mich auf mein Handtuch gelegt und den treibenden Sommerwolken am Himmel nachgeschaut.

„Hallo, PP, so allein und so still?"
„Christian, was machst du denn hier?"
Dämliche Frage, was sollte der schon hier schon wollen? Schwimmen natürlich, dachte ich für mich. In der Badehose kam sein toller Körper noch besser zur Geltung als im Blaumann in der Firma.
„PP, darf ich mich zu dir setzen oder erwartest du jemanden?"
„Nein, Christian, heute kommt niemand mehr. Ich bin allein. Setz dich nur her zu mir."
Es lag so eine sonderbare Spannung in der Luft. Ich hätte etwas greifen können, wusste aber nicht was. Eine ganze Weile saßen wir uns stumm gegenüber, haben uns nur angeschaut. Christian unterbrach als erster unser Schweigen: „Und wenn du mich nie mehr im Leben anschauen wirst, PP, ich muss dir diese Frage stellen, sie brennt mir seit Wochen auf der Seele: Hast du schon einmal mit einem Mann geschlafen?"
Ich war total überrascht: Woher weiß denn der …? Ich konnte in meiner ersten Überraschung nur mit „Nein, Christian …" antworten und als ich mich wieder gefasst hatte: „Wie kommst du denn darauf, was soll die Fragerei?"
„Entschuldige, wenn ich dich beleidigt haben sollte, mir war nur so, als hättest du auch eine Vorliebe für Männer. Ich werde jetzt gehen. Nochmals Entschuldigung. Gute Nacht, PP."
„Nein, Christian, bleib bitte!" Jetzt wollte ich es ganz genau wissen: „Wieso fragst du mich das? Es muss doch einen Grund dafür geben. Benehme ich mich etwa so … so wie ein Schwuler?"
„Nein, gar nicht, da ist nur so eine Ahnung in mir, aber vielleicht ist auch nur der Wunsch der Vater des Gedankens. Verzeih mir bitte, PP, ich habe mich in dich verliebt und wünsche mir seit Wochen nichts sehnlicher, als mit dir zu schlafen. Wenn ich dich jetzt verletzt habe, dann hau' mir eine runter und ich gehe auf der Stelle. Aber es muss mal raus, ich ersticke sonst an meiner Ungewissheit."

„Du bist ein schöner Mann, Christian, du könntest mir schon gefallen. Ich dachte immer, die Mädchen reißen sich nur so um dich."
„Ich bin schwul, ich stehe nur auf Männer. In Meran bin ich deswegen von der Schule geflogen. Aber wie ist das jetzt mit dir, bist du oder bist du nicht?"
„Meiner Meinung nach bin ich bi. Ich mag schöne Mädchen, aber auch ein hübscher Kerl wie du gefällt mir gut. Ich verspüre manchmal eine solche Sehnsucht nach dem Körper eines Mannes, so sehr, dass es unerträglich wird, aber ich habe noch nie mit einem Typen geschlafen. Ich will noch warten, es ist einfach nur die Angst, mich zu Männern zu bekennen. Meine Eltern, meine Freunde, die Verwandten ... Nein, das kann ich denen doch nicht antun."
„Und dir selbst, was ist mit dir? Merkst du denn nicht, wie sehr du dich quälst, wie sehr du deine wahren Gefühle verleugnest. Sind dir die anderen das wert, PP?"
„Keine Ahnung, Christian, ich habe keinen Vergleich."
„Schlafe mit mir, hier im Wald! Lass uns die Nacht miteinander verbringen. Du wirst es nicht bereuen, das verspreche ich dir. Ich werde sehr zärtlich zu dir sein. Warte nicht mehr länger, genieße deine Jugend, lebe aus, was dir Spaß macht!"
Nun saß ich aber gewaltig in der Zwickmühle, war gefangen, gefangen wie eine Spinne im eigenen Netz. Es ist mir nicht leicht gefallen, allzu gerne hätte ich ja zu ihm gesagt, hätte mich ihm hingegeben und seine Zärtlichkeit genossen. Aber mir kamen Bedenken, unser Verhältnis konnte nicht verborgen bleiben. Nie werde ich die traurigen Augen von Christian vergessen, als ich ihm geantwortet habe: „Christian, es tut mir Leid, ich würde so gerne ja sagen, aber ich bin noch nicht so weit, ich möchte noch etwas damit warten. Versteh mich bitte!"
Als ich von der Kiesgrube nach Hause fuhr, habe ich ein wenig geweint. Zu groß war meine Enttäuschung, Christian einen Korb gegeben zu haben. Ich hatte einfach nicht den Mut

gefunden, mit ihm diese laue Sommernacht zu verbringen. Ich war traurig und ärgerlich zugleich. Wie gerne hätte ich mit Christian Zeginer diese Nacht im Wald verbracht und machte mir deshalb die bittersten Vorwürfe.
Christian hat mir nichts nachgetragen. Wir haben uns benommen, als sei nichts geschehen. Er hegte keinen Groll gegen mich und ich keinen gegen ihn. Wir haben uns respektiert und weiterhin so verhalten, wie vor unserem Gespräch an der Kiesgrube.

Wie es im Leben oft so geht, am nächsten Samstagabend, mit den Freunden zusammen in der Wirtschaft, ging die Stichelei schon los. Man hatte uns gesehen.
„He, PP, wer war denn der Typ am letzten Dienstag an der Kiesgrube? Du hast dich mit dem so intensiv unterhalten, dass du uns gar nicht gesehen hast. Zwei Typen, so mit sich beschäftigt, allein beim Baden und keine Weiber in der Nähe, wenn da mal nichts im Busch ist …"
Allgemeines Gelächter am Tisch, keiner hätte mir ernsthaft so etwas zugetraut.
„PP mit einem jungen Mann? Nein, der doch nicht! Der rennt doch jedem Rock hinterher! Der lässt nichts anbrennen."
Diese armen Ahnungslosen, wenn die gewusst hätten, wie nahe sie an die Wahrheit gekommen sind.
Als ich von Hauff weggegangen bin, habe ich Christian Lebewohl gesagt. Er wünschte mir viel Glück für die Zukunft und einen netten Freund, mit dem ich glücklich werden kann. Er habe endlich den Richtigen gefunden und wohne mit ihm in Frankfurt, dort sei alles anonymer als im Barackenlager der Firma.

*****

16. August 1997

JVA Hohenfels

Für heute ist die Magenspiegelung angesetzt. Mit der „Grünen Minna" bringt man PP in das Kreiskrankenhaus. Eine Ausnahme, der Anstaltsleiter Stolpe erlaubte es nur wegen der besonderen Dringlichkeit. Unter normalen Umständen müssen Strafgefangene für derartige Untersuchungen in das Bezirkskrankenhaus der JVA Butzbach oder in das Zentralkrankenhaus der JVA Kassel I gebracht werden. Dort gibt es jedoch lange Wartezeiten für ambulante Fälle und Dr. Meister bestand auf einer sofortigen Untersuchung, also musste Direktor Stolpe dem zustimmen. PPs Magenprobleme sind in den letzten Wochen schlimmer geworden.

Zwei Justizwachtmeister als Begleitung und ein Fahrer bringen ihn hin. Der Staat muss viel Geld übrig haben, wenn er einen solchen Aufwand bei einem hochgradigen Gewaltverbrecher betreibt. Sie müssen doch längst wissen, was für ein ruhiger, friedvoller Zeitgenosse PP ist.
„Vorschriften", sagt Oberwachtmeister Kramer. „Die Vorschriften verlangen es so." Dabei hat er gelacht, der alte Griesgram.
An der Tür zum Behandlungszimmer ist für die Beamten Ende, da dürfen sie nicht mit hinein. Ein junger Krankenpfleger nimmt ihn mit den Worten: „Ich bin Manuel und komme aus Spanien. Ich werde Sie jetzt für die Magenspiegelung vorbereiten" in Empfang. Er bittet den ängstlichen PP, sich auf den Untersuchungstisch zu legen, und sprüht seinen Rachen mit einem Gleitmittel für die Sonde ein. Ein Arzt betritt den Raum und stellt sich als Doktor Pittenhardt vor. „Wir geben Ihnen eine leichte Beruhigungsspritze und dann geht alles wie von selbst. Haben Sie keine Angst."
So geschieht es dann auch. Als PP, zwar noch etwas benommen, wieder zu sich kommt, ist alles schon vorbei. Dr. Pittenhardt hat bei der Magenspiegelung nichts Auffälliges festgestellt, aber

vorsorglich eine Gewebeprobe zur histologischen Untersuchung entnommen.
Später bringt man PP in seine Zelle zurück. Der Pfleger Manuel hat seine Gefühlswelt ganz schön durcheinander gebracht. Spanien und Manuel – Worte, die auch heute noch ihre Wirkung zeigen, in PPs Ohren wie eine schöne Musik klingen.
Diese beiden Worte wecken Erinnerungen an seine schönsten Jahre. Auf dem kleinen Regal über seiner Pritsche steht das einzige Bild, das er aus jener Zeit retten konnte. Es zeigt ihn und „seinen" Manuel als junge Männer vor einer Hütte am Strand von Malpente de Mar in Spanien. Lange betrachtet er das Bild. Dabei kommen sie aus der Versenkung, die Gedanken an die wunderschönen Tage mit Manuel in der kleinen Stadt am großen Meer, an ihre Hütte, an ihre Liebe und Sinnlichkeit, aber auch an Tod, an bittersten Schmerz …

*****

Spanische Geschichten

Zu keinem anderen Land in Europa, außer vielleicht zu meiner hessischen Heimat, fühlte ich mich einmal mehr hingezogen, als zu Spanien. Irgendwie hatte das Land für mich immer etwas Exotisches, ja, fast Erotisches. Ich kann es nicht so genau beschreiben; dieses Gefühl war ganz einfach da. Viele Faktoren kamen hier zusammen, zum einen bestimmt meine Vorstellungen vom Süden überhaupt, von Sonne und Meer, von der leichten, beschwingten Lebensart der Bewohner, von der Faszination der fremden Sprache. Hinter diesen subtilen Dingen steckte aber noch viel mehr, was mich an diesem Land beeindruckt hat. Unsere gegenseitige Zuneigung ging tiefer, sehr viel tiefer. Noch heute, wenn ich diese Zeilen schreibe, bekomme ich Herzklopfen. Immer, wenn ich mich in Spanien aufhielt, hatte ich das Gefühl, frei zu sein, frei von den Zwängen des Elternhauses, frei vom Einfluss der fürsorglich-dominanten Mutter, frei von den strengen Regeln des Berufs- und Arbeitslebens. Verantwortlich nur mir selbst, meinen Neigungen und Interessen. Dieses Land gab mir persönlich ein Gefühl von Freiheit, obwohl meine Empfindung in krasser Gegensätzlichkeit zur damaligen politischen Situation Spaniens stand. Das Land wurde diktatorisch regiert; die Spanier waren nicht so frei wie wir. Als Tourist hat man aber kaum etwas davon bemerkt. Das Franco-Regime zeigte sich weltoffen, war es doch aus wirtschaftlichen Gründen auf den Fremdenverkehr angewiesen. In diesen Jahren habe mit dem Gedanken gespielt, für immer dort hinzugehen, mir eine neue Existenz aufzubauen. Als ich Manuel kennen und lieben lernte, war ich fest dazu entschlossen. Wir wollten gemeinsam eine Strandbar übernehmen. Daraus ist leider nichts geworden. Nach seinem tragischen Tod wurde meine Einstellung zu Spanien und seinen Menschen etwas differenzierter.

Dabei ist meine erste Begegnung mit Spanien alles andere als berauschend gewesen. Wie an anderer Stelle bereits berichtet, hatte ich mich dem Jugendrotkreuz angeschlossen. Im Herbst 1960 erhielten wir vom Kreisverband Offenbach eine Einladung für eine Jugendfreizeit in der spanischen Hafenstadt Barcelona. Die Reise sollte im Rahmen eines Jugendaustausches über Weihnachten und Silvester stattfinden. Es waren insgesamt zehn Tage eingeplant, davon für Hin- und Rückfahrt im Omnibus vier Übernachtungen in Frankreich vorgesehen. In Barcelona sollten wir in einem „Jugendhotel" untergebracht werden.

Urlaub hatte ich noch genug, der Reisepreis schien angemessen und für meine mehr als bescheidenen finanziellen Verhältnisse gerade noch erschwinglich. Im Sommer hatte ich in der Gärtnerei gearbeitet und meinen Verdienst fleißig gespart. Also konnte ich mir meine erste Auslandsreise leisten und sogar selbst finanzieren, brauchte nicht bei den Eltern um Geld zu betteln. Damals benötigte man auch für Spanien kein Visum mehr, aber die Eltern mussten ihre Zustimmung geben. Ich war noch nicht volljährig, das wurde man erst mit 21 Jahren.

Die Teilnehmergruppe aus meinem Dorf bestand aus einem Mädchen und vier Jungs. Am frühen Morgen des ersten Weihnachtsfeiertages wurden wir am Kirchplatz von unserem Reisebus abgeholt.

Für mich ist diese Reise, im Nachhinein betrachtet, zu einer der schönsten Reisen geworden, die ich je gemacht habe. Obwohl aus heutiger Sicht und an den Maßstäben des modernen Massentourismus gemessen bei dieser Reise so ziemlich alles schief gegangen war, was nur schief gehen konnte. Aber vielleicht machte gerade das die Faszination aus und ich habe sie deshalb trotzdem in so angenehmer Erinnerung behalten. Im Bus war die Heizung defekt und daher bitter kalt, aber 20 bis 25 hübsche Mädchen an Bord ließen mich nicht lange frieren. Die eine oder andere kannte ich bereits, man hatte sich auf diversen Sanitäts-Kursen oder Lehrgängen kennen gelernt, miteinander geredet und geturtelt. Nun saßen sie alle im Bus und die Aussicht, dass ich nun zehn Tage mit ihnen zusammen war, machte mir Laune. Freilich, die Konkurrenz schien groß und mit den jungen Spaniern in Barcelona würde es auch nicht gerade leicht werden, aber immerhin, ein Anfang war da.

Frau Nadler, unsere Jugendleiterin, eine „Matrone" im besten Sinne, korpulent und vereinnahmend, hatte hier das Sagen. Ihrem Mann gehörte das Busunternehmen. Ein Bekannter von Nadlers, Herr Stadtrat von W., reiste in offizieller Eigenschaft als Begleiter mit. Mit ihm, als Vater von zwei reizenden Teenagern, musste man sich gut stellen. Kein Problem, er galt als zugänglich. Antonio, ein spanischer Freund von Herrn Nadler, ein lustiger älterer Herr, war eigentlich fürs Dolmetschen gedacht, fühlte sich jedoch mehr für die mitreisenden Mütter zuständig. Vor diesem Señor mussten die Töchter ihre Mütter beschützen und nicht, wie ursprünglich vorgesehen, die Mütter ihre Töchter vor uns Jungs. Der alternde Casanovaverschnitt verteilte seine feuchten Handküsse reihenweise an die älteren Damen und baggerte alles an, was nicht bei drei auf den Bäumen saß.

Entlang der Autobahn in Richtung Basel, dann über den Rhein nach Mühlhausen, erreichten wir gegen Abend unsere erste Tagesetappe, ein kleines Dorf in der Nähe der französischen Stadt Besançon. Der Besitzer des Hotels und seine Frau waren todunglücklich. Bei der großen Kälte war alles eingefroren. Es gab kein fließendes Wasser, keine Heizung, nur ein Plumpsklo im Hof. Er hat sich laufend entschuldigt, aber er konnte ja nichts dafür. Im Speisesaal brannte ein großes Kaminfeuer und es gab ein vorzügliches Abendessen, dazu reichlich Punsch zum Aufwärmen. Es wurde ein gelungener Abend

für mich, die ersten Weichen zum Anbandeln waren bereits gestellt. Ich hatte mich an ein süßes schwarzhaariges Mädchen gepirscht, das mit seiner ebenfalls nicht unattraktiven Mama unterwegs war. Die Festung Mutter ließ sich leichter nehmen als die Tochter, die zierte sich noch ein wenig und schalt die Mutter: „Was wird der Papa sagen, wenn er erfährt, dass wir auf unserer Reise mit einem fremden jungen Mann rumpoussieren?"
Die Mutter antwortete ihrer zögernden Tochter kurz und knapp: „Du musst es ihm ja nicht sagen, mein Kind."

Am nächsten Morgen, nach einem eher spärlichen Frühstück mit Café au lait und Croissants, fuhren wir weiter Richtung Mittelmeer und erreichten am frühen Nachmittag die Hafenstadt Séte, die wegen ihrer vielen Kanäle auch das „Venedig Frankreichs" genannt wird. Hier war es ebenfalls sehr kalt und es ging ein Eisregen nieder, der in dieser Region chaotische Verkehrsverhältnisse auslöste. Das Hotel war um Klassen besser als das von gestern. Endlich fanden wir Gelegenheit zum Waschen und Zähneputzen. Das Abendessen sollten wir gemeinsam einnehmen, den Rest des Abends hatte die Chefin zur „individuellen Verfügung" freigegeben. Ich verabredete mich mit Mutter und Tochter zu einem kleinen Stadtbummel. Beide sagten zu.
Meine Wünsche an den Abend gingen voll auf. Wir tranken zu dritt eine Flasche Rotwein vor dem offenen Kamin eines sehr schönen Hotels und haben uns dabei nett und angeregt unterhalten, stellten im Laufe des Gespräches immer mehr Gemeinsamkeiten fest und sind uns dabei schon etwas näher gekommen. Wegen des Glatteises war aus unserem Stadtbummel nichts geworden, zu glatt zum Laufen und außerdem war es vor dem Kamin gemütlicher als draußen in der nasskalten Winterluft. Zwischendurch erhielten wir Besuch vom alten Nadler, dem Stadtrat von W. und Antonio. Alle drei waren sie bester Laune,

der gute Rotwein wirkte bereits. Nachdem sie dann anscheinend begriffen hatten, dass sie bei uns nur störten, sind sie wieder gegangen und haben, süffisant lächelnd „Noch einen schönen Abend" gewünscht. Den hatten wir dann auch.
Ich habe später oft darüber nachgedacht, wie viel Nähe und Vertrauen zwischen Mutter und Tochter vorhanden sein muss, wenn sie sich beide dazu entschließen, die Nacht mit einem jungen Mann zu verbringen.

Am nächsten Morgen, beim Frühstück, versuchte Herr Nadler den enttäuschten Reisenden zu erklären: „Wir können nicht weiter fahren, zwischen der spanisch-französischen Grenze und Barcelona gibt es starke Schneefälle. Wir müssen noch hier bleiben und auf besseres Wetter warten."
Einige Leute haben gemurrt, aber was half das? So ist das Leben. Mir war es egal, ich war zufrieden. Ich hatte meine beiden „Mädchen", egal, ob wir in Séte oder Barcelona waren. Wir drei verbrachten den Tag mit bummeln gehen und haben abends in einem der vielen gemütlichen Hafenlokale die berühmte französische Bouillabaisse probiert. Am Tag darauf war das Wetter wieder besser und wir konnten unsere Reise wie geplant fortsetzen.

***

Barcelona, unser Reiseziel, war unter einer fast zwei Meter hohen Schneedecke begraben, für Stadt und Region ein eher seltenes Ereignis. Barcelona, Hauptstadt und kulturelles Zentrum der Provinz Katalonien, hatte damals etwa 1,8 Millionen Einwohner. Für uns, die wir nur Frankfurt, Offenbach und Darmstadt kannten, eine faszinierende Stadt. Ständig betriebsam, niemals in Ruhe, nicht einmal nachts.
Die offiziellen Vertreter des örtlichen Roten Kreuzes erwarteten unsere Reisegruppe bereits sehnsüchtig vor dem Hotel,

war doch das Programm durch den unfreiwilligen Aufenthalt in Südfrankreich bereits um einen Tag verkürzt und sollte nun im Schnellverfahren abgearbeitet werden. Das „Jugendhotel" erwies sich als eine ganz üble Kaschemme. Dieser Mangel wurde jedoch durch den Umstand wettgemacht, dass wir direkt an den „Ramblas" wohnten, der wohl bekanntesten und belebtesten Straße Barcelonas. Durch diese Nähe zum Geschehen brachten wir unsere liebe Frau Nadler öfter mal in arge Bedrängnis; manche von uns haben gewaltig über die Stränge geschlagen und sich oft viel zu tief ins spanische Nachtleben gestürzt.

Die älteren Herrschaften waren im Hotel „Rialto" in einer ruhigeren Gegend untergebracht, hatten dadurch auch in punkto Verpflegung das bessere Los gezogen. Unsere Mahlzeiten im „Levante" schmeckten und rochen allesamt nach Fisch. Egal, ob Frühstück, Mittag- oder Abendessen, alles roch nach Meer. Das einzig genießbare waren Brot und Tischwein. Wir erfanden tausende Ausreden, weshalb wir nichts essen konnten: verdorbener Magen, Fieber, Kopfweh und vieles andere. Schließlich wollten wir der reizenden alten Dame, der die Pension gehörte, nicht zu nahe treten. Rührend bot sie uns Kamillen- oder Pfefferminztee an, bereitete Haferschleim, aber selbst der schmeckte nach Fisch. Wir haben uns bei offiziellen Einladungen, übrigens mit vorzüglichem Essen, sowie in den umliegenden Bars oder Cafés mit einheimischem Essen verpflegt. Hier wurde der Grundstein für meine Vorliebe für „Tapas" gelegt. Tapas sind kleine Portionen mit Spezialitäten: Meeresfrüchte, luftgetrockneter Schinken, Oliven, Pilze, Käse, eingelegten Zwiebeln, usw. Dazu trinkt man einen einfachen Landwein und taucht das herzhafte Brot („Pan") in die köstlichen Soßen.

In der äußersten Not gab es da immer noch Markus, einen 17-jährigen Metzgersohn aus Hanau. In seinem Koffer befanden sich Dosen mit herzhafter hessischer Wurst. Er wohn-

mit mir im gleichen Zimmer. Das hatte die Nadler so geordnet. „Weil der Markus noch so jung ist, schläft er beim Peter."
Wenn die gewusst hätte, was sie so unbedarft von sich gegeben hatte, die Ahnungslose. Ich musste insgeheim lächeln, sie hatte dabei bestimmt nicht die Absicht gehabt, uns miteinander zu verkuppeln. Nur, dieser Satz war so herrlich zweideutig zu verstehen, grandios.
Markus, ein hübscher Junge, war sehr freizügig mit seiner Dosenwurst und seinen männlichen Reizen. Abends oder morgens ist er oft pudelnackt durch unser Zimmer gelaufen, blieb vor meinem Bett stehen und hat mir wer weiß was erzählt. Wenn der geahnt hätte, was er mit seinem nackten Körper bei mir ausgelöste ... Ich habe ihn aber nicht verführt, für Herz und Gefühl waren auf dieser Reise die Mutter und die Tochter aus Offenbach zuständig.

Empfang beim Bürgermeister im Rathaus mit Häppchen und Sherry; ein Ratsdiener reichte den Rauchern Feuer mit einer brennenden Kerze. Besichtigungen von Museen, der alten gotischen Kathedrale, des Klosters Montserrat. Die Tage verflogen nur so. Ein unvergessener Eindruck war für mich, wenn sich abends bei Einbruch der Dunkelheit die vielen Menschen vor „ihrer" Kathedrale versammelten, um die „Sardana" zu tanzen, einen alten katalanischen Volkstanz mit großer Tradition. Jahre später habe ich erst begriffen: Dies war seinerzeit ein Protest der stolzen, nach Autonomie strebenden Katalanen gegen das ihnen so verhasste Franco-Regime. Die Zentralregierung in Madrid gestattete den Katalanen weder die Pflege ihrer Kultur noch durften sie untereinander katalanisch sprechen. Manuel hat mir später viel von seiner Heimat Katalonien und deren stolzen Bewohnern erzählt.
Die neuen Freunde vom spanischen Roten Kreuz haben uns herzlich aufgenommen und oft zu sich nach Hause eingela-

den. Sie haben uns ihre Stadt nahe gebracht, wie sie sonst ein Tourist niemals zu sehen bekäme. Gerne denke ich an diese schönen Tage zurück und bin später noch sehr oft in diese interessante Stadt gekommen.

Unser Abreisetag rückte näher und näher. Eine, trotz aller Hindernisse und Unwägbarkeiten, wunderschöne Reise näherte sich ihrem Ende.

Am Morgen des letzten Tages fehlte Markus; er war in der Nacht nicht in die Pension gekommen. Frau Nadler ging sofort auf mich los und machte mir Vorwürfe, weil ich nicht genug auf den „Kleinen" aufgepasst hätte.

Ich hatte mir nichts vorzuwerfen, Markus war alt genug, einen Kopf größer als ich und für sich selbst verantwortlich. Ich konnte mich erinnern, dass Rodrigo und sein Freund Emilio vor einigen Tagen mehr beiläufig erzählt hatten, Markus habe sie nach einem Bordell gefragt: „Wo kann ich denn hier mal so richtig bumsen gehen?"

Da unsere neuen spanischen Freunde alle zu unsrer Verabschiedung erschienen waren, fragte ich die beiden: „Wo habt ihr Markus denn dazu hingeschickt?"

Emilio pfiff sofort nach einem Taxi und zu dritt sind wir losgefahren, um Markus zu suchen. Der befand sich tatsächlich noch in dem Bordell, das ihm die beiden empfohlen hatten. Er ist in dieser Nacht zum Mann geworden. Seelenvergnügt saß er mit seinem Mädchen beim Frühstück. Auf meine Vorhaltungen, dass die Nadler tobe und schon gedroht habe, ohne ihn nach Deutschland zu fahren, sagte er zufrieden lächelnd: „Die alte Schachtel soll sich bloß nicht so anstellen, das war längst fällig. Das Geld dazu hat mir mein Vater gegeben. ‚Du musst es ja auch mal lernen', hat er zu mir gesagt."

***

Nach der Spanienreise haben die Kumpel zu Hause mich neugierig ausgefragt, was ich so alles erlebt hätte. Nach den Mädchen, dem Land und den Leuten, nach Essen und Trinken und wie es mir dort ergangen war?
Ich muss ihnen wohl so viel von diesem wunderschönen Land und seinen netten Bewohnern vorgeschwärmt haben, dass sie zustimmten, den nächsten Urlaub gemeinsam dort zu verbringen. Heiner, Klaus und ich, buchten für den Sommer 1961 drei Wochen Costa Brava. Das Fischerdorf Malpente de Mar war das Ziel. Zuerst wollten wir für einen anderen Ort in der Nähe buchen, aber dort gab es kein freies Hotel mehr. Die freundliche Dame vom Reisebüro empfahl uns, es doch in Malpente zu versuchen; sie spielte dadurch unbewusst ein klein wenig Schicksal. Das Hotel „Rivera" sei ihr persönlich gut bekannt, es genieße einen ausgezeichneten Ruf in der Gegend. Ein Zufall oder eine Laune des Schicksals: Malpente wurde für mich zu einem Ort, der mein gesamtes weiteres Leben entscheidend beeinflusst hat.

In meinem persönlichen Umfeld gab es nun so etwas wie einen Umbruch: Wir mauserten uns. Aus launischen „Halbstarken" wurden verantwortungsbewusste junge Menschen. Das ging nicht immer ganz reibungslos, aber der Trend war erkennbar. Zwei meiner Kumpels dienten bei der Bundeswehr, wir übrigen versorgten sie fleißig mit Fresspaketen und Zigaretten. Martin, mein Rivale vom Edersee, als es damals um die Gunst der kleinen Göre aus dem Ruhrpott ging, war bereits verheiratet. Freund Michel stand kurz vor der Hochzeit, seine zukünftige Frau befand sich in „guter Hoffnung". Ich hatte meine Lehrfirma verlassen und eine Stelle als Versuchs-Mechaniker angenommen. In der neuen Firma erkannte ich bald, wie wenig Wissen ich auf dem Gebiet der Elektrotechnik hatte. Von den wöchentlich zwei Stunden Physik in der Volksschule war nicht viel hängen geblieben. Mein neuer Chef, Herr Eder, be-

stärkte mich, ein Fernstudium in diesem Fach zu belegen und versprach mir seine Hilfe. Bei meiner Spanienreise hatte ich außerdem erkannt, wie wichtig es für einen jungen Mann ist, wenn er eine oder mehrere Fremdsprachen beherrscht, also habe ich auch einen Englischkurs in der Volkshochschule belegt.
Mein Großvater Georg war im Herbst überraschend gestorben und hatte meinen Eltern ein großes Grundstück hinterlassen, das bald darauf als Bauland ausgewiesen wurde. Das Gelände wurde verkauft und meine Eltern gaben mir einen Anteil von dem Geld. Jetzt konnte ich den Führerschein machen und mir den lang gehegten Wunsch nach einer Vespa erfüllen. Den Rest des Geldes habe ich bei unserer kleinen Bank angelegt. Einer meiner Freunde machte dort eine Ausbildung zum Bankkaufmann. Er redete mir zu, US-Dollars zu kaufen. Ein guter Tipp, wie sich bald noch herausstellen sollte, meine Dollars haben im Laufe der Jahre kräftig zugelegt.
Für mich begann eine sehr schöne Zeit. Die Grabenkämpfe mit den Eltern, die uns während meiner Pubertät oft viel Ärger eingebracht hatten, waren nun endgültig vorbei. Mein Studium füllte mich aus und ich war beschäftigt. Es gab nichts Spannenderes, als mit jedem neuen Lehrbrief wieder etwas über Elektrotechnik zu erfahren. Herr Eder hat mir viel geholfen und ich kam gut voran. Selbstverständlich hatte ich nun nicht mehr so viel Freizeit wie meine Freunde und musste öfter mal nein zu irgendwelchen Verabredungen sagen, aber es blieb mir noch genügend Zeit für Hobbys.
Ich meldete mich für einen Tanzkurs an. Meine Partnerin Claudia wohnte mit ihren Eltern in der Nachbarstadt. Wir kamen uns näher und sie wurde meine feste Freundin, wir „gingen" miteinander. Nach der Tanzstunde habe ich sie nach Hause gebracht. Es war zu dieser Zeit eine Auszeichnung und ein Beweis von sehr viel Sympathie, wenn ein junger Mann „sein" Mädchen heimbringen durfte. Oft machten wir dabei

einen Umweg durch den Stadtpark und haben auf einer Bank miteinander geschmust. Ich hatte mich in die hübsche Claudia verliebt und war selig über diese Entwicklung.
Manchmal bin ich mit meiner Vespa in das kleine Siedlungshaus nach Offenbach gefahren, um die Barcelona-Kontakte aufzufrischen. Mutter und Tochter haben sich jedes Mal über meine Besuche gefreut. Ausgehen konnte ich aber jetzt nur noch mit der Tochter, hier in der Heimat musste die Mutter für mich tabu sein. Eigentlich schade. Unser Kontakt ist erst abgebrochen, als die Tochter, aus Enttäuschung über mein Zögern, einen anderen Mann geheiratet hat. Dann war ich wieder der typische Einzelgänger. Mir wurde alles zu viel, die Kumpels, die Eltern, die Arbeit, mein Studium, selbst Claudia ging mir auf die Nerven. Ich habe es heftig bedauert, dass ich mein „Anderssein" nicht ausleben konnte, keinen „Freund" haben durfte. So gerne hätte ich wenigstens ein Mal mit einem jungen Mann geschlafen. Es gab doch so viele hübsche Kerle, täglich sind sie mir über den Weg gelaufen, aber nichts geschah. Dann machte ich mir die bittersten Vorwürfe: Warum hast du Idiot bei Christian Zeginer nicht die Gelegenheit genutzt?
Innerlich total zerrissen, schien meine Gefühlswelt außer Kontrolle geraten zu sein. Ich stand oft neben mir. Wäre es denn wirklich so schlimm, wenn ich einen festen Freund hätte, einen, der mich liebt und den ich auch lieben darf? Ich suchte verzweifelt nach diesem jungen Mann, war mir so sicher, dass es ihn irgendwo geben musste. Vielleicht hatte er ja auch nicht den Mut, den ersten Schritt zu wagen?
Es kam mir so verlogen vor, dass von mir erwartet wurde, meine Veranlagung zu verleugnen, ja, sie über viele Jahre hinweg brutal unterdrücken zu müssen.
Einmal habe ich all meinen Mut zusammengenommen und bin nach Frankfurt gefahren. Zuerst mit dem Bus, dann ab Neu-Isenburg mit der Straßenbahn. Ich wollte meine „Spu-

ren" verwischen. In Frankfurt schlug mein Herz bis zum Hals, als ich einen Taxifahrer nach einer „Herrenbar" fragte, ein Lokal, in dem nur Männer verkehren.
Er nannte mir eine Adresse, sehr höflich, wahrscheinlich bemerkte er, wie peinlich mir das alles gewesen ist. Ich ging also in das Schwulenlokal „Zur roten Laterne".
Das ist nicht deine Welt, PP! So bist du nicht und so willst du auch nicht werden. Diese grellen Typen mit ihren Frauenkleidern und geschminkten Lippen! Nein, mein Lieber, da gehörst du nicht hin. Enttäuscht bin ich wieder gegangen.
Also, weiter hoffen, hoffen, dass er mir eines Tages doch noch über den Weg laufen würde, der ganz natürliche junge Mann, der so ist wie ich, der auch Männer mag, aber keine Tunte ist. Aber es kam und kam keiner ...

***

August 1961, Frankfurt am Main, Hauptbahnhof, 15.42 Uhr. Pünktlich auf die Minute fuhr er ab, der „Alpen-See-Express". Ziel: Spanien, Costa Brava. Ein Zug voll mit fröhlichen Menschen, die sich auf ihren Urlaub in Spanien freuten. In jedem Abteil gab es Platz für sechs Personen. Nachts wurden die Sitze hochgeklappt, ein Page brachte Kissen und Bezüge und schon hatten wir eine Schlafstelle.
Wie sich im Gespräch ergab, wollte das mitreisende Ehepaar aus Hannover ebenfalls den Urlaub im Hotel „Rivera" in Malpente de Mar verbringen.
Am nächsten Morgen servierte uns der Page ein Frühstück. Vorbei an den schönen alten Städten Avignon, Nimes, Montpellier; durch die einzigartige Landschaft Südfrankreichs näherten wir uns bei Séte dem Mittelmeer. In dem kleinen Grenzstädtchen Port Bou mussten wir in einen anderen Zug umsteigen. Die spanische RENFE hat eine andere Spurweite als die Deutsche Bundesbahn.

Nachmittags gegen 16.00 Uhr erreichten wir unseren Zielbahnhof Malpente de Mar. Mit uns ausgestiegen ist nur noch das Ehepaar aus Hannover. Am Bahnhof empfing uns ein hochgewachsener, schlanker Mann, Señor Alfonso Hermandes, Inhaber und Direktor des Hotels. Er begrüßte seine neuen Gäste mit der ihm eigenen Grandezza und einem Schuss vorhandener, aber nicht zu stark ausgeprägter Arroganz. Die Spanier nennen diesen Charakterzug „Stolz".

Das „Rivera", direkt am Strand gelegen, von diesem nur durch die Eisenbahnlinie und den „Paseo de la Playa" – der Strandstraße – getrennt, war ein gut geführtes Hotel mit familiärer Note. In der Hotelbar wurden wir nochmals vom Direktor begrüßt und mit den Personen bekannt gemacht, mit denen wir es in den nächsten drei Wochen zu tun haben würden. Da gab es zunächst den Chefportier Jan Koistra, ein Holländer, und seine Assistentin Señorita Mercedes, dann den Oberkellner Domingo, der zeigte uns einen Tisch im überdachten Innenhof, an dem wir unsere Mahlzeiten einnehmen sollten.

Wir bezogen ein Drei-Bett-Zimmer im zweiten Stock mit einem tollen Ausblick in den mit Palmen und Hibiskus bepflanzten „Patio" – den Innenhof. Das Zimmer war einfach und zweckmäßig eingerichtet, großes Bad mit Dusche, Badewanne, Waschbecken und Bidet, Toilette separat. Gebucht hat man damals meistens Halbpension, also Frühstück und Abendessen. Ab 20 Uhr wurde das Abendessen serviert, in Spanien isst man im Sommer, bedingt durch die große Hitze, abends sehr spät. Zum Essen wurden damals noch kostenlos Getränke, Bier, Rot- oder Weißwein, Mineralwasser und Säfte, gereicht. Das Vier-Gänge-Menü war gut und schmackhaft, eingedeutschte mediterrane Kost.

Nach dem Essen ab in die Hotelbar. Die Bar war eine Wucht, ein mindestens 20 Meter langer Tresen mit bequemen Barhockern. In den Regalen Hunderte von Flaschen mit allen er-

denklichen Sorten Likör, Schnaps und Cognac. Sorten, von denen ich zuvor noch nie etwas gehört hatte.
Um diese Uhrzeit gab es an der Bar keine freien Plätze mehr, wir erwischten gerade noch einen kleinen Tisch und bestellten zur Feier des Tages eine Flasche Sekt für 50 Peseten – ca. 3,50 DM, ein Preis, von dem wir zu Hause nur träumen konnten.
Nach und nach wurde die Bar leerer und wir immer lustiger. Inzwischen saßen wir auch am Tresen und hatten schon einige Flaschen von dem guten Sekt intus. Zu später Stunde machten wir noch die Bekanntschaft eines netten spanischen Ehepaares. Der Señor stellte sich, in fast akzentfreiem Deutsch, als Vincente Pasquale, seine hübsche Frau mit Carmen vor. Sie hätten im Dorf eine Wohnung, stammten aber ursprünglich aus Barcelona. Er arbeite dort als Pharmavertreter im Außendienst und betreue die Ärzte im Norden Spaniens. Carmen versorge ihre beiden minderjährigen Brüder, die im Ort zur Schule gingen. Da Carmens Eltern früh verstorben waren, lebten die Buben bei ihr und ihrem Mann. Vincente, so sollten wir ihn ansprechen, bestellte irgendeinen Schnaps, der nach Anis schmeckte und erzählte mehr beiläufig: „Wir besitzen drüben am Strand eine kleine Bar, „La Cabaña". Das Lokal ist bis Einbruch der Dunkelheit geöffnet. Meine drei Angestellten sind zuverlässig und bestehlen mich nicht. Das ist hier bei uns eher die Ausnahme. Julio und Manuel sind meine Kellner und Paco spielt den Koch. Manuel ist Gold wert, er bringt uns die Mädchen ins Lokal, die laufen ihm nur so nach. Ein hübscher 20-jähriger Bursche, manchmal vielleicht etwas zu still und sentimental, als wenn er irgendetwas vermissen würde. Carmen nimmt an, er würde auch auf Männern stehen. Ich weiß es nicht genau, es wäre durchaus denkbar, aber egal. Er hat bei Julio im Haus ein schönes Zimmer und jede Menge Mädchen. Was will so ein junger Mann denn mehr?"

Um 2 Uhr nachts sind wir in unsere Betten gefallen, spät genug für unseren ersten Urlaubstag und nach der anstrengenden Bahnfahrt.

***

Am nächsten Morgen, gleich nach dem schmackhaften Frühstück, wollten wir schnellstens zum Strand. Ein erfrischendes Bad und anschließend ein kühles Bier schienen dringend geboten. In dieser Reihenfolge genau das Richtige nach dem vielen Sekt vom gestrigen Abend. Und dann hatte dieser Vincente auch noch diesen fuseligen Anisschnaps auffahren lassen … Verfluchter Spanier, mir fehlten einige Meter Film. Es war alles so, wie Vincente es beschrieben hatte. Die Straße entlang der Bahnlinie, der Übergang zum schönen breiten Sandstrand und hier, direkt mitten auf dem Strand, seine Hütte. Bei der Ankunft am Vortag war sie uns gar nicht aufgefallen.

Das Bad im Meer, köstlich erfrischend, machte unsere verkaterten Köpfe wieder frei. Wieder einigermaßen klar im Hirn, wandten wir uns der Hütte und damit dem Bier zu.

Die Hütte, ein flacher, mit Wellblech gedeckter Holzbau, duckte sich unter einen schattigen Pinienhain. Es gab einen großen Raum mit der für Spanien so typischen Bar, gefüllt mit alkoholischen Getränken, die ein normal sterblicher Mensch gar nicht alle kennen kann. Nebenan eine kleine Küche mit Vorratsraum. Nach Süden und Osten, zum Meer hin, eine offene Terrasse. Draußen, auf dem Strand, Dusche, Toiletten und Umkleideräume. Als wir eintraten, begrüßte uns ein großer, kräftiger Mann. Das musste Julio sein.

„Buenos dias, Señores. Como esta usted."

„He, was maant der Typ? Kannst du des verstehe", wandte sich Heiner fragend an mich. Nun konnte ich endlich mit meinen bescheidenen Spanischkenntnissen prahlen.

„Er wünscht uns einen guten Morgen und fragt, wie es uns geht", antwortete ich Heiner und dann wieder an Julio gewandt: „Gracias Señor muy bien. Tres Bottelles de Cervessa por favor, San Miguel."
„Drei Bier für die Caballeros, un momentito. Du spreche sehr gute spanisch."
„Ein wenig, so lala."
Aus der Küche kam kichernd ein kleines Männchen und blickte uns mit seinen listigen Augen neugierig an. Julio brachte das Bier. Der Kleine, anscheinend Paco, der Koch, in Personalunion Schrankenwärter bei der RENFE, den spanischen Staatsbahnen, lächelte verschmitzt. Er trug eine Art Uniform, dazu auf dem Kopf eine blütenweiße Kochhaube. Über der Bar befand sich eine Klingel. Immer, wenn ein Zug erwartet wurde, fing sie an zu läuten. Blitzschnell tauschte Paco dann seine Haube gegen eine abgewetzte rote Bahnmütze aus, sprang wieselflink über den Strand und leierte die Schranken herunter. War der Zug durch, gingen die Schranken wieder hoch und Paco eilte zurück an seinen Herd. Das Problem war nur, wenn er etwas in der Pfanne hatte, musste ein anderer einspringen. Bei Hochbetrieb kam es schon mal vor, dass einer der Gäste kurzzeitig den Koch spielen musste. Das machte aber gerade den Charme der „Cabaña" aus, hier wurde immer irgendwo improvisiert und niemand schien dabei unzufrieden zu sein. Die Urlauber wussten Herzlichkeit und Gastfreundschaft dieser einfachen Leute zu schätzen. In dieser bescheidenen Hütte wurden oft Freundschaften geschlossen, die ein Leben lang hielten.

Nachdem der Nachbrand vom gestrigen Abend gelöscht war, habe ich mich draußen etwas umgesehen. Hinter der Hütte, gegenüber dem Hotel, befanden sich schilfgedeckte Schattendächer mit Liegestühlen, die gehörten zu unserem Hotel. Der Hausdiener Juan servierte den Gästen dort kühle Drinks. Dahinter begann der wilde Teil des Strandes. Auf dem vorderen Abschnitt konnte man für wenige Peseten Sonnenschirme und Liegestühle bei Lorenzo, dem alten Fischer, mieten. Einen Liegestuhl brauchte ich nicht, aber ein Sonnenschirm wäre für die ersten Tage schon angebracht.

Lorenzo rammte mir den Schirm in den Boden und spannte ihn auf. Ich hatte gerade begonnen, mich mit Sonnenschutz einzucremen, als alle meine „Männersensoren" Alarm gaben. Über den Strand lief ein junger Mann, etwa in meinem Alter, nicht allzu groß, aber was für eine Traumfigur! Ein Körper, als hätte er Michelangelo Modell für den David gestanden. Das ist einer wie ich, schoss es mir durch den Kopf. Der mag auch Jungen. Wie der sich gibt, seine ganze Haltung, da täuschst du dich nicht. Mit dieser hochnäsigen Lässigkeit, mit diesem „Ihr könnt mich alle mal"-Blick stolzierst du doch selbst auch oft genug durch die Gegend.

Er ging, freundlich nach hier und dort grüßend, auf die Hütte zu. Das ist gewiss dieser Manuel, von dem Vincente gestern Abend gesprochen hat. Er trug rosa Shorts und ein weißes Polohemd, eine super elegante Sonnenbrille rundete sein perfekt gestyltes Erscheinungsbild ab. Nur die Haare, seine tiefschwarzen Haare hatte er mit Gel an den Kopf geklatscht, das passte gar nicht zu ihm.

In mir herrschte allerhöchste Alarmstufe. Mann oh Mann, das ist er, auf diesen Typen hast du all die Jahre gewartet! Jetzt nur nichts falsch machen, du kannst dich auch täuschen, vielleicht steht er ja doch nicht auf Männer oder er hat bereits einen festen Freund? Eventuell gefällst du ihm ja gar nicht, obwohl … Meine Gedanken überschlugen sich, aber wenn es darauf ankam, habe ich bisher immer einen kühlen Kopf bewahren können. Also, auf geht's …

Die Kumpels waren beschäftigt, Heiner knobelte mit Julio und einigen Touristen in der Hütte um Bier, ich hörte ihn lachen. Wenn er gewann, hat er immer gelacht. Klaus befand sich mit seiner neuen Fotoausrüstung auf Motivsuche im Ort.

Der hübsche Spanier bediente auf der Terrasse. Ich suchte mir einen Platz, zündete eine Zigarette an und wartete gespannt auf ihn. Er trug inzwischen nur noch eine schwarze eng anliegende Badehose und kam gelangweilt an meinen Tisch geschlendert. Himmel, Junge, was machst du denn mit mir? Provozierend fragte er mich: „Si, por favor, Señor?"
Aber der Blick aus seinen dunklen Augen, dieser Blick strafte ihn und seine aufgesetzte Teilnahmslosigkeit Lügen. Sein Blick bekundete Neugier und Interesse an meiner Person. Ein grandioser Schauspieler, dieser Manuel.
Ja, was trinke ich denn? Egal, irgendwas, wenn ich nur mit ihm reden kann. „Por favor, un Jerez, camarero." (Einen Sherry bitte, Herr Ober.) Jetzt bestelle ich auch noch Sherry, dabei ich trinke doch viel lieber Gin Tonic. Der Typ da macht mich noch ganz konfus.
„Seco, duce, doloroso, Señor?"
Ist mir doch egal, ob das Zeug süß oder sauer schmeckt, du bist süß, das genügt mir fürs Erste, und du hast längst bemerkt, wie es um mich steht! Sage ich halt was, sonst hält der mich noch für einen Stoffel.
„Seco, camarero."
„Muchas gracias, Señor."
„De nada, camarero." Eitler Gockel, spanischer! Bringst mich ganz durcheinander.
Ich fühlte Schmetterlinge im Bauch und wurde ganz unruhig. Dann kam er mit meinem Sherry und mir wurde abwechselnd heiß und kalt.
„Un Jerez, salut, Señor."
Da platzte mir der Kragen, meine Anspannung benötigte ein Ventil: „Lass das doch mit dem blöden Señor oder siehst du hier am Tisch einen Herren sitzen? Ich bin der PP. Meine Freunde und ich haben gestern Abend mit eurem ‚jefe' Vincente und seiner Frau Carmen drüben im Hotel gefeiert. Er hat uns von euch erzählt und du bist doch sicher der Manuel."

„Si, si, der bin ich. Was hat er denn so alles erzählt?"
„Dass du der Saisongockel von Malpente bist und kein Mädchen vor dir sicher wäre."
„Sonst nichts? Was bitte ist ein Saisongockel? Ich kenne diesen Ausdruck nicht."
Ich habe ihm den Begriff erklärt und er hat sich halbtot gelacht.
„Ich habe aber auch noch andere Wünsche und Interessen."
„So, so. Welche denn? Da bin ich aber mal neugierig."
Aus der Hütte tönte ungehalten die gewaltige Stimme von Julio: „MANUEL! Muchas trabacho, wir haben Gäste, komm endlich arbeiten!"
„Das ist Julio, der nervt schon wieder. Komm bitte um 15 Uhr ins Café am Bahnhof, dort drüben bei der Schranke. Ich habe dann Pause und wir können ungestört miteinander reden. Adios, Amigo, ich würde mich freuen, wenn du kommen könntest."
„Adios, Manuel, hasta pronto."

Wäre es doch nur schon 15 Uhr! Ich zählte die Minuten, konnte mich durch nichts ablenken. Die Zeit zog und zog sich wie Gummi, so träge. Beim Mittagessen bekam ich von meinem Freund Klaus einen Rüffel. „Warum bist du denn so zappelig?", fragte er mich ungehalten.
Wenn der wüsste, wie es in mir aussieht? Mir ging der hübsche Kellner nicht mehr aus dem Kopf. Um halb drei bin ich schon losgegangen, dabei waren es bis zum Bahnhof höchstens fünf Minuten Fußweg.
Im Café befanden sich jetzt zur „Siesta" kaum Gäste. Nach unseren Begriffen handelte es sich eigentlich mehr um eine Bar. In einer Ecke saßen einige ältere Männer bei Vino Rosso und Domino. Der Raum war angenehm kühl, ganz im Gegensatz zur brütenden Hitze draußen am Strand. Bei der Señora bestellte ich mir „café con leche" – Milchkaffee. Die ganze Familie Ruiz schien irgendwie ihr Geld mit dem Tourismus zu verdienen. Die alte Señora Ruiz führte das kleine Café,

Vater Ruiz war Bahnhofsvorsteher und Taxifahrer; er besaß das einzige Taxi im Dorf. Sohn Claudio vermietete seine Pferde an Touristen.

Als ich mit dem Reiten in den nächsten Jahren Fortschritte machte, haben wir so manche schöne Tour zusammen gemacht, und er wurde bald ein guter Freund.

Noch 20 Minuten bis drei Uhr und von Manuel keine Spur. Ich habe mich gefragt, ob das wirklich die Wahrheit sein konnte oder ob ich nur träumte. Gleich am ersten Urlaubstag begegnete mir dieser tolle Typ. Er schien tatsächlich „einer von uns" zu sein. Warum bestellte er mich denn sonst hierher? Das war fast schon zu viel Glück auf einmal, aber ich hatte auch so viele Jahre darauf warten müssen, und nun so ein Juwel von Kerl ... Zuerst ein leises, dann immer stärker anschwellendes Geräusch näherte sich dem Lokal. Manuel kam mit dem Motorrad über den Paseo de la Playa zum Café. Er betrat den Raum, sah mich am Tisch sitzen und rief mir strahlend zu: „Hola alemán. Buenas tardes Donna Ruiz, un café con leche por favor."

„Un momentito, Señorito Llancer", antwortete ihm die alte Dame.

„Da hörst du es selbst: ‚Herrchen' sagt die Señora zu mir! Ich bin noch gar kein richtiger Mann, man muss mich erst dazu machen. Und Milchkaffee mag ich auch, genau wie du. Da haben wir doch schon was Gemeinsames. Wartest du schon lange auf mich, alemán."

„Nein, ich bin auch eben erst gekommen. Aber nenn' mich bitte nicht alemán, Manuel, ich habe einen Namen. Wieso sprichst du so gut deutsch, fast ohne jeden Akzent?"

„Mein Großvater bestand darauf, dass ich eine deutsche Schule besuche. In Gerona gibt es eine, dort bin ich sechs Jahre lang Schüler gewesen. Ich werde Pedro zu dir sagen, du bist zwar kein Spanier, aber Pedro passt irgendwie zu dir. Du hast so etwas, was mich neugierig macht, sehr neugierig sogar. Bei unseren spanischen Mädchen wirst du gut ankommen, die mögen blonde Kerle wie dich, aber erst bei den Männern, o là là."

„Willst du mich verarschen? Ich bin ein ganz normaler junger Mann. Zu Hause in Deutschland sagen meine Freunde PP zu mir und das mit den Männern, was meinst du denn damit, Manuel?"
„PP, das klingt ja wie Benzin! Furchtbar! Da passt Pedro viel besser zu dir. Und tu doch nicht so, als hättest du nicht längst gemerkt, was Sache ist. Du hast mich durchschaut und ich dich. Den ganzen Vormittag bin ich schon ganz durcheinander. Du bist doch so einer wie ich, du magst Mädchen, aber … aber auch junge Männer gefallen dir. Jetzt sag schon endlich ja. Du bist mir sofort aufgefallen, heute Morgen, als du dastandest, während dir Lorenzo den Sonnenschirm gebracht hat, blond und sexy. Ich konnte es kaum erwarten, bis du in die Hütte gekommen bist. Drei Gläser habe ich vor Aufregung fallen lassen. Jetzt antworte mir doch, sag, ob das alles stimmt, was ich mir da zusammenspinne! Wenn nicht, dann entschuldige bitte. Hast du was mit einem deiner Freunde?"
Na der geht ja ran, der hat's sicher nötig, der lässt nichts anbrennen.
„Kann es sein, dass du mit mir gerade zu flirten anfängst? Und Fragen stellst du, Mann oh Mann, aber ich kann dich beruhigen, meine Freunde sind hetero. Ich … ich weiß zwar nicht, warum ich dir das erzählen soll, ich kenne dich ja kaum, aber ich bin … so, wie du annimmst. Ich kann mit Mädchen und mit Jungen. Du bist mir heute Morgen auch sofort aufgefallen, als du über den Strand gekommen bist."
„Wäre das mit dem Flirten denn so schlimm für dich, schöner Mann aus Deutschland? Meistens flirte ich ja nur mit den Mädchen, aber bei einem Typ wie dir …"
„Du Spinner, jetzt bringst du's aber." Ich ging auf seinen leichten Ton ein, er gefiel mir, ein Typ, wie für mich gemacht. Wir mussten beide herzlich lachen, das Eis war gebrochen. Ist er der Junge, auf den ich so lange gewartet habe?

„Ich möchte dich näher kennen lernen, Manuel. Du gefällst mir."
„Da geht es dir genau wie mir. Lass uns mal zusammen ausgehen, heute Abend vielleicht? So ein Zufall, dass ihr gerade hier euren Urlaub verbringt, das sollten wir ausnutzen."
„Na, du gehst aber ganz schön ran, mein Lieber! Machst du das mit jedem, der dir gefällt? Da kommt in der Saison ja allerhand zusammen ..."
„No, no, madre de Dios, lass mich doch ein wenig drauflos flirten. Ich bin bei Männern sonst eher zurückhaltend. Aber hier, mit dir, ich bin so aufgeregt, mir pocht mein Herz bis zum Hals. Du glaubst ja gar nicht, wie aufregend das ist, wenn man immer wieder hofft, einen zu treffen, der einem gefällt. Mit den Mädchen ist es ja recht schön und mir laufen sie direkt nach, aber das andere in mir ... das mit den Jungs ... Ich wollte schon immer mal einen wie dich kennen lernen, Pedro."
„Ja, meinst du denn, mir ist es anders ergangen? Ich habe mich bisher nur nicht getraut. Manchmal halte ich es fast nicht mehr aus, da tut es richtig weh. Bei uns zu Hause machen die Leute immer nur blöde Witze über Schwule. Einmal hätte ich mit einem schlafen können, aber da fehlte mir der Mut. Inzwischen ist es mir egal, was die Leute von mir denken. Wenn der Richtige kommt, lebe ich meine Gefühle aus, und wenn die anderen denken, PP ist schwul, dann sollen sie mich doch! Ich möchte mich nicht länger verstecken, nur weil ich auch mal mit einem Mann schlafen möchte."
„Du hast den Richtigen gefunden, er sitzt hier bei dir am Tisch. Glaub mir, Pedro, ich kann es kaum erwarten, mit dir allein zu sein und dich ... anfassen zu dürfen. Nicht böse sein, weil ich so offen bin und meine Wünsche so frei herausplaudere. Du denkst bestimmt, der will mich nur anmachen, der hatte bestimmt schon viele junge Männer, aber nein, keinen einzigen. Deshalb bin ich ja so aufgeregt und zähle die Stunden bis zum Abend. Wir sind doch heute Abend zusammen, Pedro, oder?"
„Ja, ich hoffe es. Du hast doch Zeit und nichts Wichtigeres vor?"

„Wie könnte ich denn, heute bist du mir wichtiger als alles andere hier. Lach' mich jetzt bitte nicht aus, wenn ich ins Schwärmen komme, wir Südländer sind eben so. Ich habe mich heute Morgen in dich verliebt, von der ersten Minute an hast du mir gefallen."
So war Manuel, den musste ich ganz einfach gern haben, Herzensbrecher und Charmeur in einer Person. Er wusste das auch und setzte es gnadenlos ein. Mir hat seine Art sofort gefallen, ich konnte ihm deshalb ohne Bedenken antworten: „Da geht es dir wie mir, Manuel."
Und das stimmte wirklich, ich hätte es nie für möglich gehalten. Es war die Liebe auf den ersten Blick, die ich für diesen jungen Mann da an meinem Tisch empfunden habe. Eine Liebe, so heftig und schön. Wäre mir Manuel Llancer in Frankfurt, Darmstadt oder sonst irgendwo begegnet, wahrscheinlich wäre ich an ihm vorbeigelaufen. Aber hier, in der Leichtigkeit des Südens, passte alles zusammen, da konnte ich endlich meine Scheu ablegen. Mir schlug mein Herz jedes Mal bis zum Hals, wenn ich ihn nur ansah. Mir wurde heiß und kalt, wenn er mich anfasste. Es war ein Zustand von Liebe und Begehren, Lust auf seinen sinnlichen Körper, Sehnsucht nach ihm, wenn wir uns fern waren. Dieser Zustand ist geblieben, so lange wir zusammen sein durften. Es hat sich nie etwas daran gerändert. Im Gegenteil, unsere Liebe wurde immer intensiver, hielt über seinen Tod hinaus bis zum heutigen Tag.

Für den Abend schlug er vor, dass wir alle zusammen – er, Heiner, Klaus, ich und ein paar Mädchen, er kannte ja genug – in das Zigeunerlokal „El Kau" zum Tanz gehen sollten. Wenn sich Heiner und Klaus mit den Mädchen etwas bekannt gemacht hätten, könnten wir beide uns heimlich verdrücken, um allein zu sein.
„Ich kenne eine wunderschöne Bucht, da kommt nachts niemand hin, dort sind wir ungestört. Wir müssen nur schnell

mein Motorrad zum Zigeuner bringen, da zeige ich dir gleich den Weg. Du kommst mit deinen Freunden dorthin, ich bringe ein paar von meinen „Kusinen" mit. Sagen wir, so gegen 22 Uhr treffen wir uns."
In den folgenden Jahren habe ich mich immer wieder gefragt, wieso wir uns so schnell mitgeteilt, unser tiefstes Inneres sofort preisgegeben haben? Kein langes Kokettieren, wie es sonst üblich ist. Gerade in Männerbeziehungen zieren sich die Partner oft sehr lange, bis sie ihre wahren Gefühle offen zugeben. Wir stellten keine langen Fragen nach Herkunft und Familie, nur das Hier und Heute zählte, wir fühlten instinktiv, für langes Gerede war unsere Zeit zu knapp bemessen. Ich habe für unser schnelles Handeln nur die eine Erklärung: Hier an diesem Strand, an diesem Tag, in diesen Minuten haben sich zwei junge Männer getroffen und jeder hat in dem anderen sich selbst erkannt. Jahrelanges Verdrängen, Verbergen, Lügen sollte ab jetzt ein Ende haben. Ab hier würde es leichter werden, ab hier würden wir uns gegenseitig helfen.

***

Nun war also geschehen, worauf ich so lange gewartet hatte, ich hatte mich in einen jungen Mann verliebt und er sich in mich. Am Abend würden wir zusammen sein und ich würde erfahren, wie das ist mit einem Mann, wie er sich anfühlt. Eigentlich hätte ich glücklich sein müssen, wären mir da nicht wieder meine Zweifel gekommen: Ist es denn überhaupt möglich, sich als Mann in einen anderen Mann zu verlieben? Stehen nicht Kultur und Religion dieser Liebe im Weg? Sehen manche Menschen dies nicht als Krankheit oder als eine Verirrung der Schöpfung an, die man „heilen" muss? Ich fühlte mich aber in diesen Minuten alles andere als krank. Seit ich Manuel Llancer über den Strand kommen sah, begehrte ich ihn, sehnte mich nach seinen Händen, nach seinem schönen

Körper. Nicht nur wegen der wenigen Minuten, in denen wir in höchste Verzückung gerieten, nein, auch seine Nähe war mir wichtig. Wer ehrlich liebt, braucht dazu den ganzen Menschen, nicht nur gewisse Körperregionen.

***

Am Abend ist alles so gelaufen, wie Manuel es geplant hatte. Heiner und Klaus fanden die beiden Engländerinnen toll. Mit der Sprache haperte es zwar noch etwas, doch einige Gläser Sekt halfen mit, das Problem zu lösen. Die Sprache der Liebe ist immer einfach zu verstehen.
Der Wirt des „El Kau" und sein Lokal: eine Schau! Es lag etwas außerhalb des Ortes, war aber gut zu erreichen. Man durfte nur den kleinen Weg durch den breiten Schilfgürtel nicht verpassen, sonst lief man vorbei. Der Zeit entsprechend romantisch eingerichtet, fand es sofort unsere Sympathie. Schwere Granitplatten und Weinfässer dienten als Tische, roh gezimmerte Bänke und Stühle waren zum Sitzen gedacht. Bunte Lampen, Fischernetze und ein altes Ruderboot bildeten das übrige Ambiente. Eine von unten erleuchtete gläserne Tanzfläche und die Zigeunerkapelle sorgten für eine Stimmung, die durch nichts zu übertreffen war. Spanien olé!
Das Lokal war um diese Zeit bereits gut besucht, für Manuel und sein Gefolge gab es aber noch freie Plätze. José, der Wirt, ging von Tisch zu Tisch und machte seine Späße. Wir haben ihn später nur den „Mäusekönig" genannt, weil seine Frau, so versuchte er uns jedenfalls einzureden, ihre vortreffliche andalusische Paella mit dem Fleisch von Mäusen zubereiten würde. Ein schlimmer Gedanke, aber, so sagte er, das sei bei den Zigeunern so üblich. Ich glaube, er wollte uns nur einen Bären aufbinden. Wir haben später noch oft bei ihm gegessen und die Gerichte von Señora Inés sind stets schmackhaft und frisch auf den Tisch gekommen.

Um in Manuels Bucht zu kommen, brauchten wir etwa 15 bis 20 Minuten mit dem Motorrad. Sie lag gut versteckt hinter einigen großen Felsen, man konnte sie vom übrigen Strand nicht einsehen. Wer sich in der Bucht aufhielt, hatte nach Süden hin den Blick frei über die kilometerlange flache Küste. Nach Norden hin war das Ufer ziemlich unzugänglich, hier begann bereits die Steilküste der Costa Brava.

In den beiden Packtaschen seines Motorrades war alles drin, was wir für den Rest der Nacht benötigen würden: Handtücher, Decken, Wein, Brot, Käse. Mano, wie ich ihn nun zärtlich nannte, war ein Zauberer. So etwas hatte ich vorher noch nie erlebt, ja, nie zu hoffen gewagt. So viel Zärtlichkeit, so viel Hingabe! Ich war überwältigt. Ein faszinierender Mann, dieser bescheidene spanische Junge, so liebevoll und einfühlsam. In seiner stillen Bucht erfüllten sich meine Sehnsüchte, meine geheimsten Wünsche. Die Zweifel, die mich am Nachmittag noch gequält hatten, waren verflogen. Ich hatte alles richtig gemacht. Die laue Nacht, das Meer und immer wieder die Lust auf den Körper des Geliebten. Wir beide waren so glücklich; endlich hatten wir den gefunden, in dessen Armen wir all das fanden, was wir so lange vermisst hatten. Diese Nacht zählt mit zu dem Schönsten, was ich je erleben durfte. Wenn ich in späteren Jahren total am Boden zerstört war, der Gedanke an unsere erste gemeinsame Nacht in der Bucht hat mich immer wieder aufgerichtet.

Als wir die Bucht verließen, fing es schon an, zu dämmern. Beim Hotel angekommen, wurde es bereits hell. Unser Schlüssel hing noch beim Portier, das bedeutete, Heiner und Klaus waren noch nicht auf dem Zimmer, also noch immer mit den Mädchen unterwegs. Manuel wünschte mir eine gute Nacht und schlug vor, dass wir uns um 15 Uhr im Café am Bahnhof treffen. Den Vormittag habe er frei. Das klang mir fast zu cool nach diesen wunderschönen Stunden in der Bucht. Ich

sagte auch nur: „Gute Nacht, Mano." Ich musste ihm einfach Zeit lassen, alles war noch so neu für uns.
Dann ist es aus ihm herausgesprudelt: „Pedro, denk nur nicht, ich bin nicht glücklich. So etwas Schönes, wie eben mit dir, das habe ich noch nie erlebt, nie gehofft, es je erleben zu dürfen. Bei uns wird Sex zwischen Männern hart bestraft. Für das, was heute Nacht mit uns geschehen ist, würde ich aber freiwillig zehn Jahre ins Gefängnis gehen."
Zärtlich habe ich ihn umarmt und ihm dabei über seinen hübschen Kopf gestreichelt: „Ruhig, ganz ruhig, Amigo, geh jetzt schlafen. Du musst nichts mehr sagen, mir geht es wie dir. Wir haben heute Nacht unsere andere Seite kennen gelernt, wir sind in unserem anderen Leben angekommen. Wir durften in den letzten Stunden so viel Schönes erfahren, das müssen wir innerlich erst verarbeiten."

***

Gegen 11 Uhr bin ich mit einem unbändigen Hunger aufgewacht. Mir war so wohl in meiner Haut, ich hätte einen ganzen Wald ausreißen können, am liebsten alle Bäume gleichzeitig. Meine beiden Freunde und Zimmergenossen fehlten immer noch. Jetzt eine Runde schwimmen, dann soll mir Paco drüben auf der Terrasse ein kräftiges Frühstück richten. Eier, Schinken, Garnelen, Brot, Obst und Kaffee, viel starken Kaffee, danach vielleicht ein Glas Sekt oder Wein.
Paco brachte lachend die bestellten Köstlichkeiten und rief mir ganz stolz zu: „Que aprovece, guten Appetit, Señor Pedro, du alter Sack."
Ich musste lachen. Das mit dem „alten Sack" hatten sie ihm gestern beim Würfeln beigebracht, der arme Kerl wusste gar nicht, was er da von sich gab.
Um 13 Uhr kamen Heiner und Klaus und schwärmten von Manuels englischen „Kusinen". Es wurde ein gemütlicher,

schöner Nachmittag. Später haben wir oft gesagt, hier wurde der Grundstein für unsere berühmten „spanischen Nachmittage" gelegt. Einfach nach dem Mittagessen sitzen bleiben, den Tag genießen. Das Leben konnte so schön sein, wir brauchten so wenig zum Glücklichsein.

Wir genossen später noch viele solcher Nachmittage in unserer kleinen Stadt am großen Meer. Der Sohn vom alten Lorenzo spielte auf seiner Gitarre traurige spanische Lieder von Liebe, Sonne und Meer. Wir sangen sie mit, ohne den Text richtig zu kennen, rauchten lange dünne Zigarillos und tranken schweren roten Wein – „Sancre de Toro", Stierblut.

Manuel stieß um 15 Uhr zu uns, er sah uns auf seinem Weg zum Café auf der Terrasse sitzen. Er ging auf mich zu, umarmte mich und sagte unmissverständlich in die Runde: „So, dass ihr es alle sehen könnt, ich mag euren PP sehr gern, er ist jetzt mein Pedro. Wem das nicht passt, der kann gehen. Es braucht mir auch keiner mit den üblichen Geschichten von Homos und Schwuchteln zu kommen, so sind wir beide nicht und das wisst ihr auch. Wir haben uns verliebt, das genügt fürs Erste. Basta!"

Sein „Geständnis" hat der Stimmung nicht geschadet, ganz im Gegenteil, die Terrasse wurde voller und voller. Aus unserer guten Laune heraus wurde eine Idee geboren, die viele Jahre Bestand hatte. Julio hatte sie als Erster. Er, Paco und Manuel machten „Urlaub on the Beach", wie er das in seinem holprigen Sprachenmischmasch nannte. Ein, zwei Stunden am Tag wurden die Rollen vertauscht, die drei sonnten sich am Strand auf unseren Luftmatratzen, während wir ihre Gäste in der „Cabaña" bedienten. Das ist so ein toller Erfolg geworden, alle waren begeistert, am meisten Vincente, denn unsere Umsätze konnten sich sehen lassen. Wenn meine Kumpels und ich hinter dem Tresen standen, war die Bude voll und der Durst war groß. Mir ist bis heute noch nicht klar, warum das so gewesen ist.

Drei Wochen Urlaub sind eine lange Zeit, doch sie vergehen so schnell. Was macht man in einem Land wie Spanien? Essen, trinken, baden, faulenzen. Man macht Ausflüge nach Barcelona zum Stierkampf. Man besucht vielleicht den Botanischen Garten in Blanes. Man macht eine Schiffsfahrt entlang der Costa Brava. Man besichtigt Kirchen und Klöster. Oder man macht gar nichts, liegt den ganzen Tag nur faul in seinem Liegestuhl herum, jeder so, wie er mag. Manuel musste arbeiten, uns blieb trotzdem noch genug Zeit für die Liebe. Wenn es in der Hütte ruhiger wurde, legte er die Platte „Maria-Maria" aus der „Westside Story" auf. Für mich das Zeichen: Jetzt hat er Zeit für dich.
Nachts sind wir oft in seine kleine Bucht gefahren. Nachmittags zwischen 15 und 16 Uhr verbrachten wir die ruhigste Stunde des Tages, die Siesta, in „unserem" Café am Bahnhof.

Der Abschied sollte groß gefeiert werden. Manuel hat uns nach Llorett de Mar in ein Lokal eingeladen, das weit und breit für seine guten Grillhähnchen bekannt war. Wir hatten am Abend zuvor schon Abschied in der Bucht genommen. Wir mussten uns trennen, es ging nicht anders. Ich habe ihm fest versprochen, im nächsten Jahr wiederzukommen. Er versprach mit Charme und südlichem Temperament: „Pedro, ich werde nie einen anderen Mann lieben, aber bei den Mädchen, da kann ich dir nichts versprechen."
Ich hatte keine Einwände, auch ich würde zu Hause nicht wie ein Mönch leben. Mädchen, ja, die sind erlaubt, junge Burschen, nein, die sind tabu. Das Versprechen haben wir uns gegeben. Wir dachten, man könne die Liebe teilen, mussten aber im Laufe der Jahre erkennen, dass dies so nicht möglich ist.
Mit dem Taxi sind wir nach Llorett gefahren und mit einem Lastwagen zurück nach Malpente. Nach den Hähnchen kam der Sekt und wir vergaßen die Zeit. Als wir endlich aufbrachen, gab es kein Taxi mehr. Das brachte uns auf die glorreiche Idee,

zum Stand zu gehen und uns dort ein Boot zu suchen, um nach Hause zu rudern. Doch Fischerboote sind schwer, so schwer, dass wir sie keinen Meter bewegen konnten. Manuel trieb irgendwo einen Mann mit einem LKW auf, der brachte uns für ein paar Peseten bis zum Eingang des „Rivera".
Klaus hatte mir auf der Fahrt zugeflüstert: „Es muss ja mal raus, wir haben längst bemerkt, was zwischen dir und Manuel abläuft. Ihr liebt euch tatsächlich. Wir haben nichts dagegen einzuwenden, du bist unser Freund und damit Schluss. Wenn Manuel eure letzte Nacht bei dir, d. h. bei uns im Zimmer verbringen möchte, Heiner und mir ist es recht."
Schön, wenn man solche Freunde hat. Der Nachtportier, den wir „Kindisch" nannten, weil er immer so dämlich lachte, wenn er uns den Zimmerschlüssel gab, sagte, als er uns vom Lastwagen absteigen sah, immerzu: „Dios mios Señores, dios mios!", und er kicherte belustigt vor sich hin.

Um 14.31 Uhr pfiff Señor Ruiz den „Alpen-See-Express" pünktlich ab. Alle waren gekommen. Manuel, mit Carmen und Vincente, stand traurig winkend am Bahnsteig. An der Schranke salutierte Paco. Julio winkte von der Terrasse der „Cabaña" herüber. Alfonso und Jan Koistra grüßten uns vor dem „Rivera". Ein letzter Blick auf das Meer und zu Manuels Bucht. Der Zug macht hinter Malpente einen großen Bogen nach links auf die Berge zu und dann ging es in gleichmäßigem Rhythmus der Räder in Richtung Heimat.

Die ersten Tage zu Hause war ich wie ferngesteuert, nichts ging voran. Doch das war bald wieder vorbei, es gab so viel zu tun. Über den Sommer hatte ich beim Fernstudium geschludert, die Lehrbriefe mussten bearbeitet werden. Der Abschlussball der Tanzstunde sollte im Herbst stattfinden, also üben, üben, mit Claudia üben, toll. Sofort meldete ich mich für einen Spanischkurs an. Die Briefe von Manuel sowie meine

Post an ihn haben mich aufgefangen. Reiten lernen wollte ich auch, also bin ich einem Reitverein beigetreten. Neue Leute, neue Eindrücke, Muskelkater nach den ersten Reitstunden. Wir sind noch so jung, wir haben alle Zeit der Welt. Nach Weihnachten kommen die neuen Reisekataloge heraus und dann, gleich im Januar, wird wieder gebucht. Diesmal mindestens vier Wochen Hotel „Rivera" in Malpente de Mar, Spanien. Was sind schon so ein paar Monate bis August?

***

In den folgenden Jahren verbrachte ich meinen Sommerurlaub regelmäßig in Malpente. Mal mit, mal ohne meine Kumpels, je nachdem, wie es sich ergab. Meine Beziehung zu Manuel erwies sich als stabil, wir liebten uns trotz oder gerade wegen der langen Trennungszeiten immer mehr. Freilich war unser Verhältnis über 1400 Kilometer Distanz, bei nur maximal einem Monat im Jahr, in dem wir es intensiv ausleben konnten, latent gefährdet, aber es hielt. Wir wurden uns mit jedem Jahr vertrauter, entdeckten viele Gemeinsamkeiten. Scheinheiligen Anfeindungen, die es hin und wieder auch gab, z. B. „Sieh mal, das ist ja widerlich! Da küssen sich zwei Männer!", sind wir gemeinsam begegnet. Uns war nur wichtig, dass die wenigen echten Freunde in Spanien und Deutschland zu uns gehalten haben, die anderen Spinner zählten kaum. Wir wussten beide, dass jeder von uns kein Heiliger war, dazu mochten wir die Mädchen viel zu gerne und sie uns. Aber die andere Seite, unsere Vorliebe für hübsche Männer, die wollten wir mit niemandem teilen. Da sollte kein anderer Mann eindringen. Das versprachen wir uns und ich bin sicher, wir haben unser Versprechen immer gehalten. Hätte irgendein junger Mann versucht, sich zwischen uns zu drängen, es wäre zu einem Drama gekommen. Für derartige Gedanken gab es aber keinen Grund, Manuel wollte mich und ich ihn. Für keinen anderen Mann wären wir davon abgerückt.

Wenn ich nach Spanien kam, bewohnten wir gemeinsam ein Zimmer im Hotel „Rivera". Manuel hat nie viel von sich erzählt. Nur, dass sein Vater früh gestorben ist, seine Mutter, wieder verheiratet, in England lebt. Er ist bei seinem Großvater auf einem kleinen Bauernhof in der Nähe von Gerona aufgewachsen. Mit dem beginnenden Tourismusboom schmiss er die Schule, wollte an der Küste im Service arbeiten. Zunächst bei Alfonso an der Rezeption, danach, wie bekannt, als Kellner in der „Cabaña". Zwischendurch leistete er noch einen kurzen Militärdienst ab. Wieso wurde ich damals nicht stutzig? Deutsche Schule, sein gutes Benehmen, seine Bildung, seine Eleganz. Ich hätte doch erkennen müssen dass Manuel kein Bauernbursche war. Aber Liebe macht ja bekanntlich blind, ich habe nicht weiter nachgeforscht. Wozu auch? Er war da und das genügte. Es würde zu weit führen, exakt aufzulisten, was sich in diesen Jahren wann und wo ereignet hat. Ich beschränke mich auf die vielen kleinen Bausteine, die, jeder für sich allein betrachtet, keine Bedeutung haben. Zusammengefügt und richtig geordnet führen sie letztlich in die Katastrophe vom Februar 1966, bei der Manuel sein Leben lassen musste. Danach habe ich einen Schlussstrich gezogen. Nach einer schönen Rundreise habe ich Land und Leuten den Rücken gekehrt, bin nie mehr dort gewesen.

***

Alfonso, dem Besitzer des Hotels „Rivera" war die Konkurrenz der „Cabaña" von Anfang an ein Dorn im Auge, er hätte die Hütte gern selbst bewirtschaftet. Manuel und ich sollten dann für ihn arbeiten. Er versprach sich davon gute Geschäfte, wir würden die jungen Leute schon anlocken. Manuel sollte mich dazu überreden. Ich war tief gespalten: Immer dort leben, stän-

dig mit Manuel zusammen leben? Zu schön, um wahr zu sein. Aber letztendlich siegte bei mir doch der Pragmatismus: Spanien? Eine Diktatur? Nein danke, nichts für mich.
Oberflächlich betrachtet hat man davon aber nichts bemerkt, vor uns Touristen konnten die das gut verbergen. Sie brauchten schließlich unsere Devisen. Aber unter der Decke hat es gebrodelt. Ich erlebte doch täglich, wie lange die Kellner in den Hotels arbeiten mussten. Oder bei Julio und seiner Familie, da wurde Nachwuchs erwartet. Ohne die Trinkgelder von uns Touristen wäre es knapp geworden. Hätte Paco nicht den Job als Koch gehabt, seine Kinder wären verhungert, der schmale Lohn bei der RENFE reichte hinten und vorne nicht aus. Und Manuel? Ich konnte sehen, wie kaputt er manchmal abends ins Hotel kam. Gut, die Leute kannten es nicht besser, waren alles in allem auch wieder zufrieden. Sie haben dort eine andere Mentalität, sind lockerer als wir Deutschen. Sollte ich mir das antun? Ich habe mit Manuel darüber gesprochen, ihm erklärt, was wir zu Hause alles haben, geregelte Arbeitszeiten, bezahlten Urlaub, Kranken- und Rentenversicherung. All das hätte ich aufgeben müssen.
Vielleicht hätte ich es ja auch getan, für ihn, für mich, für uns, wäre da nicht die politische Seite gewesen. Ein total korrupter Staat, eine faschistisch ausgerichtete Partei stellte den Staatspräsidenten. Dieser „Caudillio" war der Grund, warum ich nicht ständig in Spanien leben wollte. In den letzten Kriegsjahren habe ich als kleiner Bub erlebt, wie in Deutschland die Nazis mit ihrer großen „Idee" untergegangen sind. Man wird Franco nicht gerecht, wenn man ihn mit Hitler vergleicht, aber Diktator bleibt Diktator, und ich mochte keine. Ich habe das Manuel so gesagt. Er verstand zwar, was ich damit meinte, ihm schien aber nicht wichtig zu sein, wer ihn da regiert hat. Er wollte leben, seine Jugend mit mir genießen. Aus heutiger Sicht betrachtet, hatte er Recht, ich hätte sofort nach Spanien gehen müssen. Aber wie so oft im Leben trifft man die falschen Ent-

scheidungen, ist hinterher schlauer. Er hat mich wieder und wieder bestürmt: „Pedro, wann kommst du endlich ganz zu mir? Es ist doch so schön mit uns beiden."
Die Verhältnisse in Spanien wurden zwar Zug um Zug besser. 1967 wurde die organische Demokratie per Gesetz eingeführt und etwas später erfolgte die Wiedereinrichtung der Monarchie mit der Benennung des Kronprinzen Juan Carlos als Nachfolger Francos. Uns half das nichts mehr, Manuel war inzwischen tot und ich bin nicht mehr nach Spanien gefahren. Auf die Idee, dass Mano zu mir nach Deutschland kommt, um bei uns zu arbeiten, sind wir beide nicht gekommen. Er hätte bei seinen Fähigkeiten leicht eine Stelle in der Gastronomie gefunden. Aber er gehörte nach Malpente. Er war für mich die Wärme, die Sonne, das Meer, war inzwischen der einzige Grund, warum ich so gerne nach Spanien gefahren bin. Er passte einfach nicht in unser kaltes Deutschland.
Wir beließen alles so, wie es war. Vincente hätte seine Hütte sowieso nicht verkauft, wie er mehrmals versicherte, und an Alfonso schon gar nicht. Wir haben verabredet, so in ein, zwei Jahren, wenn sich die politischen Verhältnisse in Spanien eventuell bessern würden, wenn ich mit meinem Technikerstudium fertig war und perfekt spanisch sprechen konnte, etwas Gemeinsames aufzubauen. Vielleicht eine schicke Bar in Llorett de Mar eröffnen oder so etwas in dieser Richtung. Wenn das nichts werden sollte, gute Techniker benötigte man auch in Spanien. Die Firma, bei der ich momentan arbeitete, besaß eine Vertretung in Barcelona und ich kannte den dortigen Chef, Señor Mendozza, da würde sich immer eine Möglichkeit für mich ergeben.
Wir brauchten einfach noch Zeit, die schienen wir zu haben, doch diese Annahme erwies sich als Irrtum.

***

Der Sommer 1964 sollte nach Ansicht der Meteorologen ein „Jahrhundertsommer" werden. Für mich würde das allemal zutreffen. Ich hatte bei meinem Chef drei Wochen bezahlten und drei Wochen unbezahlten Urlaub durchgesetzt. Lediglich meine Eltern zogen schiefe Gesichter: „Sechs Woche nach Spanien? Du spinnst! Du scheinst ja im Geld zu schwimmen. Was meine denn die in deiner Firma zu diesem Vorhaben? Sechs Wochen wisse mir dann net, was du machst und wie es dir geht, do mache mir uns große Sorge. Denk doch mal nach Bub, Spanien is so weit weg, telefonieren geht fast gar nicht und die Karten, die du uns immer schickst, sin drei Woche unnerwegs."
So waren sie, sie, sie und immer wieder nur sie! Nur *sie* machten sich Sorgen, nur *sie* lebten in Ungewissheit. Wie es *mir* ging, wie zerrissen *ich* all die Jahre wegen meiner Veranlagung war, davon haben sie nie Notiz genommen. Wie ich den langen Winter unter der Trennung von Manuel gelitten habe, das ist ihnen nicht aufgefallen.
Mein Großvater nahm mich beiseite: „Fahr' nur, Bub! Du hast noch alles vor dir, genieß die Jugend! Wie heißt sie denn deine Flamme in Spanien, Carmen oder Dolores? Wenn de fährst, geb ich dir was dezu."
Guter alter Mann, wenn alles so einfach wäre …

Der Winter kam mir diesmal besonders lang vor. Von November bis Mai fast immer kaltes, nasses Wetter. Mich plagte eine solche Sehnsucht nach meinem schönen Spanier. Manchmal war ich drauf und dran, alles hinzuwerfen und zu ihm zu fahren. Hätte ich es doch nur getan!
Ich bat ihn, seine Briefe postlagernd zu schicken, zu Hause wunderten sie sich schon so langsam über die viele Post, die ich von einem Manuel Llancer bekam. Wenn ein Brief kam, in dem er mir die gleichen Gefühle schilderte, die auch mich bewegten, wurde ich wieder ruhiger. Geteiltes Leid ist halbes Leid. Als ich ihm eine Kopie meiner Buchungsbestätigung

schickte und ihm gleichzeitig mitteilte, dass ich in der kommenden Saison für sechs Wochen nach Malpente käme, stand in seinem nächsten Brief zu lesen:
„Ich freue mich schon auf dich, Pedro, auf unsere Bucht und auf die wunderschönen Nächte mit dir. Auf unsere ‚spanischen Nachmittage', wenn ihr wieder in der ‚Cabaña' arbeiten müsst und ich, Paco und Julio am Strand Urlaub machen können. Vorfreude ist, wie du weißt, eine der schönsten Freuden. Der Sommer wird bald kommen."

***

Die Tochter aus Offenbach, die von der Barcelonareise mit dem Roten Kreuz, hat im Januar 1964 geheiratet. Nachdem ich nicht angebissen hatte, suchte sie sich einen Freund und wurde kurz darauf schwanger. Dem armen Mädchen konnte ich doch nichts vorheucheln. Ich mochte sie gerne, aber heiraten? Sinnigerweise hatte man mich zur Hochzeit eingeladen, die Mutter wollte es so.
Bei der Feier habe ich den Stadtrat von W. mit seiner Familie wieder getroffen, mir war gar nicht bekannt, dass die Familien so eng miteinander befreundet waren. Seine beiden Töchter, bei der Reise nach Barcelona noch süße Teenager, hatten sich inzwischen zu hübschen jungen Damen gemausert. Von W. begrüßte mich wie einen alten Freund: „PP, wo waren Sie denn die ganzen Jahre, wir haben immer wieder nach Ihnen gefragt."
Du alter Schleimer, dachte ich, habe mir aber nichts anmerken lassen.
„Besuchen Sie uns doch mal, meine Frau und ich würden uns sehr freuen."
Scheinheiliger Kerl, deiner Alten wäre ich doch gar nicht vornehm genug. Trotzdem, oder gerade deshalb bin ich danach einige Male hingegangen, habe der ältesten Tochter den Hof

gemacht, ganz so, wie es sich bei diesen adeligen Herrschaften gehörte.

Zur fortgeschrittenen Stunde führte ich eine ernste Unterhaltung mit der Brautmutter, sie zog mich in eine stille Ecke und begann das Gespräch: „Peter, es war doch schee in Barcelona damals? Warum hast du unser Tochter net geheirat. Mir hätte dich gern genomme, selbst moim Mann hättst du gut gefalle. Der mag hübsche Männer, na ja, vielleicht stimmt's deshalb net mit unsrer Ehe. Damals mit dir, in dem Zimmer in Séte, mit meiner Tochter zusamme, des hot sich halt so ergewwe, die Stimmung, der Süden, der gute Rotwein. Denk deshalb nur net schlecht von uns, des mache mir sonst nie. Moi Tochter hot erst neilich zu mir gesagt: ‚Den Peter hätt ich gern als Mann genomme, der hot so was besonders, awwer der wollt ja net.'"

Ja, ja, der Alkohol, er löst die Zungen, auch bei mir. Ich fand es plötzlich an der Zeit, einer so guten Freundin wie ihr die Wahrheit zu sagen: „Für mich war das damals ganz toll mit euch beiden. Welcher junge Mann hat schon mal das Glück, mit zwei so lieben Geschöpfen intim zu sein. Ich konnte aber deine Tochter nicht heiraten, es ging nicht. Ich habe in Spanien einen Freund, der mir sehr viel bedeutet. Mit ihm will ich zusammenleben. In zwei bis drei Jahren werde ich von Deutschland weggehen."

„Peter, sag, dass des net wahr is, du machst en Spaß mit mir, du bist so en hübsche Mann. Man sagt zwar immer, die scheene Männer wärn alle schwul, awwer du doch net, des hab ich doch selbst erlebt, nein, des kann net soi."

„Na ja, nicht gerade schwul, ich kann mit Frauen und Männern."

„Des hätt ich jetzt net von dir gedacht."

Mit diesem Bekenntnis habe ich wahrscheinlich ihr Weltbild zerstört, das war zu viel für ihr gutherziges, einfaches Gemüt. Unsere Wege haben sich nach der Hochzeit getrennt. Irgendwie muss die sich mal verplappert haben. Die Einladungen ins Haus der von W.s setzten auf einmal aus und die Tochter ließ sich am Telefon verleugnen. Mir war das egal, ich wollte sowieso nie was Ernstes mit ihr anfangen.

***

Mit dem Fernstudium kam ich gut voran. Herr Eder, mein Chef, hat mir viel dabei geholfen und mir das, was ich nicht verstand, erschöpfend erklärt. Manchmal hatte ich das Gefühl, er sei mein Privatlehrer. Er hat sich viel Zeit für mich genommen. Dadurch hatte ich den Rücken frei für mein neuestes Hobby, das Reiten.
Beim Reiterverein geriet ich in eine nette Gemeinschaft. Nach dem Training hatten wir sehr viel Spaß im gemütlichen Reiterstübchen auf dem „Birkenhof". Unser Reittrainer Hold war ein Meister im Witze Erzählen und sorgte für Stimmung am Tisch. Jeder von uns kam abwechselnd mit dem Küchendienst dran und wollte die Kameraden mit speziellen Getränken und kleinen Snacks überraschen.
Die Bekanntschaft mit Wanda, einer Frau von etwa 30 Jahren, entwickelte sich zum reinen Glücksfall für mich. Wanda, eine fantastische Reiterin, stolz und elegant, was man ihr bei ihrer Fülle gar nicht zugetraut hätte, saß im Sattel wie eine Amazone. Eine rassige blonde Schönheit mit sehr viel Herz und Gemüt. Anfänglich kamen wir zusammen, weil für den Küchendienst immer ein Pärchen gebraucht wurde. Da wir beide ohne Anhang waren, hat es sich so ergeben, dass wir den Küchendienst gemeinsam gestalteten. Mit Wanda konnte ich über alles reden, was mich bewegte. Ich habe mich ihr geöffnet und ihr von meinem Verhältnis mit Manuel erzählt, von den Zweifeln, wenn ich wieder mal total am Boden zerstört war. Würde alles gut gehen, hielt unsere Liebe die Trennung aus? Schläft er wirklich nur mit seinen „Kusinen", wie er mir hoch und heilig versprochen hatte, oder hat er doch

Männerbekanntschaften? Das mit den „Kusinen" war für mich okay, er konnte nicht leben wie ein Mönch, und ich ging hier auch mit Mädchen aus. Aber zu wissen, dass er mit Männern schlief, das hätte mich umgebracht. Wanda hörte mir zu, das war das eigentlich Wichtige daran. Eine Antwort auf meine Fragen konnte sie mir auch nicht geben. Meine Vespa stand oft vor ihrem Haus. Ob sie mehr von mir erwartete, ob sie mehr wollte, darüber habe ich nie nachgedacht. Ich habe sie jedenfalls immer nur als mütterliche Freundin betrachtet. Mir wäre nie in den Sinn gekommen, mit ihr zu schlafen.

Ostern, Pfingsten, das Frühjahr zog sich hin. Der Juni, angefüllt mit viel Arbeit in der Firma, eine Messe musste mit neuen Geräten bestückt werden, verlief zäh. Dann endlich Juli! Die letzten Tage vor dem großen Urlaub waren eine einzige Hektik. Die Jeans, um die mich Manuel gebeten hatte, waren noch zu besorgen. Einige schicke Hemden wollte ich ihm ebenfalls mitbringen. Dazu noch Schallplatten mit deutschen Singles für das Lokal. Etwas für das Baby von Julio, ich wusste noch gar nicht, war es ein Junge oder ein Mädchen? Das Geschenk für Vincentes 50. Geburtstag, einen Bembel, habe ich in Sachsenhausen gekauft. Ein Buch für meinen Freund Jan Koistra – Simmel las er gerne. Noch dies und das, für den was besorgen, für den was mitnehmen. Koffer packen, Geld umtauschen, von Familie und Freunden verabschieden, tausend Dinge erledigen. Dann war auch das überstanden, in Ruhe durchatmen, fallen lassen. Nur noch 24 Stunden bis Manuel. Donnerstagnachmittag fuhr er dann wieder, der „Alpen-See-Express". Er entführte mich für sechs lange Wochen in mein anderes, mein schöneres Leben. Manuel und Spanien, meine beiden großen Lieben, ich komme zu euch!
Die erste Nacht, einfach himmlisch, sie gehörte Manuel und Pedro, endlich konnten wir uns einander hingeben, unsere gierigen Körper spüren. Wenn wir uns in die Arme nahmen

und zärtlich miteinander flüsterten, war die Zeit der langen Trennung vergessen. Vor uns lag die unendliche Zeit von 42 Tagen und 41 Nächten, für Verliebte eine Ewigkeit. Nun waren wir versöhnt mit der grausamen Welt, die uns immer wieder zum Verzicht zwang. Wir waren so glücklich. Wenn es nicht zu abgedroschen klingen würde, könnte man sagen: Wir hätten die ganze Welt umarmen können.

„Happy Birthday, lieber Vincens! Happy Birthday to you!" Besonders schön klang unser Gesang nicht, den wir an diesem strahlenden Sommermorgen unserem Amigo Vincente Pascuale zu seinem 50. Geburtstag zelebrierten. Die „Cabaña" blieb heute geschlossen. Carmen und Paco bereiteten dem Jubilar einen Sektempfang auf der Terrasse des Lokals. Das üppige kalte Büffet gab alles her, was in Spanien gut und teuer war. Es waren eine Menge Leute gekommen, Freunde, Bekannte, Kunden, Arbeitskollegen. Leute aus Barcelona, von der Küste und aus dem Hinterland. Manuel und ich mussten ganz schön rennen, wir hatten freiwillig die Versorgung der Gäste mit Getränken übernommen. Diese Ehre wollten wir unserem Freund unbedingt erweisen, es kam gar nicht in Frage, dass an seinem Geburtstag fremde Leute seine Gäste bedienen würden.
Am frühen Nachmittag wollten wir zu sechst, Carmen, Vincente, Manuel und ich mit Carmens jüngeren Brüdern nach Barcelona zum Stierkampf fahren. In der Arena „Monumental" gab es eine ganz besondere Attraktion: „El Cordobes", der damals wohl bekannteste und beste Torero Spaniens hatte sich zur „Corrida" angesagt. Während einer Zigarettenpause, die ich kurz hinter der Hütte einlegte, kam Vincente auf mich zu und bedankte sich nochmals für mein Geburtstagsgeschenk, einen handbemalten Frankfurter Äppelwoibembel. Die Spanier standen damals auf derartige Souvenirs aus Deutschland. Er fragte mich, ob ich einige Minuten Zeit für ihn übrig habe, er wolle mir einen Vorschlag machen.

„Ich habe alle Zeit der Welt, Vincente. Wir sind in Spanien, da hat man Zeit."

Er lachte herzlich: „Du hast unsere Mentalität recht schnell angenommen, wie schön. Was ich dir jetzt sage, bitte ich dich zunächst noch vertraulich zu behandeln. Mit Manuel musst du natürlich darüber reden, sonst aber mit niemandem, bitte versprich mir das, Pedro!"

„Da kannst dich beruhigt auf mich verlassen, Vincente."

„Das weiß ich, Pedro. Wie dir sicher nicht entgangen ist, bin ich in der letzten Zeit sehr viel unterwegs. Meine Geschäfte laufen gut und ich finde kaum noch Zeit, mich so richtig um unser Lokal zu kümmern. Carmen ist mit ihren zwei Brüdern ebenfalls total ausgelastet, die kommen so langsam in ein schwieriges Alter, sie kann mich kaum bei meiner Arbeit unterstützen und unsere Ehe kommt dabei viel zu kurz."

„Si, si, aus Kindern werden Leute, sagt man bei uns zu Hause."

„Hm. Also, kurz gesagt, wir wollen so in ein, zwei Jahren weg von hier, wieder zurück nach Barcelona, näher ran an meine Kunden. Die Niños könnten dort auf eine bessere Schule gehen."

„Verstehe."

„Doch nun zum eigentlichen Thema: Was wird dann aus dem Lokal? Wir haben es zusammen aufgebaut, Carmen und ich. Als es mit dem Tourismus hier in Malpente anfing, waren wir mit bei den Ersten, unser Herz hängt an dem Lokal. Das Grundstück gehört uns. Verkaufen will ich nicht, schon gar nicht an Alfonso. Wir wollen es behalten. Carmen hat die beiden Brüder, vielleicht wird mal einer von denen … Man weiß ja nie, was noch kommen kann, Pedro."

„Vermiete es an Julio, der hängt ebenfalls an dem Lokal."

„Nein, nicht Julio. Es stimmt zwar, was du sagst, er hängt daran, aber er ist kein Geschäftsmann, er ist viel zu weich. Wir haben an euch gedacht, an Manuel und dich."

„Das geht mir aber viel zu schnell, Vincente, meine Ausbildung als Techniker ist noch nicht abgeschlossen, es dauert noch eine ganze Weile, bis ich für immer nach Malpente kommen kann. Hat Manuel dich beauftragt, mit mir zu reden? Das bringt doch nichts, wir …"

„Halt, nicht so voreilig, Amigo. Manuel hat keine Ahnung von unserem Gespräch, ich wollte zuerst mit dir reden. Ich sagte doch, erst in ein bis zwei Jahren ist es so weit. Wir brauchen auch Zeit, um alles vorzubereiten. Euer Verhältnis ist, verzeih bitte, Pedro, für uns normale Leute noch etwas gewöhnungsbedürftig. Aber wir alle sind der Meinung, es klappt gut mit euch. Wir erleben ja täglich, wie ihr zueinander steht. Manuel ist vom größten Casanova hier an der Küste zu einem braven jungen Mann geworden, du hast ihn gezähmt. Er hat kaum noch ‚Kusinen', selbst dann nicht, wenn du in Deutschland bist. Es freut mich für euch, Carmen und ich sind immer für euch da."

Ich bedankte mich mit „Muchas gracias, mein Freund!" bei ihm.

„Also, Pedro, noch mal zum Thema. Wir haben gehört, ihr wollt etwas Gemeinsames machen. Warum wollt ihr dann nicht gleich die ‚Cabaña' übernehmen? Da wäre uns allen geholfen. Selbst Julio und Paco könnten bleiben. Rede mit Manuel und überlegt es euch, wir haben Zeit. Du kennst ja unsere Devise hier in Spanien: Mañana, mañana."

„El Cordobes" gab an diesem Nachmittag sein Bestes, er kämpfte verbissen, hatte Glück mit seinen Stieren, keine lahmen Kühe, sondern kräftige junge Tiere von nahezu einer Tonne Lebendgewicht.

Der Stierkampf ist in Spanien nicht unumstritten. Als Ausländer sollte man sich besser nicht einmischen. Ich habe zu meiner Zeit in Spanien viele Stierkämpfe gesehen, gute und schlechte. Habe aber immer den Mut bewundert, mit dem die jungen Burschen sich der Urgewalt des Stieres stellten.

Die einzige Veranstaltung, die in Spanien pünktlich anfängt, ist eine Corrida. Selbst bei einem Fußballspiel verzeihen die Zuschauer einen späteren Beginn, aber wenn der Präsident der Arena nicht pünktlich um 17 Uhr sein blütenweißes Taschentuch auf die spanische Nationalflagge legt, explodiert das Publikum. Nach dieser traditionellen Geste spielt die Musik einen Paso doble und die beiden Herolde reiten auf ihren edlen Vollblutpferden zur Präsidentenloge, um von dort den Schlüssel zum Stierstall zu holen, den sie anschließend dem Stallmeister übergeben. Der Tradition gemäß erfolgt dann der Einzug der Akteure. Toreros, Picadores und Bandeilleros formieren sich zu einem prächtigen Zug. Den Abschluss bilden die Peones, die Arbeiter. Sie bringen den getöteten Stier nach dem Kampf mit ihrem Pferdegespann aus der Arena. Der Stier wird geschlachtet und das Fleisch an die Armen der Stadt verteilt, die es dann am Abend als „Estofado de toro", eine Art Gulasch, verzehren. Hat der Matador gut gekämpft, winken die begeisterten Zuschauer mit ihren ebenfalls weißen Taschentüchern dem Präsidenten zu. Dieser entscheidet dann, ob der Torero ein Ohr, beide Ohren oder in ganz seltenen Fällen beide Ohren und den Schwanz des toten Stieres zugesprochen bekommt. Der Torero, der vor dem Kampf den Stier der Dame seines Herzens gewidmet hat, bringt dieser Señora oder Señorita seine Trophäen. „El Publico" ist aus dem Häuschen und jubelt ihm zu.

Manuel staunte nicht schlecht, als er mich am Montagmorgen bereits in aller Frühe in der Hütte antraf. Ich hatte am Sonntag noch nicht mit ihm über Vincentes Angebot sprechen können. Wir sind spät aus Barcelona zurückgekommen und legten uns sofort ins Bett. Meinen Aufbruch am Morgen bemerkte er nicht, er schlief immer so fest und sah unter seiner Bettdecke so niedlich aus. Ich wollte ihn nicht wecken, bin leise aus dem Zimmer geschlichen.

In einer ruhigen Minute am gestrigen Abend besprach ich mich kurz mit Vincente. Ich gab ihm zu verstehen, dass ich seinem Angebot positiv gegenüberstand. Ich bat ihn um seine Erlaubnis, jetzt in meinem Urlaub hin und wieder im Lokal mitzuarbeiten. So könnte ich mir leicht einen besseren Überblick verschaffen. Ihm gefiel mein Vorschlag, er war einverstanden. Nach seinem Erscheinen habe ich Manuel sofort über mein gestriges Gespräch mit Vincente informiert, noch waren keine Gäste im Lokal, wir hatten Zeit. Zuerst tat er ein wenig überrascht, begriff aber sehr schnell, was Vincentes Vorschlag für unsere gemeinsame Zukunft bedeuten könnte. Er sah mich schelmisch lächelnd an und sagte freudig: „Ich habe es immer gewusst, Pedro, eines Tages wirst du hierher kommen und für immer bei mir bleiben. Das ist eine gute Idee von Vincente, toll, wenn das klappen könnte! Dann lasse ich dich nie mehr zurück in dein kaltes Deutschland."
Heute ging es hoch her, das Geschäft brummte. Auf der Terrasse feierte eine Gruppe von jungen Schweizerinnen und Schweizern. Der „Cuba Libre" floss in Strömen und wir kamen kaum nach. Der alte Lorenzo und sein Sohn waren auch dabei. Der Junge spielte auf seiner Gitarre und der Alte tanzte mit den Mädchen Flamenco. Eines der Mädchen, ich glaube sie hieß Verena, hatte ihr Bikinioberteil abgelegt, die Spanier waren scharf wie Rasiermesser. Manuel, sehr besorgt, forderte die Señorita auf, wenigstens ihr Oberteil wieder anzulegen, nicht dass die Polizei noch auftauchte. Es befanden sich viele Kinder am Strand und oben ohne wurde damals noch bestraft. Julio flachste, indem er in seinem holprigen deutsch-spanischen Mischmasch feststellte: „Bei der Señorita aus Sweizerland hopsen die Möpse wie bei Mann Hampel von meine kleine Bambino Juli, den Pedro aus Alemania mitbringe."
Um 19 Uhr machten wir dicht, die Schweizer trieben es draußen immer toller und wir bekamen langsam Angst um

die Konzession. Polizei und Garde verhielten sich in diesen Dingen kompromisslos.

Nach einer angenehm frischen Dusche und einer kleinen Siesta sind wir zum Abendessen ins Restaurant gegangen. Mit Beginn der neuen Saison besaß unser Hotel ein neues Restaurant. Alfonso und Donna Isabel haben viel Geld und noch mehr guten Geschmack in dieses Kleinod investiert. Um diese Zeit befanden sich kaum Gäste im Lokal. Nach einer kleinen Vorspeise vom Büfett bestellte Manuel ein katalanisches Omelett. Ich wählte mein Lieblingsgericht: heiße Garnelen in Öl mit viel Knoblauch. Da heute im Innenhof des Hotels ein Tanzabend stattfand, verzog Manuel bei meiner Bestellung das Gesicht. Grinsend stellte er fest: „Mit deiner Knoblauchfahne wirst du aber nachher nicht tanzen können! Da laufen dir ja die Mädchen davon!"

„Wenn es aber so gut schmeckt! Der spanische Knoblauch riecht auch nicht so stark."

„Sieh nur an, ihr Alemánes mögt halt unsere typischen Gerichte gar zu gern und du ganz besonders, mein Vielfraß. Um Ausreden bist du nie verlegen, du Macho, du germanischer."

„Du musst gerade was sagen! Warum bestellst du dir denn Eier? Du eitler spanischer Gockel, wem willst du denn mit deiner Potenz imponieren?"

„Was fragst du so scheinheilig? Siehst du außer dir noch jemanden hier?"

Wir saßen bei einer Flasche Chablis und alberten rum, wie nur Verliebte es tun, dabei wollten wir doch in aller Ruhe besprechen, was nach Vincentes Angebot auf uns zukommen würde. Ich hatte mir überlegt, mich im Frühsommer des nächsten Jahres für die Technikerprüfung anzumelden und im Herbst des gleichen Jahres für drei Wochen nach Malpente zu kommen, um mit Manuel das Lokal zu übernehmen. Im folgenden Frühjahr, also im März 1966, würde ich dann endgültig nach Spanien übersiedeln. Eine lange Zeit bis dahin, aber es gab keine andere Möglichkeit.

Wir hatten vor, heute nicht allzu lange aufzubleiben. Manuel war mit dem Frühdienst dran, musste also um 11 Uhr das Lokal öffnen. Außerdem wollte er um 9 Uhr beim Volleyballspiel zwischen den Kellnern vom Hotel und denen vom „Sorra d' Or" mitspielen. Wegen der Hitze fand das Endspiel der diesjährigen Hotelmeisterschaften bereits am frühen Vormittag statt. Manuel war ein ausgezeichneter Spieler und verstärkte das Team des „Rivera". Die Verlierer mussten ein Fass Bier zahlen. Alfonso hatte schon großspurig angekündigt, sollte „seine" Mannschaft verlieren, zahle er die 50 Liter Bier aus eigener Tasche.
Mein Tagesplan sah vor, Claudio Ruiz bei einer Reitexkursion in die Berge zu begleiten. Er führte eine größere Gruppe englischer Touristen und benötigte einen erfahrenen Reiter zur Unterstützung. Das bedeutete für uns, am nächsten Morgen früh aufzustehen, für spanische Verhältnisse viel zu früh.

Am darauf folgenden Morgen, noch vor 8 Uhr, wir waren gerade aufgestanden, klopfte der Nachtportier, unser Freund „Kindisch", an die Zimmertür. Manuel ging öffnen.
„Perdón Señores, an der Rezeption Señorita swiza, viele weine und blute an Kopfe." Mehr wusste er nicht zu sagen.
Unten angekommen, berichtete uns Verena, die mit dem Bikini von gestern Nachmittag, was sich ereignet hatte, nachdem sie bei uns rausgeflogen waren:
Sie sei heute Morgen um 5 Uhr vom alten Lorenzo am Strand vergewaltigt und schwer misshandelt worden. Einer von uns oder beide sollten mit ihr als Dolmetscher zur Polizei gehen, um den Alten anzuzeigen. Sie vertrat die Meinung: Ich habe den geilen Bock in eurem Lokal kennen gelernt, also kümmert euch gefälligst um mich!
Ganz schön frech, das kleine Luder! Da wir beide unter Zeitdruck standen, erbot sich Manuel trotzdem, bei der Polizei anzurufen, um diese zu bitten, ins Hotel zu kommen, mehr könne er nicht für sie tun.

Nach wenigen Worten legte Manuel den Hörer wieder auf. Erstaunt fragte ich ihn, was los gewesen sei.
„Ach, vergiss es, Pedro, es ist so ein schöner Morgen! Der Affe von Polizist wollte nicht mit mir reden. Da war mal was mit meinem Vater im Bürgerkrieg. Mein Vater ist schon mehr als 20 Jahre tot und die haben das immer noch nicht vergessen. Ich erzähle dir mal gelegentlich davon."
Inzwischen kam Jan Koistra an die Rezeption und machte die Sache offiziell. Nachdem er die Polizei nochmals anrief und das Schweizer Konsulat in Barcelona informierte, kam Bewegung in die Angelegenheit. Verena wurde in ein Hospital gebracht, der alte Lorenzo ins Gefängnis. Die Mannschaft vom „Rivera" gewann das Endspiel der Hotelmeisterschaften und somit die 50 Liter Bier. Bei unserem Reitausflug ist niemand vom Pferd gefallen oder wurde unsittlich belästigt. Die Sache mit Manuel und der Polizei geriet in Vergessenheit. Der alte Lorenzo kam wieder frei und erzählte uns die Geschichte aber ganz anders: Von uns rausgeworfen, versorgte man sich im Supermarkt mit Schnaps und Bier. Danach zogen sie alle wieder zum Strand und haben dort die ganze Nacht gesoffen. Verena versprach dem Alten etwas, hat sich aber plötzlich gewehrt und geschrien. In seiner Not stopfte er ihr eine Hand voll Sand in den Mund, um sie so am Schreien zu hindern. Zu mehr soll es nicht gekommen sein, sein Sohn könnte dies bezeugen.
Es gibt immer verschiedene Wahrheiten. Was wirklich los war, hat nie jemand genau erfahren. Die Polizei verfolgte die Sache nicht weiter. Nachdem Verena abgereist war, kam der Fall zu den Akten. Lorenzo konnte wieder ungehindert seinen Geschäften, dem Verleih von Liegestühlen und Sonnenschirmen an Touristen, nachgehen.

In Manuels Fahrwasser segelten immer einige „Kusinen", heute würde man Groupies dazu sagen. Die Tatsache, dass er bei Mädchen so gut ankam, erwies sich als Aktivposten für die

Rentabilitätsberechnung der „Cabaña". Er lockte die Mädchen an und denen folgte eine nicht geringe Zahl von jungen Männern. Die Leute strömten ins Lokal und abends war die Kasse voll. Einfach und schnell zu begreifen. Dass der hübsche Spanier nicht mehr frei war, sondern sein Herz an einen Deutschen verloren hatte, musste er ja nicht vor sich hertragen. Ich war eben auch da, Pedro, der deutsche Kumpel von Manuel. Junge Mädchen, die irgendwo zwei, drei Wochen Urlaub machen, schauen nicht so genau hinter die Kulissen, wollen einfach nur ihren Spaß haben.
Mit den Mädchen, das gingen wir eher locker an, haben auch mit der einen oder anderen geschlafen. Ich gebe zu, diese Einstellung war nicht besonders moralisch, aber wir kamen gut damit zurecht. Wenn Manuel mit einem Mädchen geschlafen hat, habe ich das nicht ernst genommen, einen Mann hätte ich dafür umgebracht. Er sah das genauso.
Im Laufe der Jahre kam es in unserem Verhalten jedoch zu einer gewissen Veränderung, wir haben später ganz auf Mädchen verzichtet. Liebe ist nicht teilbar, wer seinen Partner wirklich liebt, kann ihn nicht mit anderen teilen.
Wegen der vielen hübschen Kerle, die am Strand herumliefen, bewachten wir uns gegenseitig mit Argusaugen. Ein nettes Gespräch, mal ein gemeinsamer Drink, mehr haben wir uns nicht zugestanden, wir hatten uns, das musste genügen.

Ende Juli, drei Wochen meines Urlaubes lagen bereits hinter mir, gab es in der Hütte so viel zu tun, dass ich fast jeden Tag mithalf. Vincente hatte mich darum gebeten, er wollte mich auch dafür bezahlen. Das habe ich von so einem guten Freund jedoch nicht angenommen. Essen und Trinken ja, aber keine Peseten.
Alle Hotels an der Küste waren voll bis unters Dach. Die Region Costa Brava lag bei Mittel- und Nordeuropäern voll im Trend. Ich half also regelmäßig in der Hütte mit. Zwei, drei Mal pro Woche habe ich Claudio Ruiz und seine Touris-

ten bei den Reitausflügen begleitet, meistens zum Anwesen seines Onkels oben in den Bergen. Ich bewegte mich viel an der frischen Luft und strotzte nur so vor Lebensfreude. In diesen Wochen bin ich ein ganz anderer Mensch geworden. Mir ist es im Leben nie mehr so gut gegangen wie in diesem Sommer 1964. Jeden Tag die netten Menschen um mich herum, schwimmen, reiten, mit Manuel Liebe machen, gutes Essen und Trinken, viele hübsche Mädchen. Deutschland und der Alltag waren ganz weit weg.

***

Nachmittags um 15 Uhr begann unsere Siestastunde, die wir in der Regel gemeinsam im Hotelzimmer verbrachten. Um diese Zeit wurde es ruhiger in der Hütte, für Julio und Paco gab es kaum etwas zu tun. Sie saßen im Schatten der Pinien und schlummerten vor sich hin. Ab 16 Uhr kam der große Durst über die Urlauber, dann waren wir wieder gefragt.
Meistens legten wir uns auf die Betten, den Rollladen halb herunter gelassen, machten ein wenig Liebe und schliefen anschließend eine Runde. Manuel fragte mich kurz vor dem Einschlafen: „Wann kommen deine Freunde Heiner und Klaus?"
„Übermorgen, wir müssen sie um 17 Uhr am Bahnhof mit einer Flasche Sekt empfangen. Es ist noch einer dabei, so ein kleiner lustiger Kerl, er heißt Eduard, wir sagen aber alle nur Fifi zu ihm."
„Comprente, amigo mio, das trifft sich gut, am Samstag wollen wir das Bier vom Volleyball-Spiel trinken. Da können deine Kumpels mitmachen, alleine schaffen wir Spanier die 50 Liter Bier ja nie! Hhmm aahh, buenas no..." Weg war er, eingeschlafen.

Kurz vor 16 Uhr bin ich wach geworden und blinzelte zum Fenster hin, wo ich etwas ganz Merkwürdiges wahrnahm.

Unser Zimmer lag mit vier anderen Zimmern um einen 6 mal 6 Meter großen Innenhof, immer um 90 Grad ve. Beim Fenster gegenüber war ebenfalls der Rollladen halb heruntergelassen. Zwischen Fensterbank und Jalousie erkannte ich den Unterkörper einer nackten Frau. Wahrscheinlich blickte die dazu gehörende Dame durch die Ritzen. Zu uns herein konnte sie wegen der Sonne aber nicht sehen. Kurz darauf noch ein zweiter weiblicher Unterkörper, direkt daneben und ebenfalls nackt. Leise Stimmen, englisch.
Ich gab Manuel einen Stups und deutete mit dem Kopf in Richtung Fenster. Er begriff sofort, hüpfte aus dem Bett, blickte durch die Ritzen der Jalousie und zog sie hoch. Nun konnten ihn die Damen, da er ebenfalls nackt war, in seiner ganzen Pracht bewundern. Ich stand hinterher. Schon vier Nackte, die sich anschauten.
Drüben lautes Gelächter, als ebenfalls der Rollladen hochgezogen wurde. Wir haben alle derart lachen müssen, dass Manuel kaum Zeit fand, uns bekannt zu machen. Die Mädchen haben gleich angebissen und von sich erzählt. Sie waren soeben aus Liverpool gekommen und machten, wie die meisten Engländer, zehn Tage „Holiday" in Spanien. Sofort traf Manuel mit ihnen eine Verabredung für den Abend.
Valerie und Samantha, zwei überaus aparte junge Damen, wollten wir uns nicht entgehen lassen. Nach unserer üblichen Masche, Sekt, tanzen, schmusen im „El Kau", landeten wir spät in der Nacht am Strand. Laue Luft, Mondschein, Meeresrauschen, gerade richtig, alles vorhanden, was zu einer romantischen Nacht gehörte. Die beiden englischen Ladies wollten am Strand geliebt werden. Leichtsinnigerweise dachten wir dabei nicht an die Gardesoldaten, die jede Nacht hier Streife gingen. Die Küste ist offene Grenze und wird rund um die Uhr bewacht.
Plötzlich stand er da, zum Glück nur ein Soldat. Den kann man zur Not bestechen, schoss es mir durch den Kopf. Liebe am Strand war bei Strafe verboten, die Garde handhabte das

sehr streng. Manuel begriff die heikle Situation als Erster. So schnell ist der noch nie in seiner Hose gewesen, hakte den Soldaten unter, zog ihn weg von uns. Zusammen mit den Mädchen bin ich zum Hotel gerannt, versuchte, ihnen die Situation zu erklären, sie zu beruhigen. Manuel würde das schon regeln.
Nach etwa zehn Minuten kam er in die Hotelbar.
„Entwarnung, er macht keine Anzeige, zumal ihr euch ja gleich abgesetzt habt. Er hat keine Namen von euch. Mich kennt er zwar, aber er wird nichts unternehmen. Ich habe ihn für morgen Nachmittag zum Essen eingeladen, da hat er dienstfrei und will in die Hütte kommen."
„Danke dir, Manuel, mir fällt ein Stein vom Herzen! Das hätte unangenehm werden können."
„Wir müssen zukünftig besser aufpassen, Pedro, auch in unserer Bucht. Ein weiteres Mal lassen die uns das nicht durchgehen."
Der Abend war schien gelaufen. Unsere beiden Engländerinnen gingen auf ihr Zimmer, sie seien müde von der Reise.

Ohne seinen Helm und das Gewehr sah der Soldat ganz friedlich aus. Paco tischte ihm reichlich auf und zu trinken bekam er ebenfalls genug. Er wurde recht umgänglich, der Alkohol löste ihm die Zunge. Als er ging, sagte er noch etwas zu Manuel. Die beiden haben sich katalanisch unterhalten. Ich konnte damals noch nicht alles verstehen, diese Sprache ging mir nur schwer über die Lippen, sinngemäß klang es so wie: „Pass auf dich auf, Manuel Llancer, unsere Oberen sind hinter dir her. Da ist noch eine alte Rechnung wegen deines kommunistischen Vaters offen."
Manuel, später von mir danach befragt, gab eine ausweichende Antwort. Ich wollte nicht zu indiskret sein, das musste er mir schon freiwillig erzählen.
Mit den beiden englischen Mädchen war es aus. An die schmiss sich, sehr zum Leidwesen seiner Frau, der Señor Hotelbesit-

zer heran. Diesen Triumph verstand er auszukosten, er, der Ältere, hatte uns beiden jungen Hüpfern die Mädchen ausgespannt. Olé!

An einem der folgenden Tage begegnete mir Alfonso im Dorf.

„Hola, buenas tardes, Señor Pedro, wie geht es dir? Ich hoffe, jetzt wieder besser nach dem Schrecken mit dem Soldaten. Ein guter Rat von einem erfahrenen Mann, nehmt eure Mädchen in Zukunft mit aufs Zimmer, dort ist es bequemer als am Strand und man wird nicht ertappt."

Haben die beiden Gänse doch tatsächlich geplaudert, na wartet ...

„Ich will mir's für die Zukunft merken, Señor patrón, gracias für den Tipp."

„Jetzt komm schon, Amigo, sei nicht sauer! Sei ein guter Verlierer, lass uns einen Carlos Primero trinken! Gönnt einem alten Mann doch auch mal eine kleine Freude."

„Si, si, aber du zahlst."

„Desde luego, mein Freund."

***

Der Zug kam fahrplanmäßig und dann waren sie endlich da, meine Kumpels aus Deutschland, Heiner, Klaus und Fifi. Nach der Begrüßung mit einer Flasche Sekt sind wir zusammen in die Bar vom „Rivera" gezogen, es gab ja so viel zu erzählen. Alfonso, der neuerdings den Empfang der Gäste Jan Koistra überließ, kam höchstpersönlich anmarschiert, um die drei willkommen zu heißen. In Anspielung auf den gesunden Appetit von Klaus konnte Alfonso sich nicht verkneifen, diesen etwas hochzunehmen: „Wenn du im Haus bist, lege ich immer drauf, du isst zu viel. Na, diesmal soll euer Kleiner da etwas weniger essen, das gleicht sich dann wieder aus."

Nachdem wir alle pflichtschuldig über seinen dämlichen Witz gelacht hatten, bestellte er Bier für uns. In seiner lässigen Art rief er seinem Barkeeper zu: „Camarero, cinco cervezas für die Señores hier, por favor, salute amigos!"

Heiner, Klaus und Eduard schliefen in einem Drei-Bett-Zimmer zur Straße hin, genau gegenüber der Kirche. Die Kirche, ein mächtiger romanischer Steinbau, ist für dieses kleine Fischerdorf irgendwie viel zu groß geraten. Um die Kirche herum standen Platanen, die jetzt im Hochsommer bei der ständigen Hitze bereits ihre Blätter abwarfen. In der ersten Morgenkühle kam jeden Tag ein junges Mädchen und fegte die Blätter zusammen. Man konnte sie als ausgesprochen hübsch bezeichnen. Ein kleines zierliches Wesen mit einer durchaus weiblichen Figur. Sie hatte lange schwarze Haare, hinten zu einem festen Knoten aufgesteckt, und sie war immer sauber und adrett angezogen, nicht nach der allerneuesten Mode, aber an ihr wirkte auch ein Waschkleid elegant. Eine durch und durch aparte Erscheinung. Sie fiel meinen Freunden natürlich sofort auf. Jedes Mal, wenn sie aus dem Fenster schauten und der Kleinen etwas zuriefen oder einfach nur winkten, ist das Mädchen ins Haus verschwunden. Nach einer Weile kam dann ein schwarz gekleideter Mann heraus und fegte den Rest der Blätter zusammen.

„Das ist Conchita, die Tochter von unserem Kirchendiener, bei der hast du keine Chance. Die wird von ihrer Mutter strenger bewacht als die spanischen Kronjuwelen. Vergiss es!", klärte ihn Manuel auf, nachdem sich Klaus bei ihm ausgiebig über das Mädchen erkundigt hatte.

Klaus, der Bär von Mann, der Schrecken aller Mittelstürmer beim sonntäglichen Fußballspiel, hatte sich doch tatsächlich in die zierliche Tochter des Kirchendieners von Malpente de Mar verliebt. Nirgendwo auch nur die geringste Chance auf Erfüllung dieser Liebe. Wir mussten ihm helfen, aber wie?

Man glaubt es nicht, auf welch absonderliche Ideen fünf junge Männer kommen können, wenn es darum geht, die Gunst

eines wohlbehüteten Mädchens für einen von ihnen zu erlangen. Unser Vorstellungsvermögen reichte von entführen bis fensterln, wie es die jungen Burschen in Bayern machen, wenn sie ihren „Schatz" erobern wollen. Von der nächtlichen Serenade unter ihrem Fenster – aber Klaus konnte nicht singen – bis zum morgendlichen Besuch der Frühmesse, um so seiner Angebeteten zu zeigen, was für ein guter Christ er war. Konnte er vielleicht damit ihr Herz erweichen?
Er und in die heilige Messe gehen? Eine gewöhnungsbedürftige Vorstellung, war er doch in einem durch und durch atheistisch geprägten Elternhaus aufgewachsen. Er hatte in seinem bisherigen Leben gewiss noch keine drei Kirchen von innen gesehen. So ging das nicht, wir kamen nicht weiter. Da kam uns der Zufall in Gestalt eines großen braunen Hundes zu Hilfe. Wie jeden Morgen kam Conchita zum Laubrechen aus dem Haus. Als der große Hund auftauchte, sich vor sie stellte und sie bösartig anknurrte, bekam sie anscheinend Angst. Jedenfalls lehnte sie sich mit dem Rücken an eine der Platanen, hielt schützend den Rechen vors Gesicht. Klaus, der den Vorgang vom Fenster aus beobachtete, rannte aus dem Zimmer, über die Treppe, auf die Straße, zum Kirchplatz, um, dort angekommen, den Hund zu verjagen. Conchita bedankte sich artig mit „Muchas gracias, Señor" bei Klaus und ist, schnell wie der Wind, ins Haus verschwunden.
Manuel brachte am Mittag die gute Nachricht. Sensationell, was er uns da ankündigte, damit hatten wir nicht gerechnet: „Stellt euch nur vor, ich habe Conchita mit ihrer Mutter im Supermarkt getroffen. Sie lassen dir, Klaus, ausrichten, dass sich Conchita bei dir als ihrem Retter bedanken möchte. Es wäre aber nicht schicklich für eine junge Señorita, wenn sie dies alleine und ohne den Schutz der Familie machen würde. Die Mutter bittet dich daher morgen Nachmittag zu sich nach Hause zum Kaffee."

So kam es, dass ein atheistisch erzogener junger Mann aus Deutschland die Liebe der römisch-katholischen Bürgerstochter Conchita aus Spanien gewann. Das ließ hoffen. Wenn die Jugend im Begriff war, die Kluft zwischen Christen und Atheisten, die eine Generation zuvor noch in einem blutigen Bürgerkrieg endete, hinter sich zu lassen, befanden wir uns auf einem guten Weg.

Irgendwie musste Klaus die Familie für sich eingenommen haben. Jedenfalls staunten wir nicht schlecht, als einige Tage später Conchita und ihre Mutter in Badekleidung am Strand erschienen, ihre Decken neben uns ausgebreiteten und so taten, als sei dies das Selbstverständlichste von der Welt. Jetzt konnten sich die beiden Liebenden wenigstens sehen und miteinander schwimmen gehen. Zärtlichkeiten wollte die Mutter durch ihre Gegenwart verhindern. Wer weiß, ob ihr das immer gelungen ist?

***

„Kannst du mol mit mir gehe PP? Ich hab do so eine Pistole im Schaufenster gesehen, die will ich mir kaafe. Die passt gut in moi Sammlung. Der Händler soll mich awwer net bescheiße. Deshalb isses besser, wenn jemand dabei ist, der spanisch kann."

So Eduard an einem unserer letzten Urlaubstage fragend zu mir. Wir Deutschen kaufen im Urlaub ja immer jede Menge Souvenirs für zu Hause ein, das ist fast schon ein innerer Zwang für uns. Mein Koffer würde auch wieder voll werden, jede Menge Sekt und Wein, eine weiße Spitzenstola für meine Mutter, eingelegte Muscheln und Oliven für den Vater, Likör für Omi und Opa, einen Ledergürtel für den kleinen Bruder, etwas aus Gold für Wanda. Viel zu viel, nichts dabei, was es bei uns zu Hause nicht auch geben würde, aber man erwartete dies einfach von dem Urlaubsheimkehrer.

Bei der zweiläufigen Reiterpistole handelte es sich um ein schönes Stück, keine echte Antiquität, aber richtig gut nachgemacht. Fifi bewies erneut seine gute Nase in solchen Dingen. Ich konnte den Preis nach Eduards Vorstellungen und Geldbeutel drücken. Der Händler hat zwar gejammert, aber bestimmt noch seinen Schnitt bei dem Deal gemacht. Aus lauter Freude über unseren erfolgreichen Handel sind wir anschließend in eine Bodega gegangen. Nach einigen Gläsern Sangria machten wir uns auf den Heimweg ins Hotel. Ich wollte heute unbedingt noch meine vielen Klamotten sortieren, unsere Heimreise stand kurz bevor und die lästige Kofferpackerei musste in Angriff genommen werden. In unserem Zimmer sah es wild aus. Wir nahmen es mit unseren Sachen nicht so genau, mal zog er ein Teil von mir an, mal ich was von Manuel. Nun lag alles kreuz und quer durcheinander.

Die belebte Kreuzung der „Avenida de Generalissimo Franco" mit der „Calle San Esteban" ist bei ruhigem nachmittäglichem Verkehr gut überschaubar. In den spanischen Küstenorten verlaufen die Straßen rechtwinklig in Richtung Meer. Damit will man erreichen, dass der kühle Abendwind ungehindert in die engen Gassen wehen kann, um so den Anwohnern etwas Erleichterung nach der sommerlichen Tageshitze zu verschaffen. Um diese Zeit stand meistens ein Polizist auf der Kreuzung und regelte den Verkehr, da es aber heute nichts zu regeln gab, war keiner da. Wir gingen sorglos über die Kreuzung, zumal von links aus der Esteban kein Fahrzeug zu erwarten war, denn es handelte sich um eine Einbahnstraße.

Wir befanden uns fast schon auf dem gegenüberliegenden Bürgersteig, als hinter uns von links, also entgegen der vorgeschriebenen Fahrtrichtung, ein Polizeijeep mit sehr hoher Geschwindigkeit vorbeiraste. Der Fahrer hatte das Lenkrad losgelassen und fuchtelte mit seinen Händen wild gestikulierend durch das geöffnete Seitenfenster. Er brüllte dabei wie ein abgestochener Stier. Der führerlose Jeep prallte gegen einen auf der anderen Straßenseite parkenden PKW mit belgischem Nummernschild und beschädigte diesen erheblich. Fahrer und Beifahrer des Polizeifahrzeuges stiegen torkelnd aus ihrer Kiste und stürmten beide unverletzt auf uns zu.

„Die sin ja alle zwaa besoffe", bemerkte Eduard überrascht und erstaunt zugleich.

„Sieht so aus", konnte ich noch antworten, dann standen sie schon vor uns.

Einer von beiden fragte nach „Passport", während der andere seine Pistole aus dem Futteral zog und damit herumfuchtelte. Mir wurde mulmig, zwei total betrunkenen Dorfpolizisten und die gezogene Pistole. Unsere Personalausweise trugen wir nicht bei uns. Welcher Tourist trägt schon seinen Pass mit sich rum, wenn er tagsüber meistens nur in Badesachen unterwegs ist? Die Pässe lagen gut verwahrt im Safe unseres Hotels. Ich versuchte den beiden Eseln krampfhaft zu erklären, dass sich unsere Pässe im Hotel befanden. Im Übrigen fragte ich sie, was sie überhaupt wollten, sie hätten doch schließlich den belgischen Wagen zu Schrott gefahren.

Ja, aber doch nur, weil sie uns ausweichen mussten, und aus der falschen Richtung der Einbahnstraße seien sie gekommen, weil sie im „Einsatz" wären.

Über so viel geballte Unverschämtheit waren wir zunächst einmal nur baff. Zwischenzeitlich hatte sich eine größere Menschenmenge um uns herum versammelt, woraufhin der Polizist mit der gezogenen Waffe diese verlegen lächelnd in sein Futteral zurückschob. Beiden war mittlerweile klar geworden, was sie da für einen Mist gebaut hatten.

Nun kam auch schon Manuel angerannt, irgendjemand schien ihn informiert zu haben. Noch außer Atem rief er aufgeregt: „Pedro, Eduard, ist euch was passiert? Seid ihr verletzt? Was haben diese Idioten euch getan? Was ist überhaupt hier los?"

„Alles okay, Mano, uns fehlt nichts, wir sind nur erstaunt über so viel Dreistigkeit."
Nachdem ich Manuel den Vorgang genau geschildert hatte, legte der los. Er hätte uns bis aufs Blut verteidigt, wenn notwendig gegen eine ganze Armee von betrunkenen Polizisten. Es gab ein solches Palaver auf der Straße, ich habe nicht alles verstanden und wenn doch, dann dürfte ich es hier nicht aufschreiben …
Inzwischen auch war auch der Postenkommandant am „Tatort" erschienen und besichtigte die beschädigten Fahrzeuge, anschließend wollte er alle Parteien „beruhigen". Zunächst befahl er seinen beiden betrunkenen Kollegen, zu schweigen. Dann versuchte er dem Temperament von Manuel beizukommen, was ihm aber nicht gelang. Nachdem sich „El Comandante" ein umfassendes Bild über die Fakten gemacht hatte, wurde ihm klar, was zu tun war, um den Imageschaden seiner Polizei einigermaßen niedrig zu halten. Er schickte seine beiden Sheriffs weg. Einer der beiden maulte noch rum und sagte im Weggehen etwas zu Manuel, das so ähnlich klang wie: „Du Kommunistenbastard musst nur aufpassen, wir kriegen dich schon noch!"
Der Kommandant bat die „Señores alemánes" vielmals um Entschuldigung für den Schwachsinn seiner Beamten, den „Señor Llancer" um Verzeihung für die dumme Bemerkung des betrunkenen Polizisten. Wir könnten selbstverständlich gehen, er würde in den nächsten Tagen mal in der „Cabaña" vorbeischauen. Er schien sich ja bestens auszukennen.
Dieser Vorfall ließ mir keine Ruhe. Als wir im Hotel ankamen, habe ich Manuel sofort gefragt: „Mano, was hat die Polizei eigentlich gegen dich? Was meinte der besoffene Kerl mit Kommunistenbastard?"
„Glaub mir, Pedro, ich habe keine Ahnung, was hier abläuft. Ich weiß selbst nichts Genaues."
„Wovon weißt du nichts Genaues? Muss ich mir Sorgen um dich machen? Als das mit dem Schweizer Mädchen war, da-

mals, wegen der Vergewaltigung, da wollte der Polizist dich nicht als Dolmetscher akzeptieren. Dann die Sache mit dem Gardesoldaten am Strand, die beiden Mädchen aus Liverpool, der hat dich doch auch gewarnt. Nun heute der Ausbruch des betrunkenen Polizisten, so voller Hass. Was verschweigst du mir, Mano? Ich habe Angst um dich."
„Amigo mio, mach dir keine Sorgen, es ist nichts, gar nichts! Da war mal was mit meinem Vater, damals im Bürgerkrieg, 1936. Das ist 30 Jahre her. Mein Vater ist 1946 gestorben, damals bin ich fünf Jahre alt gewesen. Der Großvater hat mir nie etwas davon erzählt. Lass uns das vergessen! Ich werde duschen und danach gehen wir mit deinen Freunden zu Juan ins ‚El Kau'. Inés hat ein Abschiedsessen für euch gemacht, eine schöne andalusische Zigeuner-Paella mit viel Mäusefleisch." Lachend fuhr er fort: „Jetzt schau doch nicht so, als hättest du Spinnen gefressen! Mach dich lieber hübsch für mich, für deinen Manuel."

Damit geriet der Vorfall vom Nachmittag in Vergessenheit. So verliebt und unbekümmert wie wir waren, hielten wir uns nicht lange mit vermeintlichen Kleinigkeiten auf. Jugendlicher Leichtsinn. Heute mache ich mir bittere Vorwürfe, dass ich nicht genauer nachgefragt habe. Vielleicht hätte ich damals das Schicksal noch beeinflussen können? Wenn einmal der Zenit überschritten ist, gehen die letzten Tage des Urlaubes vorbei wie im Fluge. Ehe man sich's versieht, sitzt man im Zug und rollt wieder dem Alltag entgegen.
Der Abschied ist uns diesmal nicht leicht gefallen. Manuel und ich sind uns in diesem unvergesslichen Sommer 1964 so nahe gekommen, wie sich zwei Menschen nur nahe kommen können. So nahe, dass diesmal beim Abschied sogar ein paar Tränen geflossen sind. Man möge uns diese Tränen verzeihen, wir waren ja noch so jung damals. Oft unbeschwert wie Kinder, manchmal verspielt und zärtlich wie junge Katzen. Darüber, wie unser künftiges Leben aussehen sollte, waren

wir uns einig. Wir kannten jeder die Träume und Wünsche des anderen, hatten ein Ziel vor Augen. Manuel und Pedro, scheinbar ein Traumpaar. Und doch, ein leiser Schatten lag über allem. Wir waren zwei Männer, wären wir Mann und Frau gewesen, hätte man getrost sagen können: Ideale Voraussetzungen für eine glückliche Ehe. Unser gemeinsames Leben würde aber stets mit einem Schuss Risiko behaftet sein. Die Gesellschaft war noch nicht so weit, die Lebensgemeinschaft zweier Männer ohne alle Vorbehalte zu tolerieren. Damit mussten wir uns abfinden, da machten wir uns nichts vor.

***

Die ersten Tage zu Hause waren grausam. Ich dachte nur an Manuel: Jetzt steht er auf. Jetzt geht er über den Strand zur Hütte. Jetzt macht er dies, jetzt tut er das … Meine Gedanken drehten sich ständig um ihn.
Die Nacht vor dem ersten Arbeitstag war schlaflos, unruhig und so endlos lang. Aufstehen, frühstücken, dann die Kolleginnen und Kollegen.
„Na, Sie waren aber lange weg." – „War es denn schön?" – „Und so braun sind Sie."
Ich wollte erzählen, mir den Kummer von der Seele reden, aber keiner hörte mir zu. Im Gegenteil, die Arbeitskollegen wollten ihre Probleme loswerden: Der kommt doch gerade aus dem Urlaub, hat den Kopf frei für unsere Sorgen. Man bestürmte mich mit dem, was während meiner Abwesenheit nicht geklappt hatte, berichtete dem „ausgeruhten" Urlauber von den täglichen Problemen der vergangenen Wochen. Schöner Alltag, du hast mich wieder!
Nachmittags nach der Arbeit, zu Hause, die Mutter besorgt fragend: „Ei, Bub, was is denn los? Du bist seit dem Urlaub so still, des kenne mir gar net von dir. Du bist doch net etwa krank?"

Was hätte ich ihr darauf antworten sollen? Die Wahrheit sagen? Sollte ich etwa zu ihr sagen: Mama, ich habe in Spanien einen Freund, den Manuel. Wir lieben uns. Ich bin so traurig, weil ich hier ohne ihn bin. Ich habe solche Sehnsucht nach ihm, am liebsten würde ich alles hier aufgeben und noch heute nach Spanien fahren.
Hätte ich ihr das antun sollen? Ihr, die niemals etwas von meiner Veranlagung, von meinem Doppelleben bemerkt haben will? Oder dem Vater, der todunglücklich gewesen wäre, hätte er erfahren, dass sein Sohn einen Mann liebt? Nein, das brachte ich nicht übers Herz.
Stattdessen auch wieder nur Lügen und Ausreden: „Mama, macht euch doch keine Sorgen, mir fehlt nix, ich bin nur ein wenig müde vom Urlaub, die Luftveränderung, das kennst du doch auch."
Wenn ich am Wochenende mit Heiner, Klaus und Eduard in unserer Stammkneipe saß, ging es mir gut. Da konnten wir schwärmen und erzählen, von Spanien, vom Meer, von Malpente, von Sekt und Sangria, vom schönen Wetter, von Conchita und dem Hund, vom Stierkampf. Dann war ich ein klein wenig näher bei ihm.
Meine drei Kumpels haben nie eine anzügliche Bemerkung gemacht oder irgendjemandem erzählt, was mich so speziell mit Spanien verband. Die waren verschwiegen.

***

Herbstjagd, Weihnachtsreiten, Reiterball im Januar, Fasching mit Wanda. Wir verbrachten viel Zeit gemeinsam beim Reitverein. Zwei Mal in der Woche habe ich sie zum Training abgeholt; mit meiner Vespa sind wir zum Reiterhof gefahren. Sie wurde mir mehr und mehr zu einer guten Freundin, sie hörte mir zu, verstand meinen Kummer wegen der räumlichen Trennung von Manuel. Manchmal tat sie mir Leid, denn

ich habe dabei nie auf ihre Wünsche geachtet. Sie, eine so schöne Frau, stellte doch gewiss auch Ansprüche an das Leben. Auch an mich? Machte sie sich etwa Hoffnungen auf eine gemeinsame Zukunft? Ich habe es damals nicht erfahren, es war kein Thema für uns. Eine gemeinsame Bekannte hat mir einmal zugetragen: „Wanda hat ein Verhältnis mit ihrem Chef, einem verheirateten Mann."
Wir haben nie darüber gesprochen, sind nur gute Freunde und Reiterkameraden gewesen, das genügte. Sex hat unsere Freundschaft nicht belastet. Sie hat es bei mir nicht darauf angelegt und ich sah keine Veranlassung, an diesem Zustand etwas zu ändern.

Das Jahr flog nur so dahin, dieses Jahr 1965. Im Herbst wollten Manuel und ich in Malpente de Mar die Strandbar „La Cabaña" von Vincente übernehmen und im Frühjahr 1966 unter unserer Leitung eröffnen.
Es ist nicht mehr so lange hin, im August sehe ich ihn ja wieder, versuchte ich mich zu trösten. Diesmal nur vier Wochen, aber immerhin. Mein 24. Geburtstag im April. Erster Mai, wie jedes Jahr war ich mit den Freunden unterwegs. Christi Himmelfahrt, Fronleichnam. Ende Juni, kurz vor den Sommerferien, die Technikerprüfung. Dann hielt ich es in meiner Hand, das Diplom „Staatlich geprüfter Techniker für Automationstechnik". Ich war so stolz. Mit meinem Chef Herrn Eder und den Eltern bin ich zum Essen gegangen. Mit den Kumpels habe ich das Diplom ausgiebig begossen. Es kostete mich zwar eine Stange Geld, bis die endlich genug hatten, doch das war es mir wert.

***

Im seinem nächsten Brief berichtete mir Manuel von einem Gespräch mit Alfonso Hermandes-Gullier, dem Direktor des Hotels „Rivera":
„Stell dir vor, lieber Pedro, Alfonso hat von unserer Verabredung mit Vincente erfahren. Ihm ist bekannt, dass wir im Herbst die Hütte übernehmen wollen. Ich weiß zwar nicht, wer ihm das gesteckt hat, jedenfalls ist er im Bilde. Und jetzt halt dich fest: Alfonso hat mir vorgeschlagen, wir könnten den Service auch an seinem Teil des Strandes übernehmen. Als Gegenleistung würde er gerne die Speisen für unser Lokal aus seiner Küche liefern. Ein interessanter Vorschlag. Was meinst du dazu? Paco wäre dann frei und könnte am Strand die Gäste bedienen, da hätten wir ..."
Ich habe Manuel geantwortet, dass wir über alles reden würden, wenn ich im Sommer käme. Meine Anreise hatte ich für den 30. August geplant und bleiben wollte ich bis Anfang Oktober. Damit mir nicht so viel Zeit bei der An- und Abreise verloren ging, wollte ich diesmal fliegen. Es war mein erster Flug, gewiss ein bleibender Eindruck. Bereits Tage zuvor empfand ich schon so ein flaues Gefühl in der Magengegend. Doch es ging überraschend gut, Frankfurt-Barcelona in nur zwei Stunden. Nicht zu glauben, mit dem Zug sind wir früher 24 Stunden unterwegs gewesen.
Mit dem Taxi habe ich mich immer entlang der Küstenstraße nach Malpente bringen lassen. Badalona, Mataro, Callela de la Costa, Pineta de Mar, all die vertrauten Orte. Wenn man bei Santa Susanna den Berg herunterkommt, sieht man ihn, den kleinen Ort am großen Meer. Die Häuser, die Kirche, die Hotels, bald würde ich ein Teil davon sein, für immer dort leben dürfen. Nur noch ein halbes Jahr ...
Manuel erwartete mich im Hotel. Jan Koistra hatte für uns eines der schönen Apartments mit Balkon und Meerblick reserviert. Bei einer Flasche Sekt und Tapas feierten wir unser Wiedersehen. Es war so schön, den geliebten Freund wieder

in die Arme nehmen zu dürfen. Manuel, stürmisch wie nie zuvor, riss mich förmlich mit in diesen wunderschönen Taumel, den man Liebe nennt. Lange, bis zum Morgengrauen, lagen wir wach in unserem Bett, redeten miteinander, hörten dem Meer zu, haben uns immer wieder geliebt.

In diesem Spätsommer erlebte ich einen ganz anderen Manuel. Er war ruhiger, ausgeglichener, fast könnte man sagen häuslicher geworden. Wenn wir abends müde von der Arbeit in unser Apartment kamen – ich war jetzt jeden Tag mit drüben in der Hütte, um mich einzuarbeiten –, wollte er nicht mehr ausgehen. „Was brauchen wir die anderen, Pedro? Wir haben doch uns."
Nach dem Abendessen im Restaurant saßen wir meistens bei einer Flasche Wein auf dem Balkon und waren zärtlich miteinander. Zwei durch und durch glückliche Menschen. Es gab so vieles zu bereden. Das Lokal übernehmen, eine Wohnung für uns mieten oder kaufen, ein kleines Auto würden wir auch brauchen. Dann die Sache mit Alfonso und der Küche; war es wirklich so gut, wenn wir uns von ihm abhängig machten? Wir werden mit Señor Alfonso noch mal ernsthaft reden müssen. Der wird uns nicht das Fell über die Ohren ziehen! Wir wussten doch genau, dass er die „Cabaña" gerne für sich an Land ziehen wollte.
Als wir so vertraut beieinander saßen, hat mich Manuel einmal gefragt: „Pedro, ist das wirklich wahr, kommst du tatsächlich für immer nach Spanien oder träume ich das alles nur? Ich kann es manchmal gar nicht glauben. Ich bin bei meinem alten Großvater aufgewachsen, ohne Mutter, ohne Vater, jetzt bist du meine Familie."
Wie schön für mich, so etwas von ihm zu hören. Aus dem ehemaligen spanischen „Saisongockel" mit seinen vielen „Kusinen" war ein treuer Lebensgefährte geworden. Welch eine Wandlung! Ob ihm je bewusst geworden ist, wie glücklich er mich

damit gemacht hat? Ich denke schon. Scherzend habe ich ihm darauf geantwortet: „Ja, ich habe mir fest vorgenommen, zu kommen und zu bleiben. Mich wirst du nie mehr los. Und wenn du mich einmal nicht mehr willst, bleibe ich trotzdem hier. Ich suche mir dann einen anderen. Ich stehe nämlich auf hübsche spanische Jungs, genau solche, wie du einer bist." Manuel lachte sein herrliches Lachen und wollte diese Worte immer wieder von mir hören. Bei all den kleinen Sorgen über die Übergabe des Lokals und die gemeinsame Zukunft, wir waren zwei gesunde junge Männer, wollten unser Leben genießen, in der knappen Freizeit im Meer baden, uns am Strand aalen, gemeinsam reiten gehen, mit unseren Freunden zusammen sein. Wir kannten mittlerweile so viele Leute. Die Hütte wurde mehr und mehr zu einem der bekanntesten Treffpunkte im Ort. „Bei Manuel und Pedro" wurde zum Begriff. Wir wollten doch, dass die Leute wiederkommen und dann wieder unsere Gäste sind. Also mussten wir unsere Kontakte auch pflegen. Was gibt es auf der Welt schöneres als den Umgang mit fröhlichen, gut gelaunten Urlaubern ...
Vincente hatte in diesem Sommer einen dritten Kellner eingestellt, Diego. Mir war der Kerl von Anfang an unsympathisch. Ich kannte ihn bereits von seiner früheren Tätigkeit als Kellner in der Bodega bei der Kirche. Ich wurde das Gefühl nicht los, der betrügt die Gäste. Bei uns würde er später nicht bleiben können. Manuel kam anscheinend gut mit ihm aus. Er kam auch mit den Gästen gut zurecht und sie mochten ihn. Wahrscheinlich ist er gar nicht so übel und du täuschst du dich nur, bemühte ich mich, mich zu beruhigen, meine düsteren Vorahnungen abzuschütteln. Vorahnungen, genährt durch ein Gespräch mit Claudio Ruiz. Der machte mal so eine Andeutung: „Diego hat einen guten Draht zu den Zigarettenschmugglern."
Schmuggeln besaß an diesem Teil der Küste eine lange Tradition und wurde speziell beim Schmuggeln von amerikanischen

Zigaretten zum einträglichen Geschäft für die Fischer. Viele Touristen wollten auf ihre gewohnten Marken nicht verzichten. Das Kraut, das die Spanier anboten, war wirklich nur etwas für Kenner und Liebhaber von schwarzem Tabak, der beim Inhalieren die Lungenflügel lahm legte. Als Hochburg der Zigarettenschmuggler galt das zwischen Malpente und Barcelona gelegene Fischerdorf Arenas de Mont. Claudio wusste, dass Diego seine Kindheit in Arenas verbracht hatte und über gute Verbindungen verfügte, jedenfalls hatte man ihn und Manuel in der letzten Zeit öfter dort gesehen. Da ich Manuel für so vernünftig hielt, sich nicht mit diesen Leuten einzulassen, habe ich das Thema leider nicht angesprochen. Meine Urlaubswochen gingen schnell zu Ende. Schon saß ich wieder im Flieger. Den Abend zuvor verbrachten wir ein letztes Mal in unserer Bucht. Der Abschied ist uns diesmal nicht besonders schwer gefallen. „Nur noch ein halbes Jahr, dann sind wir für immer zusammen", trösteten wir uns gegenseitig.
Manuel brachte mich zum Taxi vor dem Hoteleingang. Eine letzte zärtliche Umarmung, der letzte flüchtig hingehauchte Kuss. Er winkte mir noch lange nach. So werde ich ihn ewig in meiner Erinnerung behalten, ich habe ihn nie mehr wiedergesehen, die Umstände waren gegen uns.

***

Das nächste halbe Jahr ging schnell vorbei, war angefüllt mit all den vielen Vorbereitungen, um meinen Umzug nach Spanien zu organisieren. Oft hatte ich den Eindruck, ich wolle nach Australien auswandern und nicht nur 1400 Kilometer südlich meiner jetzigen Heimat einen neuen Wohnsitz nehmen. Mit so viel Bürokratie hatte ich nicht gerechnet. Formulare und Anträge für Arbeitserlaubnis, Krankenkasse, Rentenversicherung, Gesundheitszeugnis mussten ausgefüllt oder bearbeitet werden.

Die beiden größten „Brocken" aber, meine Eltern und meinen Arbeitgeber von den Plänen zu unterrichten, schob ich vor mir her. Wie sollte ich meinen Eltern nur klar machen, dass ich ins Ausland gehe, dort ein Strandlokal eröffnen und mit einem jungen Mann zusammenleben will? Ich hatte Angst vor dieser Beichte. Manchmal bin ich nachts schweißgebadet aufgewacht und konnte nicht mehr einschlafen.
Alles Schriftliche habe ich mit Wanda in ihrer Wohnung erledigt. Auf einer kleinen Reiseschreibmaschine wurden Anträge ausgefüllt, Briefe geschrieben und beantwortet, zwischendurch immer wieder die Termine mit Manuel abgestimmt. Als Absender benutzten wir Wandas Adresse, dadurch war gewährleistet, dass meine Eltern nicht erfuhren, wer mir da bergeweise Post schickte. Es war so ungemein langwierig, immer wieder schreiben und dann wochenlang auf Antwort warten. Telefonieren von und nach Spanien war eine größere Sache und oft kaum möglich. Also, schreiben, auf Antwort warten und wieder schreiben. Ohne Wandas Hilfe hätte ich das alles nie geschafft. Ich wurde von der Warterei oft so ungeduldig, mir dauerte alles viel zu lange, ich wollte doch zu ihm! Wanda hat mich immer wieder beruhigt.
Terminlich sollte es so aussehen: Am 1. Mai 1966, zu Beginn der neuen Saison, Eröffnung der „Cabaña" mit einem großen Strandfest und Freibier. Am 15. April wollte ich anreisen, um Manuel bei den Vorbereitungen dafür zu unterstützen. Er hatte das Lokal im vergangenen Winter von Vincente übernommen, unser Pachtvertrag war unter Dach und Fach. Meine persönlichen Sachen sollten per Bahnfracht nach Malpente geschickt werden.
Mit der Arbeitsstelle, das hat sich von selbst erledigt. Die Firmenleitung trug sich mit dem Gedanken, aus steuerlichen Gründen eine Filiale in der Schweiz zu eröffnen. Herr Eder war als Chef vorgesehen, ich sollte als seine rechte Hand fun-

gieren. Als er mich von diesem Vorgang in Kenntnis setzte und meine Meinung, oder besser gesagt meine Zusage hören wollte, habe ich ihm abgesagt. Er reagierte sehr betroffen, wollte mir aber nicht im Wege stehen. Wir haben vereinbart, dass ich bis zum 31. März blieb, um ihm bei der Auflösung unserer jetzigen Abteilung zur Hand zu gehen.
Aber die Eltern, meine Eltern? Ich fand einfach nicht den Mut, ihnen endlich die Wahrheit zu sagen, schob die Beichte immer weiter vor mir her. Wanda hat mich deswegen ausgelacht und einen „Hosenscheißer" genannt.

Zu Weihnachten bin ich mit meinem jüngeren Bruder, Alexander war mittlerweile 14 Jahre alt und fast so groß wie ich, zu unseren Verwandten in den Schwarzwald gefahren. Ein Anfall von Sentimentalität. Ich wusste ja, dass ich weggehe, und ich wollte noch ein paar Tage mit dem „Kleinen" verbringen. Wir haben uns nie so richtig nahe gestanden, der Altersunterschied schien einfach zu groß zu sein.

***

Am 26. März, vormittags gegen 10 Uhr, rief eine Arbeitskollegin in der Firma durch den Flur: „Peter, deine Mutter hat angerufen, für dich ist ein Telegramm gekommen, aus Spanien! Von einem Herrn Kosta oder so ähnlich. Sie fragt, was sie damit machen soll?"
Ich habe mich gleich auf meine Vespa gesetzt und bin nach Hause gefahren. Das Telegramm kam von Jan Koistra, Hotel „Rivera", Malpente de Mar, Spanien. Mir war nicht wohl in meiner Haut. Warum schickt Jan dir ein Telegramm? Irgendwas muss da passiert sein! Ich öffnete den Umschlag mit zitternden Fingern.
„amigo pedro – manuel am 20. maerz von garde erschossen – beerdigung gestern – jan"

Was so ein paar lapidar geschriebene Worte in einem Menschen anrichten können, begreift nur der, der jemals eine derartige Nachricht erhalten hat. Ich war erstarrt, stand wie versteinert da, mein Herz schlug heftig bis zum Hals und mein Magen drehte sich um.

„Ei, Bub, um Himmels wille, was is dir denn, was steht do drin, in dem Telegramm?"

Wortlos habe ich ihr den Zettel gereicht. Sie las die Worte zwar, konnte aber nichts damit anfangen. „Wer issen dieser Manuel, kennst du den näher?"

„Mama, ich ..."

Dann ist alles aus mir herausgeschossen, alles, was sich in den vielen Jahren bei mir festgesetzt hatte. Brutal und schonungslos habe ich ihr die Augen geöffnet. Über meine Veranlagung, von der sie ja nie etwas bemerkt haben wollte. Über meine Qualen als Jugendlicher. Über meine Liebe zu Manuel. Über meine Absicht, aus der Heimat wegzugehen. Über den gekündigten Arbeitsplatz. Über die Strandbar.

Meine Mutter konnte nichts sagen, darauf war sie nicht gefasst, mit so was hatte sie im Traum nicht gerechnet. Anschließend bin ich zur Post gefahren, habe Wanda auf ihrer Arbeitsstelle angerufen und ihr alles gesagt. Sie forderte mich auf, unverzüglich zu ihr in die Wohnung zu kommen und dort auf sie zu warten, sie würde nach Hause kommen. Wanda machte nicht viele Worte. Wozu auch? Sie tat das einzig Richtige, einfach nur da sein. Sie erledigte all die Dinge, die in so einem Fall notwendig waren und die ich selbst nicht erledigen konnte. Ich war wie versteinert, mir hämmerte nur ständig in meinem Hirn: Manuel ist tot! Manuel ist tot! Manuel ist tot!

Wanda buchte mir einen Flug für den 28. März nach Barcelona. Abflug Frankfurt 15.35 Uhr, Ankunft Barcelona 17.30 Uhr, nur Hinflug.

„Flieg erst einmal runter und entscheide dort, was du tun wirst. Lass dir Zeit, überstürze nichts."
Sie benachrichtigte Jan Koistra telegraphisch von meinem Reisetermin. Sie entschuldigte mich bei meinem Arbeitgeber: „Er wird nicht mehr kommen. Es ist ja sowieso vorgesehen, dass er aus der Firma ausscheidet. Nun eben einige Tage früher. Ein Todesfall."
Es tat mir so gut, wie rührend sie sich in diesen Tagen um mich kümmerte. Sie besuchte sogar meine Mutter, davon hat sie mir aber nichts gesagt. Sie sprach mit Mutter über Manuel und mich. Sie legte ihr ans Herz, mich vorerst in Ruhe zu lassen. „PP muss erst wieder zu sich kommen, das kann er nur dort unten in Spanien."
Wanda hatte Angst um mich, glaubte, ich könnte mir was antun. Ich blieb bei ihr in der Wohnung. Sogar zum Kofferpacken hat sie mich nach Hause begleitet. Mutter hat mich mit den Worten verabschiedet: „Sei uns net bös, mir hawwe von all dem nix gewusst. Hättste doch mal was gesagt, mir hätte dir doch geholfe. Der Papa lässt dich schön grüßen und pass auf dich auf, Bub. Komm bald widder gesund zurück."
Was sollte ich davon halten? 25 Jahre kannte sie mich, hat mich als Baby gewickelt und gestillt. Hat mich als Kind getröstet, wenn ich krank war. Ist ständig um mich gewesen, hat Schritt für Schritt zugesehen, wie aus ihrem Baby ein junger Mann wurde. Und sie hat nie etwas bemerkt? Ihr ist nie aufgefallen, dass ihr Sohn eine Vorliebe für junge Männer hat? Oder hat sie nur die Augen zugemacht und gedacht: Das wird sich legen. Ich habe bis heute keine Antwort auf diese Frage gefunden.

***

Wanda brachte mich bis zum Flugzeug, am liebsten hätte sie mich noch bis in die Kabine begleitet. Der Flug nach Barcelona verlief ruhig und angenehm. Am Aeropuerto „El Prat" erwartete mich Jan Koistra. Guter Freund Jan … Als ich ihn dort stehen sah, so ruhig und ausgeglichen, wie es seine Art ist, musste ich weinen. Plötzlich brachen all die Dämme, die mich zu Hause noch blockiert hatten. Jan war doch ein Teil von uns. So oft ist er mit uns zusammen gewesen, war Zeuge geworden, wie sehr wir uns liebten. Nun sollte er mich über die Umstände, die zu Manuels Tod geführt haben, unterrichten. Stumm haben wir uns umarmt, sind zu seinem Wagen gegangen. Im Auto brach er sein Schweigen.

„Als Erstes mein Beileid, Pedro. Hast du Hunger oder Durst? Ich habe Sandwiches und Tee bei mir. Alfonso hat mir die Sachen persönlich mitgegeben, er lässt dich herzlich grüßen."

„Jan, was ist hier los? Warum hat mich niemand rechtzeitig informiert?"

Ich wusste, ich tat ihm mit meiner Ungeduld Unrecht, er trug gewiss keine Schuld an Manuels Tod, aber ich war innerlich so angespannt, meine Nerven lagen blank.

„Sachte, Pedro, sachte, hab etwas Geduld mit mir. Wir fahren jetzt nach Malpente, ganz gemütlich. Unterwegs erzähle ich dir alles, was ich weiß und was ich vermute. Meine Frau und ich haben drei Wochen Urlaub bei meinen Eltern in Holland verbracht. Wir sind vorgestern, also am 26. März wieder im Hotel angekommen. Alfonso möchte am 1. April eröffnen, da werden wir gebraucht."

Jan hatte also seine langjährige Mitarbeiterin geheiratet! Ich muss ihnen gratulieren, später, wenn ich wieder einen klaren Gedanken fassen kann. „Alfonso kam, als er uns sah, aus seinem Büro gestürmt, sagte ohne Umschweife: ‚Manuel Llancer wurde am 20. März von der Garde beim Schmuggeln von Zigaretten ertappt und auf dem Strand von Arenas de Mont erschossen. Er war sofort tot. Gestern haben wir ihn beerdigt.' Mercedes und ich fühlten uns in diesem Moment wie vom Schlag getroffen. Nachdem wir uns einigermaßen erholt hatten, gab mir Alfonso die Anweisung: ‚Du musst Pedro sofort ein Telegramm schicken und ihm mitteilen, was hier passiert ist! Ich darf es nicht, ich habe es dem Alten versprechen müssen.' Daraufhin habe ich das Telegramm aufgegeben, und nun bist du hier."

„Was hat Alfonso welchem Alten versprechen müssen? Und warum um Gottes willen hat Manuel Zigaretten geschmuggelt? Das hatte er doch gar nicht nötig. Wir wollen … wir wollten doch die Hütte übernehmen!"

„Das ist auch nicht so leicht zu verstehen. Hier spielen Tradition, falsch verstandene Ehre und Mentalität eine Rolle. Der Alte, das ist Manuels Großvater, hat ihnen allen vor der Beerdigung das Versprechen abgenommen, dir nichts von Manuels Tod zu sagen. Er glaubt, dass du am Tod seines Enkels eine Mitschuld trägst, was natürlich kompletter Unfug ist, und sie haben ihm versprochen, zu schweigen."

„Aber das sind doch meine Freunde! Vincente, Juan, Julio, Claudio … alles gute Freunde! Nächste Woche, wenn ich ganz normal, so, wie mit Manuel ausgemacht, angekommen wäre, hätte ich es doch auch erfahren! Ja, wollten die mich denn alle ins offene Messer laufen lassen? Was habe ich denen denn auf einmal so schlimmes getan?"

„Nichts, Pedro, und das wissen sie auch. Sie sitzen zu Hause und werden vom ihrem schlechten Gewissen geplagt. Die einzige Ausnahme ist Alfonso. Manchmal haben erwachsene Männer hier in Spanien nicht mehr Verstand als ein Perlhuhn. Schuld daran ist ihr verdammter Stolz oder das, was sie dafür halten."

„Wieso hat Manuels Großvater so viel Macht über diese Leute? Womit hat er sie in der Hand, womit kann er sie erpressen, er, ein einfacher Bauer?"

„Ich fürchte, da hat dir Manuel nicht die ganze Wahrheit gesagt. Sein Großvater ist kein einfacher Bauer, der Alte ist einer der reichsten Grundeigentümer in unserer Gegend. Barón Ernesto de Santana verfügt über einen umfangreichen Besitz mit riesigen Ländereien."

„Wie bitte? Jan, du machst Scherze mit mir."

„Nein, bei Gott nicht. Er ist der größte Tomaten- und Bohnenproduzent Kataloniens. Seine Ziegen- und Schafherden zählen in die Tausende. Ein einflussreicher alter Herr, der Barón."
Ich konnte ihm nicht gleich antworten, war vollkommen sprachlos. Mit keinem Wort hatte Manuel je etwas in dieser Richtung erwähnt.
Als ich mich einigermaßen gefasst hatte, wandte ich mich wieder an Jan: „Jan, du kennst mich lange genug, du hast mitbekommen, wie es mit mir und Manuel angefangen hat. Warum hat er nie was gesagt, er hat immer nur von seinem alten Großvater mit dem Bauernhof gesprochen, und nun so was? Und ihr, meine Freunde, habt nie ein Wort dazu gesagt. Nun verstehe ich euch überhaupt nicht mehr."
„Mein lieber Pedro, Manuel hat nicht darüber gesprochen, weil er nicht wollte, dass auch nur ein einziger Mensch auf den Gedanken kommen könnte, du hättest dich an ihn herangemacht, weil er der Erbe eines großen Vermögens ist. Er wollte nichts von dem Geld, er ist dem Barón davongelaufen, hat lieber hier an der Küste als Kellner gearbeitet, als zu Hause den reichen Erben zu spielen. Er wollte seine Freiheit, war so froh, als er dich damals kennen gelernt hat. Er hat einmal zu mir gesagt: ‚Den Pedro hat mir der Himmel geschickt.' Und du hast ihn so genommen, wie er sein wollte, ein armer, aber liebenswerter spanischer Junge."
„Und ihr habt alle geschwiegen."
„Ja, er wollte es so und wir haben es respektiert."
„Aber warum in Gottes Namen hat er denn mit dem Schmuggeln angefangen? Wer hat ihn nur dazu überredet?"
„Ich habe im Hotel einige Zeitungen aufgehoben, da steht was drin, nicht sehr viel, du kannst es nachher lesen, wenn du willst. Mit den Schmugglern hat ihn Diego in Kontakt gebracht. Den haben sie übrigens am selben Abend noch verhaftet, er sitzt in Barcelona in Untersuchungshaft."

„Das hat mir im vergangenen Herbst schon nicht behagt, als Vincente den falschen Kerl als Kellner einstellte. Diego übte einen schlechten Einfluss auf Manuel aus."

„Sei nicht so streng, schmuggeln ist hier kein Verbrechen, die Katalanen betreiben es seit Jahrhunderten. Es gibt viele Helden und Freiheitskämpfer bei den Schmugglern. Diego ist ein armer Hund, der braucht jede Peseta. Und Manuel … Manuel wollte nicht, dass alles Geld für eure Zukunft von dir kommt, ein Apartment, ein neues Auto, das Lokal. Da wollte er eben auch seinen Teil beisteuern. In dieser Beziehung war er sehr eigen, du kanntest ihn doch besser als wir anderen. Er war ein stolzer Junge und wollte nie von jemandem abhängig sein. Manuel hätte seinen Großvater um das Geld bitten können, aber er wollte von dem alten Mann kein Geld haben. Das musst du akzeptieren, Pedro. Das ist die einzige Entschuldigung für sein Verhalten."

„Ich weiß, Jan, aber es tut so furchtbar weh! Mir ist auch einige Male aufgefallen, dass Polizei und Garde nicht gut auf die Familie Llancer zu sprechen sind. Ist dir da was bekannt?"

„Nein, Pedro, da fragst du besser mal seinen Großvater. Vielleicht will er ja doch mit dir reden. So, wir sind da. Ich habe dir ein Zimmer bei uns im Haus reserviert, Alfonso sagte zu mir: ‚Pedro kann bleiben, so lange er will, kostenlos.'"

Das „Rivera" ist so früh im Jahr zwar offiziell noch geschlossen, aber einige Zimmer waren immer belegt, Dauergäste, Vertreter, Reiseleiter. Restaurant und Bar hatten meistens ganzjährig geöffnet.

Es dämmerte bereits, über dem Meer türmten sich hohe dunkle Abendwolken, so dunkel und düster wie meine Gedanken. Jan half mir mit dem Gepäck. Hier wurde mir erst klar, dass ich wahrscheinlich die falschen Sachen eingepackt hatte. In Spanien ist der Frühling im März schon zum Greifen nahe, während zu Hause in Deutschland noch dicker Winter ist, kalt und mit viel Schnee. Doch daran konnte ich jetzt nicht denken. In meinem Kopf hämmerte es erneut: Manuel am Strand von Arenas de Mont, einem kleinen friedlichen Fischerstädtchen, verblutet. Tödlich getroffen von den Kugeln eines Gewehres. Vorschnell abgefeuert von einem bösen Menschen, der nichts davon ahnt, was er damit angerichtet hat.

Jan machte sich bemerkbar: „Möchtest du noch irgendwo hingehen, jemanden besuchen? Ich habe mit Mercedes gesprochen, sie lässt dich herzlich grüßen. Du kannst auch zu uns rüber kommen, wir würden uns freuen."

„Danke dir, Jan, das ist lieb gemeint. Ich habe die letzten Nächte kaum geschlafen, ich lege mich bald hin. Nachträglich alles Gute zu eurer Hochzeit. Es freut mich, dass es endlich geklappt hat mit euch beiden. Liebe Grüße an Mercedes, ich werde sie morgen bestimmt sehen."

„Ich lasse dir aus der Küche etwas zu essen bringen, eine Flasche Chablis wird dir gut tun, Pedro. Schlaf dich erst mal richtig aus. Ich sehe später noch einmal nach dir. Que aproveche, mein Freund."

Ich verspürte nun doch einen leichten Hunger. Bald darauf brachte der Zimmerkellner Obst, kaltes Huhn, Käse und Brot. Der Wein tat sein Übriges. Als ich am Morgen gut ausgeschlafen erwachte, bemerkte ich erst, dass mein Zimmer über einen Balkon mit Meerblick verfügte. Ich ging hinaus. Ein wunderschöner Morgen kündigte einen noch schöneren Tag an. Die Sonne strahlte vom makellos blauen Himmel. Das Meer, ruhig wie selten, nur das ewige Rauschen der Brandung war zu hören. Drüben, im ersten Licht des frühen Morgens, unsere „Cabaña". Kam da nicht Manuel vom Strand herauf? Nein, das war nur ein früher Jogger. Manuel wird nie mehr vom Strand kommen. Nie mehr werde ich seine Stimme hören, mich an seinem Lachen freuen, seine Liebe spüren. Da bemerkte ich es zum ersten Mal: Ich konnte nicht um ihn trauern! In den ersten Stunden habe ich um ihn geweint, aber echte Trauer? Die wollte sich nicht einstellen, nur Wut, unbändige Wut über das, was passiert ist. Durch seinen sinnlosen Tod stand ich urplötzlich vor einem riesigen Scherbenhaufen. Alle unsere schönen gemeinsamen Pläne konnte ich allein nicht umsetzen. Wie schon so oft in meinem Leben dachte ich auch hier vielleicht etwas zu egoistisch, zu sehr an mich selbst. Mir hatte man das angetan, mir den Freund getötet, ich stand vor dem Nichts. Aber was war mit den anderen, die ihm ebenfalls nahe standen? Seinem Großvater, seinen Freunden im Dorf, seinen Arbeitskollegen in der „Cabaña", seiner Mutter? Was war mit seinem jungen Leben, mit all seiner Unbekümmertheit und Fröhlichkeit?

In meinem Zimmer müssen in der Nacht die Heinzelmännchen gewesen sein. Alles war aufgeräumt, mein Anzug hing über einem Bügel, die Schuhe waren geputzt, das Zimmerlicht gelöscht worden. Guter Jan, er sorgte so liebevoll für mein Wohlergehen, ein echter Freund.

Nach dem Duschen habe ich mich sorgfältig angezogen. Dunkler Anzug, helles Hemd, dezente Krawatte. Durch korrekte Kleidung wollte ich meine Trauer demonstrieren. Anscheinend hatte ich doch die richtigen Sachen eingepackt, ich vermisste nichts. Auf dem Weg zum Frühstückssaal begegnete mir Alfonso.

„Buenos dias, Pedro, mein Beileid. Entschuldige bitte, dass ich dir nicht sofort ein Telegramm geschickt habe. Wir hatten alle ein Brett vor dem Kopf", begann er das Gespräch und reichte mir seine Hand.

„Gracias, Alfonso, ich bin euch nicht böse, nur so furchtbar enttäuscht über das, was da passiert ist. Wie konnte es nur dazu kommen? Ich dachte, wir seien Freunde, wir könnten einander vertrauen. Warum hat mir denn niemand was gesagt? Worauf hat sich Manuel nur eingelassen? Ihr habt es doch alle gewusst oder zumindest geahnt. Ein Brief, eine Karte, ein Anruf, so weit ist Deutschland doch nicht weg."

„Geh frühstücken, Pedro, du wirst hungrig sein! Danach komm in mein Büro, wir werden über alles reden, ich habe Zeit für dich. Que aproveche, guten Appetit, Amigo."

Alfonsos Büro betrat ich an diesem Vormittag zum ersten Mal. Unsere bisherige Kommunikation hatte meistens an der Bar oder im Restaurant stattgefunden. Sein Büro befand sich neben der Rezeption. Ein wahres Schmuckstück, das nach seinem ganz persönlichen Geschmack eingerichtet war. Orientteppiche auf weißen Marmorböden. Mit Ornamenten und Rosetten verzierte Stuckdecke. Die Möbel im spanischen Kolonialstil, dazu passend die schwere Ledergarnitur. An den Wänden Bilder von Picasso und Salvador Dali, dazwischen gerahmte Fotos von berühmten Fußballern und Toreros mit Widmung. Hinter seinem Schreibtischstuhl die spanische Nationalflagge und je ein Porträt von Franco und Juan Carlos.
„Setz dich, mein Junge", begann er die Unterhaltung.
Vorsicht, heute gibt er den väterlichen Freund.
„Du hast mich vor dem Frühstück wegen unseres fehlenden Vertrauens zu dir angesprochen. So ist das nicht, wir mögen dich alle, so, wie wir Manuel gemocht haben. Er ist damals mit knapp 16 Jahren zu mir ins Hotel gekommen. Dem Großvater weggelaufen, die Schule geschmissen, den Kopf voller Flausen, suchte er eine Arbeit. Ihm war in dem konservativen Herrenhaus alles zu eng und zu steif geworden. Dazu kam seine Vorliebe für Männer, die hätte er dort niemals ausleben können. Der alte Barón konnte nie verstehen, dass sein Enkel, Nachfolger eines uralten spanischen Adelsgeschlechts, ein Homosexueller war. Den feinen Unterschied, dass Manuel auch Mädchen mochte, hat der Alte nicht akzeptieren wollen, für ihn war Manuel ein fehlgeleiteter junger Mann. Ich habe Manuel damals aufgenommen und an meiner Rezeption beschäftigt. Als er zum Militär ging und später wieder kam, ließ ich ihn wieder bei mir arbeiten. Das konnte ich

ohne Bedenken tun, er kam gut mit den Gästen zurecht, sprach fließend deutsch und einigermaßen englisch, konnte sich benehmen, schließlich stammte er aus gutem Hause. Als der Alte dahinter kam, wer seinen Enkel aufgenommen hatte, setzte er mir gewaltig zu. Manuel war damals noch minderjährig, der Großvater ist ... Entschuldigung, *war* sein Vormund. Aber ich habe gute Verbindungen in alle Richtungen, Barón Ernesto konnte nichts ausrichten, Manuel durfte bei uns bleiben. Zumal der Alte seinerzeit in die Geschichte mit Manuels Vater verwickelt war und seitdem bei den Behörden nicht gut angesehen ist. Das kann dir der Barón aber alles selbst erzählen. Er möchte dich kennen lernen und lässt fragen, ob er dich heute Nachmittag hier treffen kann?"
„Nein, mit dem rede ich kein Wort! Er behauptet doch steif und fest, ich trage eine Mitschuld am Tod seines Enkels", antwortete ich ihm hastig und erregt.
„Nicht so hitzig, mein Freund, habe bitte auch Verständnis für den alten Mann, auch er hat etwas verloren, das ihm lieb und teuer war, nicht nur du. Ihr beiden seid die einzigen Menschen, die Manuel nahe standen. Wenn er jetzt mit dir reden will, sehe ich das als ein gutes Zeichen an. Ich bin überzeugt, er wird seine Meinung über dich ändern. Sprich mit ihm, spring über deinen Schatten, er ist ein alter, verbitterter Hagestolz."
„Ich bin ganz durcheinander und so maßlos enttäuscht. Ich kann nicht begreifen, warum Manuel sich auf das Schmuggeln von Zigaretten eingelassen hat."
„Dazu muss man uns Spanier besser kennen und verstehen. Manuel wollte zu dem, was ihr beiden vorhattet, auch seinen Teil beisteuern. Seinen Großvater hätte er nie um Geld gebeten, obwohl der genug davon hat. Diesen Triumph gönnte er dem Alten nicht, dazu ist er viel zu stolz gewesen. Wir Spanier werden an unserem verdammten Stolz noch einmal ... Na ja, das ist eine andere Geschichte. Also versuchte er auf leich-

te Art an Geld zu kommen, durch schmuggeln. Das ist bei uns in Katalonien nichts Ehrenrühriges. Die Hochseeschiffe lassen außerhalb der Dreimeilenzone die Bojen mit der Schmuggelware zu Wasser. Die Männer fahren nachts mit ihren Booten hinaus und sammeln die Bojen ein. Jedes Kind weiß Bescheid. Einfacher geht es kaum und es ist bisher noch nie was passiert. Warum die Garde ausgerechnet an diesem Tag eine Razzia durchführte und dann auch noch geschossen hat, weiß keiner. Die Zeitungen, selbst die konservativen Blätter, haben diesen ungewöhnlichen Vorfall scharf verurteilt. Hier habe ich dir einige Zeitungen aufgehoben, lies nachher bitte selbst. Da noch ein zweiter Mann erschossen wurde, lässt sich auch keine Verschwörung gegen die Familie Llancer nachweisen. Es war, wenn du so willst, ein unglücklicher Zufall."
„Ein schwacher Trost, Alfonso. Ich war drei Mal Zeuge, als Polizei und Garde Manuel wegen seines kommunistischen Vaters gedroht haben, da muss doch was dran sein. Warum waren die nur so auf ihn fixiert, er hat doch nie was Schlimmes getan?"
„Frag bitte den Barón danach. Ich persönlich glaube einfach an keine Absprache, dazu ist unsere Polizei gar nicht fähig. Sollte ich mich so täuschen? Wirklich klären werden wir das wohl nie ..."

Später habe ich einen langen Spaziergang am fast menschenleeren Strand gemacht, dabei hin und her überlegt, kam aber zu keinem Ergebnis. Es war noch zu früh für eine wie auch immer geartete Entscheidung. Am frühen Nachmittag habe ich einen langen Brief an Wanda geschrieben und ihr alles berichtet. Später ging ich hinunter in den Salon. Zeit für meine Unterredung mit Don Ernesto, Barón de Santana, dem Großvater von Manuel.
Der alte Herr stand mit Jan Koistra vor einer Sitzgruppe, beide unterhielten sich leise. Keine schlechte Erscheinung, der alte Mann, mittelgroß und schlank, volles dunkles Haar. So

hätte Manuel mit siebzig ausgesehen, die Ähnlichkeit war nicht zu verkennen. Bekleidet mit einem schwarzen Zweireiher, weißem Hemd und schwarzer Krawatte, machte er eine gute Figur, ganz Aristokrat. In seiner linken Hand hielt er einen Stock mit einem Knauf aus Elfenbein. Er drehte sich langsam um, als ich den Raum betrat, sah mir neugierig entgegen, als ich auf die beiden zuging. Jan stellte uns vor. Der Barón blickte mir lange in die Augen, ich erwiderte seinen Blick. Dann, oh Wunder, gab er mir die Hand, eine angenehm warme Hand. Wir setzten uns. Jan fragte höflich, ob wir etwas trinken wollten. Der alte Herr lehnte dankend ab, für uns bestellte Jan beim Ober „café solo".

Die Unterhaltung wurde etwas umständlich geführt, der Barón sprach nur katalanisch mit uns. Weshalb, ist mir bis heute nicht klar, ich bin mir aber nicht sicher, ob das nicht nur eine Marotte von ihm gewesen ist, um Jan und mich zu schikanieren. Da ich nur spanisch verstand, musste Jan Koistra jedes gesprochene Wort in zwei Sprachen übersetzen.
„Entschuldigen Sie bitte, mein Herr, wenn ich als der Ältere zuerst das Wort ergreife. Sie sind also, der … der Bekannte meines Enkels. Sie kommen aus Deutschland? Aus welcher Gegend?"
„Meine Familie ist in der Nähe von Frankfurt am Main zu Hause. Ja, ich bin Manuels Freund und möchte Ihnen zuerst mein Beileid aussprechen, bei Manuels Beerdigung wurde mir das ja nicht gestattet."
„Vielen Dank, Señor, aber Sie müssen mich verstehen, in unseren Kreisen ist es nicht gerade üblich, dass wir intime Beziehungen zu Männern unterhalten. Mein Enkel war da eine Ausnahme. Aber wie ich sehe, hat er einen, wie soll ich mich nur ausdrücken, einen guten Geschmack bewiesen. Verzeihen Sie mir meine Offenheit, ich habe Sie mir ganz anders vorgestellt, mehr als einen schmierigen, öligen Typen. Ich habe

keinen so sympathischen jungen Mann erwartet. Manuel ließ sich einmal, als er so um die 15 Jahre alt war, mit einem meiner Hirten ein. Ich habe die beiden dabei überrascht. Den Hirten habe ich hinausgeworfen und meinen Enkel gehörig verprügelt. Damals dachte ich: Das wird sich legen, ist sicher nur eine einmalige Entgleisung. Aber da hatte ich mich wohl getäuscht. Als er später mein Haus verlassen hat, um für diesen Gauner Alfonso zu arbeiten, konnte ich ihn nicht mehr beschützen. Wenn er mich besuchte, hat er, scheinbar wohl mehr zu meiner Beruhigung, gesagt: ‚Ich habe nur noch Freundinnen, Großvater.' Wie ich nun erfahren muss, entspricht das aber nicht so ganz der Wahrheit."

„Da ist es ihm genauso ergangen wie mir, ich musste meine Familie auch immer belügen. Das ist nicht leicht. Haben Sie je darüber nachgedacht, wie er sich gefühlt haben muss, immer nur zu lügen, seine wahren Gefühle zu verbergen. Ich kenne das nur zu gut."

„Sie haben meinen Enkel von mir weggetrieben! Sie haben zu ihm gesagt, er solle nicht bei mir auf dem Gut arbeiten. Er sollte doch aber einmal alles erben."

Wir mussten immer wieder auf Jans Übersetzung warten, deshalb konnte ich ihm erst nach einer Weile antworten: „Das ist doch Unsinn, Barón de Santana, erst gestern Abend habe ich von Mijnheer Koistra erfahren, dass Sie ein großes Gut besitzen. Fragen Sie ihn nur, er wird Ihnen das bestätigen. Manuel hat immer nur gesagt: ‚Mein Großvater besitzt einen Bauernhof.' Weil ich die Feldarbeit kenne, meine Großeltern haben sich während des Krieges und danach hart genug plagen müssen, um uns alle zu ernähren, sagte ich zu Manuel: ‚Als Knecht musst du nicht arbeiten, da verdienst du dein Geld als Kellner leichter.' Hätte ich damals schon gewusst, was ich heute weiß, ich hätte ihm geraten, Landwirtschaft zu studieren."

Jan nickte bei meinen Ausführungen zustimmend und der Alte lächelte bei Jans Nicken still vor sich hin. Er fuhr fort:

„Sie sind sehr direkt, das imponiert mir ungemein. Wir sind zwar unterschiedlicher Meinung, was die Homosex... verzeihen Sie bitte, was intime Beziehungen unter Männern betrifft, aber das schließt ja nicht aus, dass man sich trotzdem respektiert. Was Sie da wegen meines „Bauernhofes" sagen, klingt recht plausibel. Manuel nahm es mit der Wahrheit nicht so ganz genau. Ich fürchte, ich habe Ihnen Unrecht getan, verzeihen Sie einem alten Mann."

„Sie haben mich nicht richtig verstanden, Herr Barón. Ihr Enkel sah das alles ganz anders. Er wollte nicht, dass Sie annehmen, ich hätte mich nur wegen seines Erbes an ihn herangemacht, deshalb hat er Sie als armen Schlucker hingestellt. Seine Bisexualität, mein Gott, warum war das denn so schlimm für Sie? Er konnte, genau wie ich, Frauen und Männer lieben, er war eben so. Wenn er Ihnen tatsächlich so viel bedeutete, dann hätten sie das akzeptieren müssen. Sie können einen Menschen nicht nur dann lieben, wenn er sich so verhält, wie Sie es von ihm erwarten. Manuel war ein gutherziger, wertvoller Mensch. Und nur, weil er mit mir zusammenleben wollte, haben Sie bei meinen Freunden gegen mich intrigiert? Sie sind ganz schön selbstgerecht, Señor!"

„Ich habe meine Prinzipien und bin unserer Tradition verbunden. Für Liebe unter Männern ist in meinem Haus kein Platz."

„Jetzt ist Ihr Haus leer, jetzt haben Sie Ihren Willen. Sind Sie nun zufrieden? Ihr Enkel ist tot; Sie haben ihn endgültig verloren." Nach einer kleinen Pause fuhr ich fort: „Was ist mit der Garde? Wurde Manuel wegen seines Vaters gejagt und verfolgt oder ist sein Tod wirklich nur eine Verkettung unglücklicher Umstände? Wissen Sie mehr darüber? Ich glaube, ich habe ein Recht darauf, es zu erfahren, Barón de Santana, bitte."

„Sie gehen hart mit mir ins Gericht, Señor, aber es scheint ein Vorrecht der Jugend zu sein, den alten Traditionen abzuschwören ... Mit Manuels Vater, das ist lange her, mehr als 30 Jahre. In unserem Land herrschte Bürgerkrieg, 1936 putschten Franco und seine Faschisten gegen die sozialistische Regierung. Für die großen europäischen Staaten ist unser schwaches Land zum idealen Übungsplatz für einen kommenden größeren Krieg geworden. Die alte Geschichte und doch immer wieder neu: Meine Tochter, Manuels Mutter, entdeckt ihr soziales Herz, ging als Rot-Kreuz-Schwester in ein Krankenhaus in Barcelona. Sie wollte verwundete Soldaten pflegen. Eines Tages wurde Dr. Juan Antonio Llancer eingeliefert. Der junge Anwalt aus Madrid kämpfte auf Seiten der internationalen Truppen, für mich also ein Klassenfeind. Sie pflegte ihn, verliebte sich und heiratete ihn. Was sollte ich machen? Eines Tages, es war nach dem Krieg, stand sie mit ihrem kranken Mann vor meiner Tür, sollte ich sie wegschicken? Dr. Llancer hat sich nie wieder von seiner Verwundung erholt. 1941 wurde Manuel geboren und 1944 ist mein Schwiegersohn gestorben. Meine Tochter verschwand im Herbst 1951 mit dem erstbesten Mann nach England. Da stand ich nun mit einem 10-jährigen Kind, allein, meine Frau ist bereits 1950 verstorben. Ob mir die Behörden immer noch nachtragen, dass ich einen Kommunisten in mein Haus aufgenommen habe, ist mir nicht mehr wichtig. Wenn sie aber meinen Enkel dafür bestraft haben, dann gnade ihnen Gott, ich werde sie zur Verantwortung ziehen! Es tut mir Leid für Sie, Señor, ich glaube inzwischen, dass Sie Manuel wirklich geliebt haben. Ich kann das zwar nicht nachvollziehen, respektiere aber Ihre Gefühle. Wenn Sie Manuels Grab besuchen wollen, schicke ich Ihnen morgen Nachmittag meinen Fahrer mit dem Wagen, er kann Sie zum Friedhof bringen. Ich würde mich freuen, Sie anschließend noch auf einen Jerez empfangen zu dürfen."

Meine „Audienz" war damit beendet, er kam mir gar nicht mehr so schlimm vor, der alte Herr, aber Freunde würden wir wohl nie werden.

Er wird immer glauben, ich hätte ihm seinen Enkel genommen, und für mich wird er immer eine gewisse Schuld an Manuels Tod tragen.

***

Plötzlich verspürte ich einen unbändigen Hunger, seit dem Frühstück hatte ich keinen Bissen mehr zu mir genommen. Das Restaurant öffnete um 19 Uhr. Ein Blick auf meine Uhr: 19.10 Uhr.
Jetzt eine große Portion Paella und einen Krug Sangria, dann sehen wir weiter. Beim Warten auf das Essen kam mir endlich die Eingebung: Was sollte ich denn allein mit einer Strandbar anfangen? Jede Sekunde würde ich an Manuel denken müssen, das wollte ich mir nicht aufladen. Sollte doch Alfonso die Hütte übernehmen! Und dass ich mich in das Heer seiner Angestellten einreihte, nein, das wollte ich ebenfalls nicht. Ich gehörte nicht hierher, zumindest jetzt nicht mehr. Wo waren denn meine so genannten „Freunde" jetzt? Zu Hause, sie schämten sich. Einmal haben sie mich im Stich gelassen, wegen ihrer Ehre und ihres falschen Stolzes, sie würden es wieder tun.
Gleich morgen früh sage ich Alfonso und Jan, dass ich gehen werde – und zwar für immer. Wanda werde ich einen Brief mit einer Vollmacht schicken. Sie soll mir etwas Geld von meinem Konto überweisen. Die Adresse gebe ich ihr bekannt, mal sehen, wie weit ich komme. Drei, vier Wochen bleibe ich noch. Ich hatte mir schon so oft vorgenommen, mehr über Manuels Land zu erfahren, das werde ich jetzt nachholen. Ich mache eine Rundreise quer durch Spanien. Anschließend fahre ich nach Hause, rede mit Herrn Eder und gehe zu ihm in die Schweiz. Er wird mich schon wieder einstellen. Was aus der „Cabaña" wird, ist mir egal, ohne Manuel hat sie keine Bedeutung für mich. So werde ich das machen! Was habe ich noch hier zu suchen?

Mein Stolz war gekränkt, meine Eitelkeit verletzt, deshalb habe ich diese Entscheidung getroffen. Etwas wehmütig war mir schon ums Herz, konnte ich unsere Hütte, unseren Traum einfach so aufgeben? Ja, ich hätte es selbst kaum für möglich gehalten, die „Cabaña" war plötzlich kein Thema mehr für mich.

Einige Jahre später schrieb mir Jan in einem Brief:
„Alfonso übernahm, nachdem du gegangen bist, kurzzeitig das Lokal. Es lief aber nicht mehr so gut wie in eurer Zeit. Die Leute wollten wissen, wo die beiden jungen Männer geblieben sind. Nach Alfonso kamen noch zwei, drei andere Pächter, aber die Touristen entdeckten jetzt andere Lokale. Bei den Herbststürmen 1970 wurde die Hütte total zerstört und mit großen Teilen des Strandes ins Meer gezogen."

Alfonso war wegen meines Entschlusses, zu gehen, leicht angesäuert. Jan Koistra hat mich verstanden, ihm war klar, warum ich weder eine Strandbar haben noch für Alfonso arbeiten wollte.

„Dann lass uns heute Abend zünftig Abschied nehmen, Pedro. Es gibt da ein Lokal in den Bergen. Du kennst es noch nicht, es wurde im Winter neu eröffnet. Dort geht die Post ab. Auch jetzt, wo noch keine Saison ist, treffen sich abends die Künstler der Costa Brava, bekannte Fußballspieler des FC Barcelona und Toreros aus dem ganzen Land. Ein wahrer Schmelztiegel der Eitelkeiten! Und Mädchen gibt es dort, Mädchen, sag ich dir."

„Aber Jan, so kenne ich dich ja gar nicht. Was sagt denn deine Mercedes dazu?"

„Die muss uns hinfahren, ich will mich betrinken, heute ist mir danach!"

Umrahmt von vier uralten Korkeichen und Oleanderbüschen, das Familiengrab der Familie de Santana, gelegen auf ihrem

Stammsitz, dem Gut „Mimosa", nahe dem Dorf Angeles, einem kleinen Ort bei Gerona, den niemand auf der Welt zu kennen schien. Mächtige Säulen aus weißem und schwarzem Marmor stützten einen Bogen mit dem Familienwappen. Auf der Grabplatte, in schwarzen Granit gemeißelt, mit goldenen Buchstaben ausgelegt, eine endlose Reihe von Namen der Vorfahren. Um Manuels Namen einzumeißeln, war die Zeit zu knapp gewesen. Eine schlichte Holztafel „Manuel Llancer – 1941 bis 1966" gab Auskunft, dass hier ein junger Mensch seine letzte Ruhestätte gefunden hatte.

Der Wagen war pünktlich gekommen, ein uralter Seat mit einem genau so alten wie schweigsamen Fahrer. Nach etwa einer Stunde Fahrtzeit stand ich nun an Manuels Grab und hatte nur den einen Gedanken: Weg von hier! Es hat mich fast zerrissen, so wütend war ich. Was bis vor wenigen Tagen das Wichtigste auf der ganzen Welt für mich gewesen ist, Manuel und unsere gemeinsame Zukunft, lag hier unter einem Haufen Marmor und Granit. Warum nur? Wegen ein paar lumpiger Peseten und dem, was man in Spanien Stolz und Ehre nennt?

Die anschließende Begegnung verlief fast schweigend. Der alte Herr Barón führte mich auf seinem katalanischen Herrensitz herum. Zu dunkel, zu viel Brokat, zu viel Plüsch, zu viel Tradition. Kein schöner Ort für einen jungen Menschen. Ich konnte verstehen, warum Manuel nicht hier leben wollte. Unser gemeinsamer Jerez hatte einen bitteren Beigeschmack.

„Adios, Barón de Santana, muchas gracias."

„Adios, Señor Pedro."

Mein schweigsamer Chauffeur brachte mich zurück an die Küste. Manuels Großvater tat mir Leid. Ein einsamer alter Mann, geknebelt und gefangen in der Tradition seiner Vorfahren. Nicht ohne eigene Schuld war alles so gekommen. Durch Eigensinn und Sturheit trieb er 1951 die Tochter und sechs Jahre später den Enkel aus dem Haus.

Erst 18 Jahre danach, bei einem Besuch in Amsterdam, habe ich in einem Gespräch mit Jan Koistra wieder etwas von Gut und Grab gehört.

***

Das „Catalan" hielt, was Jan versprochen hatte: eine Traumlage, angeschmiegt an einen Berghang, sehr viel Stahl, Glas und Marmor. Von den stufenförmig angelegten Plätzen im Speisesaal hatten die Gäste einen tollen Blick auf die stillen Buchten der Costa Brava und die weiten Strände in Richtung Barcelona. Das Lokal, eine Mischung aus Gourmettempel, Belle-Epoque-Bar und Kontaktbörse für Menschen mit vielerlei Interessen, erfreute sich in den entsprechenden Kreisen größter Beliebtheit, vor allem wegen der großen Toleranz seiner Besucher für jede nur denkbare sexuelle Ausrichtung. Dementsprechend seine illustren Gäste: Paradiesvögel reinster Sorte und Art, Pseudo- und echte Künstler, bi- und homosexuelle Stierkämpfer, beinharte Fußballspieler der spanischen Liga und versnobte Mitglieder des katalanischen Adels gaben sich hier die Ehre.

Jan bestellte für uns ein vorzügliches Menü mit passenden Getränken, vor allem sehr viel Wein und viel Sekt. Mercedes Koistra-Guiller bemerkte, als ihr Mann einmal kurz den Raum verließ: „Heute Abend betrinkt er sich. Das mit Ihrem Freund ist ihm sehr nahe gegangen, er kann das nur nicht so zeigen. Sie kennen ihn ja, Pedro. Ich lasse ihn gewähren. Morgen früh wird er zwar mit mir schimpfen, weil ich ihn nicht daran gehindert habe, sich zu betrinken, aber er braucht das für seine Selbstachtung. Die Männer von Malpente haben ihn maßlos enttäuscht. Er bedrängt mich immer mehr, nach Holland zurückzugehen."

Soeben hatte eine elegante, sehr gepflegte Dame das Lokal betreten. Mittelgroß, schlank, lange blonde Haare, gute Fi-

gur, eine aparte Erscheinung. Eine Frau, nach der sich die Männer umdrehten, wenn sie auf der Straße vorbeiging. Ihr Alter konnte ich nicht gut einschätzen; es gibt Frauen, die werden niemals älter, sehen immer gleich aus. Der weiße Hosenanzug passte ihr wie eine zweite Haut. Sie kam an unseren Tisch und begrüßte Jan. Weiß der Himmel, woher der die Leute alle kannte. Er stellte sie uns vor: „Misses Vanessa Osborne from London. The Lady in white – die Dame in Weiß." Nach etwas Smalltalk kam sie gleich zur Sache: „Na, junger Mann, möchtest du nicht mit mir tanzen?"
Ich wollte.
Der Abend lief nicht so, wie ursprünglich geplant. Jan und ich hatten uns eigentlich vorgenommen, uns gemeinsam zu betrinken. Daraus ist nichts geworden. Ich betrank mich mit der „Dame in Weiß" und er soff still vor sich hin. Mir ist nicht viel von diesem Abend in Erinnerung geblieben. Wir saßen lange an der Bar, die Lady und ich. Mein ganzes Leben muss ich ihr erzählt haben und sie mir ihres. Da war was von Scheidung und von fast erwachsenen Kindern in England. Von dass ich weggehe aus Malpente, von einer Rundreise mit ihr durch Spanien, morgen früh. Zwischendurch ein öliger junger Mann, einer von diesen eleganten Stierkampfbubis, der mir an die Wäsche wollte. Er sei total scharf auf blonde Kerle, wie er sagte, und dabei versuchte er, Vanessa wegzudrängen. Sie, die ihm empört eine knallte und „Verpiss dich, du Schwuchtel!" zu ihm sagte. Jede Menge Alkohol, totaler Filmriss.

Señora Koistra muss uns sicher und gut nach Hause gebracht haben. Jedenfalls bin ich am nächsten Morgen im eigenen Bett aufgewacht. Kopfschmerzen, klebriger Mund, Durst. Alle Symptome, die auf einen gehörigen Kater hindeuteten, waren vorhanden. Ein Bad im Meer!
Das Wasser, zwar noch eiskalt, vertrieb meinen Kater. Vor dem Hotel parkte ein weißer Sportwagen mit roten Ledersitzen

und englischem Nummernschild. Drinnen, an er Rezeption, bei dem ebenfalls verkaterten Jan Koistra stand taufrisch wie der junge Morgen: Vanessa Osborne.
„Avanti, du Faulpelz! Geh duschen und pack deine Koffer, es geht los, unsere Reise durch Spanien beginnt! Frühstücken können wir auch unterwegs."
Mein Gott, worauf hast du dich denn jetzt wieder eingelassen? Da ich nicht mehr wusste, was ich am gestrigen Abend so alles von mir gegeben hatte, blickte ich Jan fragend an. Der nickte nur. Also stimmte das, ich war mit der Lady verabredet. Egal, ich wollte es ja so haben, nur weg von hier! Eine stumme Umarmung mit Jan und Mercedes, sonst gab es niemand mehr zum Abschiednehmen. Die „Spritztour" konnte beginnen. Oben auf dem Berg, bei Santa Susanna, dort, wo man in umgekehrter Fahrtrichtung Malpente de Mar zum ersten Mal sehen kann, hätte ich mich noch einmal umdrehen können. Ein alter deutscher Spruch sagt: „Wer sich beim Abschied umdreht, kommt wieder."
Ich habe mich bewusst nicht noch einmal umgedreht.

***

Die acht Monate mit Vanessa Osborne zählten zu den interessantesten Abschnitten meines Lebens. Eine kluge Frau, charmant und kultiviert. Es machte Spaß mit ihr, auch im Bett. Wir haben uns nicht gesucht, aber gefunden. In dieser Phase brauchten wir einander, wurden zu einer Zweckgemeinschaft auf unbestimmte Zeit. Sie, frisch geschieden, wollte nicht alleine sein. Ich, soeben meinen Freund auf tragische Weise verloren, benötigte ihre Nähe. Wir wussten beide, unser Zusammensein würde keinen langen Bestand haben, würde irgendwann enden. Daher genossen wir jeden Tag, der uns bis dahin blieb.
An Wanda schrieb ich einen Brief. Ich teilte ihr mit, dass ich vorläufig nicht nach Deutschland zurückkäme. Meinen Eltern

sollte sie ausrichten, es gehe mir gut. Selbst den Eltern schreiben? Nein, das wollte ich nicht, hatte auch nicht den Mut dazu. Die merken schon, wenn du nicht nach Hause kommst. Tagelang plagte mich mein schlechtes Gewissen. Wieder einmal hast du Wanda für deine Zwecke benutzt. Irgendwann wirst du dein schäbiges Verhalten bei ihr wieder gutmachen müssen! Kreuz und quer sind wir durch dieses wunderbare Land gezogen, so, wie die Zigeuner es machen. Wo es uns gefallen hat, sind wir geblieben. Haben in sehr guten Hotels gewohnt, oft auch nur in kleinen Pensionen. Haben gegessen und getrunken, was die Region hergab. Haben Museen, Kirchen, Galerien und Schlösser besichtigt, Theater und Opernhäuser besucht. Ich habe in dieser Zeit so viel von dieser Frau gelernt, wie nie zuvor oder danach von einem anderen Menschen. Sie hat mir Spanien, das fast meine Heimat geworden wäre, noch einmal so richtig nahe gebracht. Zum letzten Mal durfte ich all die Dinge erleben, die mich hier schon immer so fasziniert hatten, die Sprache, die Kultur, die Menschen. Vanessa teilte meine Liebe zu Spanien, erklärte mir viel von Land und Leuten.

An einem sonnigen Morgen in Marbella frühstückten wir, wie meistens, auf der Terrasse unseres Zimmers. Vanessa ging nie in die Frühstücksräume der Hotels. Das war eine besondere Macke von ihr, sie wollte morgens keine fremden Menschen um sich haben. Sie las in den Morgenzeitungen und ich habe sie dabei betrachtet. Eine schöne Frau. Plötzlich deutete sie auf einen Artikel im „El Pais".
„Pedro, ein Bericht über deinen toten Freund! Soll ich ihn dir vorlesen?"
„Nein danke. Lass mich bitte selbst lesen, was die schreiben, Vanessa."

Barcelona, den 1. August 1966, eig. Bericht

Das Kommando römisch vier (IV) der Garde gibt mit Erlaubnis des spanischen Innenministers das Ergebnis der Untersuchung zum Tod von Manuel Llancer, dem Enkel des katalanischen Baróns Don Ernesto de Santana bekannt:

In der Nacht vom 19. auf den 20. Februar 1966 wurde M. L. gemeinsam mit einem Komplizen am Strand bei Arenas de Mont von der Garde auf frischer Tat beim Schmuggeln großer Mengen amerikanischer Zigaretten gestellt. Die beiden Täter wollten sich durch Flucht ihrer Verhaftung entziehen. Die Soldaten der Garde sahen sich nach Warnrufen und einigen Warnschüssen genötigt, gezielt auf die Flüchtenden zu schießen. Beide Täter kamen dabei zu Tode.
Die Untersuchung ergab kein Fehlverhalten der beteiligten Gardisten. Wie unsere Zeitung aus gut unterrichteter Quelle erfahren hat, stellte Barón de Santana Strafantrag gegen unbekannt. Wir werden weiter berichten.

„Was sagst du zu diesem Artikel, Pedro?"
„Das ist ein aussichtsloser Fall. Der alte Mann wird sich gegen die Justiz dieses Staates nicht durchsetzen können."
„Hast du ihn sehr geliebt?"
„Er war mein Leben, aber ich kann nicht um ihn trauern. Er hätte sich nicht mit den Schmugglern einlassen dürfen. Er hat mich allein gelassen, das kann ich ihm nie im Leben verzeihen. All unsere schönen Pläne haben sich in Luft aufgelöst."
„Sei nicht so starrköpfig! Dein Freund hat sicher nicht bedacht, in welche Gefahr er sich da begibt. War er dein erster Mann?"

„Ja, ich habe mich viele Jahre dagegen gewehrt, mit Männern zu schlafen. In Manuel habe ich mich sofort verliebt, das war sozusagen Liebe auf den ersten Blick. Keiner kann sich vorstellen, wie schön das gewesen ist. Wenn er mich nur ansah … Niemals hätte ich gedacht, dass sich Männer so innig lieben könnten. Das Schlimmste für mich ist immer die lange Trennung gewesen, ich bin manchmal vor Sehnsucht nach ihm fast gestorben."
„Mein armer Pedro, wenn du einmal richtig um ihn trauern kannst, wird es schlimm für dich. Ich weiß, wovon ich rede. Vor meiner Scheidung hatte ich über Jahre hinweg einen Freund. Ein blendend aussehender junger Mann, ein fantastischer Reiter mit großer Zukunft. Als er bei einer Militaryprüfung vor etwa einem Jahr stürzte und sich das Genick brach, glaubte ich, die Welt gehe unter. Ich konnte nichts mehr essen und nachts nicht mehr schlafen. In meiner Verzweiflung bin ich nach Spanien gereist. Seinen Tod habe ich immer noch nicht überwunden und ich werde ihn auch nie überwinden. Dir wird es genauso gehen. Man kann sich danach wieder verlieben, aber es wird nie wieder so schön werden. Du darfst mir bitte nicht böse sein, mit uns beiden hat das nichts zu tun."
„Ich weiß, Vanessa, aber lass uns bitte von etwas anderem reden."

Von Marbella aus sind wir weiter gezogen und ich habe nichts mehr von der Angelegenheit gehört. Wahrscheinlich ist sie im Sand verlaufen, wie so vieles in Spanien. Vanessas Geldmittel reichten aus, um uns dieses unbeschwerte Leben zu ermöglichen. Ständig neue Orte, neue Menschen, neue Erlebnisse. Wir waren auf der Flucht vor unserer Trauer um einen geliebten Menschen. Sie zeigte sich äußerst großzügig, hat mir nie das Gefühl vermittelt, mich eigentlich auszuhalten. Im Gegenteil, sie bedrängte mich förmlich, die vielen Anzüge, Hemden, Schuhe, die wir für mich kauften, auch anzunehmen. Es machte ihr sichtlich Freude, mich zu beschenken.

An einem Regentag in Madrid, mittlerweile war es schon Winter geworden, sind wir morgens aufgewacht und Vanessa sah mich liebevoll an und sagte leise, fast zärtlich: „Unsere Spritztour geht zu Ende, mein Freund. Ich habe Sehnsucht nach England und nach meinen Kindern. Weihnachten möchte ich zu Hause sein."

„Und ich habe Sehnsucht nach Rippchen mit Sauerkraut, einem richtigen Besäufnis mit sehr viel Bier und meinen Freunden daheim."

Zärtlich streichelte sie mir über die Haare und antwortete lächelnd: „Du hast deine Freunde wohl sehr vermisst? In deinem Alter braucht ein junger Mann seine Freunde zum Ausgehen und zum Reden, nicht nur so eine alte Frau wie mich. Ich bin zu egoistisch gewesen, habe dich viel zu lange von deiner gewohnten Umgebung ferngehalten."

„Nein, ich habe nichts vermisst, es war sehr schön mit dir, Vanessa, und du bist beileibe keine alte Frau. Es war eine schöne Zeit. Wir haben uns getroffen, als es uns beiden schlecht ging, aber alles im Leben geht einmal zu Ende, jeder von uns muss nun wieder zurück in seine Welt."

Wir gingen ohne falsche Sentimentalität auseinander. Beide hatten wir unsere Aufgabe erfüllt, indem wir ein Stück des Weges gemeinsam gegangen waren, füreinander da waren.

Am 18. Dezember 1966 endete meine Zeit mit der „Lady in white" mit einem Flug in der ersten Klasse der Iberia-Maschine Madrid-Frankfurt. Wie im März auf dem Berg bei Santa Susanna habe ich mich auf dem Airport in Madrid nicht noch einmal umgedreht. Es ist ein Abschied für immer geworden, ich habe Vanessa Osborne nie mehr wieder gesehen.

Ein besonders gläubiger Mensch war ich nie, aber hier im Flugzeug, dem Himmel so nahe, habe ich an meinen Konfirmationsspruch denken müssen. Vers 1 aus dem Psalm 103 hatte unser Pfarrer damals für mich ausgesucht: „Lobe den Herrn, meine Seele, und was in mir ist, seinen heiligen Namen." Neugierig wie ich bin, habe ich seinerzeit den kompletten Psalm 103 in der Bibel nachgelesen. Da ist in Vers 15 und 16 die Rede von Menschen und Blumen, die auf dem Feld stehen und über die der Wind geht: „Und ihre Stätte kennet sie nicht mehr ..." Da kam mir das Grab unter den Korkeichen von „Mimosa" in den Sinn. Ist dieser Wind auch über uns hinweg gefegt, über Manuel und mich?

*****

30. November 1998

JVA Hohenfels

„PP zum Direktor, aber ein bisschen plötzlich!", schallte es durch den Gang.
„Mein Beileid, Ihre Mutter ist vergangene Nacht gestorben. Sie werden selbstverständlich zur Beerdigung gebracht. Haben Sie was Passendes zum Anziehen? Wenn nicht, dann finden wir bestimmt in der Kleiderkammer was für Sie. Regeln Sie das mit dem Oberwachtmeister Kramer!"
Kurz und knapp, ohne jegliche menschliche Anteilnahme, unterrichtete der Anstaltsleiter, Herr Direktor Stolpe, den Häftling PP vom Ableben seiner Mutter. So ganz nebenbei, zwischen zwei Terminen erklärte er einem Sohn, dass seine Mutter gestorben war. PP hätte weinen können.

Man fand was für ihn, einen dunklen Anzug, ein weißes Hemd, eine schwarze Krawatte und einen grauen Mantel. Seine schwarzen Schuhe waren noch da. Mit denen ist er damals in den Knast gekommen, die hatte er an, als Wanda ihn zur Polizei brachte. Inzwischen sind sie zwar unmodern geworden, aber sie passen

noch und wer achtet schon darauf, welche Schuhe ein Knasti bei der Beerdigung seiner Mutter trägt?
Nun sitzt er neben seinem Vater in der ersten Reihe. Gesprochen haben sie kaum miteinander. Draußen vor der Einsegnungshalle nur ein paar lapidare Sätze, wie das mit Mama passiert ist, das mit dem Sterben.
So viele Menschen zu Mutters Begräbnis hat er nicht erwartet und doch, Mutter ist sehr beliebt gewesen im Dorf. Es bereitet ihm sichtlich Mühe, all die vielen Leute wiederzuerkennen. Er sitzt still und in sich gekehrt auf seinem Platz. Die meisten Leute gehen grußlos an ihm vorbei, sehen ihn nicht einmal an, sondern einfach durch ihn hindurch. Schließlich hat sich dieser Mörder ja selbst ins Abseits gestellt, hat so viel Unglück über seine Familie gebracht! „Die arme Mutter!", tuscheln die Klatschweiber. Nur wenige Leute geben ihm die Hand, sprechen ihm ihr Beileid aus. Bei den meisten hier ist ihm das völlig egal, er hat den Zugang zu diesen Menschen verloren. Wenn aber eine von Mutters Freundinnen kommt und mit ihm spricht, da wird er weich, da weint er vor Rührung. Mutters Freundinnen gehören zu den Personen, die er als Erstes wahrgenommen hat. Sie sind damals dabei gewesen, als sein kleiner Verstand begann, all die Dinge zu erfassen, die unsere wunderschöne Welt für einen neuen Erdenbürger bereithält. Im Krieg, als unser Land so furchtbares Leid über die Menschheit gebracht hat, zählten sie mit zum engsten Kreis seiner Bezugspersonen.
Plötzlich kommen Erinnerungen an die schlimmen Jahre von damals in ihm hoch. Während der Pfarrer der Trauergemeinde aus Mutters erfülltem Leben erzählt, denkt PP an die Zeit, als er noch der kleine Bub gewesen ist, als alle zusammenstehen mussten, um diesen schrecklichen Krieg zu überleben. Seine Mama, die Großeltern, die Nachbarn, die Hausgemeinschaft und ... Mutters Freundinnen. Alle haben sie ihn, den süßen kleinen Fratz, so maßlos verzogen, ihm jeden Wunsch von seinen grün-grauen Augen abgelesen, damals in den Bombennächten ...

*****

2. KAPITEL

Anfang und Mitte

Ich habe mich später oft gefragt, welches das erste Ereignis in meiner Kindheit war, an das ich mich erinnern kann, ich meine, selbst erinnern, nicht die Dinge, die ich aus den Erzählungen der Erwachsenen kenne.
Da ist ein halbdunkles, warmes Zimmer. Durch die geschlossenen Klappläden scheint die Sonne. Ich habe geschlafen und bin soeben wach geworden. Ich liege auf einem roten Plüschsofa und bin mit einer grauen Decke zugedeckt. Ich fühle mich wohl. Mir gegenüber steht ein Tisch mit einer Tischdecke in der gleichen roten Farbe wie das Sofa. Auf einer Vitrine stehen, neben anderen für diese Zeit so typischen Nippfiguren, zwei graue Felsen aus Keramik, auf denen je ein silberner Adler seine Schwingen ausbreitet. Die beiden Adler haben's mir angetan, auf die bin ich ganz wild. An den Wänden hängen ovale Fotos von meist älteren Leuten, die ich noch nicht kenne und daher auch nicht einordnen kann. Auf einem kleinen Tisch stehen Bilderrahmen mit jungen Menschen in BDM- und HJ-Uniformen, die kenne ich, das sind meine Mama, Adi und Karl, ihre Brüder, meine Onkels.

Heute kann ich die erste Erinnerung an meine Kindheit genau einordnen. Das war im Spätsommer 1943. Ich liege im Wohnzimmer meiner Großeltern und habe meinen Mittagsschlaf halten müssen, gerade bin ich aufgewacht. Meine Mutter sitzt in der Küche an der Nähmaschine und meine Omi, ihre Mutter, beschäftigt sich draußen mit Gartenarbeit. Ich bin zweieinhalb Jahre alt. Die Welt befindet sich im vierten Kriegsjahr.

Der Zweite Weltkrieg war der größte und blutigste zusammenhängende Konflikt in der Geschichte der Menschheit. Er begann in Asien mit dem Ausbruch des Zweiten Japanisch-Chinesischen Krieges am 7. Juli 1937 und in Europa mit dem deutschen Überfall auf Polen am 1. September 1939. Beendet wurde er in Europa am 8. Mai 1945 und in Asien mit der Unterzeichnung der Kapitulation Japans am 2. September 1945. Meine Mama und ich pendelten zwischen unserer kleinen Wohnung und dem Haus meiner Großeltern mütterlicherseits hin und her. Unsere Wohnung in der Hermann-Göring-Straße besaß nur ein Zimmer und eine Wohnküche – „Stubb und Kisch", wie man das damals nannte. Da bei der Omi im Winter geschlachtet wurde, haben wir meistens dort von dem geschlachteten Fleisch mitgegessen. Im Gegenzug wurden am Wochenende alle Fleischmarken zusammengelegt und davon eine größere Portion Frischfleisch für uns alle gekauft. Es war damals schon recht schwer, eine große Familie satt zu bekommen. Die Vorräte wurden in den ersten Kriegsjahren bereits knapp und mussten rationiert werden. In den Wintermonaten war es vorteilhafter, wenn wir uns bei den Großeltern aufhielten. Unsere Wohnung lag im zweiten Stock, schräg unterm Dach, und sie war sehr kalt, die Kriegswinter ausnahmslos streng. Holz und Kohle knapp und teuer. Mein Vater stand seit Sommer des vergangenen Jahres als Soldat in Frankreich. Nach der Hochzeit meiner Eltern und meiner Geburt musste er einrücken, genau wie Adi, der älteste Bruder meiner Mutter.
Omi und Opa hatten nur noch Karl, ihren jüngsten Sohn, im Haus. Er lernte Schreiner bei der Reichsbahn. Oft mussten die jungen Burschen nachts mit der HJ zu Luftschutzeinsätzen in die umliegenden Großstädte ausrücken. Der Bombenkrieg war im Dorf noch nicht besonders bedrohlich, außer einigen abgebrannten Scheunen, waren keine nennenswerten Verluste zu beklagen. Über den Sommer waren wir viel an der frischen Luft,

die Mama und ich. Mich plagte, wie viele andere Kinder auch, ein schlimmer Keuchhusten. Im Spätsommer wurde ich wieder ganz gesund. Meine Mama hat mich gut gepflegt, mich immer schön mit Gänsefett eingerieben und mir heißen Tee gekocht. Geeignete Medikamente gab es fast keine mehr, die chemischen Fabriken stellten nur noch kriegswichtige Produkte her.
Mama sollte in einer Munitionsfabrik arbeiten, aber sie weigerte sich, mich allein zu lassen. Der Ortsgruppenleiter der NSDAP drohte mit harten Maßnahmen, aber meine Mutter nahm das nicht so ernst. Sie fürchtete sich nicht vor den Nazis und behielt Recht, bei Müttern mit Kindern, deren Männer im Feld standen, haben sich die Parteibonzen nicht so getraut. Es kam nichts mehr nach. Die andere Oma, Papas Mutter, wohnte mit ihrer jüngsten Tochter in einem kleinen Haus in der Nachbarschaft. Wir brauchten nur schräg über die Straße zu gehen, schon waren wir dort. In Omas Küche trafen sich viele Frauen aus der Nachbarschaft. Die brachten meistens ihre Kinder mit, mit denen ich dann spielen konnte. Ich bin gerne zur Oma gegangen. Der Opa Georg ist bei der OT (Organisation Todt) in Russland gewesen, er half dort beim Bauen von Straßen und Bahngleisen für die Deutsche Wehrmacht.
Oft besuchten wir meine Patentante, Vaters älteste Schwester, und ihren Sohn Kurtchen. Ihr Mann, mein Patenonkel, „diente" ebenfalls bei der Wehrmacht. Mit dem Cousin, er war zwei Jahre älter, konnte ich dann spielen. Außerdem gab es noch Mutters Freundinnen, die Hanny, die Anni, die Lina, die Else und viele andere hübsche junge Frauen, lebenslustig und voller Erwartungen. Im Laufe der Zeit forderte der Krieg seinen Tribut von ihnen, hier der Mann, dort der Freund, anderswo der Bruder oder der Vater, gefallen, verwundet, vermisst. Meine Mama musste oft trösten.

Ich komme wieder zurück zu dem halbdunklen Zimmer bei den Großeltern: Nachdem ich aufgewacht war, hätte ich eigentlich nach Mama oder Omi rufen müssen, doch was mache ich? Ich stehe vom Sofa auf und sehe die schönen Tapeten. An einer Stelle ist die Fuge etwas eingerissen und ich fange an, mit den Fingern daran zu reiben. Der kahle Fleck wird immer größer, es scheint mir richtig Spaß zu machen. Ich komme an eines der ovalen Bilder, bin unvorsichtig … Rumms! Das Bild fällt herunter und das Glas bricht. Den Lärm muss meine Mama in der Küche gehört haben, denn sie kommt herein und sieht die Bescherung. Sie schimpft mich aus und gibt mir eins auf die Finger. Als Opa Heinrich am Abend von der Arbeit nach Hause kommt, schäme ich mich meiner Missetat und verstecke mich im anderen Zimmer. Die Omi hatte mir nach ihrem ersten Zorn erklärt, was für eine schwere Arbeit das Tapezieren sei und wie schlecht es momentan war, überhaupt Tapeten zu bekommen. Auf dem zerbrochenen Bild sei sie mit ihren Eltern und Geschwistern abgebildet gewesen. Sie habe ihre Eltern genauso lieb gehabt, wie ich die meinen. Ich habe ihr versprechen müssen, nie mehr so etwas zu machen.

***

Unser Alltag im Frühjahr 1944 war stark vom Krieg geprägt. Die Zeit der großen Siege war längst vorbei. Im Osten waren unsere Soldaten in massive Rückzugsgefechte verwickelt. Im Westen befürchtete man täglich eine Invasion der alliierten Truppen. Die Stimmung der Menschen schien gedrückt. Als kleiner Bub merkt man das nicht so direkt, aber auch Kinder haben ein Gespür für ihre Umgebung und fühlen instinktiv, dass sich Eltern und Großeltern Sorgen um Leib und Leben machen. Immer mehr Frauen, die wir kannten, trugen jetzt schwarze Kleider, auch Else. Sie wohnte zwei Häuser neben uns. Ihre kleine Tochter Irene wurde am gleichen Tag geboren wie ich. Unsere Mütter sind oft mit unseren Kinderwagen

spazieren gegangen, mal in den Wald, manchmal auch die breite Kastanienallee entlang zum Schloss.
In Elses Küche, auf einer Anrichte, stand ein Bild mit einem schwarzen Band. Es zeigte einen jungen Mann in einer schönen Uniform. Er war, wie so viele junge Männer, in der Hölle von Stalingrad gefallen.
Mit dem Wort „gefallen" konnte ich nichts anfangen, mir war nicht klar, was für ein Sinn dahinter steckt. Wenn Else mal wieder weinte, habe ich mir gedacht: Ich bin doch letzte Woche auch gefallen, weil ich wieder mal so schnell gerannt bin, aber da hat niemand geweint, außer ich selbst, aber nur sehr wenig.
Meine Mama hat mir später erklärt, dass Else ihren Mann und Irene ihren Vater verloren hatte. Er wurde, wie so viele Männer, Väter, Söhne und Brüder, in dieser fremden Stadt an der Wolga sinnlos geopfert.

Mein Papa lebte noch, im Januar war er auf Urlaub gekommen. Erst habe ich ihn gar nicht erkannt, wie er so dastand in seiner grauen Uniform. Und ein Gewehr hatte er auch mit dabei! Aber das Beste waren Rennauto und Flieger, die er mir aus Frankreich mitbrachte. Und Fleisch war auch in seinem Tornister. Seine Kameraden hatten einem Bauern eine Kuh gestohlen und geschlachtet und jeder Landser bekam ein Stück von dem Fleisch. Meine Mama kochte davon Gulasch. Und Nudeln gab es dazu – mein Lieblingsessen.
Nach ein paar Tagen musste Papa wieder fort, an die Front. Wir haben ihn zur Bahn gebracht. In diesem „Fronturlauberzug" sind noch viele andere Männer in solchen feldgrauen Uniformen mitgefahren.

Wir schliefen jetzt nachts oft im Keller. Ende März 1944 kam es zu schweren Luftangriffen auf Frankfurt. Die Bomber haben dabei auch hin und wieder Bomben über unserem Dorf abgeworfen, nicht viele, nur ein paar. Die Erwachsenen ha-

ben dann gesagt: „Das sind alles Fehlabwürfe, uns wollen die gar nicht treffen. Wenn sie bei uns was kaputt machen, wird dadurch der Krieg nicht entschieden. Die wollen nur die großen Städte zerstören und die Rüstungsindustrie treffen. Hier, bei uns machen sie ihre Flieger leer, bevor sie wieder nach England fliegen."
Wenn die Sirenen heulten, rannten wir schnell in den Keller. Ich schnappte mir das schwarze Köfferchen mit meinen Papieren und den kleinen braunen Teddybär ohne Arme und Beine. Beides habe ich mit in den Keller genommen. Meistens hat mich meine Mama aber in meinem Bettchen schlafen lassen, sie hatte keine Angst wegen der Bomben. Dann ist der „Unkel" gekommen und hat meiner Mama zugerufen: „Mädche, komm doch mit dem Kind in den Keller! Hier oben ist es zu gefährlich."
Dann hat sie mich geweckt und wir sind runter zu den anderen in den Luftschutzkeller gegangen. Der „Unkel" war der Herr Schneider, bei dem wir gewohnt haben, ein lieber Mann. Dann waren da noch seine Frau, zu ihr habe ich „Tante" gesagt, und ihre drei Töchter.
In jedem Haus wurde ein Keller freigemacht und als Luftschutzraum eingerichtet. Meistens standen Bänke für die Erwachsenen und Feldbetten für die Kinder drin. Außerdem war ein Fass mit Wasser zum Löschen da und Wasser zum Trinken. Es gab für jeden eine Decke, die man nass machen und überhängen musste, wenn es brannte. Jeder musste eine eigene Gasmaske haben. Zu essen brachte man sich etwas mit. Für den Fall, dass der Strom ausfiel, gab es eine Karbidlampe. Man hätte auch Taschenlampen nehmen können, für die gab es jedoch schon lange keine Ersatzbatterien mehr zu kaufen. Mit uns im Keller, man nannte das eine „Hausgemeinschaft", saßen die Familie Schneider sowie Frau H. mit ihrem Sohn Udo, der war ein paar Jahre älter als ich. Herrn H. sahen wir nie, er wäre ein „Goldfasan" der Partei, haben die Leute gesagt.

Die Stimmung im Keller war unterschiedlich, manchmal recht lustig, da wurden Geschichten erzählt, oft aber auch sehr ernst, je nach „Luftlage". Bei den schweren Angriffen auf Frankfurt, Darmstadt und Offenbach hat das ganze Haus gezittert und wir hatten alle große Angst. Für die kleinen Kinder schien so eine Nacht im Keller noch erträglich zu sein, die sind meistens eingeschlafen und haben wenig mitbekommen, die Erwachsenen mussten aber am nächsten Morgen wieder an ihrem Arbeitsplatz erscheinen. Die sind tagsüber, nach so einer Nacht im Keller, nur noch müde und genervt herumgelaufen.
Wenn es zwischendurch etwas ruhiger wurde, ist der „Unkel" mit mir in den Hof gegangen und hat mir die „Christbäume" gezeigt. Zur besseren Orientierung der Bomberbesatzungen wurden von den „Pfadfinder-Flugzeugen" kleine rote und grüne Leuchtkugeln an winzigen Fallschirmen abgeworfen. Die sind dann langsam zur Erde geschwebt. Bei klarem Nachthimmel war das, zusammen mit den Sternen und den hellen Lichtkegeln der Suchscheinwerfer unserer Flak, ein faszinierender Anblick, wunderschön anzusehen. Für die Menschen, über deren Häusern und Wohnungen die roten und grünen Leuchtkugeln langsam vom Himmel herabschwebten, war es das Inferno, denn anschließend kamen die Bomber, das bedeutete Tod und Verderben für Hunderte von Frauen, Kindern und alten Leuten.

***

Ab Herbst 1944 wurde das Leben für die Zivilbevölkerung immer unerträglicher. Tag und Nacht waren die Bomberverbände unterwegs, am Tag die Luftflotten der USA, in den Nächten die Bomber der englischen Royal Air Force. Ständig gab es irgendwo Luftalarm und die Zahl der Opfer stieg. Die deutsche Luftabwehr war hilflos, die Flak konnte zwar noch schießen, aber es gab so gut wie keine Jäger mehr. Die Lufthoheit ging endgültig an die Alliierten über.

Die Versorgungslage wurde immer katastrophaler, alle Dinge, die für unser tägliches Leben wichtig waren, wurden knapper und knapper.

Die Berichte von den Fronten machten auch keine Hoffnung. Im Osten gingen unsere Truppen nur noch zurück, sie näherten sich bereits den Reichsgrenzen. In Frankreich hatten die Alliierten im Juni 1944 ihre Landung in der Normandie erfolgreich durchgeführt und erzielten dort große Geländegewinne. Die Deutsche Wehrmacht hatte dem nichts mehr entgegenzusetzen. Unsere Soldaten kämpften sehr tapfer, aber der Gegner schien einfach stärker zu sein. Die Nazipropaganda sprach jedoch weiter vom „Endsieg" und von „Wunderwaffen". Die Stimmung der Menschen war am Boden, sie hatten genug vom Krieg. Nur wagte sich kaum jemand, dies auch laut und öffentlich auszusprechen. Immer wieder hörten wir von einigen mutigen Menschen, die ihrem Herzen Luft gemacht hatten, aber anschließend wegen „Wehrkraftzersetzung" verhaftet und angeklagt wurden.

Meine Familie machte sich große Sorgen um Männer und Väter. Von meinem Vater wussten wir, dass er im Herbst 1944 in amerikanische Kriegsgefangenschaft geraten war, mehr nicht. Über das internationale Rote Kreuz wurde den Kriegsgefangenen gestattet, ihren Familien eine kurze Nachricht zu übermitteln, dass sie in Gefangenschaft geraten seien. Über die Umstände, über ihr persönliches Schicksal durften sie nichts berichten. An diese Regelung haben sich aber nur die Westmächte gehalten, die Russen erlaubten ihren Kriegsgefangenen dies nicht. So kam es, dass manche Familien oft monatelang nichts von den Männern, die an der Ostfront im Einsatz waren, hörten. Die Brüder meiner Mutter befanden sich jetzt beide im Krieg. Adi stand irgendwo in Frankreich beim Westheer, die Großeltern wussten aber nicht, wo und wie es ihm ging, er hatte lange nicht mehr geschrieben. Karl, kaum 16-jährig als Luftwaffenhelfer der HJ zum Militärdienst eingezo-

gen, galt mit seinem Haufen als irgendwo in Norddeutschland verschollen. Omi und Opa waren sehr besorgt um ihn. Opa musste jeden Tag mit dem Zug nach Frankfurt zur Arbeit fahren. Er ist oft stundenlang unterwegs gewesen. Die ständigen Luftangriffe ließen keinen geregelten Zugverkehr mehr zu. Omi hatte ständig Angst um ihn. Sie bedrängte meine Mama immer mehr, dass wir zu ihnen ins Haus ziehen sollten.
Mein Opa Georg war irgendwo in Russland, keiner wusste wo. Post von ihm war schon seit Monaten nicht gekommen. Meine Oma Berta, die den „Braunen" nie sehr nahe stand und daraus auch nie einen Hehl gemacht hat, war sehr verärgert. Zumal der Opa ja kein ganz junger Mann mehr war und bereits auf die Fünfzig zuging.
„Vor 1933 habe ich immer die Roten gewählt", sagte sie oft, „und mit denen hätte es einen solchen Schlamassel nicht gegeben!"

***

Bei den Behörden setzte sich die Erkenntnis durch, dass der Luftschutz in den Hauskellern nicht ausreichend organisiert war. Die Zahl der verschütteten und verbrannten Personen nahm ständig zu. Dort, wo es möglich erschien, sollten Erdbunker errichtet werden, so auch beim „Unkel".
Herr Schneider bekam von der Ortsgruppe der NSDAP einen Brief, in dem die Behörden ankündigten:

1. In Ihrem Garten soll ein Erdbunker errichtet werden, der die Hausgemeinschaft besser vor den „Terrorangriffen" der Angloamerikaner schützen wird.

2. Den Bunker bauen russische Kriegsgefangene die am ... in Begleitung eines deutschen Wachsoldaten anrücken werden. Jeglicher Kontakt mit den Gefangenen hat zu unterbleiben.

3. Der Wachposten und die Gefangenen sind von der Hausgemeinschaft mittags zu verpflegen, wobei zu beachten ist, die Russen dürfen nicht in der Wohnung verpflegt werden, allenfalls bei schlechtem Wetter im Keller oder der Waschküche, ansonsten im Freien.

Am besagten Tag kamen morgens fünf russische Kriegsgefangene unter der Aufsicht eines deutschen Soldaten. Die Gefangenen befanden sich in einem erbärmlichen Zustand, das fiel sogar mir kleinem Jungen auf. In ihren erdbraunen Uniformen sahen sie schmutzig und zerlumpt aus, waren abgemagert und total unterernährt, hatten allesamt kahle Köpfe und struppige Bärte. Der deutsche Soldat sah etwas manierlicher aus, er trug eine saubere Uniform und einen Stahlhelm. Im Zivilleben ein Bauer aus Oberhessen, 1941 in Russland verwundet, bewachte er nun, bewaffnet mit Seitengewehr und Karabiner K98, die Russen. Er war anständig zu ihnen und sie haben ihn respektiert. Für den Bunker wurde ein drei mal sechs Meter großes und etwa 2,5 Meter tiefes Loch ausgehoben. Auf dem Grund dieses Aushubes wurde noch einmal in der Mitte ein Graben von einem Meter Breite und 50 Zentimeter Tiefe gemacht. Dadurch entstanden links und rechts zwei Stufen, die mit Brettern belegt wurden, auf denen man sitzen konnte. Die Benutzer des Bunkers saßen sich also gegenüber wie in einem Zugabteil. Die so entstandene Grube wurde mit Balken und Brettern belegt und abgestützt. Der Aushub kam oben drauf. Nach Norden hin diente ein schräger Abgang als Ein- und Ausstieg. Fertig war unser Bunker!
Die Arbeiten dauerten drei Tage, am dritten Tag war meine Mama mit Essenkochen dran. Die Russen aßen von ihren Kochgeschirren, dem Soldaten hatte Mama einen richtigen Teller gegeben. Sein Gewehr stand in einer Ecke des Kellers und wurde von niemandem beachtet, außer von mir in meiner kindlichen Neugier.

Einer der Russen, ein älterer Mann, versuchte etwas zu sagen, wir konnten ihn aber nicht verstehen. Mit Hilfe des Soldaten, der ein paar Worte russisch sprach, verstanden wir, er wollte mir etwas zum Spielen schenken. Wir sollten es in ein paar Tagen abholen.
Die Russen waren im alten Schulhaus einquartiert. Sicher gab es bei ihm zu Hause auch Kinder, für die er Spielsachen angefertigt hat.
Ein paar Tage später brachte der Soldat ein kleines Holzgestell mit einem Kasper und einem Teufel. Der Kasper hatte eine lange, rote Nase und der Teufel spitze, schwarze Hörner und einen Schwanz aus einem alten Schuhriemen. Wenn man an den beiden Leisten zog, haben sie abwechselnd auf einem Hackklotz Holz gehackt. Als Äxte dienten zwei lange Nägel.

In der Nacht zum 12. September 1944 haben wir unseren neuen Bunker zum ersten Mal getestet. Zwischen 23 Uhr und 1 Uhr gab es einen schweren Luftangriff auf Darmstadt. Kurz vor Mitternacht warfen 220 britische Lancaster-Bomber ihre todbringende Last über der Darmstädter Altstadt ab. 220 Luftminen und 286 000 Stabbrandbomben trafen ausschließlich zivile Ziele. Die Altstadt wurde dabei zu 80 Prozent zerstört, 12 500 Menschen starben und 70 000 Personen waren anschließend obdachlos. In unserem Bunker hörten wir die nur elf Kilometer entfernten Detonationen und hatten schreckliche Angst. Als der „Unkel" zwischendurch in seine Wohnung gegangen ist, um einige Sachen zu holen, hat er beim Zurückkommen gesagt: „Der Himmel im Süden ist taghell und in unserem Küchenschrank wackelt das Geschirr."
Als wir am Morgen den Bunker verlassen konnten, lagen überall auf den Gartenbeeten dicke schwarze Rußflocken und es stank fürchterlich nach Rauch.
Der Bunker bot uns nicht lange Schutz. Als es im Herbst zu regnen begann, ist er abgesoffen. Die schlauen Herren im

Rathaus vergaßen bei ihren Luftschutzplanungen den Dorfbach, der keine zehn Meter am Garten vorbei floss und jeden Herbst den Grundwasserspiegel anhob. Der Bunker ist abgesoffen, die Notfallsachen schwammen kieloben im Wasser. Meinen Kinderwagen hat der „Unkel", als einziger Mann im Haus, total nass aus der Schlammbrühe gezogen. Im Oktober haben wir den Wünschen der Omi nachgegeben und sind vorübergehend zu ihr gezogen, dort konnten wir wieder in einem richtigen Luftschutzkeller die Nächte verbringen.

***

Am 23. März 1945 überquerten Teile der 3. US-Panzerarmee unter dem Befehl von General Patton bei Oppenheim den Rhein. Ziel war die Eroberung und Besetzung des Rhein-Main-Gebietes mit den Großstädten Frankfurt, Darmstadt und Offenbach.

Meine Mama und ich verbrachten die Wintermonate 1944/45 im Haus meiner Großeltern. Die Bombenangriffe ließen jetzt etwas nach, es gab nichts mehr zu zerstören, die größeren Städte lagen bereits alle in Schutt und Asche. Dafür tauchten in letzter Zeit verstärkt amerikanische Tiefflieger am Himmel auf, so genannte „Jabos". Die schossen auf alles, was sich bewegte. Einmal haben sie den Zug beschossen, mit dem Opa von Frankfurt nach Hause fuhr. Er musste im Buchschläger Wald Deckung suchen und anschließend zu Fuß nach Hause laufen, die Lokomotive hatte einen Volltreffer abbekommen und konnte nicht mehr weiterfahren. Anfang März ist er ganz zu Hause geblieben, im Ausbesserungswerk der Reichsbahn gab es nichts mehr „auszubessern".

Mein Papa durfte uns jetzt regelmäßig schreiben, er befand sich in einem Kriegsgefangenencamp in den USA und es ging ihm so weit gut. Von Onkel Adi wussten wir, dass er, verwundet, in französische Gefangenschaft geraten ist. Omi machte sich große Sorgen um ihre beiden „Buwe". Karl war, seinen letzten Briefen nach zu urteilen, mit den HJ-Flakhelfern auf der Insel Amrum und Norddeutschland wurde Zug um Zug von den Engländern erobert. Opa Georg galt immer noch als in Russland vermisst.

Die amerikanischen Truppen rückten immer näher und die Deutsche Wehrmacht entfernte sich. Die meisten Leute hatten furchtbare Angst vor dem, was auf uns zukommen würde. In diesem entstehenden Vakuum – die Deutsche Wehrmacht zog ab und die Amis waren noch nicht da – entschloss sich Opa, die Sau, die er so gut über den Winter gebracht hatte, zu schlachten. Eine sehr pragmatische, wenn auch nicht ungefährliche Entscheidung. Er wollte nicht, dass eine der beiden Armeen die Sau „requirierte".

Schwarzschlachten war bei den Nazis streng verboten, es wurden damals Leute für geringere Vergehen schwer bestraft, mitunter sogar erschossen oder aufgehängt. Es ging jedoch alles gut, keiner hatte etwas bemerkt. Der Metzger, ein guter Freund meiner Großeltern, kam abends. Weil die Metzger schon keine Munition für ihre Schussapparate mehr besaßen, musste er das arme Tier mit dem stumpfen Teil einer Axt totschlagen. Der größte Teil der Sau wurde verwurstet und eingekocht. An die herkömmliche Art, ein Schwein zu verwerten, nämlich geräucherten Schinken und fette Speckseiten, war nicht zu denken, es gab kein Salz für die Lauge.

Am 25. März 1945, Palmsonntag, nachmittags um 17 Uhr, wurde mein Heimatort kampflos von den amerikanischen Truppen erobert und besetzt, für uns war der Krieg damit zu Ende. Die Tage zuvor waren recht turbulent und einprägsam, deshalb kann ich mich an die Ereignisse, trotz meiner erst vier Lebensjahre, noch recht gut erinnern. Vieles von damals wurde später immer wieder im Kreise der Familie erzählt und dadurch in meiner Erinnerung aufgefrischt:

Einen Tag zuvor wurde nachmittags der „Volkssturm" vom örtlichen Volkssturmführer W. einberufen. Betroffen waren alle „wehrfähigen Männer im Alter zwischen 16 und 60 Jahren". Sie wurden „zur Verteidigung der Heimat" aufgefordert. Der Treffpunkt war, „feldmarschmäßig" ausgerüstet, bei der alten Schule. Ein rührendes Bild, als Opa mit Herrn Keller, der wohnte mit seiner Frau und seiner Tochter Edith seit 1927 im Haus meiner Großeltern, vor zum „Eck" lief und dann rechts in der „Straße der SA" verschwand. Beide hatten lange Stutzer angezogen und trugen Hüte auf dem Kopf. Dem Ernst der Lage angemessen, trug man helle Hemden und Krawatten. Der Opa stützte sich mit der rechten Hand auf seinen Stock, er war seit einer Verwundung im Ersten Weltkrieg gehbehindert. Er musste ständig orthopädische Schuhe tragen. Herr Keller hatte über seine Stiefel Gamaschen angeschnallt. Jeder hatte einen Rucksack mit Waschzeug, frischer Wäsche und ein wenig Proviant auf dem Rücken. Waffen hatten sie keine, auch am angeordneten Sammelpunkt bekamen sie keine Waffen ausgehändigt. Die Wehrmacht hatte keine Waffen für den Volkssturm. Die Volkssturmmänner sollten sich bei eventuellen Kämpfen mit „Feindwaffen" versorgen.
Gemeinsam gingen sie also los und gemeinsam sind sie nach acht Tagen hungrig und unrasiert wieder nach Hause gekommen. Sie seien, so erzählten sie, mit ihrem Haufen, ohne jegliche „Feindberührung", bis in die Nähe von Hanau marschiert. Über den Main wollten sie nicht gehen, die Wehrmacht hatte bei ihrem Rückzug alle Brücken gesprengt. Ein totaler Unfug, kein amerikanischer GI wurde dadurch auch nur eine Minute lang aufgehalten. Nur der Opa und seine Kameraden hätten dann nicht mehr „riwwer" gekonnt, um nach Hause zu gehen. Ein deutscher Major gab ihnen den Rat: „Männer, geht heim zu euren Frauen und Kindern! Der scheiß Krieg ist verloren." Daraufhin hätten sie sich „abgesetzt" und erst einmal im Wald versteckt, um zu essen. Als es dann wieder ruhiger

wurde, sind sie abseits, auf Feldwegen, durch den Rodgau nach Hause marschiert. Amerikanische Truppen seien ihnen nicht begegnet.
Am Samstagabend, der Volkssturm war gerade ausgerückt, hörte man ein leises Grummeln der Front, so, wie bei einem fernen Gewitter. Im hessischen Ried wurde noch gekämpft. Auf dem Dach des Nachbarhauses, der „Alten Post", saßen seit dem späten Nachmittag einige Störche. Die Vögel waren dem Kriegslärm entflogen. Die „Banze Gretsche", unsere Nachbarin, sagte zur Omi: „Dora, die Amis sin schon in Gräwwehause, jetzt misse mer bald die weiße Fohne raushenge."
„Moije früh, Gretsche, loss der Zeit, in de Nacht is kaan Kriech, do kumme die Amis net hierher."
„So maanste, Dora?"
„Es is doch stockdunkel drauße."
Am Sonntagmorgen nähte meine Mama aus einem alten weißen Betttuch eine weiße Fahne. Die gleiche Fahnenstange, an der zwölf Jahre lang die Hakenkreuzfahne gehisst werden musste, wenn die Nazis es wegen Paraden zu Terminen wie dem Tag der Machtergreifung, dem 1. Mai, dem Führergeburtstag, dem Reichsparteitag oder dem Frankreichfeldzug anordneten, trug nun die weiße Fahne der Unterwerfung. Mit dieser Geste kapitulierten wir vor der großen Armee der Vereinigten Staaten von Amerika. Drei Frauen und ein Kind begaben sich in die Gewalt der Sieger. Ein wahrhaft historischer Moment für uns, die unseligen Jahre des Dritten Reiches haben wir damit symbolisch hinter uns gelassen.
Omi und Frau Keller sammelten inzwischen die Hitlerbilder ein, die sie mit der Hakenkreuzfahne, den HJ-Sachen der Buben und dem üblichen Nazizeug in der Jauchegrube versenkten. Ihr Mutterkreuz und den Naziorden vom Opa vergrub sie zusammen mit etwas Geld, ihrem Schmuck und anderen Wertsachen im Misthaufen. Die Leute erzählten sich: „Die Amis klauen wie die Raben!"

Um die Mittagszeit hörten wir aus Richtung Süden heftige Schüsse. Versprengte Gruppen von Soldaten, HJ oder SS haben die Amerikaner dort noch beschossen. Bald darauf war es aber wieder ruhig im Ort, sehr ruhig. Gegen 13 Uhr sind wir alle in den Luftschutzraum gegangen und warteten auf das, was noch kam. Wir hatten Angst, die deutsche Propaganda verbreitete in den letzten Tagen wahre Schauergeschichten von den Amerikanern: „Ihre schwarzen Soldaten fressen kleine Kinder und missbrauchen unsere deutschen Frauen."
Im gesamten Dorf war es jetzt ganz ruhig, kein Laut war zu vernehmen. Gegen 15.30 Uhr hörten wir das Rasseln von Panzerketten, dann wieder Ruhe, danach Schritte und fremde Stimmen im Haus. Wir standen unter sehr großer Anspannung. Omi hat ihr Herz in die Hand genommen und ist nach oben gegangen. Aus der Wohnung im Parterre kamen amerikanische Soldaten. Die waren mit ihren Sherman-Panzern nahe ans Haus herangefahren, haben die Fenster aufgedrückt und sind wie Einbrecher ins Haus gestiegen. Sie hätten die Omi höflich gegrüßt, wie sie später sagte, und nach „deutsch Soldat" gefragt. Sie hat darauf mit „Sind alle unten" geantwortet und die Amis sind an ihr vorbei in den Keller gestürmt. Nach unten kamen vier GIs, doch als sie sahen, wer sich da wirklich aufhielt, sind sie wieder gegangen und im Haus wurde es still.
Nach etwa einer halben Stunde kam ein US-Offizier zu uns in den Luftschutzraum und erklärte in verständlichem Deutsch: „Sie müssen innerhalb einer Stunde das Haus verlassen, ich und meine Leute wollen uns ausruhen! In zwei bis drei Tagen können Sie wiederkommen. Jeder von Ihnen kann einen Koffer mit persönlichen Sachen mitnehmen."
Ich erwischte mich später noch oft dabei, dass ich etwas gegen Amerikaner hatte. Der kleine Bub von damals konnte es den fremden Männern mit ihren Gewehren und mächtigen Panzern nie ganz verzeihen, wie brutal sie ihn damals aus „seinem" Haus jagten.

Wir packten schnellstens unsere wenigen Habseligkeiten in einen Koffer und sind zu dritt, Mama, Omi und ich, in unsere Wohnung im Schneider-Haus geflüchtet. Diese befand sich jetzt wieder in der Niddastraße, das Straßenschild mit dem Namen vom Hermann Göring gab es nicht mehr. Frau Keller konnte bei ihrer Schwägerin unterkriechen. Nach drei Tagen durften wir wieder in unser Haus. Irgendjemand kam vorbei und rief der Omi zu: „Dora, die Amis sin fort aus eierm Haus, ihr kennt widder neu!"

Also, wieder Koffer packen und zurück in Omas Haus. Die war schon ganz nervös wegen ihrer Hühner und Ziegen.

Wir alle waren sehr gespannt, was wir dort antreffen würden, mussten aber noch warten. Die amerikanischen Besatzer verhängten gleich am ersten Tag eine Ausgangssperre über das Dorf. Man durfte nur morgens von 10 bis 11 Uhr und nachmittags von 16 bis 17 Uhr die Häuser verlassen. Gegen 16 Uhr sind wir aufgebrochen, Frau Keller kam etwa um die gleiche Zeit an.

Nach genauer Inspektion war Folgendes festzustellen: Ausgeruht hatten sich die GIs ausgiebig, alle Betten waren benutzt, aber nicht wieder gemacht worden. Gebadet hatten sie auch, die Holzbadeöfen waren noch warm. Das Schwein war restlos aufgefressen, die Dosen und Gläser mit dem guten Fleisch und der Wurst waren leer. Opas Weinvorräte waren geplündert, überall im Haus lagen die leeren Weinflaschen herum. Ferngläser, Fotoapparate, Bilder, Armbanduhren, unten bei der Omi wie oben bei Familie Keller, alles gestohlen. Also waren sie doch Diebe, so hatten sie sich jedenfalls ins Haus geschlichen.

Die beiden Ziegen und die Hühner sprangen quicklebendig in ihren Ställen herum, wahrscheinlich hatte man sie sogar gefüttert, die Tiere machten einen zufriedenen Eindruck. Die Eier waren weg, die hatten sie eingesammelt und aufgegessen. Geld und Schmuck befanden sich noch im Mist, keiner von den Amis war auf Omis Versteck gestoßen. Im Großen und Ganzen sah es nicht unordentlich aus und es ist auch nichts zerstört worden. Zu unser aller Freude fanden wir in der Küche einen Teil ihrer Armeeverpflegung, wahrscheinlich als Entschädigung für die geklauten Sachen. Dosen mit allen erdenklichen Köstlichkeiten, Schokolade, Kakao, Bohnenkaffee und Tee, Berge von Weißbrot – und Socken. Ich habe nie wieder im Leben so viele Socken auf einem Haufen gesehen, weiße und khakifarbene, und alle in einer Größe, die einem Riesen gepasst hätte. In den Bädern fanden wir jede Menge Seife, Shampoo, Rasierklingen und andere Pflegemittel, Schätze, die wir lange nicht gesehen, geschweige denn besessen hatten.

Zufrieden, dass unser Haus und unser Vieh unversehrt geblieben waren, sind wir alle, nachdem die Frauen sie frisch bezogen hatten, in unsere Betten gegangen und haben seit Langem wieder einmal gut geschlafen.

***

Mama und ich sind noch ein paar Wochen bei den Großeltern geblieben. Ende April sind wir wieder in unsere kleine Wohnung übergesiedelt, wir hofften, dass mein Vater bald aus der Gefangenschaft entlassen würde. Die Besatzungszeit, die nun folgte, war, gemessen an dem, was die Menschen vorher ertragen mussten, leicht. Es gab zwar das Fraternisierungsverbot der US-Armee für ihre Soldaten, aber spätestens bei den Kinderaugen wurden die Herzen der GIs weich und so manche Tafel Schokolade oder Kaugummi wechselte den Besitzer. Die alten Nazis wurden, so weit sie nicht geflüchtet waren, verhaftet und interniert. Die Verwaltung wurde neu besetzt und ein neuer Bürgermeister ernannt, diesmal ein Kommunist. Die Aufgabe der neuen Leute lautete, zusammen mit der Besatzungsarmee die Versorgung der Zivilbevölkerung sicherzustellen.

Nachts bestand unbedingtes Ausgehverbot. Wer nach 19 Uhr auf der Straße angetroffen wurde, musste mit seiner Verhaf-

tung rechnen. Die Militärpolizei ging mit deutschen Hilfspolizisten Streife. Wir haben manchmal abends Oma Berta besucht. Um von der MP-Streife nicht erwischt zu werden, mussten wir warten, bis sie am Haus vorbei waren, um dann schnell über die Straße zur Oma zu rennen.
Als wir mal wieder abends bei der Oma waren, haben die Frauen zusammen Handarbeiten gemacht und geschwätzt, wir Kinder miteinander gespielt. Es war wie immer recht gemütlich bei der Oma. Anbieten konnte sie uns freilich nichts. Wovon denn? So, wie heute üblich, Getränke, Kekse oder Schokolade, das gab es nicht. Vielleicht spendierte sie mal ein Glas eingemachtes Obst aus dem eigenen Garten? Trotzdem sind wir gerne zu ihr gegangen. Großeltern mussten sich damals noch nicht die Gunst ihrer Enkel erkaufen.
Gegen 22 Uhr ging die Oma vor die Tür, um nachzusehen, ob die Luft rein war und wir nach Hause gehen konnten. In einem Haus am Ende der Straße machte ausgerechnet heute die MP eine Razzia, jede Menge Jeeps und Soldaten. Die suchten jemanden und gingen auch nicht weg, es wurde immer später, aber wir konnten nicht heim. Zuerst wurden die Kinder in die Betten gebracht, als es noch später wurde, haben sich auch die Frauen hingelegt, wo immer ein Platz frei war. So kam es, dass wir alle bei Oma übernachten mussten und die Oma Berta unfreiwillig das Haus voller Gäste hatte.

Der Zweite Weltkrieg endete am 8. Mai 1945 mit der bedingungslosen Kapitulation des Deutschen Reiches. Eine Nachbarin rief an diesem schönen Frühlingstag durch ihr geöffnetes Küchenfenster meiner Mutter zu: „De Kriech is aus, es werd net me geschosse! Unser Männer kumme bald haam!"
Tage zuvor hatten wir bereits erfahren, dass „unser allseits geliebter Führer und Reichskanzler Adolf Hitler, heldenhaft kämpfend, an der Spitze seiner Truppen in Berlin gefallen war". Alles gelogen, der feige Kerl hatte sich umgebracht.

Diese Nachricht löste in unserer Familie keine große Trauer aus, denn eigentlich waren wir von jeher zutiefst unpolitisch, waren froh, den Krieg heil überstanden zu haben. Als in späteren Jahren bekannt wurde, was die Naziverbrecher so alles angestellt, wie sie den Namen Deutschlands in den Dreck gezogen hatten, wurde den meisten Menschen erst richtig bewusst, wem sie all die Jahre so willig gefolgt waren.

***

Klammert man die Kriegsjahre einmal aus, in denen geschossen und getötet wurde, dann sind die Jahre zwischen Kriegsende und Währungsreform auch nicht ganz einfach gewesen. Deutschland, zuvor ein souveräner, wenn auch totalitärer Staat, nun, nach dem verlorenen Krieg, bedingungslos dem Willen der Siegermächte unterworfen, lag am Boden. Unsere Besatzer mussten vieles erst lernen und begreifen, Fehler waren vorprogrammiert. Nicht alle Deutschen waren vorher überzeugte Nazis, trotzdem kam es hie und da zu Übergriffen gegen die Zivilbevölkerung. Einerseits war der Krieg überstanden, aber es wurde nichts besser, eher schlechter. Es mangelte an allem. Millionen Heimatvertriebene und Ausgebombte standen vor dem persönlichen Ruin. Aus der alten Heimat vertrieben, kein Dach über dem Kopf, sind diese entwurzelten Menschen zu Fuß oder mit Fuhrwerken auf der Suche nach einer neuen Heimat durch das zerstörte Land geirrt. Seit der Völkerwanderung die größte Massenbewegung in Europa. Hinzu kamen Zehntausende Angehörige der ehemaligen Deutschen Wehrmacht, denen es rechtzeitig gelungen war, sich nach Westen abzusetzen, um nicht in russische Kriegsgefangenschaft zu geraten. Sie suchten nach ihren Familien und Angehörigen, fanden meistens aber nur noch zerstörte Häuser und Wohnungen vor. Keiner wusste, wo die ehemaligen Bewohner geblieben waren. In den west- und mitteldeutschen Städten wurden durch die alliierten Bomber teilweise bis zu 95 Prozent des Wohnraumes vernichtet, im Norden und Süden des Landes sah es nicht anders aus. Etwas besser ging es den Menschen in den ländlichen Gebieten, sie sind von der sinnlosen Zerstörung weitgehend verschont geblieben, daher drängte alles aufs Land. Es gab kein funktionierendes Verkehrsnetz, keine solide Infrastruktur, kein Gesundheitswesen. Die Versorgung mit Strom, Gas und Wasser war auf ein Minimum beschränkt, in den Großstädten oft gar nicht mehr möglich. Was es gab, war Hunger, Hunger, Hunger ...

Unsere Familie war gut über den Krieg gekommen. Wohnungen und Häuser sind verschont geblieben, es gab keine Toten oder Verwundeten zu beklagen, Männer, Väter und Brüder sind nacheinander nach Hause zurückgekehrt. Der Erste, der kam, war Onkel Adi. Mama und ich befanden uns, wie so oft, bei den Großeltern zu Besuch. Mama wollte Näharbeiten erledigen, die Nähmaschine stand immer noch in Omis Küche. Opa spielte am Küchentisch Mühle mit mir. Nachmittags gegen 17 Uhr klingelte es. Hoftor und Haustür wurden nie verschlossen, nur die Vorplatztür zugesperrt. Seine Schlüssel hatte Adi nicht mit in den Krieg genommen, also musste er an der Flurtür läuten. Unbedarft ging Omi zum Öffnen. Ein Schrei: „Vatter, Tochter, der Bub, unsern Adi, is widder do!" Da stand er nun, dünn und abgezehrt in seiner grauen, abgewetzten Landseruniform. Was der an dem Abend gegessen hat, übersteigt alle Vorstellungen. Ich habe als kleiner Bub daneben gestanden und ungläubig zugeschaut, wie er ganze Berge von Essen verdrückt hat. Wie immer, wenn einer heimgekommen ist, kam die Nachbarschaft zum Reden und zur Begrüßung. Als die Nachbarinnen den Adolf essen und die Vorräte meiner Omi schwinden sahen, sind die Frau vom Sattlermeister und die „Banze Gretsche" schnell nach Hause gelaufen, haben alles geholt, was sie an Essbarem in ihren Küchen noch auftreiben konnten.

Als der Adi endlich genug gegessen hatte, begann er zu erzählen: Im Herbst 1944 sei er in Frankreich verwundet worden und anschließend in französische Gefangenschaft geraten. Nach seiner Genesung habe er bei einem Bauern auf dem Feld gearbeitet, dort sei es ihm gut gegangen. Nach der deutschen Kapitulation wurde er mit seinen Kameraden in ein Kriegsgefangenlager verlegt.
Auf die Frage meines Großvaters „Habt ihr denn dort nichts zu essen bekommen?" gab er die Antwort: „Zu essen hatten wir genug, aber keine Teller."
Als Letzter der Familie kam mein Vater nach Hause. An einem Samstagabend gegen 22 Uhr stand er plötzlich vor der Tür. Ein Bekannter, der ihn unterwegs erkannt hatte, war ins Vereinslokal gelaufen, wo eine Veranstaltung des Gesangsvereins stattfand und wo er Papas Eltern vermutete. Beide waren große Anhänger des Chorgesangs.
„Berta, Schorsch, eiern Bub is mer ewe in de Bahnstroß begejent, er kimmt grad von Amerika haam."
Eine halbe Stunde später war die komplette Verwandtschaft in unserer kleinen Küche versammelt, um den Heimkehrer zu begrüßen. Ich bekam nicht allzu viel mit, ich war an Masern erkrankt und lag mit Fieber im Bett. Als ich wieder gesund war, kam ich mir recht überflüssig vor. Mit meinem Vater konnte ich einfach nichts anfangen und er nichts mit mir, wir waren uns fremd. Dieser Mann da brachte unser bisheriges Leben gründlich durcheinander. Ich, bisher stark auf meine Mutter fixiert, beileibe aber kein „Muttersöhnchen", das darf man nicht verwechseln, betrachtete ihn als Fremden, als Eindringling. Der Vater hat in unserer bisherigen Mutter-Sohn-Beziehung irgendwie gestört. Die Folge war, dass ich mich noch mehr an meine Mutter klammerte.

***

Nun versuchen Sexualwissenschaftler und Psychologen uns immer wieder zu erklären, einer der Gründe, warum ein junger Mann in die Homosexualität bzw. in die Bisexualität „abdriftet", könnte eventuell auch in dieser engen Mutter-Sohn-Beziehung liegen.

Bei mir möchte ich eine derartige Vermutung nicht grundsätzlich ausschließen, ich hatte immer eine sehr innige Beziehung zu meiner Mutter. Vielleicht lässt sich meine Neigung für das männliche Geschlecht daraus ableiten. Ich habe mir im Laufe meines Lebens oft Gedanken darüber gemacht, kam aber nie zu einem befriedigenden Ergebnis. Ebenso wie bei Homo- und Heterosexualität, sind auch die Ursachen der Bisexualität noch nicht geklärt. Weit verbreitet sind biologistische und psychoanalytische Erklärungsmodelle. Sigmund Freud etwa hat die These aufgestellt, dass im Grunde jeder Mensch bisexuell sei. Gesellschaftliche Zwänge und Tabus führten aber häufig zur Verdrängung des homosexuellen Anteils ins Unbewusste. Bei der nicht belegbaren These, der Bisexualität läge die Entscheidung des Individuums zugrunde, handelt es sich um ein weit verbreitetes Vorurteil. Auch viele islamische Geistliche des Mittelalters sahen, obwohl sie den gleichgeschlechtlichen Verkehr gemäß ihrer Religion als schwere Sünde bewerteten, die erotische Anziehungskraft beiden Geschlechtern gegenüber als eine Grundgegebenheit des menschlichen Daseins an.

So schreibt der im Jahr 1200 nach christlicher Zeitrechnung verstorbene hanbalitische Rechtsgelehrte Ibn al-Gauzi: „Derjenige, der behauptet, dass er keine Begierde empfindet, wenn er einen schönen Knaben erblickt, ist ein Lügner, und wenn wir ihm glauben könnten, wäre er ein Tier, nicht ein menschliches Wesen."

Und die ganz klugen Leute behaupten: „Der Mensch wird durch seine Umgebung geprägt." Das trifft aber weder für meine Veranlagung noch für meinen Charakter zu. Bei all der

Gewalt, die wir Kinder in diesem schrecklichen Krieg erleben mussten, hätte meine Generation nach dieser Theorie eine Horde gewalttätiger Ungeheuer werden müssen. Dem war aber nicht so, die meisten von uns haben sich zu friedlichen und toleranten Zeitgenossen entwickelt. Auch ich neigte bis zu jenem Tag, an dem ich mich so furchtbar in die Enge getrieben sah, nie zur Gewalt. Im Gegenteil, ich war immer auf Ausgleich bedacht, habe versucht, zu beruhigen, anstatt zu provozieren. Ich bin immer freundlich auf die Menschen zugegangenen, habe sie so genommen, wie sie waren. Damit habe ich gute Erfahrungen gemacht und erwartete deshalb von meinen Mitmenschen ebenfalls Toleranz und Respekt, auch für mein „Anderssein".

Im Laufe seines Lebens begegnet man vielen Menschen. Bei einigen hat man hinterher das Gefühl, man hätte sie besser nie getroffen. Manche Menschen begleiten uns durch unser ganzes Leben, sind einfach für uns da. Wir betrachten dieses hohe Glück als das Selbstverständlichste der Welt, was aber gar nicht so selbstverständlich ist. Mit anderen Menschen geht man nur ein kurzes Stück Weg gemeinsam, behält sie aber ewig in Erinnerung, bewahrt sie ganz still in seinem Herzen. So, wie Manuel. Wenn ich die Tage zusammenrechne, die wir tatsächlich miteinander verbringen durften, komme ich auf kaum vier Monate. Verdammt wenig Zeit für uns! Manuel war nicht mehr da, mein Halt war weg. Ich musste mich damit abfinden und mich wieder dem Leben stellen, ich konnte nicht ewig davonlaufen. Im Alltag wieder Fuß zu fassen, würde mir schwer genug fallen, ich hatte im vergangenen Frühjahr bei meiner überstürzten Abreise nach Spanien alle Brücken hinter mir abgebrochen.

***

Als ich zu Weihnachten 1966 von meiner Spritztour mit der „Dame in Weiß" wieder nach Hause kam, war ich fast 26 Jahre alt, hatte keinen Job, keinen Mut, mein Leben bedeutete mir nichts mehr. Was ich hatte, war hier in Deutschland nichts wert: zwei Koffer mit teuren Designerklamotten, eine Rolex, das Abschiedsgeschenk von Vanessa Osborne, den Kopf voller Flausen und das Gebaren eines Gigolos.

Hier zu Hause wurde mir erst richtig bewusst, was ich eigentlich verloren hatte. In Spanien bin ich wegen seines Leichtsinns beim Schmuggeln von Zigaretten wütend auf Manuel gewesen, konnte nicht um ihn trauern. Er hatte wegen ein paar lumpiger Peseten unsere gemeinsame Zukunft aufs Spiel gesetzt. Dort habe ich mich mit Vanessa Osborne getröstet, aber hier? Hier packte mich das heulende Elend, ich habe ihn so vermisst, ich hätte schreien können. Untergangsstimmung machte sich breit. Meinen moralischen Kater habe ich mit enormen Mengen an alkoholischen Getränken zu betäuben versucht. Was die Eltern alles zu mir sagten, möchte ich lieber verschweigen, sie kamen in dieser Phase sowieso nicht an mich heran. Ich habe keine Kritik an meiner Person und meinem Verhalten zugelassen. Ihre gewiss gut gemeinten Ratschläge machten mich nur noch renitenter, ich versank in einem Meer von Bier, Schnaps und Selbstmitleid.

Aber Wanda, die hat mir den Kopf zurecht gerückt, sie hat mich so fertig gemacht, dass ich in keinen Schuh mehr gepasst habe. Ich habe an diesem Abend bei ihr geweint und geflucht, habe sie angebrüllt, aber sie ließ nicht locker, sie hat mich in die Realität des Jahres 1967 zurückgeholt. Dafür bin ich ihr ewig dankbar.

„Was du brauchst, ist schleunigst eine Arbeit! Und hör' endlich mit deiner verdammten Sauferei auf! Seit du wieder hier bist, hockst du nur mit irgendwelchen Kumpanen in der Kneipe. Wenn du so weiter machst, wirst du dir mit deiner Vespa noch das Hirn einrennen."

„Jetzt redest du schon genau wie meine Mutter, Wanda."
„Aber sie hat doch Recht! Begreifst du das denn nicht, du Stierschädel? Du hast eine gute Ausbildung, siehst gut aus, kannst dich benehmen. Du sprichst fast perfekt spanisch und einigermaßen gut englisch, du musst nur zugreifen und schon hast du einen Job."
„Aber der Ma..."
„Was ist mit Manuel? Der ist tot! Ja, das ist furchtbar für dich, das gebe ich ja zu, aber hast du auch nur eine Minute um ihn getrauert? Hast du deine Trauer überhaupt an dich heran gelassen? Nein, der Herr hat sich ablenken müssen und ist sofort in die Arme dieser ... dieser englischen Lady geflüchtet, hat den Gigolo gespielt!"
Jetzt gibt sie's dir aber zurück! Warum hast du auch in den letzten Tagen so mit deinem spanisch-englischen Abenteuer geprahlt? Du hast sie verletzt? Sie hat auch Gefühle. Liebt sie mich etwa?
„Du bist grausam! Ich verbiete dir, so mit mir zu reden, das geht dich nichts an!"
„Unser Leben ist grausam und angehen tut mich das schon was! Ich bin deine Freundin, mein Lieber, ja, deine Freundin, da brauchst du gar nicht so dämlich zu gucken. Und heule nur weiter, hier hört und sieht dich niemand, außer mir! Männer dürfen ruhig auch mal weinen, besonders wenn sie noch so dumme, kleine Jungen sind, wie du einer bist. Gewiss, wir schlafen nicht miteinander, und eine andere Art von Freundinnen scheinst du ja offensichtlich nicht zu kennen, aber gerade das berechtigt mich dazu, dir meine Meinung zu sagen."
„Bist du jetzt fertig? Kann ich endlich gehen?", brüllte ich zurück.
„Nein, ich bin noch lange nicht fertig und gehen kannst du sowieso nicht. In deinem Zustand bleibst du heute Nacht besser hier!"
„Ja, Mama."

„Siehst du, deine Reaktion eben, das ist gerade der Punkt! Du willst nie erwachsen werden, immer der kleine Junge bleiben, der von allen verhätschelt wird und der grollt, wenn man ihm sein Spielzeug wegnimmt. Malpente, das war deine Spielwiese, da konntest du dich austoben, da gab es genug Publikum und da gab es die Statisten, die du so notwendig brauchst. Pedro hier, Pedro da, Pedro macht die besten Cocktails, Pedro ist der beste Reiter, der beste Liebhaber, er ist überall der Beste, Pedro ist überhaupt der Größte!"
„Schluss damit! Das höre ich mir nicht mehr länger an! Manuel habe ich geliebt, der ist kein Spielzeug für mich gewesen."
„Das habe ich auch nicht gesagt. Bei ihm brauchtest du nicht den großen Helden zu spielen. In Wirklichkeit bist du eher ein Sensibelchen, weich und verletzlich. Er hat dich sofort durchschaut, deshalb hat er dich geliebt. Bei ihm konntest du so sein, wie du tatsächlich bist, wie wir alle sind, stark und schwach zugleich."
In dieser Nacht bin ich bei Wanda geblieben, an ihrem warmen und weichen Körper habe ich mich in den Schlaf geweint. Nachdem ich Manuels Tod dank Wandas Standpauke akzeptiert habe, endlich um ihn trauern konnte, orientierte ich mich an zwei selbst gesetzten Eckpunkten. Auf diese beiden Säulen habe ich gebaut und versucht, mein Leben danach auszurichten:

1. Absolutes Zölibat bei Männern! Nie mehr werde ich eine Beziehung mit einem Mann eingehen. Über seinen Tod hinaus werde ich Manuel ewig treu bleiben.
2. Nur noch oberflächliche Bekanntschaften schließen! Keinesfalls wollte ich mich je wieder an irgendeinen Menschen binden.

Diese Vorgaben waren kompletter Unfug, so intensiv kann man sein Leben nicht planen. Unser Leben hat seine eigenen

Gesetze, nichts ist steuerbar. Meine selbst gesetzten Vorgaben würden nie zu realisieren sein, auch ich würde, wenn die Zeit dafür reif, mein Schmerz um Manuel abgeklungen wäre, wieder lieben können.
Und so geschah es dann auch. Ich traf später immer wieder auf Menschen, denen ich nicht gleichgültig war, die mich geliebt haben.

***

Einen neuen Arbeitsplatz fand ich schnell, der ist mir geradezu in den Schoß gefallen. Am 7. Januar 1967 bin ich zum Arbeitsamt gegangen. Gleich drei Adressen von bekannten Firmen, die Mechaniker oder Techniker suchten, hat mir der zuständige Sachbearbeiter genannt. Beim ersten Vorstellungstermin klappte es schon, wir wurden uns einig. Meinem Gegenüber, einer reizenden etwa 55-jährigen Dame, habe ich anscheinend gut gefallen. Sie, die Geschäftsführerin der Niederlassung eines amerikanischen Büromaschinen-Konzerns, stellte mich sofort ein. Meine Zeugnisse waren gut, das Techniker-Diplom tat sein Übriges. Die acht Monate Auszeit in meiner Beschäftigungsbiografie habe ich als „private Gründe" deklariert. Das vereinbarte Gehalt war okay. Von Büromaschinen hatte ich zwar keine Ahnung, aber das würde ich schnell lernen. Wir haben abgesprochen, dass ich zunächst ein halbes Jahr ausgebildet werden und dann in den Service gehen sollte.

Mit der neuen Arbeit kamen die neuen Ansprüche. Ich befand mich auf dem Weg der Besserung, habe nicht mehr so viel getrunken, bekam mein Leben wieder in den Griff. An Manuel zu denken, tat nicht mehr so verdammt weh, es musste auch ohne ihn weitergehen.
Ich benötigte dringend den PKW-Führerschein. Die Vespa war nicht mehr standesgemäß, ein Auto musste her. Ein jun-

ger Mann in meinem Alter brauchte unbedingt sein eigenes Fahrzeug! Und zu Hause bei den Eltern wohnte der auch nicht mehr. Also, umschauen nach einer kleinen Wohnung und passenden Möbeln. Finanziell war das kein Problem, ich hatte noch die angelegten US-Dollars. Meiner Mutter hat das mit dem zu Hause Ausziehen gar nicht so gepasst, Mütter geben ihre Söhne nicht gerne her, doch Wanda redete mir zu: „Werde dein eigener Herr, PP, es ist höchste Zeit dafür!"

Meine Ausbildung in der neuen Firma ging zügig voran und endete mit meiner Übernahme in den Außendienst. Dadurch ergaben sich ganz neue Perspektiven für mein Liebesleben. In den Büros, die ich auf Grund meiner beruflichen Tätigkeit nun besuchte, gab es viele nette Damen, ein junger Mann war da stets willkommen.
Inzwischen war ich von zu Hause aus- und im Nachbarort in eine kleine Wohnung eingezogen: 60 Quadratmeter, großes Wohnzimmer, Schlafzimmer, kleine Küche, Bad und Flur, unten im Keller ein kleiner Abstellraum für die Vorräte. Draußen vorm Haus, auf dem Stellplatz, stand mein ganzer Stolz, ein Sportwagen. Die Wohnung befand sich in einem der schicken Apartmenthäusern, die jetzt überall gebaut wurden. Die Miete war meinem Einkommen angemessen. Jetzt konnte ich endlich auch mal ein Mädchen mit zu mir nach Hause nehmen, ohne gleich den Eltern Rechenschaft ablegen zu müssen. Das Leben fing an, mir wieder Spaß zu machen, ich war nie ein Kind von Traurigkeit gewesen und ließ auch jetzt nichts anbrennen. Der neue Wagen, die neuen Möbel minderten meine Ersparnisse zwar erheblich, aber ich habe gut verdient, die jährlichen Lohnerhöhungen bewegten sich oft im zweistelligen Bereich.
Das selbst auferlegte Zölibat bei Männern ist mir schwer gefallen. Einerseits wollte ich meinen toten Freund nicht betrügen – das war Unfug, dem nützte meine Treue nichts mehr –,

andererseits hatte ich das Gefühl, die Kerle würden immer hübscher, und ich hätte gerne mal wieder genascht. Gelegenheiten dafür gab es genug, ich traf bei meiner beruflichen Tätigkeit oft auf tolle Typen, die ich nicht von meiner Bettkante gestoßen hätte. Der eine oder andere machte mir auch schöne Augen und ich habe oft mit mir gehadert, weil ich nicht darauf eingegangen bin. Trotzdem hielt ich an meinen Prinzipien fest: Keine Männer mehr! Wohl wissend: Du hast dir da etwas auferlegt, was du auf Dauer nicht durchhalten wirst. Ich ahnte, ja, ich spürte förmlich, dieses Verhalten würde mich noch mal in arge Bedrängnis bringen. Mit meiner Sturheit habe ich mir sehr oft selbst im Weg gestanden. Hätte ich damals den Schwenk gemacht, den ich 15 Jahre später doch noch vollzogen habe, vieles hätte sich ganz anders entwickelt.
Jetzt war ich auch wieder in der Lage, frühere Kontakte zu pflegen. Unbedingt musste ich meinem treuen Freund Jan Koistra im Hotel „Rivera" schreiben. Er sollte erfahren, wie es mir inzwischen ergangen war. Ich berichtete ihm von meinen Erlebnissen mit der „Dame in Weiß", an deren Zustandekommen er ja nicht ganz unschuldig war. Ich habe ihm mein neues Leben geschildert, von Wanda und dem neuen Arbeitsplatz erzählt.
Er schrieb zurück und unser Kontakt ist später nicht mehr abgebrochen, selbst wenn wir nur Weihnachtskarten ausgetauscht haben. Wir wussten immer, wie es dem anderen ging, was er machte, wie er sich fühlte. Einige Jahre später ist Jan mit seiner Familie von Malpente weggegangen. Er hat Alfonso und dem „Rivera" endgültig den Rücken gekehrt und sich in Amsterdam eine kleine Pension gekauft. Er wollte sein eigener Herr sein. Nach mehr als 15 Jahren haben wir uns dort wieder getroffen, allerdings unter recht dramatischen Umständen …

Unser altes deutsches Sprichwort „Die Zeit heilt alle Wunden" traf auch auf mich zu. Mein Leben begann, in gelenkten

Bahnen, fast wie bei den meisten Menschen meiner Generation üblich, einen normalen, wenn auch, nach meiner Ansicht, eher langweiligen Verlauf zu nehmen – ein sicherer Arbeitsplatz, ein Auto, eine schöne Wohnung, gute Freunde, verwurzelt in zwei Vereinen, den Schwarzwald-Freunden und den Reitern. War also nun all das vorhanden, was ein zufriedener Mensch brauchte?
Nach Ansicht der Soziologen kann kein normaler Mensch auf Dauer ohne „soziale Kontakte" auskommen, es sei denn, er akzeptiert, dauerhaft Schaden an seiner Seele zu nehmen. Wenigstens schien ich in dieser Hinsicht auf einem guten Weg zu sein, trotzdem vermisste ich etwas, mir fehlte das gewisse Kribbeln unter der Haut. Aber ich war zufrieden. Eigentlich hatte ich doch alles, oder? Da war Wanda, eine treuere Freundin kann kein Mann haben. Eine ehrliche Freundschaft zwischen den Geschlechtern, die nicht von Sex belastet war. Da waren Klaus, Heiner und Eduard, meine Freunde aus der Kinder- und Jugendzeit, Begleiter auf dem Weg zum Erwachsenen. Dann Heinz, der gute Geist bei den Schwarzwald-Freunden, mit seiner Frau Anna. Robert, ein Arbeitskollege und Freund. Er kannte meine Stärken und Schwächen, mit ihm konnte ich darüber reden, vor ihm musste ich meine wahren Gefühle nicht verbergen. Was mir jedoch fehlte, was ich sehnlichst vermisste, war eine dauerhafte intime Partnerschaft. Die Männer hatte ich mir verboten und Frauen nie wirklich an mich heran gelassen. Wanda wartete wahrscheinlich seit Jahren auf ein Zeichen von mir. Hie und da mal eine kurze Affäre mit einer meiner Kundinnen, das war's dann auch schon. Ich machte mir keine allzu großen Gedanken. Zur Befriedigung meiner Triebe reichte das allemal. Aber unterschwellig, ganz im Geheimen, in stillen Minuten vermisste ich sie schon, die Spannung von ehedem, die man nur in seiner Jugend so intensiv erleben kann. Dass ich die Uhr nicht zurückdrehen, nicht ewig der halbstarke Teenager oder der unbeschwerte

junge Mann von einst bleiben konnte, dessen war ich mir bewusst, wäre es aber gern noch einmal gewesen. Hätte gern noch mal erlebt, wie es sich anfühlt, wenn man Schmetterlinge im Bauch hat und nachts vor Sehnsucht nach dem Geliebten nicht einschlafen kann.

***

Im April 1971 habe ich meinen 30. Geburtstag mit fast 40 Gästen gefeiert. Alle waren eingeladen und auch gekommen, Eltern, Bruder, Onkels und Tanten, Cousinen und Cousins, Freundinnen und Freunde. Wenn ich mich in der Runde umsah, musste ich mir insgeheim eingestehen: Die Zweite deiner dir selbst verordneten Auflagen, zukünftig nur noch oberflächliche Bindungen einzugehen, ist gottlob nicht eingetreten. Hier saßen sie am Tisch, meine „Bindungen", und die waren keinesfalls nur oberflächlich.

Wenn man sich an einem solchen Abend seine Gedanken macht, denkt man automatisch auch an die, die nicht dabei sein können. Man hat sich aus den Augen verloren, der eine oder andere hat geheiratet, hat Familie und Kinder, ist weggezogen, hat sich abgewendet oder ist zu bequem, alte Freundschaften am Leben zu erhalten. Nach einigen Gläsern Wein kommt sie dann doch, die eine Frage, still und heimlich, von niemandem bemerkt. Dabei hatte ich mir fest vorgenommen, gerade heute, an so einem schönen Abend diese Frage nicht zu stellen, mich nicht mit der Vergangenheit zu quälen. Aber sie war da, war allgegenwärtig, wird mein Leben lang da sein – die Frage nach Manuel. Ich kam doch nicht so einfach von ihm los, wie ich mir einredete, wollte gar nicht von ihm loskommen. Die erste große Liebe hält über den Tod hinaus, ein ganzes Leben lang. Menschen, an die man denkt, von denen man spricht, sterben nie.

Wie würde Manuel heute aussehen? Wo und wie hätten wir meinen Geburtstag gefeiert, wenn er noch leben würde? In

der kleinen Stadt am großen Meer? Wären wir noch zusammen? Würden wir noch jeden Tag in der Hütte stehen und den Touristen Drinks verkaufen?
Ich fand keine Antwort und das war gut so, derartige Fragen lassen sich nicht beantworten. Ich sah ihn ständig vor mir, etwas verklärt, aber dennoch deutlich genug. Ich sah seine schönen dunklen Augen, hörte sein jungenhaftes Lachen, wenn wir am Strand herumtobten, konnte seinen sinnlichen Körper riechen. Ich sah ihn vor meinem geistigen Auge, wie er an jenem Sommertag im August vor zehn Jahren über den Strand gelaufen kam. Ich sah ihn traurig meinem Taxi nachwinken, als wir, ohne es auch nur zu ahnen, Abschied für die Ewigkeit nehmen mussten. Es tat immer noch so schrecklich weh.

Meine Kontakte zum Roten Kreuz hatte ich in den letzten Jahren total vernachlässigt und dann ganz abgebrochen. Als man mir eine Sanitäteruniform verpassen wollte, bin ich ausgetreten. Uniformen hatten und haben für mich immer etwas Abstoßendes. Ich musste zeitlebens auch nie eine tragen. Mir ist klar, ich tue Millionen von Menschen auf dieser Welt bitteres Unrecht, aber in Uniform sehen nicht nur ihre Träger gleich aus, nein, auch ihr Denken und ihr Verstand scheinen sich an der jeweiligen Uniform zu orientieren.
Der „Kelch" Bundeswehr ist, Dank einer hohen Losnummer, an mir vorübergegangen. Bei meiner Abneigung gegen Uniformen und meiner Sensibilität für männliche Reize geradezu ein klassisches Beispiel für das Vorhandensein einer „höheren Instanz", die ihre schützende Hand über mich gehalten hat.
Das mit der schützenden Hand ist gar nicht so abwegig. Wie wäre es mir bei der Bundeswehr denn ergangen? Gewiss nicht gut. War diese Armee nicht durchsetzt vom ewig Gestrigen? Von Vorgesetzten und Führungskräften, die keine Männerliebe duldeten, sondern sich nur lustig darüber machten, genau wie damals im Dritten Reich?

Damals lebte man nicht ganz ungefährlich, wenn bekannt wurde, man habe homosexuelle Neigungen. Etwa 100 000 homosexuelle Männer wurden in diesen Jahren inhaftiert und gefoltert, Tausende davon umgebracht.

Wir leben heute nicht mehr im nationalsozialistischen Staat der 30er und 40er Jahre, die Welt hat sich gewandelt und mit ihr die Menschen. Der umstrittene § 175 wurde nach dem Zweiten Weltkrieg bereits zwei Mal reformiert und ist in seiner ursprünglichen Form 1968 gefallen. Homosexualität ist kein Straftatbestand mehr. Doch die Ressentiments sind geblieben. Wen das nicht betrifft, dem wird es nicht besonders auffallen. Betroffenen Personen ist diese Tatsache jedoch nicht verborgen geblieben.

In meinem Kopf gab es auch immer eine Sperre. Ich habe selbst nicht überzeugend genug daran geglaubt, dass im Grunde genommen jeder mit seiner Sexualität so umgehen sollte, wie er denkt und für sich verantworten kann. Es sei denn, und das ist der einzige Grund, den man den „Gegnern" der gleichgeschlechtlichen Liebe zugestehen muss, es wird gegen geltendes Recht oder gegen die bürgerlichen Wertevorstellungen verstoßen. Niemand darf zu Handlungen gezwungen werden, die er selbst nicht will. Keinesfalls können Übergriffe gegen Kinder und Jugendliche toleriert werden. Hier muss das Gesetz mit aller Härte eingreifen. Sind sich jedoch mündige Bürger einig, wie sie ihre Sexualität in ihren eigenen vier Wänden, in ihrer ganz privaten, ebenfalls vom Gesetz geschützten Umgebung ausleben wollen, ist das deren ureigenste Sache. Das Gesülze von Moral und Ethik, das klerikale Kreise und so genannte „anständige Bürger" vorbringen, ist scheinheilig und verlogen. Die Kirche hat in ihren Reihen genug eigene Probleme mit dieser Thematik und die scheinbar so anständigen Bürger sitzen selbst allzu oft im Glashaus. Also hat keiner von denen ein Recht, sich zum Moralisten aufzuspielen. Die in gewissen Medien überzogenen und bösarti-

gen Darstellungen von Homosexuellen wirkten auf mich immer nur dümmlich. So gestelzt und unnatürlich verhält sich kaum ein homo- oder bisexueller Mann. Es gibt hier, wie überall, natürlich auch Ausnahmen. Die gibt es aber auch bei Heteros, auch hier erleben wir Typen, die ihre Vorliebe für Frauen wie eine Fahne vor sich her tragen. Der überwiegende Teil von Männern, die Männer als Partner bevorzugen, geht unauffällig damit um, zeigt kein Klischeeverhalten, wie es oftmals unterstellt wird.
Ein bisexuell orientierter Mann ist von Haus aus gespalten. Er ist zunächst ein „Hetero" und somit in den Augen unserer Gesellschaft „normal". Gleichzeitig ist er aber auch „schwul", also „anormal und pervers".
Mit dieser Art Logik hatte ich immer meine Probleme. Was ist daran normal, wenn ein gut aussehender junger Mann, bei der holden Weiblichkeit gern gesehen und beliebt, diesen Umstand für sich ausnutzt und alles mitnimmt, was ihm über den Weg läuft? Dieser junge Mann wird von seinem Umfeld bewundert. Man ist wegen seiner Erfolge insgeheim neidisch, ja, man hat sogar einen gewissen Respekt vor ihm. Er gilt als viel bewunderter Weiberheld.
Hat der gleiche junge Mann außerdem noch eine Vorliebe für Männer, was ist er denn dann? Ein verdorbener Mensch, den man besser verachtet? Er ist doch derselbe Mensch geblieben! Ich habe ja selbst so gedacht und meine Identität gewechselt wie ein Chamäleon die Farbe. In Spanien habe ich einen Mann geliebt, da war es mir egal, was die Leute dachten, zu Hause angekommen, wieder in der moralischen Enge des Elternhauses, im Angesicht von Eltern und Großeltern, hat mir der Mut gefehlt, ganz einfach zu sagen: „Ja, ich liebe diesen jungen Spanier, ich will mit ihm leben."
Ich hätte alle diesbezüglichen Verdächtigungen weit von mir gewiesen. Manuel belog seinen alten Großvater. „Ich habe nur noch Freundinnen", versuchte er ihn zu beruhigen.

Damit haben wir uns hinter einer doppelten Moral versteckt. Wir haben uns immer ein Hintertürchen offen gehalten, durch das wir im Ernstfall flüchten konnten. Wir wollten zwar all das genießen, was die Beziehung hergab, besaßen aber nie den Schneid, unseren Familien die Wahrheit zu sagen. Im Grunde genommen haben wir uns mit dieser Haltung selbst belogen. Wir sahen das aber nicht so oder wollten es nicht so sehen. Im Gegenteil, wir suchten unser Alibi bei den Mädchen.
„Seht her, so schwul sind wir ja gar nicht, wir schlafen doch auch mit Mädchen!"
Spätestens aber nach dem ersten Abend in der Bucht war klar, wir wollten nur uns, nur die Liebe zwischen uns zwei Männern. Von dieser Wahrheit hatten wir beide Angst, wollten sie uns nicht eingestehen. Also haben wir unser „Bohemienleben" in der vermeintlichen Annahme, dies sei ein Vorrecht unserer Jugend, fortgesetzt. Wir dachten dabei nicht an den moralisch doch sehr zweifelhaften Aspekt unseres Handelns. Haben wir uns damals nicht, ohne es so zu empfinden, gegenseitig sehr wehgetan? Man kann einen Mann nicht wirklich lieben und nebenbei Affären mit Frauen haben. Es sei denn, man erfindet seine eigene Moral und lebt nach ihr. Heute, Jahre später, kommen mir berechtigte Zweifel, ob wir damals alles richtig gemacht haben. Bei derartigen Überlegungen landet man automatisch bei Gott. Hatte er uns mit den Schüssen vom 20. Februar 1966 zeigen wollen, dass er letztendlich über unser Leben bestimmt? Wollte er uns für unseren „unmoralischen" Lebenswandel bestrafen?

Zu Beginn der 70er Jahre musste ich mich erneut mit meiner Neigung für Männer herumschlagen. Sollte ich mich dazu bekennen? Was würden die anderen dazu sagen? Die anderen, das waren meine Kolleginnen und Kollegen am Arbeitsplatz, meine Eltern und Verwandten, unsere Kundinnen und Kunden. War es nicht schon verdächtig genug, wenn ein Mann

mit 30 Jahren noch nicht verheiratet war, keine eigene Familie, keine Kinder hatte? Wozu also Öl ins Feuer gießen und die bestärken, die eigentlich schon immer alles zu wissen glaubten. „Da ist doch bestimmt was im Busch! Der ist schon dreißig und noch keine Frau … Wenn der mal nicht … Ist der wirklich normal?"
Und innerlich loderte die Glut, wurde stärker und stärker. Wie oft habe ich daran gedacht, mit dem Feuer zu spielen, mir wieder einen Freund zu suchen. Was hatte ich manchmal für ein Verlangen nach dem Körper eines Mannes, nach schlanken Händen, die mich streicheln, nach dem Geruch. Es wäre doch nur ein kleiner Schritt gewesen, aber mir fehlte der Mut. Doch es gab Wanda, jetzt war sie mein Alibi. Arme Wanda, wahrscheinlich habe ich sie unbewusst und ohne böse Absicht für meine Zwecke benutzt. Sie spürte das, aber es schien ihr nichts auszumachen. Ihr musste doch bewusst gewesen sein, wen sie sich da eingehandelt hatte.
Wanda und ich haben in diesen Jahren viel zusammen unternommen. Nicht nur das Reiten war ein Hobby, das wir gemeinsam teilten, nein, wir lagen auch bei vielen anderen Dingen auf einer Wellenlänge. Außer in der Politik, da waren wir weit auseinander, da hat es manchmal richtig gestaubt. Nicht ernsthaft, nein, mehr so, wie sich Freunde eben streiten. Wanda zählte zu den bekennenden Anhängern der 68er Bewegung und ich glaube, sie sympathisierte auch mit der APO, wenn sie das auch nie zugeben wollte. Bei den studentischen Unruhen gegen den Staat als solchen und gegen die einseitige Berichterstattung der Springer-Presse im Besonderen, Wanda stand immer auf Seiten der Studenten und machte daraus auch keinen Hehl.
Es war schon eine seltsame Konstellation, Wanda, im Grunde ihres Herzens wohl eher bürgerlich, konservativ ausgerichtet, fühlte sich zu diesen Leuten hingezogen. Mir, von dem man wegen meiner gesamten Lebensauffassung annehmen könnte,

mit den Leuten zu sympathisieren, von wegen freier Liebe und so, gaben sie gar nichts. Ich hielt sie eher für politische Spinner. Deutschland stand vor einer Wende. Die konservativen Parteien, innerlich durchsetzt von ehemaligen Nazikadern und ihrem Gedankengut aus dem Dritten Reich, hatten abgewirtschaftet. Die jungen Leute erwarteten etwas Neues von der Politik.

„Weg mit dem Mief von tausend Jahren unter den Talaren!", ist nicht nur zum Schlagwort geworden, nein, es drückte den Unmut einer ganzen Generation über das bestehende System aus. Nicht nur bei uns in Westdeutschland brodelte es. Auch Paris und Prag waren Orte, in denen junge Menschen gegen die herrschenden Politiker aufbegehrten. Wanda hätte am liebsten an den Demonstrationen teilgenommen. Von mir kann ich nicht sagen, das alles wäre mir nicht wichtig gewesen, es nahm nur keinen so hohen Stellenwert ein. Ich bin nie ein Theoretiker gewesen, eher mehr praktisch veranlagt. Mir war es wichtiger, dass die konservativen Kräfte endlich die Regierungsverantwortung abgeben mussten. Die Bundestagswahl vom 26. September 1969 bereitete den Weg für eine sozialliberal geführte Bundesregierung unter Willy Brandt. Das ließ hoffen. Bedingt dadurch fielen in diesen Jahren die Vorbehalte gegen Menschen, die ihr Leben nicht unbedingt an den so genannten „Moralvorstellungen" der konservativen Bevölkerungskreise ausrichteten. Das drückte sich auch darin aus, dass man Menschen mit anderer sexueller Ausrichtung als üblich mehr Freiraum zugestand.

Unsere verkrustete Nachkriegsgesellschaft war im Begriff, sich zu öffnen, wurde liberaler. Das ist dann auch so geblieben, bis es 1982/83, nach den ersten Fällen von Aids, vorübergehend wieder zu heftigen Angriffen gegen homosexuelle Männer kam, die sich nach einer kurzzeitigen Hysterie jedoch wieder legte. Heute geht die Toleranz so weit, dass in hohen und höchsten Ämtern Männer mit homoerotischen Neigungen keine Seltenheit sind. Bis dahin war es zu Beginn der 70er Jahre noch ein weiter Weg.

***

Wenn ich Wanda ärgern wollte – wir haben uns immer mal wieder gegenseitig hochgenommen –, dann habe ich zu ihr gesagt: „Wanda, wenn deine Leute an die Regierung kommen, schaffen sie das Eigentum ab. Mit einem eigenen Pferd wird es dann wohl nichts werden."
„Das sind nicht ‚meine' Leute, aber du musst doch einsehen, dass in diesem Staat nicht alles so läuft, wie es laufen sollte!"
Es folgte eine lange Liste, in der sie all das aufzählte, was es nach ihrer Meinung an unserem System zu bemängeln gab. Bei vielen ihrer Argumente war ich ebenfalls der Meinung, dass man schleunigst etwas ändern müsste, nur über den Weg zu diesem Ziel waren wir uns uneinig. Ich habe mehr auf die Kraft der Worte gesetzt: „Wer redet, schießt nicht."
Wanda hätte bestimmt auch Gewalt akzeptiert, um ihre Vorstellung von einer „offenen Gesellschaft" durchsetzen zu können.

Sie trug sich mit der Absicht, ein Pferd anzuschaffen. Nichts war da nahe liegender, als dass wir gemeinsam ein Tier erwerben.
„Das ist erstens ein finanzieller Vorteil, zweitens könnten wir uns bei der Betreuung des Pferdes abwechseln", waren ihre Argumente, mit denen sie versuchte, mich davon zu überzeugen, was für eine Bedeutung es für uns haben könnte, wenn wir ein eigenes Pferd besäßen. „Wir können dann reiten, so oft wir wollen. Ich habe pünktlich Feierabend und kann mich um alles kümmern. Du kommst nach der Arbeit auch zum Reiterhof. Wir werden zusammen ..."
Es folgten tausend weitere Gründe, warum gerade wir einen eigenen Gaul brauchten. Wollte sie doch mehr von mir? Wollte sie mich an sich binden? Wir waren zwar gut befreundet, ver-

brachten viel Zeit miteinander, gingen oft zusammen aus, Theater, Kino, reiten. Mehr wollte ich eigentlich gar nicht, ich brauchte meinen Freiraum, wollte mich nie mehr zu eng an einen einzelnen Menschen binden. Nicht dass es mir mit Wanda nicht gefallen hätte, im Gegenteil, ich war froh, dass ich sie hatte. Sie war eine Freundin, mit der ich über alles reden konnte, sie kannte mich bis in den hintersten Winkel meiner Seele. Das war es dann auch schon, zu mehr war ich damals nicht bereit. Wanda und ich hatten unterschiedliche Lebensauffassungen, die uns gelegentlich ein klein wenig im Weg standen. Sie hatte manchmal so einen kleinen Dünkel, glaubte, über den anderen zu stehen. So war es mir z. B. nie gelungen, Wanda für meine „Schwarzwald-Freunde" zu begeistern, von denen wollte sie einfach nichts wissen. Ich habe sie öfter gebeten, bei uns mitzumachen.
„Nein, das sind deine Leute, da gehöre ich nicht hin. Im Übrigen sind mir einige deiner Freunde viel zu primitiv und gesoffen wird bei euch auch zu viel."
Was sollte ich machen? Künftig verbrachte ich mit Wanda und dem Reitverein den mehr gesellschaftlichen Teil meiner Freizeit. Jenen Teil, bei dem man sich in schicke Klamotten zwängt und bei Veranstaltungen wie Turnieren oder Reiterbällen oft viel Unsinn reden muss. Dadurch erwarb ich mir sogar noch einen gewissen Hauch von „Normalität".
Bei meinen „Schwarzwald-Freunden" habe ich dann die für mich ebenfalls wichtige Komponente „Unterhaltung" ausgelebt. Wenn ich mit meinen „Schwarzwald-Freunden" unterwegs war, traf sich Wanda mit ihrem Chef, um sich bei ihm das zu holen, was ich ihr nicht geben konnte. Auf diese Weise konnten wir unsere Freundschaft am Leben erhalten und keiner von uns beiden hatte das Gefühl, benachteiligt zu werden. Eine, wie ich gestehe, nicht ganz alltägliche Form des Zusammenlebens. Unkonventionell zwar, aber für uns beide die einzige Möglichkeit. Zusammenziehen, eine gemeinsame

Wohnung nehmen, auf diese Idee wäre ich nie gekommen. Und Wanda, sonst immer dazu bereit, das auszusprechen, was ihr auf den Nägeln brannte, auf ihre Wünschen zu bestehen, hat auch nie etwas in dieser Richtung verlauten lassen.
Im August 1974 wurden Wanda und ich stolze Besitzer einer achtjährigen Hannoveraner-Stute. Sie gefiel uns beiden auf Anhieb. Unser Trainer, Rolf Hold, hatte den Deal vermittelt, 4800 DM, ein fairer Preis. „Isolde" ging gut in Halle und Gelände, war ausgebildet für Springen und Dressur. Sie ist eigentlich immer mehr Wandas Pferd gewesen, die beiden kamen gut zurecht, hatten sich gesucht und gefunden. Mir war der kleine Hengst „Bully", eines unserer Schulpferde, mehr und mehr ans Herz gewachsen. Er, vom Charakter genau so ein Dickkopf wie ich, passte zu mir. Zwei Individualisten, die sich gut verstanden. Unser Trainer Hold hat einmal gesagt: „Ein Traumteam, der Bully und der PP. Die gehen durch Dick und Dünn. Kein anderer Reiter im Verein kommt mit diesem bockigen Klepper so gut zurecht."
Die anfallenden Kosten für Isolde teilten wir uns. Stallmiete, Futter, Pflege, Versicherungen, Tierarzt, Schmied, da kam ganz schön was zusammen, Aber, wie heißt es doch so treffend: „Es war schon immer etwas teurer, einen besonderen Geschmack zu haben."

***

Das Jahrzehnt zwischen meinem 30. und 40. Lebensjahr verlief stetig, fast ohne besondere Ereignisse. Eingefahren in einen sich ständig wiederholenden Rhythmus, doch nie langweilig. Man könnte sagen, dass ich das, was ich in meiner längst vergangenen „spanischen Zeit" an Erotik erlebt hatte und jetzt so sehnlichst vermisste, durch jede nur erdenkliche Art von Abwechslung auszugleichen versuchte. Ich wurde zum ruhelosen, rastlosen Zeitgenossen, ständig auf der Suche nach dem, was ich längst verloren glaubte, was es in seiner ursprünglichen Form nie wieder geben würde. Zwei, drei Kurzreisen, plus Sommer- und Winterurlaub mussten schon sein. Finanziell konnte ich es mir leisten, meine Arbeitsstelle galt als sicher, mein Gehalt wuchs stetig an. Ich bin nie der Typ gewesen, der große Besitzstände aufbauen wollte. Ein eigenes Haus, Grund und Boden besaßen bei mir nicht den gleichen Stellenwert wie bei vielen meiner Bekannten. Ich wollte gut leben, was vom Leben haben, das ist meine Philosophie geworden. Mir genügte die kleine Wohnung, ab und zu ein schönes neues Möbelstück, ein schickes Auto und jede Menge Action. Es musste sich was „rühren im Karton", sonst war mir langweilig und fad. Das Verhältnis zu meinen Eltern besserte sich im Laufe der Zeit. Sie haben meinen Lebensstil nicht unbedingt als ideal angesehen, ließen mich aber größtenteils in Ruhe. Es gab ja auch keinen Anlass zum Klagen. Der Sohn führte ein fast bürgerliches Leben, hatte eine feste Freundin, viele Freunde und Bekannte, eine gute Anstellung in einem soliden Unternehmen.

„Verheiratet ist er nicht, er lässt sich Zeit", lautete die Antwort meiner Mutter auf entsprechende Fragen aus ihrem Freundeskreis. Sie haben meine Lebenseinstellung akzeptiert, hatten sie doch mittlerweile eingesehen: Reden hilft nichts, der Sturkopf lässt sich sowieso nicht verbiegen.

Mein Leben plätscherte so dahin, zu nennenswerten Ereignissen kam es selten.

So etwa 1974/75, anlässlich eines Volksfestes in meinem Heimatort, ist mir eines Morgens beim Frühschoppen Klaus über den Weg gelaufen. Jener Klaus, der früher in Malpente immer mit von der Partie war und der Manuel auch von Anfang an gut gekannt hat. Lange hatten wir nichts mehr voneinander gehört, geschweige denn uns gesehen.

„Hallo, PP, du altes Haus! Wie geht's dir denn so?"

„Danke gut, und dir? Du kommst ja kaum noch hierher, wo treibst du dich denn rum?"

Klaus erwiderte lachend: „Du wirst es nicht glauben, ich habe geheiratet und mittlerweile schon zwei Kinder, einen Buben von sechs und ein Mädchen von vier Jahren. Die Eltern meiner Frau besaßen ein Gasthaus im Odenwald. Sie sind inzwischen beide gestorben und ich bin jetzt der Wirt. Das Lokal läuft gut, wir können uns nicht beklagen. Heute habe ich mir mal frei genommen. Komm, lass uns ein Bier zusammen trinken!"

„Das freut mich für euch, ich …"

Dann nimmt ein solches „Lange nicht mehr gesehen und wie geht es dir"-Gespräch immer den gleichen Verlauf, bis man bei der „Weißt du noch"-Phase angelangt ist.

In diesem Abschnitt wurde mir die Unterhaltung ein wenig unangenehm, zu viele Erinnerungen. Klaus wusste nicht genau, was seinerzeit mit Manuel geschehen war, wollte mich auch anscheinend nicht gezielt danach fragen. Stattdessen hat er mir berichtet, dass er im Sommer den Urlaub mit Frau und Kindern in Malpente verbracht hatte.

„Es hat sich vieles dort verändert. Die ‚Cabaña' gibt es nicht mehr. Ein Sturm hat sie und große Teile des Strandes einfach ins Meer gespült. Und gebaut wird dort, ein Hotel neben dem anderen. Von den alten Kumpanen habe ich keinen getroffen, überall neue Leute. Halt, dass ich nicht lüge, der Einzige, der mir über den Weg gelaufen ist, war Alfonso, weißt du noch, der Boss vom ‚Rivera'. Der hat mich aber nicht erkannt. Und Conchita habe ich gesehen, was habe ich früher für die geschwärmt. Sie ist jetzt Nonne und dick ist die geworden, ein Fass, sag ich dir. Das zierliche Mädchen von einst hat sich total verändert. Von den anderen … niemand mehr da! Kein Paco, kein Julio, kein Ma... Oh, wie dumm von mir, entschuldige bitte, ich habe total vergessen, dass er gestorben ist. Aber wenn wir schon darüber reden … Was ist denn ei-

gentlich wirklich los gewesen? Was hat sich denn damals genau ereignet?"
Gerade noch hatte er versprochen, Rücksicht zu nehmen, und nun prasselte ein Schwall von Fragen auf mich nieder. Ich wollte sie aber nicht beantworten und habe mich verabschiedet. Der Frühschoppen war mir gründlich verdorben.
Ich bin Klaus nicht böse gewesen. Er wollte mich gewiss nicht verletzen, war nur neugierig. Es erscheint durchaus nicht ungewöhnlich, wenn man nach fast zehn Jahren über alte Zeiten spricht. Er hatte Manuel auch sehr gut gekannt. Aber das war mein wunder Punkt, bei mir saß der Stachel noch zu tief, so tief, dass ich mir manchmal die bittersten Vorwürfe machte, weil ich mit Manuel zusammenleben wollte. Hätten wir das damals nicht verabredet, hätte er nicht mit dem Schmuggeln angefangen und wäre nicht erschossen worden. Er würde also heute noch leben und ich könnte ihn wenigstens ab und zu noch sehen. Mit diesen sinnlosen Gedanken habe ich mein Hirn gemartert. Ich drehte mich manchmal nur noch im Kreis, weil ich ihn so vermisste.
Als ich mit Wanda darüber sprach, sagte sie realistisch: „Hör endlich damit auf, dich zu quälen! Dein ständiges Grübeln nützt dir gar nichts. Geschehen ist geschehen. Finde dich damit ab, du trägst keine Schuld an seinem Tod, rede dir da nichts ein! Lass ihn in Frieden ruhen. Wenn es tatsächlich stimmt und die Toten schauen vom Himmel auf uns herunter, wie soll er denn damit fertig werden, wenn er sieht, wie sehr du dich jeden Tag quälst, wie du immer noch leidest?"

***

Wanda hatte schon richtig erkannt, bei den „Schwarzwald-Freunden" pflegten wir nicht unbedingt den höchsten kulturellen Standard. Unser Bestreben war mehr die Geselligkeit und die Lebensfreude.

Es begann eine Zeit der Veränderung. Langsam, ganz langsam, nahm der Genuss von Alkohol einen hohen Stellenwert bei mir ein. Ich wurde kein Säufer, nein, beileibe nicht, aber einen guten Tropfen habe ich nicht abgelehnt. Wahrscheinlich hing das mit meiner zeitlebens vorhandenen Angst vor dem Älterwerden zusammen. Schon als Kind empfand ich so, nur nicht alt werden, die Zeit sollte stehen bleiben. Ich konnte mich mit meinen 35 Jahren nicht beklagen, sah immer noch einigermaßen gut aus, habe mich mit reiten fit halten können, war aber nicht mehr so knackig wie mit zwanzig. Darunter litt mein Selbstbewusstsein massiv. Besonders dann, wenn ich in die Büros kam, um meine Maschinen zu warten, und die jungen Mädchen keine Notiz mehr von mir nahmen, sondern mehr die älteren, reiferen Jahrgänge sich für mich interessierten. Und erst bei den jungen Männern, nein, darüber wollte ich gar nicht nachdenken. Die hätten bestimmt „Geh nach Hause, Opa!" zu mir gesagt. Diese Welt ist grausam, aber irgendwie immer gerecht. Man wird von allem eingeholt. Früher hätte ich ähnlich reagiert, hätte mich ein älterer Mann um meine Gunst angesprochen.

Vor vielen Jahren gab es in der ARD einen Film: „Das Bildnis des Dorian Gray", nach einem Roman von Oscar Wilde.
Ein schöner junger Mann steht vor seinem Bild und muss erschrocken zusehen, wie er ständig älter wird. Jeden Tag verändert sich sein Aussehen ein wenig mehr, bis er am Schluss als grauhaariger Greis dargestellt wird. Er will das nicht akzeptieren. Ich weiß nicht mehr genau, wie diese Geschichte ausging, jedenfalls nahm sie ein trauriges Ende. Bei mir hatte sich auch etwas von diesem Dorian Gray festgesetzt: Nur nicht alt werden! Ab und zu ein guter Schluck und mir war wohler, der Alkohohl nahm mir die Angst davor.
Ich griff dann öfter zur Flasche, am Anfang hielt es sich noch in Grenzen, unterlag noch meiner Kontrolle, später nicht mehr

so ganz. Was gab es Schöneres, als in netter Runde zu sitzen und sich einen zu genehmigen. Aus einer solchen Laune heraus wurde sie geboren, die Idee mit den „Schwarzwald-Freunden". Ausgelöst durch eine große Begeisterung für Natur und Landschaft, verbrachten wir Ostern, Pfingsten, Weihnachten und Silvester oft in einem kleinen Dorf im südlichen Schwarzwald. Bei Sepp, dem „Bärenwirt", haben wir fast eine zweite Heimat gefunden. Unweigerlich kam es bei diesen Fahrten immer wieder zu unvergesslichen Erlebnissen. Da wir meistens nur Männer waren, die Frauen wollten oder durften nicht mitfahren, wurde manchmal ein gewaltiger Blödsinn verzapft. Im „Bären" war montags Ruhetag, also mussten wir am Abend auswärts essen gehen. Nach einer langen Wanderung sind wir im „Unteren Café" einkehrt. Die Wirtin, eine verwitwete Frau mittleren Alters, humorvoll und für jeden Spaß zu haben, sah unseren Haufen gern als ihre Gäste. Es konnte schon mal vorkommen, dass sie nachts um 2 Uhr noch Eier mit Speck für uns zubereiten musste.

Wenn ihre alte Mutter morgens zum Aufräumen ins Lokal kam, hat sie ihre Tochter gefragt: „Sinn die Herre aus Frankfort doo, i hens an die viele leere Wiflasche g'si."

Am Abend war das Café brechend voll, kein Platz zu bekommen, nur am Stammtisch bei den Einheimischen gab es noch freie Stühle. Die Männer kannten wir schon von früheren Begegnungen. Den „Fischerbauer" mit seinem guten Most, den „Lochsepp", der seine selbst gebauten Nistkästen ohne Fluglöcher aufhängte, den „Jagerkarl", der die Jagd im Ort gepachtet hatte und auch die Rehe und Wildschweine für Frau Rosas Wildgulasch lieferte.

Im Laufe des Abends kam unser Gespräch auch aufs Essen und aufs Gewicht und dass ihr Rudi ganz schön was auf die Waage bringt, unser Fritz dagegen wohl auch seine … Na ja, man wurde sich nicht ganz einig, wieviel Kilo er wiegen könnte. Es war nicht zu glauben, am Tisch, besetzt mit erwachsenen

Männern, stritt man sich plötzlich darum, bei welchem Haufen wohl der schwerste Kumpan sitzen würde.
„Mir henn de Schwerschte, ha noi."
„Unser Fritz ist schwerer."
„Noi, noi, was daan mir wette?"
„Ein Fass Bier. Wer den leichtesten Kumpel hat, muss zahlen."
Jetzt kamen wir in arge Bedrängnis, dass ihr Schwarzwälder Rudi um einiges schwerer war als unser Fritz, sah man mit bloßem Auge. Am nächsten Tag um 17 Uhr sollten sie beide beim „Fischerbauern" in der Scheune gewogen werden. Wir würden das Fass Bier zahlen müssen. Es ging uns aber nicht um das Fass Bier, es ging um die Ehre. Was war also zu tun? Heiner schlug vor: „Heut darf der Fritz nicht aufs Klo gehen und kurz vorm Wiegen muss er einen Eimer Wasser austrinken, dann hat er gut und gern zehn Kilo mehr."
Der arme Fritz war doch keine Kuh, dieser Vorschlag war nichts wert, den konnten wir gleich wieder vergessen. Dann hatte der kleine Eduard eine zündende Idee: „Es wird doch drüben in der Stadt einen Klempner geben und der hat gewiss auch Bleiplatten. Er braucht sie als Unterlage, wenn er Kupferblech treibt. Die holen wir uns und hängen sie dem Fritz über Rücken und Bauch. Darüber soll er ein weites Hemd tragen und wenn wir Glück haben, merkt keiner was und wir gewinnen die Wette."
Gesagt, getan. Der Klempner hat zwar etwas komisch geschaut, als wir ihn um seine Bleiplatten gebeten haben. „Aber wiederbringe, gelle."
Der „Bärenwirt" stand auf unserer Seite und rückte ein altes Hemd seines Großvaters heraus, das muss ein stattlicher Mann gewesen sein. Jedenfalls kaschierte das alte Hemd die Bleiplatten.
Der halbe Ort traf sich in der Scheune vom „Fischerbauern", das Ereignis hatte sich schnell herumgesprochen. Unser Fritz schritt zur Waage wie ein Roboter, das viele Blei. Der „Fi-

scherbauer" lief drei Mal um seine Waage herum und schüttelte bedächtig seinen Kopf: „118,9 Kilo, des hann i mir net denkt, des kann halt däusche, wenn aaner nur so am Tisch numsitzt. Heidenei. Verreck."
Beim ihrem Schwarzwälder-Rudi zeigte die Waage 115,4 Kilo Lebendgewicht an. Durch unseren Trick war das ein Sieg auf der ganzen Linie, das Fass Bier war unser, die Gesichter der Schwarzwälder lang. Wir haben das Bier gemeinsam mit ihnen getrunken.
Jahre später hat der „Fischerbauer" einmal gefragt: „Wie händ ihr das damals gmacht, dass der Eire schwerer gwese isch? Des isch doch net normal zugange."
Wir haben es ihm gesagt.
Sein Kommentar: „Ihr sakrische Teifel ihr!"

***

Bei unseren Schwarzwaldreisen sind meistens auch einige junge Männer vom Turnverein mitgefahren. Wir und die Turner vom TUS-Verein verkehrten im gleichen Vereinslokal. Die Wirtsleute, besonders die Wirtin, waren große Fans des Turnens und sponserten ab und zu die Turner. Der Wirt ganz allgemein wegen des zu erwarteten Umsatzes, die Wirtin besonders wegen der hübschen Kerle. Wenn also bei uns, den „Schwarzwald-Freunden", etwas anstand, ein Tagesausflug, eine Wochenendfahrt oder ein Gemeinschaftsabend, rührten Wirt und Wirtin die Werbetrommel für uns bei den Turnern. War bei denen was geplant, wurden wir aufgefordert, deren Veranstaltungen zu unterstützen bzw. zu besuchen, frei nach dem Motto „Eine Hand wäscht die andere".
Mir war das nur allzu recht, denn bei den Turnern gab es einige stramme Burschen, die ich gern gesehen habe und mit denen ich gern zusammen saß. Ich war jedes Mal froh, wenn die Jungs mitgefahren sind.

Bei unseren Ausflügen wurde abends ganz schön was weggesoffen. In froher Runde, bei Schnaps und Bier, ist es nicht besonders aufgefallen, wenn ich mit diesem oder jenem mal etwas länger geredet habe. Hie und da eine mehr zufällige Berührung, ein forschender Blick in schöne dunkle Augen, alles noch recht harmlos und doch irgendwie anregend.
Die Gefahr bestand jedoch darin, dass ich mich bei einem von ihnen mal verplappern könnte oder ihn gar anmachte, denn mit dem steigenden Alkoholspiegel wurde meine Hemmschwelle niedriger und ich hatte mich dann nicht mehr so in der Gewalt. Davor hatte ich Angst. Mein Wunsch, mit einem der hübschen Knaben mal ins Bett zu gehen, war latent vorhanden, aber den Folgen eines derartigen Abenteuers wollte ich mich nicht stellen. Nach einigen Gläschen, wer weiß? Die Typen sahen verdammt gut aus und bei mir hatte sich einiges angestaut. Aber die Gefahr, entdeckt zu werden, war mir zu groß, keiner von denen sollte von mir sagen können: „Vorsicht, der PP ist andersherum."

Dann ist doch noch etwas geschehen. Es war schon fast Tradition, dass wir in der Woche vor Totensonntag zum „Bärenwirt" gefahren sind. Jetzt im Spätherbst war die beste Zeit für so eine Herrenpartie. Diesmal fuhr auch der „Hanno" mit. Seinen richtigen Namen kannte ich gar nicht, jeder nannte ihn nur bei seinem Spitznahmen. Hanno, etwa 23 Jahre alt, ein gut gebauter junger Mann, ein Athlet, einer der Leistungsträger des Turnvereins. Er sah sehr gut aus, ein Typ, bei dem ich gewiss nicht nein gesagt hätte. Wir verstanden uns recht gut, man hätte sagen können, es bestand, trotz des Altersunterschiedes, so etwas wie Freundschaft zwischen uns.
Ich nahm mir vor, dass ich seine Zuneigung mit einer sinnlosen Anmache nicht aufs Spiel setzen wollte. Er blieb für mich tabu, ein jungendlicher Freund. Alles Weitere hätte unsere Freundschaft, an der mir sehr viel gelegen war, nur unnötig belastet.

Im „Deutschen Adler" trafen sich abends die jungen Burschen vom Turnverein mit den einheimischen Sportlern, ein guter Schluck wurde dabei nicht verachtet. Der damalige „In-Drink" hieß „Rüscherl" – Weinbrand mit Cola, im Cognacschwenker serviert. Beim Abendessen fragte mich Hanno, ob ich mit ihm in den Adler gehen würde. Er wollte die Bedienung rumkriegen und schlug vor, sie gemeinsam zu vernaschen. „Ein schön gemütlicher flotter Dreier, PP, hast du keine Lust? Komm doch mit, das wird dir gefallen."
Die junge Frau, um die es dabei gehen sollte, war eigentlich nicht unbedingt mein Fall, aber warum nicht: Du kannst doch vor dem Jungfuchs da nicht kneifen! Mir war trotzdem etwas mulmig bei der Sache, wenn das wirklich klappen sollte, ich alter Esel, zusammen mit dem jungen Burschen und dieser Elli. Das sah ja so aus, als würde ich sie alleine nicht mehr packen. Weiß der Himmel, wie Hanno auf diese Idee gekommen ist. Es ging das Gerücht um: Die Bedienung vom Adler hat für jeden ein offenes Herz. Von ihren zahlreichen Verehrern hat noch keiner lange leiden müssen.
Nach einigen Rüscherln fielen meine letzten Bedenken und machten ganz anderen Überlegungen Platz: Wenn es tatsächlich so weit kommt, wenn wir von der Elli erhört werden, kannst du den Hanno in seiner ganzen männlichen Pracht wenigstens einmal sehen. Das ist doch auch schon was wert. Mit ihm schlafen darf und will ich nicht, aber anschauen, das ist in dieser Situation, zwei Kerle und eine Frau, total unverfänglich. Wer könnte deswegen auf dumme Gedanken kommen? Also, auf geht's, PP, das ist dir die Gaudi wert!
Es hat geklappt, Elli ließ sich nicht lange bitten, sie ist mit Hanno und mir auf ihr Zimmer gegangen. Das schien für sie nichts Besonderes zu sein. So ganz nüchtern waren wir alle drei nicht mehr und was wirklich passiert ist, ob überhaupt was passiert ist, wusste am nächsten Morgen keiner mehr so ganz genau. Hanno habe ich, trotz der vielen Promille, genau

gesehen. Es hatte sich gelohnt. Ein stattlicher junger Mann, unser Hanno. Aber was half mir das Anschauen? Fühlen, greifen, spüren wäre schöner gewesen.
Nach dieser Nacht ist Zorn in mir hochgekommen, Zorn über mich. Dieser dämliche Männerverzicht ist ganz einfach idiotisch! Du bestrafst dich doch nur selbst damit, mach endlich Schluss mit diesem Unfug, such dir wieder einen Freund! Hätte ich den Hanno gestern Nacht berührt, und fast hätte ich es getan, seinen schönen jungen Körper angefasst, nicht auszudenken … Innerlich total zerrissen, endete es damit, dass ich mir vornahm, keinen Alkohol mehr zu trinken, wenn junge Burschen in meiner Nähe waren.

In den folgenden Monaten durchlebte ich einen fürchterlichen Weltschmerz. Ich zog mich von allem zurück, wollte niemandem Gelegenheit geben, zu sehen, wie ich „litt". Ich triefte vor Selbstmitleid, verfluchte mein Schicksal, dachte an die schöne Zeit in Spanien und fragte mich immer wieder, warum gerade mir das alles passieren musste. Warum war ich nicht „normal"? Warum hatte ich keine Frau und keine Kinder, so, wie die anderen?
Bei diesen „Anfällen" soff ich mir dann zu Hause, heimlich und in aller Stille, einen kräftigen Rausch an. Wanda, die mich mehrmals betrunken in meiner Wohnung vorgefunden hatte, ein Bündel heulenden Elends, hat mir gehörig die Meinung gesagt: „Such dir endlich einen Freund und lebe deine Bedürfnisse aus! Man kann dir ja nicht mehr zuschauen! Wenn du dazu keinen Schneid hast, dann geh zum Psychiater! Allein wirst du mit deinen Neurosen nicht fertig, den Kampf wirst du verlieren. Kein Mensch kann dauerhaft seine Neigungen unterdrücken. Wenn du glaubst, du kannst das, wirst du eine Pleite erleben. Es wird langsam Zeit, dass du etwas dagegen unternimmst, sonst wirst du tatsächlich noch wirr im Kopf."

Wanda hatte Recht, ich stand vor einem Abgrund. Unternommen habe ich nichts. Wozu auch? Der coole Typ, der immer eine Lösung fand, wenn Arbeitskollegen oder Freunde Problem hatten, brauchte doch keine Hilfe! Doch dieser sonst in allen anderen Lebenslagen so erfahrene Mann war nur zu feige, sich und seinem Umfeld einzugestehen: Ich möchte wieder einen Kerl in meinem Bett haben! Ich brauche das und was ihr dazu sagt, ist mir egal!
So einfach hätte alles sein können …

***

Eines Tages war Rainer wieder da, ein guter Freund aus der Kinderzeit. Im Krieg waren unsere Eltern Nachbarn. Er, gerade eine gescheiterte Ehe hinter sich und frisch geschieden, suchte wieder den Kontakt zu uns, seinen alten Freunden. Nach einer kurzen Auszeit nahm er seine Arbeit wieder auf und ist bei seiner Mutter eingezogen.
Als ich den Rainer nach so vielen Jahren sah, ist mir sofort die Geschichte mit der Waage eingefallen, damals 1945, bei Kriegsende:

Die bewusste Waage war klein und grün, aus Blech gestanzt und mit zwei goldenen Zeigern ausgestattet. Das Schönste an ihr waren die beiden Messingschalen. In die eine Schale kamen die Waren, in den Kriegsjahren fast unmöglich, etwas Passendes zu finden, in die andere Schale die kleinen Gewichte. Damit konnten wir Kinder die Waren abwiegen, in Tüten verpacken und verkaufen. Der Käufer bezahlte seine Ware mit Geld, selbst gemachtem Spielgeld aus Papier. Beinahe wie im richtigen Leben, ein wunderschönes Spiel, phantasievoll und doch so lebensnah.
Wie der Leser bereits erkannt hat, gehörte die von mir beschriebene Waage zur Grundausstattung meines Kinderkauf-

mannsladens, gefertigt im Reichsbahn-Ausbesserungswerk Frankfurt am Main/Nied, dem Arbeitsplatz meines Großvaters. Er war dort als Schreinermeister beschäftigt. In der Vorweihnachtszeit bastelten sie in ihrer Werkstatt wunderschönes Kinderspielzeug, die übrigen Monate des Jahres mussten sie dann wieder die Waggons instand setzen. Eine nie endende Arbeit, denn die Bomben und Tiefflieger der Amerikaner leisteten ganze Arbeit, da gab es viel zu reparieren für meinen Opa und seine Männer.

Doch zurück zur der kleinen grünen Waage mit ihren goldenen Zeigern. Am Vormittag des 8. Mai 1945 habe ich mit Rainer in unserem Hof im Sandhaufen gespielt. Sand war noch genug da, in jedem Haus wurde ausreichend Sand zum Löschen von Feuern bereitgehalten. Das haben die Nazis in der „Reichsluftschutz-Verordnung" so festgelegt. Die Bombenangriffe waren längst überstanden, aber den Löschsand gab es immer noch. Der warme Maitag war ideal zum Spielen. Wir Buben haben mit der kleinen grünen Waage Sand abgewogen und unsere Holzautos damit beladen. Rainer hatte auch schöne Spielsachen, sein Opa arbeitete ebenfalls bei der Reichsbahn. Nach geraumer Zeit kam Manfred angeschlendert, ein großer Bub von etwa zehn Jahren, er fragte uns scheinheilig, ob er mitspielen dürfe. Normalerweise hätte der lange Lulatsch ja in der Schule sein müssen, aber die ist im Frühjahr 1945 oft ausgefallen. Die jungen Lehrer befanden sich noch im Krieg und die, die da waren, die älteren, durften noch nicht wieder unterrichten. Sie hatten wegen ihrer Zugehörigkeit zur NSDAP von den Besatzungsbehörden Berufsverbot erhalten.

Einerseits skeptisch, dann aber auch wieder geschmeichelt von der Tatsache, dass so ein großer Bub überhaupt mit uns Kleinen spielen wollte, gaben wir huldvoll unsere Zustimmung. Diesen Großmut sollten wir bald bereuen, denn plötzlich kam der lange Esel auf die absurde Idee, sein Gewicht auf meiner kleinen Waage prüfen zu wollen. Mit seinen großen Füßen ist er drauf gestiegen, die Waage knirschte verdächtig und lugte, flach wie eine Flunder, unter Manfreds Füßen hervor. Wir beiden Buben haben laut nach unseren Müttern geschrien und Manfred ist auf und davon. An weiterspielen war nicht mehr zu denken, wir beiden waren traurig.

Nun war er also wieder bei uns, der Rainer. Er, ein begeisterter Fan der Tiroler Bergwelt, versuchte uns, seine Freunde, nun ebenfalls für die Berge zu begeistern. Bereits von frühester Kindheit an ist er mit seinen Eltern jährlich im Sommer in das schöne Tiroler Pitztal gefahren. Er schwärmte nur so von den Bergtouren, die er mit Vater und Mutter dort unternommen hatte. Ich glaube, er verwechselte die Pitztaler Alpen ein wenig mit dem Himalaja, die Berge wurden in seinen Schwärmereien jedenfalls immer höher.

„Wir müssen da unbedingt im Sommer mal hinfahren, dort ist immer was los. Die Tiroler sind lustige Leut' und Weiber gibt es dort, Weiber sag' ich euch, kaum zum Aushalten! Ich kenne da eine Familie, bei der wir wohnen können."

Mit diesen Worten versuchte Rainer den Stammtisch mit Eduard, Heiner, Freddi und mir sowie Heinz, unserem Senior, ebenfalls für die Berge zu begeistern. Da ich vorher noch nie in Tirol gewesen bin und immer für eine Abwechslung zu haben war, gab ich Rainer meine Zustimmung für die Reise. Er wollte sich um alles kümmern.

Als Abfahrtstermin hatten wir das letzte Wochenende im Juli eingeplant. Wir fuhren mit zwei Autos in Richtung Süden, je näher wir dem Ziel kamen, desto besser hat mir die Landschaft gefallen, vorbei an Telfs und dem Ötztal, bei Imst ins Pitztal abbiegen und dann standen wir vor dem Hof der Familie Mader.

Der Maderhof war ein stattliches Anwesen und wunderschön in einem kleinen Seitental nahe bei Mittelberg, am Ende des hinteren Pitztales gelegen. Man bemerkte kaum, dass der Bauer fehlte. Er war bereits vor Jahren, nach dem Tritt einer Kuh, an Wundbrand verstorben. Marie Mader und ihr jüngster Sohn Toni hielten Haus und Hof in Schuss. Mit der Landwirtschaft war es vorbei, der Hof war zu klein und die Konkurrenz der EU zu groß. Ein paar Schweine und Kühe sowie das Heu für den Winter erinnerten noch an ein ehemals bäuerliches Leben. Sie entdeckten im Tourismus eine solide Möglichkeit des Zuverdienens und vermieteten Fremdenzimmer an Gäste. Toni, der jüngere Sohn, damals 17 Jahre alt, machte eine Lehre als Schlosser und unterstützte seine Mutter bei der Hofarbeit.

Beim Anblick des ältesten Sohnes hat es bei mir gefunkt. Nach langer Zeit gaben meine „Männersensoren" wieder einmal Alarm. Andy, 19 Jahre alt, war, um im Vokabular der Tiroler zu bleiben, ein blitzsauberer Bursch, blond, schlank, ungemein hübsch. Vom ersten Augenblick an hatte ich das Gefühl, in den könnte ich mich verlieben, er war genau mein Typ.

Aber die Sensoren hatten mich getäuscht, Andy war keiner von „uns", er war hinter jedem Rock her wie der Teufel hinter der armen Seele. Er, ein genaues Gegenteil seines Bruders, führte ein bequemes Leben. Auf dem Hof machte er freiwillig keinen einzigen Streich, ging keiner geregelten Arbeit nach. Seine Mutter musste ihn aushalten. Hier mal in der Disko aushelfen oder Touristen in die Berge begleiten, das konnte er gut, da war er Spitze. Die Gäste mochten ihn, er war nett, charmant, offen und zutraulich. Er kannte jeden Steg, jede Alm, jede Hütte in der Umgebung. Und er kannte jede Touristin von 18 bis 80, er beglückte sie alle, jeden Tag eine andere.

Doch verkehrte Welt, dieser junge Bursche, dem auf Grund meiner Veranlagung eigentlich ich hätte nachlaufen müssen, suchte meine Nähe, schlich ständig um mich herum. Aber nicht, um mich irgendwie anzumachen, nein. Er hat wahrscheinlich gar nicht geahnt, was für Gefühle ich für ihn hegte. Mir war das richtig unangenehm, wenn er mir nachlief wie ein

kleiner Hund. Ich dachte: Jeder hier sieht dir doch an, wie scharf du auf ihn bist, dass er dir nicht gleichgültig ist.
Manchmal kam mir Andy so nah, dass ich die Wärme seiner Haut förmlich fühlte, ihn riechen konnte. Ich empfand das wie eine Folter. Andy hat von all dem nichts bemerkt, ihm ist nicht aufgefallen, wie sehr er mich damit quälte. Ich habe mich sehr zurückgehalten, gegen mich und meine Gefühle gekämpft. Am liebsten hätte ich versucht, ihn rumzukriegen. Diesem Vorhaben stand jedoch die Gastfreundschaft seiner Mutter im Weg, es wäre nicht anständig von mir gewesen, den Sohn anzubaggern. Außerdem ist es kaum möglich, einen Macho wie ihn auf die „andere Seite" zu ziehen. Ich gebe es zu, ich hätte alles für eine Nacht mit ihm gegeben. Täglich war der hübsche Junge in meiner Nähe und ich durfte ihn nicht einmal anfassen. Ob wir eine Bergtour machen wollten oder zum Schwimmen an den nahe gelegenen See fuhren, Andy fragte mich jedes Mal: „Peter, darf ich mit euch gehen? Ich trage dir auch den Rucksack."
Mir war das nur allzu angenehm, so konnte ich ihn wenigstens anschauen. Beim Schwimmen, beim Wandern seinen schönen Körper bewundern. Mein Gott, du Idiot, wie kannst du dich nur so viele Jahre kasteien. Meine Freunde hatten nichts dagegen, wenn er mitging, die frotzelten nur: „PP, dein Schatten ist wieder da."
Andy hat darüber gelacht. Er kannte sich in den Bergen gut aus, wusste, wo es die beste Jause gab und das kühlste Bier ausgeschenkt wurde. Er wollte uns sogar seine Mädchen zulotsen. So weit ging die Freundschaft aber nicht, die Mädchen suchten wir uns schon selbst.
Seiner Mutter war das weniger recht. Sie dachte, er sei uns lästig und wir würden ihn nur aus Rücksicht auf sie mitnehmen. Ich versuchte, ihre Bedenken zu zerstreuen: „Marie, wir mögen ihn alle, er ist ein lustiger Kerl und so anhänglich. Mich wundert sowieso, dass er mit uns zusammen sein will, wir sind doch alle viel älter als er."

„Mein Mann war viel zu alt für die Buben. Als wir heirateten, bin ich eine junge Frau gewesen und er ein alter Mann. Er hat nie so richtig den Kontakt zu Toni und Andy gesucht, wollte seine Ruhe haben. Jetzt, wo ihr im Haus wohnt, erlebt der Bursch zum ersten Mal Männer, die in Saft und Kraft stehen, das imponiert ihm ungemein. Erst vorgestern hat er zu mir gesagt: ‚Den Peter mögen wir beide gut leiden, so einen Vater hätten wir gern gehabt.' Da ist mir klar geworden, warum er so ist, nichts arbeiten will und nur mit den Weibern umherzieht. Ein richtiger Mann müsste mal mit ihm reden, auf den würde er wahrscheinlich hören."

„Wenn du möchtest, Marie, kann ich ja mal mit ihm sprechen. Ich will mich aber nicht aufdrängen."

„Bitte, tu das, Peter, du bist ein Mann, der mitten im Leben steht, von dir wird er was annehmen. Auf mich hört er ja nicht, ich bin ja nur seine Mutter. Eigentlich schade, dass du nicht verheiratet bist und keine Kinder hast."

„Ich werde dir das einmal erklären müssen, Marie, dann, wenn es sich ergibt."

Jetzt war mir auch klar, warum Andy mir ständig nachlief: Er suchte einen neuen Vater, so, wie ich einen neuen Freund gesucht habe.

Wir würden also nie zueinander kommen, dazu lagen unsere Interessen zu weit auseinander. Marie, seiner Mutter, habe ich auch nicht mein Herz ausgeschüttet, weiß der Teufel, was sie und ihre Söhne dann von mir gedacht hätten. Sicher hätten sie Angst gehabt, dass ich die hübschen Burschen verführen würde. Einige Jahre später, bei der Hochzeit von Andy, haben wir dann doch in aller Ruhe über alles gesprochen.

Marie Mader und ihre Söhne haben uns gastfreundlich in ihrem Haus aufgenommen, Rainer hatte nicht zu viel versprochen. Es waren einfache, ehrliche Leute, bei denen man sich wohlfühlen konnte.

In dieser rauen Bergwelt leben die Menschen mehr im Einklang mit der Natur, gehen mit den Jahreszeiten. Dadurch wirken sie bescheidener und glücklicher. Die Zimmer im Hause Mader waren nicht so komfortabel eingerichtet, wie wir das von zu Hause kannten. Aber gerade dieses einfache, bescheidene Leben machte den gewissen Reiz aus. Zurück zur Natur, kann man sagen. Und die Natur ist einmalig, eine wunderschöne Kulisse für einen erholsamen Urlaub. Wir haben tolle Bergtouren gemacht. Andy hat uns gezeigt, wo noch Gamsen und Steinböcke zu sehen waren. Er hat mich nicht mehr losgelassen, war immer dabei.

Einmal nachmittags, wir kamen soeben von einer schönen Tour zurück und hatten die Absicht, sie mit einer zünftigen Brotzeit und einem guten Obstler auf der „Käs Alm" abzuschließen, nahm mich Andy beiseite. Von der Alm aus konnte man das Maderhaus unten im Tal sehen. Vor dem Haus stand ein Auto der Tiroler Gendarmerie.

Andy deutete auf das Polizeiauto: „Peter, ich kann nicht nach Haus, sie sind wieder hinter mir her."

„Warum? Was hast du verbrochen, Andy, was wollen die Schandis von dir?"

„Ich habe ein Kind, einen kleinen Buben. Die Mutter lebt noch bei ihren Eltern. Wir lieben uns, aber wir können nicht heiraten, wir haben beide kein Geld. Ihre Eltern haben mich angezeigt und das Bezirksgericht hat mich verurteilt, jeden Monat Alimente zu zahlen oder ab in den Hefen. Nun kommen die Polizisten von Zeit zu Zeit und wollen mich einkasteln, weil ich nicht zahlen kann. Ich will auch nicht zahlen, ich will mein Kind und meine Freundin. Ich möchte sie heiraten und für meine Familie aufkommen."

„Wir sollten uns mal in aller Ruhe unterhalten, mein Lieber."

„Ja, bitte. Die Mama hat auch schon zu mir gesagt: ‚Rede doch mal mit dem Peter, der kennt sich aus.' Bitte, vielleicht schon heute Abend?"

Andy hat mir viel von sich und seinem Leben erzählt, von der Schule und von dem ungeliebten alten Vater. Er wollte nie ein Bauer werden, lieber machte er gar nichts. Sein Traum sei es, Krankenpfleger an der Innsbrucker Uniklinik zu werden. Nachdem nun endlich klar war, was den Burschen umtrieb, konnte ihm auch geholfen werden. Ich habe mit seiner Mutter gesprochen, die mit seinem Vormund und der wiederum mit dem Richter in Imst. Gemeinsam konnten wir dazu beitragen, dass Andy ein guter Familienvater und Krankenpfleger wurde. Sein Mädchen hat er später geheiratet und die Familie bekam noch Zuwachs durch ein kleines Töchterchen. Andy Mader lebt heute mit seiner Familie in Völs bei Innsbruck.

***

Wenn ich am Schluss dieses Lebensjahrzehntes meinen 40. Geburtstag im Kreise derer feierte, deren Freundschaft mir viel bedeutete, konnte ich feststellen, dass es auf meiner Habenseite gar nicht so schlecht aussah. Ich war relativ gesund, hatte einen sicheren Arbeitsplatz, besaß eine schöne Wohnung und ein bisschen Geld. Kannte eine Menge netter Leute, hatte Wanda und meine Vereine. Ich war trotzdem ungebunden und hatte viel Freiheit. Wenn mir danach war, ich was fürs Herz brauchte, besuchte ich eine meiner „Kundinnen" und verbrachte dort ein paar schöne Stunden. Eigentlich hätte ich mit meiner Situation zufrieden sein können, aber ...
Aber auf meinem Negativkonto gab es als größten Posten immer noch die Erinnerung an das düstere Grab auf dem Gut bei Angeles. Auch mit 15 Jahren Abstand konnte ich es nicht vergessen. Die schwarzen und weißen Marmorsäulen hatten sich im Februar 1966 zu tief in mein Herz und mein Hirn eingebrannt. Ich konnte mich oft selbst nicht verstehen. Es gab so viele Leute, die in jungen Jahren einen geliebten Menschen verloren hatten, die mussten doch auch damit fertig werden.

Sie gingen neue Bindungen ein, verliebten sich wieder. Und ausgerechnet mir, einem sonst so realistischen Mann, wollte dies nicht gelingen. Mein verstorbener spanischer Freund ging mir nicht aus dem Kopf, auch wenn ich mich noch so sehr bemühte. War ich ein Fall für den Psychiater, wie Wanda meinte? Oder sollte am Ende Vanessa Osborne mit ihrer Prophezeiung Recht behalten: „Man kann sich danach wieder neu verlieben, aber es wird nie mehr so schön wie beim ersten Mal."
Ich wusste es nicht. Mir wurde nur eines immer klarer, so konnte es nicht weitergehen. Ich kann nicht mein ganzes Leben um diesen Mann trauern! Da schnappe ich ja über und werde am Ende wirklich noch geisteskrank.
Außerdem wurde mein Verlangen nach Sex mit Männern von Tag zu Tag heftiger. Die flüchtigen Frauenbekanntschaften genügten mir nicht mehr, ich wollte wieder anders lieben und geliebt werden. Es wurde so schlimm, dass ich nachts schon von den Kerlen geträumt habe. Der einzige Ausweg wäre gewesen, mir einen Freund zu suchen und ohne Rücksicht auf mein Umfeld diesem Verlangen nachzugeben. Eingedenk aller Konsequenzen, die sich daraus ergeben würden, diesen Mut besaß ich nicht, noch nicht. Also, weitermachen wie bisher, oder? Wo finde ich nur eine Antwort?

*****

24. Dezember 1999 – Heiligabend

JVA Hohenfels

Heiligabend im Knast, etwas Beschisseneres kann man sich kaum vorstellen. Für PP ist es nicht das erste Weihnachtsfest hinter Gittern, aber es wird mit jedem Jahr schlimmer. Wer Weihnachten hinter Gittern verbringen muss, sieht noch nicht mal einen Christbaum, selbst Kerzen sind nicht erlaubt.

Das Essen schmeckt in diesen Tagen vielleicht etwas besser als im übrigen Jahr, sonst gibt es kaum Erleichterungen. Das geringe Freizeitangebot ist stark eingeschränkt. Die Justizbeamten haben größtenteils dienstfrei und sind zu Hause bei ihren Familien. Die Zellen bleiben verschlossen, die Strafgefangenen sich selbst überlassen. Die einzige Freude der Knastis ist das zusätzliche Weihnachtspaket von ihren Familien oder Freunden. Ein Höchstgewicht von 5 Kilo pro Paket ist erlaubt, das sind 5 Kilo Träume und Erinnerungen an bessere Zeiten.
Eine menschenunwürdige Regelung, das Weihnachtsfest im Knast. Spricht man draußen in der Freiheit heuchlerisch vom „Frieden auf Erden", von dem, der gekommen ist, um uns zu erlösen, hier drinnen merkt man nichts davon. Mancher Häftling bekommt in diesen Tagen einen Haftkoller und die Selbstmordrate steigt rapide an.
Nicht so bei Harald und PP, die sind Kummer gewöhnt. Sie sitzen friedlich vereint beieinander, trinken heißen Tee, essen Schokolade und Plätzchen aus PPs Paket, rauchen Zigaretten. Das ist ihr „Frieden auf Erden und den Menschen ein Wohlgefallen".
Vater hat ein Paket geschickt, Wurst, Käse Schokolade, Zigaretten, etwas Geld, das Übliche eben. Viel ist nicht erlaubt und die Regeln für Pakete werden strengstens eingehalten.
Im beigefügten Brief steht zu lesen: „Ich kann diesmal nicht kommen, das Herz. Viele Grüße von allen im Haus, dein Vater."
Nur diese wenigen Zeilen, Vater ist nie zu großen Gefühlsausbrüchen fähig gewesen.
Von dem Geld kann PP nach den Feiertagen im Knastkiosk einkaufen, Seife, Deo, Zeitungen, Zigaretten, alles Dinge, die nicht geschickt werden dürfen.

In der Nacht bekommt er wieder schlimme Magenschmerzen, die ungewohnte Schokolade, die fetten Plätzchen. PP kann nicht einschlafen, er denkt an frühere Weihnachtsfeste draußen in der Freiheit. Weihnachten im Krieg als kleiner Bub mit der Mutter,

Weihnachten als halbstarker, pubertierender Jugendlicher, an Manuels Amulett, damals zu Weihnachten 1964, Weihnachten mit den Freunden im Schwarzwald, Weihnachten in den Tiroler Bergen.
Das ist alles schon so lange her, ist in einer ganz anderen Welt geschehen …

*****

Weihnachtliches

Weihnachtsfeste nahmen im Laufe meines Lebens einen sehr unterschiedlichen Stellenwert ein. Je nachdem in welchem Abschnitt ich mich gerade befand, habe ich Weihnachten verschiedenartig aufgenommen und empfunden. Als Kind standen zunächst einmal die Geschenke im Vordergrund. Als Erwachsener konnte es manchmal das Fest der Liebe schlechthin sein, oft aber auch nur eine lästige Gefühlsduselei, der ich aus dem Weg gegangen bin. An den eigentlichen Sinn des Festes, daran, dass Gott, um unsrer Sünden willen seinen Sohn auf die Erde gesandt hat, an das Wort vom Frieden auf Erden, daran glaube ich erst seit ich in Hohenfels einsitze. Ich möchte dem Leser einige kurze Episoden aus den von mir erlebten Weihnachtsfesten schildern. Nichts Spektakuläres, nur kleine Beispiele, wie unterschiedlich Gefühle und Emotionen an diesem Fest besetzt sind. Bei allen Gefühlsschwankungen, das Fest bedeutete mir immer sehr viel, es hat sogar seit Weihnachten 1960, die Jugendreise nach Barcelona, noch an Bedeutung gewonnen. Hier entdeckte ich meine Liebe zu Spanien, darauf begründet ein halbes Jahr später die zu Manuel. Es könnte sein, dass Weihnachten aus diesem Grund etwas ganz Besonderes für mich ist, und ich deshalb dieses Besondere bis in meine früheste Kindheit zurückverfolgt habe. Aus jeder dieser Episoden habe ich einen Nutzen gezogen, irgendetwas daraus gelernt. Weihnachten spiegelt für mich den Zeitgeist von 40 Jahren erlebter Realität wider. Die späteren Weihnachtstage im Gefängnis waren kalt und öde.

1941

An das erste Weihnachtsfest mit meiner Mutter kann ich mich nicht erinnern. Sicher verlief es so, wie man sich heute klischeehaft die Kriegsweihnachten vorstellt. Der Vater als Soldat im Feld, die Mutter allein mit dem Baby auf dem Arm vor den funkelnden Kerzen des Christbaums. Aus dem Grammophon klingt leise und andächtig „Oh Tannenbaum". Die Gedanken sind bei dem geliebten Ehemann und Vater an der fernen Front. Der „Führer" spricht im Radio zu seinem Volk, redet von Vorsehung und vom heldenhaften Kampf seiner siegreichen Armeen. Ich habe keine Ahnung, ob es so gewesen ist, sicher aber so ähnlich.

Meine ersten Erinnerungen an Weihnachten sind viel profaner. Vor den Feiertagen wurde bei meinen Großeltern immer geschlachtet, da durfte ich mich endlich wieder satt essen. Außerdem begriff ich recht schnell, dass ich zu Weihnachten Geschenke bekam, schöne und nützliche Geschenke, Spielsachen, Süßigkeiten, Bekleidung, warme Schuhe und einen Kaufmannsladen. Mit diesem Kaufmannsladen durfte ich das ganze Jahr spielen. Vor Weihnachten war er plötzlich verschwunden und tauchte am Heiligen Abend in neuem Glanz wieder auf. Wir befanden uns im Krieg, daher war es sehr mühsam, für die 32 Schubladen etwas aufzutreiben, mit dem sie gefüllt werden konnten. In den Geschäften gab es schon lang nichts mehr zu kaufen, Kinderspielzeug stand auf der Rangliste der zu produzierenden Gebrauchsgüter ganz am Schluss. Die Fabriken fertigten Panzer, Flugzeuge und Kanonen für die Front. Bei meinem Kaufmannsladen war trotzdem in jeder Schublade etwas drin, alle hatten mitgeholfen, sie zu füllen. Mein Vater, Soldat am Atlantikwall, schickte etwas von dort. Der Opa brachte was vom Frankfurter Schwarzmarkt mit. Meine Mama backte kleine Plätzchen aus Wasser und dunklem Mehl. Tante Käthe organisierte was bei den Bauern. Mutters Freundinnen fanden noch ein paar Kleinigkeiten bei ihren eigenen Spielsachen von früher. Wir Kinder der Kriegsgeneration waren noch nicht so anspruchsvoll wie die heutigen. Wenn es in den richtigen Geschäften schon nichts zu kaufen gab, warum sollte so ein kleiner Kinderkaufmannsladen besser dran sein?

1947
Die Weihnachtsfeste meiner Kindheit habe ich gehasst.
Wie konnte ein so materialistisch eingestelltes Kind, wie ich eines war, ausgerechnet dieses Fest hassen, wurde ich doch, abgesehen von den Geburtstagen und Ostern, gerade an Weihnachten von Eltern und Großeltern so reichlich beschenkt.
Das ist leicht zu erklären, mir ging die ewige Warterei auf die Bescherung einfach auf die Nerven. Die Eltern haben mich an Heiligabend immer so lange zappeln lassen, bis das Christkind endlich zu uns gekommen ist. Und was entsteht, wenn man über Jahre hinweg immer wieder enttäuscht wird? Hass auf das, was einen immer wieder aufs Neue enttäuscht.
Ich muss zur Ehrenrettung meiner Eltern allerdings sagen, sie taten dies nicht in der Absicht, mich zu ärgern, nein, es ergab sich aus der besonderen Situation heraus. Meine Mutter war zu gutmütig, sie konnte nicht nein sagen. Als junges Mädchen hatte sie Schneiderin gelernt und da in den Nachkriegsjahren das Geld bei uns eher knapp gewesen war, konnte sie mit ihrem „Nebenerwerb" die Familienkasse etwas aufbessern. In der Adventszeit herrschte meistens Hochkonjunktur. In den Wochen vor Weihnachten kamen sämtliche weibliche Verwandte, Nachbarinnen, bekannte und weniger bekannte Personen zu meiner Mama, brachten Stoffe für neue Kleider, alte Kleider zum Umändern, Röcke zum Kürzen, Blusen, die mit neuen Ärmeln ausgestattet werden sollten, also jede Menge Arbeit.
Mama hat alles angenommen, wollte keine der Damen verärgern. Bei uns in der Küche sah es wie in einer Schneiderwerkstatt aus, auf dem Küchentisch stapelten sich Modehefte und Schnittmusterbögen. Manchmal fand ich kaum Platz, um meine Hausaufgaben ordentlich machen zu können. Jedes Jahr vor den Feiertagen die gleiche Hektik! Mein Vater war in die-

sen Wochen meistens auf hundertachtzig. „Iwwerall hänge die Fetze herum, man kann sich ja kaum noch in der Wohnung beweeche!", gab er seinem Unmut Ausdruck.
Bei meinen Eltern hing in der Zeit vor den Feiertagen, die oft auch als die „stille Zeit" bezeichnet wird, der Haussegen gewaltig schief. Die Großeltern beschenkten ihre drei Enkeltöchter zu Weihnachten traditionsgemäß mit Schürzen und ihre fünf Enkelsöhne mit Oberhemden. Omi kaufte den Stoff und nähen musste das ganze Zeug – Wer wohl? – meine Mama. Kurzum, am 24. Dezember nähte meine Mutter bis in die Dunkelheit und der arme Vater brachte die fertigen Sachen anschließend noch mit dem Fahrrad weg. Meine Mama hatte jetzt zwar etwas mehr Geld in der Haushaltskasse und es gab an den Feiertagen etwas Gutes zu essen, Vater kaufte Wein und Likör für die Feiertagsbesucher, dazu Limo und Saft für die Kinder, aber was hatte die Mutter von dem Segen? Nichts. Total geschafft verbrachte sie die Feiertage. Was nützte ihr das schöne Geld, wenn sie solche Strapazen auf sich nehmen musste.
Ich bin an Heiligabend herumgeschlichen wie die Katze um den heißen Brei. Im Wohnzimmer, oben bei uns, war es zu kalt, der Ofen wurde erst angezündet, wenn mein Vater den Weihnachtsbaum schmückte. Fernsehen gab es damals noch nicht. In die Küche, zum Radiohören, konnte ich auch nicht gehen, dort saß die Mutter mit rauchendem Kopf vor ihrer Nähmaschine, da hätte ich nur gestört. Kinder zum Spielen waren keine auf der Straße, die warteten zu Hause ebenfalls ungeduldig auf das Christkind. Ein langweiliger Tag, der Heilige Abend, was ist daran nur so heilig gewesen? Der Vater, genervt, fuhr mich an: „Du könntest schon mal baden, Bub!"
„Dazu brauche ich ein Handtuch und frische Wäsche."
„Dann geh zur Mama und lass dir die Sachen geben."
Die Mutter, hektisch: „Du Quälgeist, siehst doch, ich habe keine Zeit! Geh zu deinem Vater."

Der Vater, noch genervter: „Was weiß ich, wo deine Wäsche ist?"
Das mit der frischen Wäsche war auch so eine Sache: Gebadet wurde samstags, unten bei den Großeltern. Oben hatten wir noch kein Bad. Nach dem Mittagessen zündete mein Großvater den Kohlebadeofen an und so nach zwei Stunden Aufheizzeit konnte der Erste baden. Meistens ich oder, wenn sie nachmittags ausgehen wollten, die Brüder meiner Mutter. Meine Mama drückte mir Seife, Waschlappen und Handtuch in die Hand. Ein zehnjähriger Bub wurde nicht mehr gebadet, der badete selbst. Sie gab mir das Versprechen, in zehn Minuten zu kommen, um mir Kopf und Rücken zu waschen, frische Unterwäsche habe sie dann auch dabei. Am vergangenen Samstag, dem Tag vor dem vierten Advent, hatte sie mich wegen ihrer dämlichen Näherei total vergessen. Die Großeltern befanden sich auf einer Geburtstagsfeier, Mutters Brüder bei ihren Freundinnen und mein Vater war zum Dämmerschoppen ins Wirtshaus gegangen. Ich konnte schön lange planschen, nur die Mama kam und kam nicht. Als ich genug von der Planscherei hatte, als mein Wasser anfing, langsam kalt zu werden, habe ich mich abgetrocknet und bin mit dem umgehängten Handtuch nach oben gerannt, zur Mama in die Küche.
„Mama, moi Wäsch?"
„Ach du lieber Gott, dich hab ich jo ganz vergesse! Wart noch en Moment, nur noch den Ärmel eunähe."
Als Kind ist man ja noch geduldig. Im Wohnzimmer brannte der Ofen. Die drei Kerzen vom Adventskranz habe ich angezündet und mich samt meinem umgehängten Handtuch, ansonsten nackt, auf den Tisch nahe beim Ofen gesetzt, die Füße auf einem Stuhl. Ich fand es ganz gemütlich so. Im Radio lief die Sendung „Wie war's, wie geschah's, was war los? Das Wort hat Kriminalrat Obermoos" – eine Quizsendung, in der ein Kriminalfall vorgestellt wurde, und die Hörer durften mitraten, wer der Täter war. Man konnte seine Lösung

einschicken und eventuell einen Preis gewinnen. In der nächsten Sendung klärte eben dieser Kriminalrat Obermoos den Fall auf und stellte einen neuen vor.
Die Tür ging auf und herein kam die Mama mit der Hildegard, einem Nachbarskind. Mama brachte meine frische Unterwäsche und die Hildegard wollte mit mir spielen. Seit unserer Einschulung war dieses Mädchen so etwas wie meine ständige Begleiterin geworden.
„Do sin deu Sache, zieh dich an."
Ja, schön und gut, anziehen, aber wie? Ich nackt, die Hildegard im Zimmer. Das kleine Luder stand vorm Tisch und sah mich erwartungsvoll an. Ich hielt mein Handtuch immer fester. Das Mädchen machte keine Anstalten, sich wenigstens umzudrehen. Von der Mutter, wieder mit ihrer Näherei beschäftigt, konnte ich keine Hilfe erwarten. Die Angelegenheit begann langsam peinlich zu werden, ich wollte mich endlich anziehen und die Hildegard drängte zum Spielen. Bei meiner kleinen Freundin ist dann endlich der Groschen gefallen, sie bemerkte meine Verlegenheit. Altklug gab sie mir den Rat: „Du kannst dich ruhig anziehen, bei meinen Brüdern habe ich auch schon den Zipfel gesehen, mich stört das nicht."
„Aber mich, du blöde Ziege."
Beleidigt zog sie von dannen, aber nicht für lange, denn am nächsten Morgen stand sie schon wieder auf der Schwelle. Mir ging die kleine Göre manchmal ganz schön auf die Nerven. Zehn Jahre später wäre ich ganz gerne mal ohne meine Unterhosen mit ihr zusammen gewesen, doch da wollte sie nicht mitmachen, da ist sie nicht mehr ganz so keck aufgetreten.
Eine Erfahrung von damals habe ich mein Leben lang berücksichtigt, denn als ich mich später selbst um meine Klamotten gekümmert habe, sind mir die Unterhosen nie mehr wieder ausgegangen, dutzendweise habe ich sie gekauft.

Im vergangenen Herbst hatte das begonnen, was die Erwachsenen gemeinhin als den „Ernst des Lebens" bezeichnen, die Schulzeit.
„Warte nur bis du in die Schule kommst, dort weht ein anderer Wind!", versuchte meine Mutter mich einzuschüchtern, wenn ich mal wieder gar zu ungezogen gewesen war.
Das mit der Schule wurde aber nicht so schlimm, eigentlich bin ich ganz gern hingegangen. Der Rektor der örtlichen Volksschule begrüßte an einem regnerischen Herbstmorgen etwa 80 Kinder mit ihren Müttern zum Schulbeginn. Er stellte uns unsere zukünftige Lehrerin vor, eine große, schlanke Frau mittleren Alters mit einer großen Brille, ihre dunklen Haare waren hinten zu einem Knoten aufgesteckt. Im ersten Moment eine ernste Person, später stellte sich heraus, dass sie über eine gehörige Portion Humor verfügte, den sie in ihrem Beruf auch bitter nötig hatte. Wir wurden in zwei Klassen aufgeteilt, ich kam in die 1b. Frau K. unterrichtete beide Klassen. Von halb acht bis zehn die eine, von viertel nach zehn bis um halb eins die andere Klasse, wöchentlich wechselnd. In meiner Klasse waren wir 40 Kinder, 19 Mädchen und 21 Buben. Unsere Ausrüstung bestand aus einem Ranzen, einer Schiefertafel, auf einer Seite mit Linien zum Schreiben, auf der anderen Seite mit Karos zum Rechnen. Weiterhin hatten wir einen nassen Schwamm in einer Schwammdose zum Wischen der Tafel und ein Tuch zum Trockenreiben. Geschrieben wurde mit Griffeln. Es gab harte Griffel und weiche Milchgriffel. Mit den harten zerkratzte man die Tafel und mit den weichen konnte es passieren, dass die Schrift verwischte.
Im Klassenraum befanden sich eine große Wandtafel und ein Katheder auf einem Podest, an dem die Lehrerin saß. Wir Kinder saßen auf Bänken, immer zwei Kinder nebeneinander.
Da wir alle Mundart „babbelten", war es mit dem Hochdeutschen gar nicht so einfach. Erschwert wurde das Ganze noch durch eine große Anzahl von Flüchtlingskindern, die noch

weitere Mundarten einbrachten, dabei meistens das B mit dem P oder das D mit dem T verwechselten, schwer, sich zu orientieren. Die Leute in Pommern, Schlesien oder Ostpreußen reden nun mal anders als wir in Hessen. Meine Mutter behauptete später immer, ich hätte zwar jeden Tag gewusst, was es in der Schulspeisung gab, aber von meinen Hausaufgaben keinen blassen Schimmer gehabt. Sie hat dann bei meinen Mitschülern nachgefragt. Daran kann ich mich nicht mehr so genau erinnern. Ich habe die Schule noch nicht so ernst genommen, war aber nie ein schlechter Schüler, das Lernen fiel mir leicht.

Doch nun wieder zurück zu unserem Heiligen Abend und meiner ungeduldigen Warterei aufs Christkind. Verzweifelt ging ich hinunter zu den Großeltern. Bei denen wurde der Baum schon nach dem Mittagessen geschmückt. Opa und Omi saßen im mollig geheizten Wohnzimmer und hörten Weihnachtslieder. Welch ein Friede gegen die Hektik oben bei uns! Der Opa hat mich aufgezogen und gehänselt, hat mich scheinheilig gefragt: „Glaabst du werklich, zu eich wird das Christkindsche heit aach noch mol kumme. Wird deu Modder widder net fertich mit ihrer Näherei?"
„Opa, loss den Bub in Ruh!", schimpfte die Großmutter.
Der Nachmittag ging vorbei, draußen wurde es dunkel. Bei Omi und Opa brannten längst die Kerzen am Baum und vom Plattenspieler erklangen feierlich „Stille Nacht" und „Oh, du Fröhliche".
Ich war weder still noch fröhlich, ich zappelte hin und her und wartete ungeduldig auf die Bescherung. Endlich kam der Vater mit Handtuch, Seife und meinen Sonntagssachen.
„Marsch, baden und anziehen, mir wolle bald beschere, die Mama ist fast fertig. Ich komm' und wasch' dir den Rücken."
Wenn später die vielen Wachskerzen an unserem schön geschmückten Baum brannten und ich meine Geschenke auspacken durfte, war ich wieder versöhnt mit der langen Warte-

rei. Weihnachten kann so schön sein, besonders wenn man noch ein Kind ist.

1951

Dieses Jahr ist, im Nachhinein betrachtet, sehr lehrreich für mich geworden. Im Sommer erfuhr ich, dass wir Menschen keine Eier legen, im Herbst, dass ich ein Geschwister bekommen würde, und in der Weihnachtszeit habe ich dann noch gelernt, wie man Schnaps brennt und was der Alkohol für eine Wirkung bei uns Menschen zeigt, besonders dann, wenn wir zu viel davon erwischen.

Omi und Opa, die Eltern meiner Mutter, beschlossen, in ihrem Garten einen Brunnen bohren zu lassen, man war das ewige Wasserfahren leid. Eine Spezialfirma für Brunnenbau stellte einen Dreibock auf und bohrte nach Wasser. In etwa neun Metern Tiefe wurden sie fündig. Der Brunnen wurde anschließend mit Zementringen eingefasst und Onkel Adam hat eine Handpumpe auf das Saugrohr montiert. Neugierig und vorwitzig wie ich war, muss ich zu weit nach vorne gekommen sein, jedenfalls fiel ich hinein und lag im Grundwasser. Einer der Arbeiter hat mich pudelnass herausgezogen. Meine Omi zog mir die nassen Kleider aus und rieb mich mit ihrer Schürze trocken. Aus einem alten Kartoffelsack bastelte sie so etwas wie eine Mönchskutte und zog mir dieses Gewand über, denn meine Kleider konnte ich vorübergehend nicht anziehen, zu nass. Kohlenträger tragen so einen Sack über ihrem Kopf, wegen des Staubes. Um den Bauch hat sie mir einen Strick gebunden, so dass man nichts von meinem Pipimann sehen konnte. In diesem Büßergewand musste ich barfuß vom Garten bis nach Hause laufen. Ich habe mich so geschämt, zumal die Omi unterwegs jeder Frau, und die Omi kannte viele Frauen, haargenau berichtet hat, was ich schon wieder angestellt hatte: „Der Lausbub is

in unsern neie Brunne gefalle, weil er nie uffpasst. Nix wie Ärger mit dem Kerl!"
Meine Pein wurde noch größer, als wir zu Hause ankamen und die Männer schon alle von der Arbeit daheim waren. Mein Vater, der Opa, die beiden Brüder meiner Mutter, alle haben mich armen Tropf fürchterlich ausgelacht. Nur meine Mama hat mich getröstet.
Aus Trotz oder vielleicht auch gekränkter Eitelkeit wegen erlittener Schmach bei der Brunnengeschichte habe ich mich einige Tage später an der Omi gerächt. Sie trug eigentlich gar keine Schuld an der Sache, sie hatte mir ja noch geholfen, aber trotzdem, Rache ist süß!
Als die Omi, wie jeden Tag, in ihr Hühnerhaus ging, um die Eier einzusammeln, habe ich die Tür hinter ihr verriegelt. Durch die geöffnete Klappe, durch die sonst jeden Tag ihre Hühner ein- und ausgingen, habe ich ihr zugerufen: „Du kommst nicht eher wieder raus, bis du Eier gelegt hast!"
Meine Mutter hat die Omi befreit und mir, mit Unterstützung von ein paar Ohrfeigen, den Unterschied zwischen der Anatomie von Hühnern und uns Menschen klar gemacht. Ich hatte ja schon immer geahnt, dass wir Menschen keine Eier legen können, jetzt wusste ich es ganz genau.

Im Herbst überraschten mich meine Eltern mit der Nachricht: „Es ist was Kleines unterwegs, die Mama erwartet ein Baby."
Gewünscht haben sie sich eine kleine Tochter, angekommen ist aber dann am 30. März 1952 ein kleiner, gesunder Bub, mein Bruder Alexander.
Mir erschien das ganze Trara um den Kleinen irgendwie unverständlich, was machten die Großen für einen Zirkus um so ein Kind. Es war nun mal da und würde schon groß werden. Ich war sehr stolz auf ihn, die anderen Kinder haben mich außerdem beneidet, nicht jeder von meinen Spielkameraden konnte so einen niedlichen kleinen Bruder vorweisen.

In den vergangenen Jahren hatte sich vieles im Haus verändert. Meine Großeltern ließen einen Anbau errichten, wir benötigten Platz für neue Möbel und etwas mehr Komfort in Gestalt von zwei neuen Badezimmern. Wir bewohnten jetzt die komplette Wohnung im zweiten Stock. Es ging uns recht gut, das ist sicher auch der Grund dafür gewesen, dass sich meine Eltern den kleinen Alexander angeschafft hatten. So jedenfalls lautete mein Kommentar anlässlich der Geburt des kleinen Brüderchens.

Genau betrachtet, war die Zeit zwischen Währungsreform und Schulentlassung der schönste Abschnitt meiner Kindheit. Meistens wurde abends im Kreise der Familien „Dame", „Mühle" oder „Mensch ärgere dich nicht" gespielt. Oft hörten wir auch einfach nur Radio, Kinderfunk, ein Hörspiel, Musik oder Nachrichten. Die Winterabende sind lang geworden. Fernsehen gab es noch keines. Wir hatten kein Telefon, kein Handy, keine Playstation, keinen PC, keinen Walkman, trotzdem oder gerade deshalb waren wir zufrieden mit uns und der Welt. Die Menschen setzten damals noch andere Prioritäten, zuerst kam die Familie, dann erst die Dinge, denen wir heute so vehement hinterher rennen und die wir oftmals nicht erreichen.

Das Obst war in diesem Herbst besonders gut geraten, insbesondere gab es sehr viel „Quetsche" (Zwetschgen). Da bei den Großeltern mehrere Bäume dieser Spezies im Garten wuchsen, beschlossen beide, aber jeder für sich, die Omi: Ich koch' mal wieder einen Kessel „Latwerje" (Pflaumenmus), der Opa: Ich brenn' von dehne viele „Quetsche"-Schnaps. Jeder behielt aber seinen Plan zunächst für sich, das Obst reichte für beide Vorhaben.
Mit dem Mus war es noch relativ einfach. Benötigt wurden Zwetschgen, die waren reichlich vorhanden. Helfer zum Entkernen derselben gab es auch genug. Zucker konnte man in-

zwischen wieder in größeren Mengen kaufen. Ein großer Kessel zum Kochen stand in der Waschküche. Dazu einen ausdauernden, standhaften Mann zum Rühren, der würde sich schon finden lassen. Die „Latwerje" muss einen Tag und eine Nacht lang gekocht und ständig umgerührt werden, dabei darf man aber nicht einschlafen. So weit, so gut.
Entkernt haben die Omi, meine Mama und ihre ältere Schwester Gretel. Umgerührt wurde abwechselnd vom Opa, meinem Vater und dem Onkel Willy. Am nächsten Morgen war der Brei fertig und gar. Nun konnte die Masse in Gläser gefüllt, mit nassem Zellophanpapier abgedeckt und mit einem Gummiring luftdicht verschlossen werden.
Zum Reinigen des Kessels benötige man eine „Latwerjelaader und die gläsernen Schuhe", hat der Opa zu mir gesagt und mich beauftragt, beide Utensilien beim Sattlermeister in der Nachbarschaft zu holen. Zum Transport derselben hat er mir seinen Rucksack mitgegeben.
Ganz stolz bin ich zu dem alten Herrn gegangen und habe ihn gefragt, ob er mir, im Auftrag meines Großvaters, die Teile leihen würde. Mit dem Sattlermeister und seiner Frau pflegten meine Großeltern eine gut nachbarliche Beziehung, die weit über das sonst Übliche hinausging. Meister T., ein Schlitzohr vor dem Herrn, hat kurz nachgedacht, seine Frau gerufen und ihr erklärt, was ich von ihnen wollte. Zusammen mit meinem Rucksack sind die beiden verschwunden, um nach wenigen Minuten mit dem prall gefüllten, bereits verschlossenen Rucksack zurückzukehren. Für den kurzen Weg habe ich mich ganz schön plagen müssen. Ich hätte nie gedacht, dass die Reinigungsgeräte für einen Waschkessel so schwer sind!
Zu Hause angekommen hat mich der Opa scheinheilig gefragt: „Na, Bub, hat man dir auch alles mitgegeben?"
Eifrig habe ich ihm geantwortet: „Es ist alles im Rucksack, Opa."
Der Opa hat dann unter großem Gelächter der übrigen Beteiligten ein paar Steine aus dem Rucksack geholt. Wieder

einmal war ich ihm auf den Leim gegangen. Der alte Schlawiner hat mich noch oft hereingelegt und jedes Mal seine helle Freude dabei gehabt.
Mit zunehmendem Alter kam ich ihm aber auf die Schliche und habe mich zu wehren gewusst.

Mit dem Schnaps wurde es schon komplizierter. Erstens hatte der Opa so etwas noch nie gemacht und zweitens war das Brennen streng verboten. Omi versuchte, ihm seine blöde „Schnapsidee" auszureden. Vergeblich, zumal er in seinem Schwager Adam einen Komplizen gefunden hatte, der ihm versprach, bei dem Experiment zu helfen und die dazu notwendigen Geräte wie Presse und Brennschlange zu besorgen. Gesagt, getan. Die restlichen Zwetschgen füllten sie in einen Zuber und versteckten ihn in der „Gaadehitt" (Gartenhaus) vor allzu neugierigen Beobachtern. Mitte Dezember, der erste Schnee dieses Winters war bereits gefallen, brachten der Großvater und sein Schwager den Zuber mit der vergorenen Maische auf einem Schlitten klammheimlich nach Hause. Mit einer kleinen Fruchtpresse wurde die Maische gepresst, den Trester bekam das Schwein, schließlich wollte man keine unnötigen Spuren hinterlassen. Die arme Sau torkelte einige Tage schwer angeschlagen in ihrem Stall herum, so schlimm, dass die besorgte Oma den Tierarzt rufen wollte. Opa klärte sie aber auf: „Keine Sorge, Oma, unser Sau is nur besoffe."
Der gewonnene Saft wurde destilliert und es stellte sich heraus, dass die beiden einen ganz vorzüglichen Obstbrand erzeugt hatten.
Die Omi ließ sich dann doch noch breitschlagen und sammelte in den nächsten Tagen die Eier zum Ansetzen eines schmackhaften Eierlikörs, schließlich sollten die Frauen ja auch in den Genuss des heimlich erzeugten Alkohols kommen. Mit Kirschsaft und Pfefferminze wurden noch weitere Spezialitä-

ten kreiert. Opa und Onkel Adam waren stolz wie die Spanier über ihre gelungenen alkoholischen Experimente.
Der Test wurde für den ersten Weihnachtsfeiertag eingeplant, da sollten die Köstlichkeiten probiert werden. Ergebnis: Der Opa und der Onkel Adam hatten einen Mordsrausch und wieder mal Löcher mit ihren zu Weihnachten geschenkten Zigarren in eine von Omis Damasttischdecken gebrannt.
Später wurden sie, selig über die gelungene Schnapsbrennerei, in das großelterliche Schlafzimmer verfrachtet, wo sie ihren Rausch ausschlafen konnten. Der restlichen Familie hat es anscheinend auch geschmeckt, denn die allgemeine Stimmung wurde noch sehr ausgelassen. Man vergaß sogar, uns Kinder rechtzeitig ins Bett zu schicken, denn meistens mussten wir ins Bett, wenn es „interessant" zu werden begann. Mein jüngerer Cousin Karl und ich hatten unseren Spaß, dabei zuzusehen, wie unsere Altvorderen sich allesamt langsam aber sicher einem Rausch näherten.

Als mein Vater und ich 1970, die Großeltern waren bereits beide verstorben, ihren Keller ausgeräumt haben, fanden wir in einem Regal eine alte staubige Flasche. Auf dem vom Opa seinerzeit aufgeklebten Etikett stand geschrieben: „Quetsche 1951".
Wir unterbrachen unsere Arbeit, um den Schnaps sofort auf seine Tauglichkeit zu prüfen. Er schmeckte noch genauso gut wie damals zu Weihnachten 1951.

1956

Im ersten Lehrjahr habe ich erfahren müssen, wie es auf einer „Weihnachtsfeier" in der Firma zugeht. Am Nachmittag des letzten Arbeitstages vor Weihnachten trafen sich alle Mitarbeiter bei Kaffee und Kuchen in der Kantine. Der Chef verteilte an jeden einen Umschlag mit Geld. Anschließend mussten wir Lehrlinge Bierkästen aus dem Keller heraufschleppen

und die Alten haben gesoffen bis zum Umfallen. Zwischendurch sollten die Mitarbeiter immer wieder Weihnachtslieder singen, der Chef hörte sie so gerne. Als die Älteren genug hatten, haben wir Stifte die Kantine aufgeräumt und durften anschließend nach Hause gehen. Mir war dieses Spektakel eher widerlich. So, wie manche Ausbilder sich da aufführten, konnte ich im neuen Jahr keinen Respekt mehr vor ihnen haben.
Um meine Stimmung etwas aufzuheitern, half auch das zarte Küsschen von Marina, meinem heimlichen Schwarm, nichts, das sie mir beim Abschied verschämt auf die Wange hauchte. Ich war allgemein in keiner guten Verfassung. Es kam so langsam die Zeit auf mich zu, in der man mit nichts zufrieden ist, am wenigsten mit sich selbst. Man an allem herumnörgelt, niemand einem was recht macht, alles zu viel ist. Man ist ständig wegen irgendwas beleidigt und weiß aber nicht, warum. Man spürt seinen Körper und kann nicht damit umgehen. Die Pubertät hat eingesetzt.
Die Menschheit erfindet für diesen Zustand immer wieder neue Namen, „Flegeljahre" hieß das bei unseren Eltern, jetzt nannte man es, in Anlehnung an gewisse amerikanische Spielfilme, die „Halbstarkenzeit". Es läuft, egal wie man die Jahre des körperlichen Umbruchs auch immer nennen mag, meistens nach dem gleichen Muster ab. Jeder Junge muss durch diese Zeit hindurch. Ich dachte, ich sähe aus wie ein hässliches Entchen. Akne entstellte mein Gesicht. Ich war unsicher, wurde knallrot, wenn ich angesprochen wurde, wollte kaum noch vor die Tür gehen. Innerlich war ich total verunsichert, hatte zu niemanden mehr Vertrauen. Ich glaubte ständig, alle Erwachsenen wollten mir etwas Böses antun. Ich spürte, dass ich mich körperlich veränderte, in mir etwas anders wurde, wusste aber nicht, was es war. Ich sah Marina aus meiner Firma gern, hat sie mich aber mal angesprochen, wäre ich am liebsten in den Boden versunken. Mit meinen Eltern lag ich ständig im Clinch, weil ich abends gerne etwas länger aufgeblieben wäre. Doch die waren unerbittlich.

Das alles war mir lästig und peinlich, es gab deswegen häufig Streit zu Hause. Wie beneidete ich meinen Freund Michel, der konnte tun und lassen, was er wollte, ausgehen, zu Hause bleiben, den hatte niemand unter der Fuchtel.

Es kam erschwerend hinzu, dass ich so ganz langsam eine gewisse Zuneigung für gleichaltrige Jungen feststellte. Dadurch wurde ich noch verklemmter. Wenn mir einer aus der Berufschule oder einer von meinen Lehrlingskollegen gut gefallen hat, konnte ich nicht normal mit ihm reden, ich verhielt mich total idiotisch. Ich dachte dann: Der sieht dir doch an, dass du ihn magst, und er wird schlecht von dir denken.

Aber so ist es gar nicht gewesen, sicher haben die anderen von mir gedacht: Warum ist der PP nur so komisch? Wieso redet der nicht normal mit mir, ich habe ihm doch nichts getan?

Michel wurde vor Weihnachten von seiner Tante nach Eberbach eingeladen. Die Tante hatte keine Kinder und wollte mit der Einladung des Neffen ihre sonst sicher trist verlaufenden Feiertage mit Leben anfüllen. Seinen Eltern schien es egal zu sein, wo ihr Sohn die Feiertage verbrachte. Er wäre schon gerne zur Tante gefahren, aber nicht ohne seine Freunde. Also fragte er bei der Tante nach, ob er uns mitbringen könne. Die Tante gab ihm, erfreut über seine Zusage, grünes Licht. Sie verfüge über genügend Platz, ihre beiden Gästezimmer stünden sowieso leer. Michel wiederum fragte Gabriel, Eduard und mich, ob wir ihn über Weihnachten und Silvester in den Odenwald begleiten würden.

Das schien die Lösung meines Problems zu sein. Ich malte mir bereits aus, wie schön es sein könnte, wenn ich mitfahren dürfte: Da bist du von deinen Alten weg und kannst mit dem Gabriel wieder mal allein sein. Michel schläft mit dem Eduard in dem einen, du mit dem Gabriel im anderen Zimmer. Er lacht dich doch immer aus, weil du neuerdings so verschämt bist. Vielleicht könnten wir ja mal wieder ... so, wie damals in der Schulzeit, bei den Hausaufgaben? Wollen mal sehen, ob der dann immer noch lacht.

Meine Mutter rief, als ich sie um Erlaubnis für die bevorstehende Reise bat, ganz empört: „Was, über Weihnachten willst du wegfahren? Das kommt ja überhaupt nicht in Frage! An Weihnachten bleibt man bei seiner Familie. Ja, wo sind wir denn? Bei den Hottentotten? Fängst du jetzt total an zu spinnen?"

„Aber Mama, der Michel und die anderen dürfen doch auch …"

„Ein für allemal, du bleibst an Weihnachten zu Hause! Was andere machen, ist mir egal. Wenn bei denen …"

Es folgten tausend Gründe, warum nach ihrer Meinung ein junger Mann an Weihnachten zu Hause bei Eltern und Geschwistern zu bleiben hatte. Von diesem mütterlichen Zornesausbruch war ich total überrascht. Mit ein wenig Widerstand hatte ich ja gerechnet, schließlich kannte ich ihre Einstellung zu solchen Dingen. Aber gleich so eine massive Ablehnung, nein, das war zu viel für mich, da wurde ich bockig.

Wenn die Mutter schon so reagierte, brauchte ich beim Vater gar nicht erst nachzufragen. Ich war bitter enttäuscht: Die anderen dürfen fahren und ich muss zu Hause bleiben. Mein schöner Plan mit dem gemeinsamen Zimmer, alles futsch!

Mir kam es so vor, als sei Gabriel auch ein wenig traurig gewesen, als ich meinen Freunden abgesagt habe. Ich bekam eine solche Wut auf die Eltern. Alles müssen sie dir verderben, nichts gönnen sie dir! Tief beleidigt beschloss ich deshalb: Weihnachtsgeschenke gibt es keine, nur für den kleinen Bruder werde ich was kaufen!

Kurz vor den Feiertagen kamen sie, meine Gewissensbisse: Ist das wirklich so schlimm, dass dir die Mama nicht erlaubt hat, mit deinen Freunden zu verreißen? Mit Gabriel wird sich bestimmt mal eine andere Gelegenheit ergeben. Musstest du deswegen so schweres Geschütz auffahren? Den Eltern nichts zu Weihnachten schenken, das macht man nicht. Das ist nicht nur eine Laune, das ist ein Fanal. Schäm dich, PP! Mir war

schon bewusst, dass mein Handeln nicht in Ordnung war, aber trotzig wie ich nun mal bin, ich blieb stur.
Eine traurige Bescherung, als beim Geschenkeauspacken nichts von mir für die Eltern unter dem Baum lag. Eisiges Schweigen, stummes Essen, nur der kleine Bruder bemerkte von all dem nichts, er spielte fröhlich mit seinen neuen Sachen.
Beim Mittagessen des ersten Feiertages, Mutter hatte Stallhase mit Kartoffelklößen gekocht, wieder nur eisiges Schweigen. Ich war den Tränen nahe, aber immer noch trotzig, brachte kein Wort des Bedauerns über meine Lippen. Die Eltern ließen mich zappeln. Beim Nachtisch, Schokoladenpudding mit Vanillesoße, endlich ein Wort vom Vater: „So, mein Sohn, dass du mir nichts geschenkt hast, will ich dir ja noch nachsehen. Mir ist zwar nicht klar, was ich verbrochen habe, aber Schwamm drüber. Deiner Mutter nichts zu schenken, das kann ich dir nicht nachsehen, so was macht man nicht."
„Es tut mir ja auch Leid, Papa, aber ich wäre doch so gerne mit den anderen in den Odenwald gefahren."
„Das entschuldigt gar nichts."
Von Weltschmerz geplagt, von all den Dingen gepeinigt, die ich mir auf dem schwierigen Weg vom Jungen zum Mann einbildete – den Gabriel bekomme ich nicht, für die Marina bin ich zu klein, keiner kann mich leiden –, bin ich in mein Zimmer gerannt und habe mich ausgeweint. Es war schon ein Elend mit dem Erwachsenwerden!
Am Abend brachte mir meine Mama etwas zu essen ins Zimmer, da habe ich sie um Verzeihung gebeten. Die Mutter hat mir über die Haare gestrichen und nur gesagt: „Es ist nicht so leicht, ein Mann zu werden, Paul-Peter."

1964

Zu meiner großen Überraschung erhielt ich etwa eine Woche vor Weihnachten ein Paket aus Angeles, Absender: Manuel Llancer.

Ich habe sofort gesagt: „Das ist vom Chef des Hotels, in dem wir immer wohnen."
Niemand im Haus sollte auf dumme Gedanken kommen. Es kam sonst eigentlich selten vor, dass wir uns gegenseitig Geschenke machten, aber ich fand es toll, dass Manuel an mich gedacht hatte, ihn wird wohl die Sehnsucht dazu getrieben haben.
Im Paket befanden sich zwei Flaschen Sekt, eine Flasche Carlos Primero und jede Menge Konserven, Muscheln, Schnecken, Oliven, Anchovis, Tintenfisch. Er wusste nur zu gut, was mir schmeckte, was ich gerne aß. Außer Lebensmitteln und Getränken kam noch ein kleines rotes Kästchen mit einem silbernen Kettchen und einem Amulett des Heiligen St. Georg zum Vorschein. Ich war so gerührt und bin sofort in mein Zimmer gegangen, um seinen Brief zu lesen.

Angeles, 15. Diciembre 1964

Geliebter Pedro, Amigo mio,

wie geht es dir so alleine, ohne deinen Manuel?
Wie gerne wäre ich jetzt bei dir, um dich ganz fest zu halten, so, wie in unserer stillen Bucht.
Vielleicht haben wir später einmal die Gelegenheit, richtig deutsche Weihnacht zu feiern.
Ich werde die Feiertage mit meinem Großvater verbringen.
Heiligabend essen wir zusammen und gehen dann gemeinsam in die Messe.
Das Amulett des heiligen Sankt Georg soll dich auf all deinen Wegen behüten und beschützen.

In Liebe, dein Manuel

Es standen noch andere Dinge in dem Brief, die für den Leser aber nicht so wichtig sind. Der Brief endete mit Grüßen auch an meine Eltern, meinen Bruder sowie an Heiner, Klaus und Eduard.

Ich habe sofort zurück geschrieben und mich bei Manuel bedankt. Das Paket brachte meine Mutter auf eine Idee: „Du kannst die guten Sachen aber nicht alleine essen und trinken. Dazu musst du deine Freunde einladen. Am besten ist es, wenn sie am Heiligen Abend nach der Bescherung zum Essen kommen, ich richte dann für uns alle was her."

Die gute Mama war immer so gerecht und anständig. Sie wusste, was man wann und wo tun musste, um aufrecht durchs Leben zu gehen. In diesem Fall lag sie aber schief. Aber woher hätte sie auch wissen sollen, dass der Geliebte ihres Sohnes der Absender war und die guten Sachen aus Spanien eigentlich mit niemandem geteilt werden mussten. Ich habe aber gerne geteilt.

Nach unserer Bescherung kamen Heiner, Klaus und Eduard. Alles wurde gemeinsam gegessen und getrunken. Auch die Großeltern kamen nach oben. Wir hatten einen wunderschönen Abend. Vater spendierte noch ein paar Flaschen Wein, die zusammen mit den spanischen Getränken ihre Wirkung zeigten. Mein kleiner Bruder Alexander durchlitt in dieser Heiligen Nacht wahrscheinlich den ersten Rausch seines Lebens. Der Opa sang alte Zoten von anno dazumal, die Omi tanzte mit meinen Freunden und mir einen Walzer nach dem anderen. Am Schluss war der Großvater so happy und wollte mit uns nach Spanien fahren.

„Wenn ihr das nächste Mal nach Spanien fahrt, nehmt ihr mich mit, ja?"

Meine Großmutter hat milde gelächelt und den Opa in sein Bett verfrachtet.

In dieser Nacht konnte ich lange nicht einschlafen. Manuel, einsam in Spanien bei seinem Opa. Ich, einsam hier in meinem Bett. Was hätte ich dafür gegeben, wenn er jetzt neben mir liegen würde, ich seinen warmen, weichen Körper spüren könnte.

1970

Auch später, als ich nicht mehr zu Hause bei den Eltern gewohnt habe, verbrachte ich den Heiligen Abend meistens bei ihnen.

Meine Mutter kochte uns was Feines und der Vater plünderte seinen Weinkeller. Am nächsten Morgen brach unsere Junggesellentruppe dann per Auto in den Südschwarzwald auf.

Zur besseren Erklärung und um die Gegend geografisch einordnen zu können: Der südliche Schwarzwald erstreckt sich südöstlich von Freiburg im Breisgau. Dort liegt auch der höchste Berg des Schwarzwaldes, der 1493 Meter hohe Feldberg. Die höchsten Erhebungen sind weitgehend unbewaldet. Bedeutende Naturdenkmäler und Städte der Umgebung sind der Belchen (1414 m), der Hochblauen (1165 m), Herzogenhorn (1415 m), der Titisee und der Schluchsee, der Feldsee, St. Blasien, Todtmoos, Todtnau und Schönau im Schwarzwald.

Beim „Bärenwirt" waren Zimmer für uns reserviert. Geblieben sind wir meistens über den Dreikönigstag. Wenn ich mich nach unserer Rückkehr auf die Waage stellte, erkannte ich jedes Mal reumütig, was das gute Essen der Bärenwirtin und die vielen Flaschen Ruhländer, Weißherbst und Spätburgunder wieder angerichtet hatten. Es schmeckte aber auch gar so gut beim „Bärenwirt" und seiner Frau Rosa.

Das Gasthaus liegt genau gegenüber der katholischen Kirche. Die Einheimischen behaupten deshalb: „Die letschte Kirchebank steht im Bäre."

Über die Feiertage gehen die Leute öfter als sonst in die Kirche. Selbst von den entferntesten Höfen kommen die Bauern mit Frau und Kindern ins Dorf. Oft, sehr zum Ärger des Pfarrers, gehen aber nur die Frauen und Kinder zum Gottesdienst, die Bauern sitzen im „Bären" beim Frühschoppen. Ist die Kirche aus, werden die Plätze im „Bären" rar. Sogar der Hochwürden scheut sich nicht, Rotwein trinkend, bei seinen Schäflein zu sitzen. So kann er seinen Bauern gründlich die Leviten lesen. Wenn sie schon nicht zu ihm in seine Kirche kommen, muss er zu ihnen an den Stammtisch gehen. Der Herr Pfarrer war ein erfahrener, weltoffener Mann und wusste seine Bauern zu nehmen.

Am zweiten Weihnachtsfeiertag veranstaltete der Herr Pfarrer jedes Jahr einen „Stefanietanz" im Gemeindehaus. Natürlich ist auch unser Haufen jedes Mal dorthin gegangen, es waren lustige Abende. Der „Bärenwirt" war in Hochform. Zusammen mit seiner Mannschaft organisierte er die Bewirtung der Ballgäste, spielte nebenher die Posaune bei der örtlichen Blaskapelle und kümmerte sich um alles. Er legte dabei eine solche Energie an den Tag, die man dem kleinen untersetzten Mann kaum zugetraut hätte. Zwischendurch fand er sogar Zeit, mit einer Kirschwasserflasche in der Hand, die dazugehörenden Gläser in seiner Hosentasche, zu uns an den Tisch zu kommen und uns mit den Worten „Prost, weil ihr so trocken dasitzt!" auf einen Kirsch einzuladen.

Der Herr Hochwürden kontrollierte die ganze Veranstaltung, hatte seine Augen überall, half hier mit, sprang dort ein, wo es eng wurde. Seine große Stunde kam aber erst mit der Tombola. Deren Reinerlös, einem guten Zweck gewidmet, sollte so hoch wie möglich ausfallen, und der Pfarrer verkaufte die Lose selbst. Dank seiner Autorität hat es keines seiner Schäflein gewagt, ihm keine Lose abzukaufen. Einmal habe ich 100 Nägel und eine Drahtbürste gewonnen.

Sepp war ein begeisterter Schnupfer, außer der Leidenschaft für seine Frau, beide waren stolze Eltern von acht Kindern, beherrschte er sein zweites Steckenpferd, das Tabakschnup-

fen, bis zur Vollendung. Ihm beim Schnupfen zuzusehen, war reine Geschmackssache.
Für manche Leute konnte es interessant sein, ihn dabei zu beobachten, für andere war es jedoch hart an der Grenze des Zumutbaren. Er schob seine Hemdsärmel hoch, griff zur Tonflasche, in der er seinen Schnupftabak aufbewahrte. Nun setzte er einen etwa 30 Zentimeter langen Streifen Tabak auf seinen linken Unterarm und zog diesen durch sein rechtes Nasenloch ein. Rechter Arm und linkes Nasenloch, die gleiche Prozedur. Diesen Vorgang wiederholte er etwa stündlich. Hatte er genug Tabak in seinem Schädel, ging er hinter das Haus an seinen Brunnen, beugte sich vor, bildete aus seinen beiden großen Händen eine flache Mulde und füllte sie mit dem eiskalten Brunnenwasser. Er saugte das Wasser durch Nase und Rachen ein und spuckte es aus. Er machte damit, wie er sich auszudrücken pflegte, „das Rohr frei". Seine Manie für den Schnupftabak ging so weit, dass wir einmal mit angesehen haben, wie er beim Rotwurstmachen in die rohe Wurstmasse einen gewaltigen Schuss von seinem Schnupftabak mengte.
„Der ist für alles gut, sollt ihr mal sehen, wie gut die Wurst nachher schmeckt."

Die Silvesterfeier beim „Bärenwirt" war der absolute Höhepunkt des ganzen Jahres. Wochen vorher bestellten Einheimische und Gäste bereits die begehrten Plätze für sein berühmtes Rehessen. Für uns Hausgäste war immer ein schöner Tisch im Nebenraum reserviert. Bereits morgens beim Frühstück roch es schon so gut. Frau Rosa und ihre Küchenhelfer waren fleißig damit beschäftigt, das Fleisch anzubraten, Salat zu putzen und den Spätzleteig für etwa 180 Gäste zu kneten. Sepp bat uns, ihm beim Schmücken von Gastraum und Nebenzimmer zu helfen. Girlanden und Luftschlangen waren bald aufgehängt, so dass unser Haufen zu einem größeren Marsch aufbrechen konnte. Zuvor bestellten wir bei Frau Rosa

das Mittagessen ab. Wir wollten über den Berg nach Elzach, dort in die Weinstube einkehren, um eine Kleinigkeit zu essen und das alte Jahr gemütlich ausklingen zu lassen.
Unterwegs gerieten wir aber in einen solchen Nebel, dass man nicht die Hand vor den Augen sehen konnte. Der Weg war zwar recht gut ausgeschildert, aber wir hatten uns anscheinend verlaufen.
Plötzlich ein Höllenspektakel! Schreie, Stockschläge gegen die Bäume, Gewehrschüsse. Wir waren ungewollt in den Kessel einer Treibjagd geraten. Der Walter rief uns warnend zu: „Volle Deckung, Männer! Hier wird scharf geschossen!"
Wir warfen uns in den kalten Schnee, zogen die Köpfe ein und warteten. Nach einer Weile fragte eine ironische Stimme: „Ja, grüß Gott, die Herre aus Frankfurt! Was mached ihr denn auf dem kalte Bode, suched ihr waas, habed ihr waas verlore oder spieled ihr Krieg?" Der „Jagerkarl" stand lachend über uns. Es muss ein dämlicher Anblick gewesen sein, wir acht Männer mit eingezogenen Köpfen, flach auf den schneebedeckten Boden hingekauert.
„Du scheinheiliger Kerl, veranstaltest bei diesem Nebel eine Treibjagd! Ihr seht euer Wild doch gar nicht! Auf wen schießt ihr denn?", fragte ihn der aufgebrachte Walter.
„Ha noi, die Treiber waret b'stellt und da muss i zahle, so oder so, da kann i au glei jage losse."
Dieser einfachen Logik vom „Jagerkarl" gab es nichts entgegenzusetzen. Wir gingen lachend weiter, kamen später in Oberwinden beim „Rößlewirt" an, nicht, wie eigentlich vorgesehen, in der Elzacher Weinstube.
Auf dem Höhepunkt der Silvesterfeier war der „Bärenwirt" in seinem Element, er spielte Klavier und Posaune, tanzte mit den Damen, soff Rotwein und Kirschwasser wie ein Loch, schaufelte sich ganze Ladungen voll Schnupftabak in die Nasenlöcher. Der Mensch hatte eine Energie, nicht zu glauben, mit dem konnte keiner mithalten.

Gerade aber diese Energie, das Überschätzen der eigenen Kräfte ist ihm später zum Verhängnis geworden. Bei einer Hausschlachtung mit viel Most und Schnaps ist er im folgenden Jahr umgekommen. Beim Hantieren mit dem Schussapparat hat er sich den Bolzen in den Bauch geschossen. Anstatt auf den Bauern zu hören und auf den Notarzt zu warten, wollte er mit dem eigenen Auto nach Freiburg in die Klinik fahren. Der Bolzen hatte unglücklicherweise seine Milz getroffen und unser Freund Sepp, der „Bärenwirt", ist einsam und allein in seinem Auto verblutet.

„Wie viele Flasche Sekt henn ihr denn g'habt, i muss mal aufschriebe, wellerre Deckel soll i denn nehme?", fragte die Kellnerin, Frau Therese, so nach der zweiten oder dritten Flasche Sekt.
„Gar keinen, Therese, bring mir bitte Hammer und Nägel, und ihr rückt eure Zehnmarkscheine heraus!"
Freddi, unser jüngster Kollege, gab bei der Bedienung diese seltsame Bestellung in Auftrag.
„Ja, was willst du denn damit?"
„Wartet's doch erst mal ab."
Therese brachte einen Hammer und ein Paket Nägel. Im „Bären" konnte man anscheinend bestellen, was man wollte, und wenn es der größte Unsinn war, die Bedienung brachte es.
„Her mit den Zehnern."
Freddi schnappte das ganze Bündel Zehnmarkscheine und nagelte es an die Wand.
„So, Therese, das ist der neue Kalender für nächstes Jahr. Eine Flasche Sekt kostet zehn Mark, jetzt wird nichts mehr aufgeschrieben, sondern bei jeder Flasche, die du uns bringst, reißt du dir einen Schein ab, bis keiner mehr da ist."
Therese lächelte verschmitzt und stellte neuen Sekt auf den Tisch. Wahrhaftig eine wunderschöne Idee, das mit den Kalendern für 1971.

1980

Zu meinen schönsten Weihnachtserinnerungen gehören, ohne jeden Zweifel, die Tage, die ich in den Tiroler Bergen bei der Familie Mader verbracht habe. Landschaft und Natur sorgten in dieser stimmungsvollen Zeit für einen Schuss längst vergessener Romantik. Die Hektik, die sich gerade in der Vorweihnachtszeit breit macht, ist in der Abgeschiedenheit der Bergwelt kaum spürbar. Meistens sind Rainer, Eduard, Heiner, Freddi und ich schon einige Tage vor dem Fest losgefahren, um so viel wie möglich von dieser ruhigen, vorweihnachtlichen Stimmung einzufangen. Gemeinsam mit Freddi entdeckte ich mein Herz für den Langlauf. Stundenlang sind wir auf einsamen Runden durch den tief verschneiten Winterwald gewandert. Ich mochte Freddi gut leiden und bin gern mit ihm zusammen gewesen. Ein lustiger, aufgeweckter Bursche, ein paar Jahre jünger als ich. Eines Tages ist er bei den „Schwarzwald-Freunden" aufgetaucht und gehörte seitdem zu unserer Clique. Ob er von meinen speziellen Neigungen Kenntnis hatte, wusste ich damals nicht. Wir sind ganz normal miteinander umgegangen. Er war nicht der Typ für komplizierte Gespräche, er war ein sehr offener Mensch und redete frei von der Leber weg. Als Mann war er mir völlig gleichgültig, er gehörte nicht unbedingt zu den Typen, auf die ich üblicherweise stand. Er war ein Freund und guter Kumpel, nicht mehr und nicht weniger.

Beim Frühstück am 23. Dezember sagte Marie Mader zu ihrem ältesten Sohn: „Andy, wir haben noch keinen Christbaum. Wenn du willst, nimm den Peter und den Freddi mit und holt einen Baum aus unserem Wald. Ein eigener Baum ist immer schöner als ein gekaufter aus der Stadt. Ich fahre mit Rainer und Eduard ins Dorf runter zum Einkaufen, wenn ihr nicht geht, dann bringen wir ein Bäumchen mit."

Wir wollten gehen, nur zu gerne.

„Dann geht ihr am besten über die Kohlstatt, das ist zwar der weitere Weg, aber dort stehen unsere schönsten Tannen. Die

hat euer Vater noch gesetzt. Ich richte euch eine Brotzeit her. Vergesst den Schlüssel für die Hütte nicht. Und du, Andy, schau mal auf den Wald. Wir sind lange nicht oben gewesen, der Jager erzählt mir immer, wie schön unser Wald gedeiht."
Andy hatte sich zu einem soliden jungen Mann entwickelt. Er gefiel mir immer besser, ich suchte seine Nähe und er die meine. Wir haben uns irgendwie nahe gestanden, spürten jedoch beide, unsere gegenseitige Zuneigung würde niemals ihre Erfüllung finden. Ich konnte ihm kein Ersatzvater sein und er würde leider nie mein Geliebter werden. Er liebte die Mutter seines Sohnes. Sein Leben schien total umgekrempelt, vorbei war's mit dem Lotterleben als Dorfcasanova. Er besuchte in Landeck die Pflegerschule und hatte über die Weihnachtsfeiertage Urlaub.
Andy machte es mir, ohne es zu bemerken, nicht leicht. Seine Anhänglichkeit hätte man auch anders auslegen können. Ihm schien gar nicht bewusst zu sein, was in mir vorging, wenn er mir so nahe auf die Pelle rückte, dass es mir schon fast körperliche Schmerzen bereitete, ihn nicht zu streicheln oder zärtlich mit ihm zu sein. Seit Manuels Tod hatte ich mit keinem Mann mehr geschlafen. Für eine Nacht, ach was, für eine Stunde mit Andy hätte ich all meine Grundsätze in Sekunden über Bord geworfen. Dann wäre es mir auch egal gewesen, was die Leute von mir gedacht hätten.
Um die Mittagszeit erreichten wir, nach etwa drei Stunden Fußmarsch, die Hütte der Maders. Der Anstieg über die Kohlstatt war teilweise sehr steil und führte über felsiges Gelände. Unsere Anstrengung wurde aber belohnt, die Wintersonne strahlte von einem stahlblauen Himmel, dabei war es empfindlich kalt und windig. Andy und Freddi suchten den Weihnachtsbaum aus, während ich inzwischen für Wärme in der Hütte sorgte. Marie hatte uns Brot, Tiroler Speck und Käse eingepackt, dazu eine Flasche Rum und eine Flasche Rotwein. In der Hütte befand sich Geschirr und ein Teekessel.

Als das Feuer so richtig brannte, habe ich Tee gekocht und einen kräftigen Punsch zubereitet. Meine beiden Begleiter brachten einen schönen Weihnachtsbaum und kräftigen Hunger mit.

Es war wunderschön in der Hütte. Lange habe ich mich nicht mehr so wohl gefühlt. Ich genoss den Nachmittag in Gesellschaft der beiden jungen Männer. Vergessen schienen alle nörgelnden Chefs der Welt, vergessen meine großen und kleinen Alltagssorgen. In meinen geheimsten Gedanken malte ich mir aus, wie es denn sein könnte, wenn Freddi den Weihnachtsbaum allein ins Maderhaus bringen würde und ich mit Andy in der Hütte zurückbliebe. Wenn wir uns auf dem Strohlager gegenseitig wärmen würden, während draußen der kalte Bergwind die Bäume schüttelte. Wie würde er sich anfühlen, der schöne Andy? So herrlich erregend wie Manuel damals?

Freddi holte mich in die Realität zurück: „Wir müssen langsam los, draußen fängt es schon an zu dämmern."

Wir machten uns auf den Heimweg. Durchwärmt von Kaminfeuer und dem guten Punsch, brachten wir unseren frisch geschlagenen Weihnachtsbaum durch die kalte Winternacht zum Maderhof.

Der Heilige Abend verlief so, wie es in einem Tiroler Bauernhaus üblich ist. Bescherung, deftige Vesper, Kirchgang, Nachtessen. Nach der Vesper spielte Toni in der Stube auf der Zither die schönen alten Weihnachtslieder und wir haben kräftig mitgesungen. Um 23 Uhr sind wir alle zur Mitternachtsmesse aufgebrochen. Bis zur Kirche im Dorf war es vom Maderhof knapp eine Stunde Fußmarsch. Wir wollten laufen, einfach die klare, kalte Winterluft einsaugen. Die sternklare, frostklirrende Heilige Nacht nahm uns auf.

In der kleinen Dorfkirche, besetzt bis auf den letzten Platz, eine stimmungsvolle Messe mit diesen einfachen, bäuerlichen

Menschen. Diesen Leuten sah man an, dass sie die Botschaft vom Frieden auf Erden und von dem Kind, das geboren wurde, weil Gott barmherzig ist, verstanden haben.
Nach der Messe einen kräftigen Schnaps, danach ging die Familie in den Stall und segnete ihr Vieh mit dem mitgebrachten Weihwasser aus der Kirche. Anschließend servierte Marie einen herzhaften Schweinsbraten mit Semmelknödeln und Salat. In der guten Stube wurde es später noch recht gemütlich. Nach einigen Flaschen Rotem gingen wir schlafen, ein stimmungsvoller Tag neigte sich dem Ende.

*****

1. August 2001

JVA Kassel I Krankenstation

Fast zwei Monate liegt PP nun schon auf der Krankenstation der JVA Kassel I. Seine ständigen Magenprobleme haben sich einfach nicht gebessert, wochenlang nur Schmerzen und Übelkeit. Er ist nicht mehr wiederzuerkennen. Der einst so stattliche Mann wiegt noch 56 Kilo, kann fast nichts mehr essen und das, was er mit großer Mühe zu sich nimmt, behält er nicht bei sich, muss sich oft übergeben.
Zu spät hat sich Dr. Meister, in Absprache mit dem Anstaltsleiter von Hohenfels, Herrn Direktor Stolpe, entschlossen, PP nach Kassel zu verlegen. Der Doktor zögerte zu lange, dachte wohl, er könne PP selbst behandeln. Erst auf die massive Drohung von Harald hin, war der Arzt bereit, den Fall in professionellere Hände zu geben. Bei einer Visite in der Krankenstation, bei der Harald zufällig anwesend war, hatte er Dr. Meister gepackt und ihn angebrüllt: „Wenn du Kurpfuscher meinem Freund hier nicht hilfst, kannst du was erleben!"
PP kam daraufhin nach Kassel und Harald in Einzelhaft.

Eine Magenspiegelung mit Gewebeentnahme für eine histologische Untersuchung brachte das niederschmetternde Ergebnis: Magenkrebs im fortgeschrittenen Stadium.
Nach weiteren Untersuchungen die endgültige Bestätigung: unheilbar.
Der leitende Stationsarzt schüttelte bedächtig seinen Kopf und sagte mitfühlend: „Bei diesen eindeutigen Beschwerden hätte man Sie längst zu uns verlegen müssen! Ich werde in meinem Bericht an die Leitung der JVA Hohenfels darauf hinweisen. Sie kommen nicht mehr nach Hohenfels zurück. Sie bleiben hier. Ich werde mich persönlich dafür einsetzen. Wir müssen sofort mit einer Chemotherapie beginnen, für eine Operation ist es leider schon zu spät."
PP leidet furchtbar unter den Infusionen, ihm ist andauernd übel und er dämmert meistens nur so dahin.
Für wen soll ich noch kämpfen? Ich habe keine Ziele mehr. Ich sterbe sowieso an dieser teuflischen Krankheit.
Dann stellt ihm der Arzt eine vorzeitige Haftentlassung in Aussicht, weckt einen leisen Hoffnungsschimmer bei dem kranken Mann.
„Wer zu einer lebenslänglichen Freiheitsstrafe verurteilt wurde, kann laut Paragraph 57a StGB frühestens nach 15 Jahren entlassen werden. Wegen guter Führung und bei der Schwere Ihrer Krankheit, eine durchaus denkbare Möglichkeit. Es ist keine Seltenheit, dass man lebenslänglich Verurteilte nach 15 Jahren Haft vorzeitig auf fünf Jahre zur Bewährung entlässt. Ich werde das Verfahren einleiten und mich um alles kümmern."
Da geht ein Ruck durch PP, da gibt es einen kleinen Funken Hoffnung. Er will nicht an dieser fürchterlichen Geißel Krebs sterben, er möchte leben, möchte nach Spanien fahren, hat plötzlich eine solche Sehnsucht nach Malpente. 35 Jahre ist er nicht mehr dort gewesen. PP will das Meer rauschen hören, seine alten Freunde treffen, am Grab zwischen den Korkeichen stehen. Das sind seine Wünsche für die Zukunft, dafür will er gesund werden, dafür will er kämpfen.

Wenn ich frei bin, schlafe ich als Erstes mit einem netten jungen Mann, vielleicht auch mit einer hübschen Frau. Wie sehr hat er all die Jahre unter diesem Verzicht gelitten. Da spürt er es wieder, das Verlangen nach dem wahren Leben. Spürt dieses intensive Prickeln unter seiner Haut, genauso heftig wie 1982, damals, als das Unheil seinen Anfang nahm …

*****

3. KAPITEL

Gier nach Leben

„Wie ich Ihnen bereits angedeutet habe, würden wir Sie gerne als unseren neuen Betriebsleiter einsetzen. Mir Ihren Erfahrungen, die Sie in den letzten Jahren gesammelt haben, mit Ihrer großen Nähe zu den Kunden, verfügen Sie über ein enormes Wissen, das wir gerne für uns nutzen möchten. Auch für die Ausbildung unserer Nachwuchs-Mechaniker wären Ihre speziellen Kenntnisse …"
Wieder das gleiche Gesülze von Herrn Hamann, meinem Chef, genau wie vor einigen Jahren. Nur diesmal schien er es tatsächlich ernst zu meinen. Mir konnte das nur recht sein, ich war mittlerweile schon über vierzig Jahre alt und die ständige Herumgurkerei im Außendienst langsam leid. Ein Job am Firmensitz, noch dazu als Betriebsleiter, mit einigermaßen geregelten Arbeitszeiten käme mir sehr gelegen, vom höheren Gehalt ganz zu schweigen.
Doch Vorsicht bei diesem Typ, mein Freund ist der nicht, dachte ich im Stillen. Er war als junger Mann in die Firma eingetreten, hatte alle Stufen der Karriereleiter durchstiegen und sich im Laufe der Jahre auf den Chefsessel hoch gedient. Sein Weg war gepflastert mit Kollegen, die wegen seiner ewigen Besserwisserei die Firma wieder verlassen haben. Gewiss, er war ein exzellenter Fachmann, das musste ihm der Neid lassen. Unter seiner Leitung stimmten die Umsatzzahlen und er verstand es ausgezeichnet, immer wieder neue Kunden von der Qualität unserer Produkte zu überzeugen. Bei der Konkurrenz war er gefürchtet. Diese Argumente sprachen deutlich für ihn. Die deutsche Arbeitsmentalität, die vielen Ur-

laubstage, die Vorstellung von der Arbeitswelt im Allgemeinen und vom Tarifrecht im Besonderen, unsere Gewerkschaften, das war denen drüben, über dem großen Teich eher verdächtig, um nicht zu sagen lästig. Hamann verstand es ausgezeichnet, zwischen den Interessenslagen zu vermitteln. Das allein sind wahrscheinlich die Gründe gewesen, warum unsere amerikanische Muttergesellschaft gerade ihm die Geschäftsführung angetragen hatte. Wir Mitarbeiter mochten ihn jedenfalls nicht besonders. Sein Ehrgeiz, immer und überall der Beste zu sein, machte ihn nicht gerade sympathisch. Aber in dir steckt auch ein Hauch von dieser Mentalität. Zwei Hähne auf einem Misthaufen? Na ja, wir werden sehen. Ich nehme sein Angebot jedenfalls an.
Ich hatte bisher nur sehr wenige Berührungspunkte mit Hamann gehabt, disziplinarisch unterstanden wir Außendienstleute ihm zwar, aber er ließ uns weitgehend freie Hand. Die Kundendiensteinsätze koordinierten meistens die Sachbearbeiterinnen. Bei mir riefen viele „Kundinnen" zu Hause an und wir sprachen meine „Besuche" persönlich ab. Neben dem rein Fachlichen, gab es auch private Berührungspunkte, einige der Damen standen mir ziemlich nahe.
„Ihr Vorschlag klingt recht verlockend, Herr Hamann. Ich bin durchaus nicht abgeneigt, ihn anzunehmen, bitte Sie aber um einige Tage Bedenkzeit. Durch Ihr Angebot wird sich in meinem bisherigen Leben einiges ändern, das muss ich mir zuvor noch reiflich überlegen."
„Sie haben alle Zeit der Welt, ich möchte Sie keinesfalls drängen. Ihren Vorgänger verabschieden wir in einem halben Jahr. Bis dahin müssten Sie sich allerdings entschieden haben." Süffisant lächelnd fuhr er fort: „Wenn Sie jedoch, entschuldigen Sie bitte meine Offenheit, wir waren schließlich alle mal jung, Bedenken haben, Ihre persönlichen Kontakte zu unseren Kundinnen würden darunter leiden, kann ich Sie beruhigen. Wir haben vor, noch mehr in die Offensive zu gehen und

möchten deshalb unser Verkaufs- und Servicenetz enger ausbauen. Ihre Aufgabe wäre es, mit unseren Nachwuchs-Technikern zu den Kunden zu fahren, um Ihre technischen Erfahrungen an sie weiterzugeben. Sie hätten dann immer noch genug Gelegenheiten, Ihre guten Beziehungen zu den Damen auch weiterhin zu pflegen."
Da sieh mal einer an, der kennt sich ja bestens aus, den darf ich nicht unterschätzen! Macht hier auf verständnisvollen Chef, redet von jung, was wir aber beide nicht mehr sind. Verheiratet ist er nicht, man sieht ihn öfter mit ganz jungen Dingern herumziehen.
„Wir müssten vorher noch festlegen, was alles zu meinen Aufgaben gehören soll, inwieweit ich weisungsbefugt wäre. Meine Vorstellung ist, dass ich weitgehend selbst entscheiden könnte. Zwischen meinem Vorgänger und Ihnen kam es, meines Wissens, öfter zu Differenzen wegen der Zuständigkeiten. Ich möchte da vorher absolute Klarheit haben."
„Überhaupt kein Problem, wir legen für Sie ein Arbeitsplatzprofil fest. Schreiben Sie doch schon mal auf, was Sie da alles drin haben wollen. Wir treffen uns wieder, sagen wir mal, am Freitagnachmittag, um 15 Uhr, hier in meinem Büro."

Wir haben uns geeinigt. Im Januar 1982 wurde ich offiziell zum Betriebsleiter ernannt, auch die Amis gaben ihren Segen dazu. Mein Gehalt fiel ordentlich aus, ich erhielt mein eigenes Büro und einen Dienstwagen. Jetzt war ich zum Chef meiner ehemaligen Kollegen aufgestiegen.
Wanda und meine Eltern habe ich gemeinsam zum Essen ausgeführt, bei „Schwarzwald-Freunden" und Reitverein einige Runden Schnaps spendiert. Ich war mächtig stolz auf mich und meinen neuen Job, meiner Eitelkeit hat dieser Aufstieg schon sehr geschmeichelt. Mir war aber bewusst: Das Vertrauen und die Akzeptanz deiner Mitarbeiter musst du dir erst noch erwerben, die fällt dir Kraft deines Amtes nicht

automatisch zu. Doch da konnte ich ganz zuversichtlich sein, ein umgänglicher Mensch bin ich immer gewesen, alles Weitere würde sich finden.

Mein Aufgabengebiet erstreckte sich, neben der Leitung der Werkstatt und der Betreuung aller Einrichtungen und Gebäude, auch auf tätige Hilfe in der Verkaufsabteilung, Hilfe bei Einkauf, Planung und Überwachung der Liefertermine usw. Kurz, ich wurde so etwas wie ein „Mädchen für alles", allerdings im positiven Sinne.

Nach einiger Zeit hatte ich manchmal den Eindruck, ohne mich gehe gar nichts mehr. Aufgrund meines fast krankhaften Ehrgeizes habe ich auch vieles an mich gerissen, was mich im Grunde genommen eigentlich gar nichts anging. Meine Kollegen waren froh, wenn ich mich um alles gekümmert habe, und der Chef zufrieden, einen so dienstgeilen Betriebsleiter gefunden zu haben.

Wir beschäftigten damals etwa 25 Mitarbeiterinnen und Mitarbeiter in der Niederlassung „Hessen-Süd". Acht Mechaniker, zwei Mitarbeiter im Teilelager, einen Lagerarbeiter für den Versand unserer Geräte, der spielte nebenbei auch den Hausmeister. Das übrige Personal waren Sachbearbeiter in Einkauf, Verkauf, Buchhaltung, Rechnungswesen. Zwei Putzfrauen, die zusätzlich die Bewirtung der zahlreichen Besucher übernahmen, standen ebenfalls auf der Lohnliste. Das Betriebsgebäude, ein zweckmäßiger, moderner Flachbau, befand sich in gutem Zustand, auf dessen Pflege wir größten Wert legten, besonders bei den Grünflächen war Hamann äußerst pingelig. Er und ich sind uns wegen der Bepflanzung öfter mal in die Haare geraten. Ich bevorzugte blühende Blumen, er mochte lieber niedrig wuchernde Stauden und Bodendecker, „Friedhofsblumen" habe ich dann gesagt und den Hausmeister angewiesen, Rosenstöcke und Tulpen zu pflanzen. Hamann war das nicht so ganz recht, er hat aber nichts dazu gesagt.

Lang lag die Zeit zurück, als wir nur einfache Schreibmaschinen verkauft hatten, die Schreibcomputer Xp-34 US und später das erfolgreiche Modell Xp-34-G standen in fast allen deutschen Büros. Wir hatten davon immer einen größeren Vorrat am Lager und eine der Aufgaben meiner Mechaniker war es, diese Geräte vor der Auslieferung an die Kunden zu überprüfen. Aus Kostengründen wurde seit Jahren eine „Out of Box Quality" angestrebt, aber dazu hätten die Amerikaner eine Qualitätssicherung in ihren Fertigungsbetrieben einführen müssen. Die Zusammenarbeit mit den Amerikanern erwies sich als äußerst schwierig. Ihnen fehlte einfach das Verständnis für die Besonderheiten des europäischen Marktes. Eine weitere Tätigkeit der Mechaniker bestand darin, Geräte, die beim Kunden nicht repariert werden konnten, weil eine Reparatur vor Ort zu umfangreich und zu teuer gewesen wäre, in unserer Werkstatt durchzuführen.

Um auch im Gebrauchtmaschinen-Segment erfolgreich zu sein, haben wir ältere Schreibmaschinen zurückgekauft und als Secondhand-Angebote hergerichtet. Unsere Haupttätigkeit bestand darin, die neuen Adressier- und Kuvertieranlagen bei den Kunden einzusetzen. Hier hatten wir uns inzwischen zum unumstrittenen Marktführer entwickelt. Die Firma genoss in der Branche einen ausgezeichneten Ruf. Mir kam jetzt zugute, dass ich in jungen Jahren den Techniker in Automationstechnik gemacht habe. Wo unsere eigenen technischen Mittel nicht ausreichten, sicherte ich mir die Hilfe einer kleinen, aber feinen Schlosserei. Zusammen mit deren Know-how und unserer Kompetenz waren wir unschlagbar.

Mit den Mitarbeitern auszukommen, erwies sich als einfacher, als ich ursprünglich gedacht hatte. Bei den Mechanikern kam ich an. Die waren froh, dass die Kompetenzrangeleien früherer Jahre endlich der Vergangenheit angehörten. Sie bekamen die Arbeit von mir zugewiesen und wenn ich nicht da war, von meinem Stellvertreter Robert, das sorgte für

klare Verhältnisse. Robert arbeitete schon länger in der Firma als ich. Wir waren fast gleich alt, eigentlich hätte er den Betriebsleiterjob bekommen müssen, er war aber kein Typ, der Verantwortung übernehmen wollte, er ließ sich lieber sagen, was zu machen war. Ich hatte ihn zu meinem Stellvertreter gemacht, weil sein enormes Wissen als unbezahlbar galt. In Robert hatte ich einen loyalen Kollegen gefunden, der nie an meinem Stuhl sägen würde. Da brauchte ich mir keine Sorgen zu machen. Sorgen bereitete mir allerdings unser Lagerarbeiter Herr Schultes. Bei der Suche nach einer Stichsäge in seinen Werkzeugschubladen entdeckte ich mehr oder weniger zufällig viele leere kleine Flachmänner. Nach vorsichtiger Anfrage bei meinen Kollegen erfuhr ich: Der säuft schon seit Jahren, der ist Alkoholiker.
„Entschuldigung, Meister, ich möchte niemanden anschwärzen, aber der Schultes kommt oft samstags mit dem Fahrrad durch den Wald und versteckt einen Kasten Bier in den Büschen. Wenn ich mit meinem kleinen Sohn im Wald spazieren gehe, habe ich ihn schon einige Male gesehen", klärte mich Harry, einer der Mechaniker, auf.
„Ich danke dir, Harry, du hast niemanden verraten. Ich finde es gut, dass du mir das gesagt hast."
Auf diesem Gebiet fehlte mir jegliche Erfahrung. Zusammen mit meinen „Schwarzwald-Freunden" bin ich selbst auch oft sehr sorglos mit Alkohol umgegangen. Bei uns war ein Rausch aber eher ein Kavaliersdelikt. Nach einem zünftigen Abend hatte man am nächsten Tag allerlei Beschwerden, die sorgten schon dafür, dass man nicht zu oft in diesen Zustand geriet. Dass übermäßiger Alkoholgenuss süchtig macht und man davon ernsthaft krank werden kann, ja, dass Alkoholismus eine Krankheit ist, war mir damals nicht bewusst.
Nach Rücksprache mit dem Chef habe ich dem Lagerarbeiter unter Androhung einer Abmahnung verboten, während der Arbeitszeit Schnaps oder Bier zu trinken. Wir waren beide

der Meinung, damit hätten wir unsere Sorgfaltspflicht gegenüber dem Mitarbeiter erfüllt, zumal dieser uns versprochen hatte, nicht mehr zu saufen.

Im folgenden Frühjahr kam der Lagerarbeiter auf tragische Weise in seinem Garten ums Leben. Man nahm an, dass er, wieder mal im Rausch, beim Hantieren mit Spritzmitteln deren giftige Dämpfe eingeatmet hat. Der Tod dieses Mannes löste bei mir ein gründliches Überdenken meiner eigenen Situation aus, sozusagen eine Analyse meiner Lebensumstände. Ich war vierzig Jahre alt, lebte aber immer noch wie ein 20-jähriger Junggeselle. Außer für meinen Job, hatte ich keine weitere Verantwortung. Die ständige Sucherei nach neuen Partnerinnen kam mir mittlerweile albern vor. Das ewige Geschwafel, nur um die Mädels ins Bett zu bekommen, fand ich meinem Alter nicht mehr angemessen. Zeit für neue Perspektiven. Auch für jüngere Männer war ich inzwischen zu alt geworden, wer von denen wollte schon gern einen „Opa" zum Freund haben. Zudem wäre mir eine neue Beziehung wie ein Verrat an Manuel vorgekommen. Die Erinnerung an ihn wollte ich nicht wegen eines anderen Mannes zerstören. Wenn dir allerdings so einer wie der Andy über den Weg läuft, was machst du denn dann? Kannst du garantieren dass du nicht schwach wirst? Nein? Mit der schönen neuen Karriere ist es dann aber aus und vorbei. Sollten die in der Firma merken, dass du auch auf Männer stehst, kannst du sofort deinen Hut nehmen. Der Hamann lässt dich dann nicht länger auf die teilweise recht hübschen Mechaniker los. Das war mir klar und daran habe ich mich gehalten. Nichts anmerken lassen und vor allem keine Beziehungskisten in der Firma. Ich geriet jetzt schon oft genug in Situationen, bei denen ich mich schwer zurückgehalten habe, um nicht doch als ein Bewunderer männlicher Schönheit ertappt zu werden. Da waren zwei Typen bei meinen Mechanikern, so ein schwarzhaariger süßer Softiboy und ein blonder Handballspieler, bei denen ich

jedes Mal ganz unruhig wurde, wenn sie bei mir im Büro erschienen, um mich nach einem arbeitsspezifischen Problem zu fragen.
Der Schwarzhaarige tat immer so unschuldig und schmachtete mich mit seinen dunklen Augen an. Das machte er zwar bei jedem, aber trotzdem, ein süßer Bengel. Der Blonde mit seinem durchtrainierten Body hatte so etwas herrlich Animalisches und roch so gut nach Mann. In den Sommermonaten, in ihren leichten Trikots und knappen Shorts, wusste ich oft gar nicht, wo ich hinschauen sollte. Beide waren für mich absolut tabu, schließlich war ich ihr Chef. Aber hingucken, ein bisschen träumen war ja nicht verboten.
Die Vorstellung, mit einem gleichaltrigen oder gar älteren Mann eine Beziehung einzugehen, war für mich so absurd, dass ich sie gar nicht erst in Erwägung zog. Da ich keinen wie Andy finden würde, brauchte ich ein solides Verhältnis mit einer Frau, die Zeit war reif dafür, genug getingelt. Dein bisheriges Leben mit seinen Bohemienzügen muss ein Ende haben! Was machst du also? Wanda? Sie wäre, wie schon so oft, die Lösung all deiner Probleme. Wir kennen uns schon so viele Jahre, sind vertraut miteinander. Keine andere Frau auf der Welt wird dich je so zu nehmen wissen wie sie. Warum also nicht den letzten Schritt wagen und mit ihr richtig, so wie Mann und Frau, zusammenleben?
Ich habe mit ihr darüber gesprochen, muss aber zu meiner Schande gestehen, besonders geschickt oder gar diplomatisch bin ich dabei nicht vorgegangen, schon gar nicht wie ein Mann, der die Frau seines Herzens erobern möchte. Das hatte ich auch nie gelernt, die Mädchen machten es mir bisher immer leicht. Mit ein paar flotten Sprüchen bin ich meistens ans Ziel gekommen.
Ich habe Wanda direkt auf den Kopf zu gesagt, dass ich gern ein richtiges Verhältnis mit ihr eingehen möchte. Lange hat sie mich angeschaut und anschließend herzhaft gelacht. Nicht

ausgelacht, weil ihr mein Antrag nicht recht war, nein, sie hat über mein unmögliches Vorgehen gelacht.
„Du bist ein solcher Esel! Du kannst noch nicht mal einer Frau eine vernünftige Liebeserklärung machen, selbst dazu bist du zu dämlich. Mich wundert nur, dass du all die Jahre den Ruf hattest, ein Weiberheld zu sein. Geliebt hast du von all denen keine, verliebt warst du immer nur in dich selbst. Die einzige Ausnahme war dein Freund in Spanien, aber den hast du anscheinend auch nur geliebt, weil es was ganz Besonderes war. Ein Verhältnis mit einem jungen Mann, das hat deiner verdammten Eitelkeit gut getan, das hat dich über alle anderen hinausgehoben."
„Das stimmt so nicht, Wanda, und du weißt das auch. Du hast doch selbst erlebt, wie ich gelitten habe, als er erschossen wurde. Erinnere dich mal an Weihnachten 1966."
„Entschuldige bitte, PP, es war nicht so gemeint, ich wollte dir nicht wehtun. Im ersten Zorn sagt man oft etwas, was einem hinterher wieder Leid tut. Ja, damals zu Weihnachten, als du aus Spanien zurückgekommen bist, da habe ich dir wegen deiner Sauferei gründlich den Kopf gewaschen. Aber sieh mal, auf das, was du eben gesagt hast, darauf habe ich mehr als 16 Jahre gewartet. Welche andere Frau auf der Welt hätte es so viele Jahre mit einem Egoisten wie dir ausgehalten? Und nun so eine unsensible Anmache? Keine Blumen, keine Pralinen, nichts, nur er, der Herr Macho, siegessicher kommt er daher, denkt gar nicht daran, dass er sich auch einen Korb holen könnte. Was bildest du dir eigentlich ein? Du schnippst mit dem Finger und ich pariere? Jede andere Frau hätte dich vor Jahren schon zum Teufel gejagt. Jedes Mal, wenn du gekommen bist, um dich bei mir auszuweinen oder mit deinen Liebschaften zu prahlen, hätte ich dich hinauswerfen müssen, aber ich blöde Kuh, ich habe dich vom ersten Tag an geliebt."
„Jetzt willst du mich aber hochnehmen. Du, eine erfahrene Frau, was hättest du denn mit mir grünem Jungen gewollt? Nein, das glau..."

„Nun halt mal die Luft an, mein Lieber! All die Jahre hast immer nur du von deinen Problemen geredet, wie es in mir ausgesehen hat, war dir egal. Jetzt bin ich mal dran mit dem Reden. Ich erinnere mich noch genau an den Tag, als du zum ersten Mal auf den Reiterhof kamst. Ich kann dir sogar noch sagen, was du anhattest. Eine dunkelblaue Jeanshose und ein vorn geknöpftes helles Hemd, so eines, wie es die Cowboys in den alten Wildwestfilmen tragen. Das Hemd passte gut zu deinen blonden Haaren. Damals warst du kaum zwanzig Jahre alt, ich zehn Jahre älter. Als deine Freundin wäre ich zu alt gewesen, was sollte so ein hübscher Bengel mit einer alten Schachtel wie mir anfangen? Ich wusste nur, ich hatte mich unsterblich in dich verliebt."
„Wanda, mach keine Witze!"
„Du konntest ja gar nicht ahnen, was du mit deinem Charme für Gefühle bei mir ausgelöst hast. Wenn wir zusammen Hüttendienst im Reiterstübchen machten, war ich so glücklich. Da konnte ich wenigstens mit dir zusammen sein, da hatte ich dich, wenn auch nur kurz, für mich allein. Dir ist nie etwas aufgefallen, du hast mich nicht wahrgenommen. Warum auch, du hattest ja deinen Spanier. Manchmal habe ich nachts geweint. Dann hätte ich mich selbst ohrfeigen können, ich, eine aufgeklärte, selbstbewusste Frau, habe mich in diesen eingebildeten unreifen Schnösel da verliebt, doch der hat nur seinen Manuel im Kopf. Ich bin so unglücklich gewesen. Als dein Freund damals umgekommen ist, habe ich gehofft: Jetzt kommt er zu dir! Wer, wenn nicht du, soll ihn denn trösten? Wieder nichts, du weißt ja selbst, was daraus geworden ist: dein Abenteuer mit der Engländerin. All die Jahre habe ich es ertragen, dass du mich nicht geliebt hast, dass du nur zu mir gekommen bist, wenn du Kummer hattest. Dann hast du deinen Seelenmüll bei mir abgeladen und warst wieder weg. Gut, wir haben in den letzten Jahren viel gemeinsam unternommen, aber eine Frau erwartet doch mehr

vom Leben, mehr von dem Mann, den sie liebt. Immer, wenn ich wusste, jetzt treibt er sich wieder draußen herum, habe ich mir geschworen: Jetzt reicht es, der kommt mir nicht mehr ins Haus! Wenn du dann aber wieder dastandest mit deinem unschuldigen Blick, war alles vergessen. Wir sind beide nicht mehr so jung, ich bin fast 52. Aber trotz allem, du dummer Kerl, ich liebe dich immer noch. Wenn ich jetzt einen Fehler gemacht habe, weil ich das zugegeben habe, dann, lieber Gott, steh mir bei."

Das hatte ich nun nicht gerade erwartet, die gute Wanda, fähig zu solch einem Gefühlsausbruch. Was habe ich ihr alles angetan, ohne dass mir je bewusst geworden ist, was diese Frau tatsächlich für mich empfand. Ich nahm ihre Zuneigung, ihre Fürsorge als das Selbstverständlichste der Welt einfach so in Anspruch, ohne je darüber nachzudenken. Und sie liebte mich trotzdem, mich, der ich sie jahrelang so gedemütigt habe. In dieser Nacht habe ich gespürt, dass sie mit jedem Wort die Wahrheit gesagt hatte, mir wurde endlich bewusst, was ich all die Jahre verschmäht hatte, wie viel Liebe und Zuneigung mir da entgangen war.

***

Für unseren so tragisch verstorbenen Lagerarbeiter brauchten wir dringend einen Ersatz. Da die Personalplanung im technischen Bereich zu meinen Aufgaben gehörte, gab ich Frau Walter, unserer Sekretärin, den Auftrag, eine Annonce aufzugeben. Frau Walter, eine nette ältere Dame, saß im Vorzimmer des Chefs. Als ich meine neue Stellung angetreten habe, wurde vereinbart, Frau Walter sollte meine Schreibarbeiten im administrativen Bereich übernehmen. Den technischen Schreibkram, wie Angebote und dergleichen, musste ich selbst erledigen. Es kam zu ersten Reibereien mit dem Chef. Er behauptete immer, Frau Walter würde meine Post bevorzugt

behandeln. Das traf so nicht zu, denn Frau Walter bevorzugte keinen von uns. Sie arbeitete nach Dringlichkeit oder nach der Reihenfolge, wie bei ihr die Sachen hereinkamen.
Auf die Annonce kamen zwar einige Bewerbungen, aber nichts, was mich vom Hocker gerissen hätte. Die Arbeitsvermittlung der Frankfurter Uni hatte uns schon mehrfach Aushilfskräfte vermittelt, mit denen wir gute Erfahrungen gemacht hatten, deshalb forderte ich dort einen Lagerarbeiter an. Zwei Tage später kam ein älterer Mann, der sich nicht dumm anstellte.

Wanda und ich behielten unsere Wohnungen, ich habe mich aber die meiste Zeit bei ihr aufgehalten. Wir versorgten die beiden Haushalte gemeinsam, jeder hat einen Teil der Aufgaben übernommen. Es lief gut und wir waren glücklich. Unser neues Leben bekam mir gut, ich wurde ausgeglichener, ruhiger. Man konnte das rein äußerlich schon erkennen und die Waage zeigte es auch. Es hielt sich aber noch in Grenzen, mit etwas mehr Sport würde ich mein Gewicht schon halten können.
Wir verbrachten viel Zeit auf dem Reiterhof. Dank meiner geregelten Arbeitszeit konnten wir viele Stunden mit unseren beiden Pferden verbringen. Den kleinen Bully hatte ich mir vor einigen Monaten vom Verein gekauft. Ich wollte ihn haben, er war mir richtig an Herz gewachsen. Im Sommer sind Wanda und ich nach Feierabend oft stundenlang durch die Wälder geritten. Wanda nahm etwas zu essen und zu trinken mit und wir machten ein Picknick in freier Natur, sind in der Kiesgrube geschwommen, haben uns im Wald geliebt und meistens erst in der Dunkelheit nach Hause gekommen. Ein glückliches Paar in einer glücklichen Zeit.
Ich genoss die Zuneigung und Liebe dieser Frau, war bemüht, ihr all die Aufmerksamkeit zu schenken, die ich ihr so lange vorenthalten habe. Ich vermisste nichts mehr, war heilfroh, dass dieses ewige Suchen vorbei war. Ja, was hatte ich denn wirklich in all den Jahren gesucht? Schöne Männer? Hübsche

Frauen? Nicht nur ich bin glücklich gewesen, nein, auch meine Mutter zeigte sich zufrieden. Wanda ist ihr von Anfang an sympathisch gewesen. Meine Eltern haben uns oft eingeladen und immer wieder scherzend gefragt, ob nicht bald die Hochzeitsglocken für uns läuten würden, Zeit wäre es.
„Darüber müssen wir erst nachdenken, so weit sind wir noch nicht", haben wir sie beschwichtigt.
Aber an anderer Stelle würden die Hochzeitsglocken bald läuten, in Tirol. Andy Mader hatte mir geschrieben, er wolle im Sommer heiraten. Er bat mich darum, sein Trauzeuge zu sein. Telefonisch sagte ich ihm zu und bedankte mich ein wenig traurig für seine Einladung. Tief im Innern nagte der Neid. Jetzt ist er endgültig für dich verloren, aber was soll's, lass ihn und seine Braut glücklich werden, ich gönne ihm sein Glück von Herzen.

Wanda ging jetzt auch mit zu meinen „Schwarzwald-Freunden". Es schien ihr sogar zu gefallen, so schreckliche Leute, wie sie früher immer annahm, gab es bei uns gar nicht. Und zu viel getrunken wurde schon lange nicht mehr.
Eduard hatte den ganzen Club zu einem Grillfest eingeladen. Er besaß damals noch sein Gartengrundstück mit der Hütte. Nach Steaks, Würstchen, Bier und Wein verabschiedeten wir uns von den Freunden, Wanda klagte über starke Kopfschmerzen. Meistens hielten wir uns in Wandas Wohnung auf, die war größer und bequemer als meine. Heute bestand sie jedoch darauf, in meine Wohnung zu gehen.
„Bei dir ist es gemütlicher und du hast so ein schönes großes Bett. Erst duschen wir gemeinsam und dann ... Hm, ich freue mich so auf das große weiche Bett."
„Was ist mit deinen Kopfschmerzen, Wanda?"
„Das habe ich doch nur so gesagt, ich möchte mit dir allein sein. Jetzt komm schon endlich."
Auf meinem Nachttisch stand ein Bild von Manuel und mir am Strand von Malpente. Ein schwedischer Tourist hatte es

in den 60er Jahren vor der „Cabaña" aufgenommen und mir geschickt. Die letzte Erinnerung an Spanien, die es noch in meiner Wohnung gab, alles andere aus dieser Zeit verstaubte so nach und nach im Keller.
Wanda ist schon oft bei mir gewesen, auch in meinem Schlafzimmer. Das Bild hatte sie bisher nie gestört. Heute schien das plötzlich anders zu sein. „Wenn das Bild da steht, kann ich nicht! Nimm es bitte weg."
„Warum? Es steht seit Jahren hier."
„Aber einmal musst du doch die Zeit von damals vergessen! Soll er denn ewig zwischen uns stehen?"
„Er steht nirgendwo dazwischen. Dieses Foto ist eine Erinnerung an eine schöne Zeit, mehr nicht. Du hast auch Fotos in deiner Wohnung hängen, mit denen du irgendetwas aus deinem Leben verbindest. Es ist doch üblich, dass man sich mit Fotos von Menschen umgibt, die einem etwas bedeutet haben. Du bist doch nicht etwa eifersüchtig auf ein altes Foto, Wanda?"
„Du hast nie richtig Abschied genommen von ihm. Es ist doch total unnatürlich, so viele Jahre um einen Menschen zu trauern."
„Wanda, bitte lass uns an diesem schönen Abend nicht streiten. Ich trauere ja nicht mehr um ihn, aber vergessen werde ich ihn mein Leben lang nicht, er wird immer ein Teil von mir bleiben. Er nimmt doch keinem etwas weg, auch dir nicht. Ich habe ihn und sein Land geliebt, damals, in einer ganz anderen Zeit. Das ist alles schon so lange her, worüber regst du dich auf? Heute liebe ich dich und du würdest ja auch nicht wollen, dass ich dich irgendwann einmal in eine Schublade stecke. Im Leben eines jeden Menschen gibt es nun mal Dinge, die er nicht vergessen will. Unser Leben geht weiter, nur die wenigsten von uns bleiben auf der Stelle stehen. Die, die stehen bleiben, machen etwas falsch. Aber die, die weitergehen, sich aber trotzdem an ihre Vergangenheit erinnern, können doch keinen Fehler machen."

„Das hast du aber jetzt sehr schön gesagt. Sicher hast du Recht damit."
„Ja, ich habe Recht und du hast einen kleinen Schwips, Wanda. Komm, lass uns ins Bett gehen, es war ein langer Tag."
„Ja, ich glaube fast selbst, ich habe etwas zu viel von dem Wein erwischt. Es war lustig bei deinen Freunden, das hätte ich nicht erwartet. Und wenn du willst, fliegen wir zusammen nach Spanien. Dort kannst du mir alles zeigen, das Hotel, den Strand, eure Hütte und … und das Grab. Vielleicht würde dir das helfen, ihn endlich zu vergessen."
„Das ist lieb gemeint, aber ich will nichts vergessen, dazu war alles viel zu schön. Unsere Hütte gibt es schon lange nicht mehr und nach Spanien möchte ich auch nicht, nie mehr. Ein für alle Mal, dort habe ich nichts verloren. Das klingt zwar paradox, ist aber so. Wir wollen nicht mehr davon sprechen. Wenn wir zwei eine schöne Zukunft haben wollen, und davon gehe ich aus, dann lass mir meine Vergangenheit, um mehr bitte ich dich nicht, Wanda."

***

Die Hochzeit von Andy Mader und seiner Braut Verena im Juli 1983 ist mir als ein gelungenes Fest in Erinnerung geblieben. Alle meine Freunde waren eingeladen: Rainer, der vor einiger Zeit die Bekanntschaft einer jungen Frau aus dem Zillertal gemacht hatte und sie bald heiraten wollte, um danach ebenfalls in Tirol zu bleiben, Heinz mit Ehefrau Anna, die in ihrem Auto meine beiden „alten" Wegbegleiter Eduard und Heiner mitbrachten; Freddi kam erst wenige Minuten vor der Trauung in einem Taxi angebraust, sein Flug von Frankfurt nach Innsbruck war mit einiger Verspätung gelandet, dazu viele Verwandte, Nachbarn und Freunde der Maders und der Brauteltern.
So eine Tiroler Bauernhochzeit ist anstrengend. Dazu braucht man, auch als Gast, eine enorme Kondition. Um 6 Uhr früh

wecken die Freunde des Bräutigams Brautleute, Verwandtschaft und bereits angereiste Gäste mit Musik, Böllerschüssen und sehr viel Krawall. Der Tradition entsprechend werden sie mit Bier und Schnaps sowie einer zünftigen Brotzeit bewirtet. Die jungen Burschen können ganz schön was vertragen und sind mit enormem Sitzfleisch ausgestattet. Manches Brautpaar ist deshalb schon zu spät zum Standesamt gekommen. Bei uns hat alles geklappt, wir kamen pünktlich zum Gemeindehaus, die Zeremonie dort war kurz. Um die Mittagszeit gab es eine Suppe. Danach formierte sich der Kirchenzug. Als Erste gingen die ledigen Mädchen und Burschen samt den größeren Kindern. Denen folgten Musik und die Kutsche mit dem Brautpaar. Die Eltern der Brautleute, die Trauzeugen und die übrigen Hochzeitsgäste liefen der Kutsche hinterher.

Vom Maderhof zur kleinen Dorfkirche benötigten wir etwa eine knappe Stunde. Wanda und ich gingen neben Marie. Alle einheimischen Gäste trugen ihre Sonntagstrachten. Wanda in ihrem schicken Dirndl und ich im Trachtenanzug sahen fast wie echte Tiroler aus. Die Freundinnen der Braut hatten am Tag zuvor die Kirche mit Feldblumen geschmückt, was der Trauung einen sehr stimmungsvollen Rahmen verlieh.

Andy Mader und seine hübsche Braut waren wirklich ein schönes Paar. Vor dem Altar stand ich seitlich hinter Andy und habe ihn heimlich angeschaut. Beim Anblick des glücklichen jungen Mannes verspürte ich einen leichten Stich in der Herzgegend, nur ganz kurz. Mir ist plötzlich klar geworden, nie würde ich einen Sohn haben, nie würde ich erfahren, wie es war, ein Vater zu sein. Ein klein wenig neidisch habe ich zu Marie hingeschaut. Beim Blick in ihre strahlenden Augen sind meine düsteren Gedanken jedoch wieder verflogen.

Nach der Trauung marschierten wir alle in den Gasthof „Zum Kreuz" und stärkten uns mit Kaffee und Kuchen. Die Bauern unter den Gästen gingen anschließend zu ihren Höfen, melkten und fütterten ihr Vieh. Als die Tiere versorgt waren, kamen sie wieder. Zwischendurch hatte ich etwas Zeit, um mit Rainer ein paar Worte zu wechseln.

„Ich habe gehört, dich hat es auch erwischt, du willst bald heiraten und hier in Tirol bleiben?"

„Entschuldige bitte, PP, ich bin aber auch ein Stoffel! Ich habe euch meine Kathi noch gar nicht richtig vorgestellt. Bei dem Trubel heute Morgen hab ich das total vergessen."

„Nur keine Sorge, wir haben uns schon mit ihr bekannt gemacht. Eine reizende junge Frau und so natürlich. Hast du keine Bedenken, für immer zu bleiben, die Arbeit und so, das ist doch hier nicht alles so, wie bei uns zu Hause?"

„Das ist für mich zweitrangig, wir leben nur ein Mal. Und wenn es hier nicht so gut läuft, na ja, dann schränken wir uns halt etwas ein, was soll's. Wir lieben uns und ich bin gern in Tirol, man soll doch versuchen, seine Träume auszuleben."

Ich konnte ihn gut verstehen, ich wusste, was er meinte. Meine Träume waren nicht alle in Erfüllung gegangen, daher wünschte ich ihm sehnlichst, dass er sich die seinen erfüllen konnte.

Nach dem guten und reichhaltigen Abendessen wurde bis in den frühen Morgen hinein tüchtig gefeiert. Beim Brautwalzer habe ich an meine Tanzstundenzeit denken müssen, als ich zu Hause im Wohnzimmer der Eltern mit Mutter Walzer geübt habe. So lange war das nun bereits her, nicht zu glauben, wie die Zeit verging und was uns in den Jahren danach so alles passiert ist. Marie Mader, die stolze Mutter, sah mich so nachdenklich am Tisch sitzen, kam und setzte sich neben mich.

„Na, Peter, so in Gedanken? Gefällt dir unsere Hochzeit? Ein schönes Paar. Wer hätte das gedacht, mein Rumtreiber wird noch mal ein Hochzeiter. Er ist jetzt mit der Ausbildung zum Krankenpfleger fertig und hat eine Stelle an der Uniklinik Innsbruck. Zuerst geht er allein, wenn seine Probezeit vorbei ist, will er eine Wohnung suchen. Verena und der Bub kommen dann nach. Verenas Eltern haben Gott sei Dank nachge-

geben und die beiden heiraten lassen. Und wann ist es bei euch so weit, dass du mich auch einlädst?"
„Aber sicher, Marie, das machen wir, du wirst es als Erste erfahren. Du musst dich aber noch etwas gedulden, wir lassen uns Zeit. Ihr Mütter wollt uns immer so schnell verheiraten und hinterher seid ihr traurig, weil ihr eure Buben nicht mehr bei euch habt. Meine Mutter ist genauso."
„Ich glaube, du hast mit deiner Wanda die Richtige gefunden, ihr passt gut zusammen. Es ist nicht so schlimm, wenn die Frau etwas älter ist, das macht gar nichts. Ich bin froh, dass du es so gut getroffen hast. Du hattest es bisher auch nicht immer leicht in deinem Leben."
„Ja, das ist sicher wahr, man hat es mir nicht immer leicht gemacht. Ich habe als junger Mann sehr viel Schönes, aber auch viel Schlimmes erlebt."
„Der Heiner hat mal eine Andeutung gemacht, ganz im Vertrauen. Nicht im Detail, so neugierig bin ich nicht. Ich habe mir fast so was gedacht. Ich stehe fest im Leben, glaube mir, es gibt nichts zwischen Himmel und Erde, was der Herrgott nicht will. Er hat dir einmal eine Prüfung auferlegt, aber er wird seine schützende Hand über dich halten, glaube das einer alten Tiroler Bauersfrau. Nichts auf der Welt geschieht umsonst, alles hat seinen Sinn, du musst nur fest dran glauben."
„So, Heiner hat also aus dem Nähkastchen geplaudert. Weiß Andy auch Bescheid?"
„Nein, dein Geheimnis ist bei mir gut aufgehoben. Unser Andy mag dich sehr, für ihn wirst du immer sein väterlicher Freund bleiben."
„Ich hoffe nur, du warst nicht zu sehr geschockt und hast nicht noch nachträglich Angst, dass ich deine hübschen Söhne verführe. Hoffentlich hast du Recht mit dem, was du über Gott gesagt hast. Ich habe es nicht so mit dem Glauben, bisher habe ich mir immer selbst geholfen."

„Heiner hat mir nur wenig erzählt, ohne dabei die üblichen Witze über Schwule zu machen oder zu spotten. Er hat immer wieder betont: ‚Der Peter ist mein Freund, auf den lasse ich nichts kommen! Was er sonst noch macht, ist seine Sache. Das muss er verantworten und das macht er richtig, er ist nie einem von uns zu nahe gekommen.' Dass du meine Söhne verführen könntest, diese Befürchtung gibt und gab es bei mir nicht, selbst wenn ich schon früher gewusst hätte, wie es um dich steht. Dazu hast du viel zu viel Achtung vor uns. Damals, als du zum ersten Mal auf unseren Hof gekommen bist, ist mir sofort aufgefallen, dass du ein sehr sensibler Mann bist, den aber irgendetwas bedrückt. Meine Menschenkenntnis hat mich noch nie im Stich gelassen. Das, was ich über Männerliebe bisher so gehört habe, ist nur wenig. Man hört manchmal, dass es meistens sehr anständige Leute sind. Mach deinem Freund Heiner keine Vorwürfe, er hat nur gut von dir gesprochen. Ich verrate dir jetzt ein Geheimnis: Heiner wird bei uns bleiben. Ich bin noch nicht so alt, ein Mann im Haus wird mir gut tun. Und den Toni mag er auch, sie sind ein Herz und eine Seele. Wir wollen die Fremdenzimmer modernisieren, dann können wir noch mehr Gäste aufnehmen, Heiner hat handwerkliches Geschick. Mit der Landwirtschaft können wir auch noch etwas mehr tun. Wir wollen auf Bio-Erzeugnisse umsteigen oder irgendwas in dieser Richtung machen. Wir nehmen uns Zeit."

„Marie, das freut mich für euch! Es ist schön, zu hören, wenn alles so gut ausgeht. Rainer bleibt in Tirol, Heiner kommt nach Tirol. Ich habe meine Wanda, das ist wirklich schön für uns alle."

„Peter, es ist etwas dran an dem, was ich dir vom lieben Gott gesagt habe. In der Bibel steht, wir können uns auf ihn verlassen und wir sollen uns von dem leiten lassen, was der Apostel Paulus im ersten Korintherbrief geschrieben hat. ‚Glaube, Liebe, Hoffnung, diese drei, aber die Liebe ist die Größte unter ihnen.' Wir wollen aber nicht zu melancholisch werden, schließlich feiern wir heute eine Hochzeit. Geh und tanze mit deiner Wanda, die schaut schon ganz traurig zu uns herüber."

***

Am Montagmorgen, nach meiner Rückkehr von der Hochzeit, sah ich jede Menge unausgepackter Kisten im Lager herumstehen. Auf meine Frage, was das zu bedeuten habe, antwortete mir Robert: „Der Typ von der Studentenvermittlung ist nicht mehr gekommen, wir brauchen unbedingt einen Neuen."
„Und warum hast du nicht angerufen und einen angefordert?"
„Das hat mir keiner gesagt."
„Robert, du hast die Verantwortung, wenn ich nicht da bin."
„Ja, ja, ich weiß, entschuldige bitte."
So war er halt, ein lieber Kerl, aber kein bisschen Eigeninitiative. Nach Smalltalk mit Frau Walter über meinen Urlaub und die Hochzeit in Tirol gab ich ihr den Auftrag, bei der Studentenvermittlung wegen eines neuen Lagerarbeiters anzurufen. Sie versprach, sich zu kümmern, und ich konnte meiner normalen Arbeit nachgehen. In meiner Abwesenheit war viel liegen geblieben, ganze Berge von unerledigten Dingen.

Am nächsten Morgen stellte mir Frau Wagner ein Gespräch durch: „Hallo? Hier ist Julian, Julian Sherman, ich suche einen Job für die Semesterferien. Man hat mich an Sie verwiesen, Sie brauchen doch jemanden für das Lager. Die Dame von der Jobvermittlung bat mich, Sie anzurufen. Was gibt es denn bei Ihnen zu tun?"
Seine angenehme jugendliche Stimme erweckte meine Neugier.
„Ja, wir suchen einen Lagerarbeiter. Schauen Sie sich die Arbeit einfach mal an. Es sind Geräte aus- und einzupacken und Sie müssten abends unsere Post wegbringen. Haben Sie einen Führerschein? Und dann ist noch allerhand in Haus

und Garten zu erledigen. Sie sollten allerdings kräftig zupacken können."
„Das kann ich. Wäre Ihnen morgen um 15 Uhr recht?"
„Ja, das ist okay, kommen Sie vorbei."

Am folgenden Tag kam es zu einer jener Begegnungen, die das Leben eines Menschen total auf den Kopf stellen können. Mein frommer Wunsch, mit Wandas Hilfe ein Leben ohne Männer zu führen, löste sich augenblicklich in Luft auf.
Als ich diesen jungen Mann auf mich zukommen sah, schlugen alle meine Sensoren Alarm. Ein gefühlsmäßiger Kurzschluss hatte mich getroffen. Hätte man mich früher gefragt: „PP, wie muss der Mann aussehen, in den du dich verlieben könntest?", hätte ich vor 20 Jahren gesagt: „So, wie Manuel." Aber heute, in diesem Moment, ohne zu überlegen, ohne auch nur eine Sekunde zu zögern, hätte ich gesagt: „Wie Julian Sherman." Schmetterlinge im Bauch, das gleiche Kribbeln unter der Haut, die gleiche Begierde auf seinen schönen Körper, so, wie damals bei Manuel. Nur mit dem einen kleinen Unterschied, heute schien es keinerlei Aussichten auf Erfolg zu geben. Vor 20 Jahren bin ich selbst noch attraktiv und begehrenswert für einen jungen Mann gewesen, aber heute? Was sollte denn so ein hübscher Kerl wie Julian Sherman mit mir altem Mann anfangen und außerdem schien es undenkbar, dass er ... Nein, der doch nicht, das ist doch ein richtiger Mädchentyp! Einer von der Sorte, den jede Mutter gern zum Schwiegersohn gehabt hätte. Wir wurden uns einig, ich wollte, ich musste ihn haben! Nicht für dich, aber für die Firma, redete ich mir ein, hoffte aber gleichzeitig: Erst mal einstellen, vielleicht geht doch mal was. Ich hatte nämlich den Eindruck, dass ich ihm auch gefallen hatte. Das konnte Einbildung sein, jedenfalls fasste er schnell Vertrauen und erzählte mir von sich und seiner Familie.
„Ich bin Deutsch-Amerikaner, meine Eltern wohnen in Michigan. Mein Vater ist Amerikaner, meine Mutter Deutsche.

Ich studiere in Frankfurt an der Uni Germanistik und wohne bei den Eltern meiner Mutter im Taunus."

Ab sofort gehörte der hübsche junge Mann zu meiner Mannschaft. Ich hätte ihn nicht selbst in seine Tätigkeit einweisen müssen, Robert konnte das ebenso gut wie ich, aber bei Julian habe ich nur allzu gern diese Aufgabe übernommen. Bevor er morgens in die Firma kam, hatte ich schon Herzklopfen. Immer wieder sagte ich zu mir: Vorsicht, PP, nicht so auffällig, keiner darf merken, was mit dir los ist, keiner darf hinter dein Geheimnis kommen! Auch Julian gegenüber musste ich vorsichtig sein, was hätte der denn von mir denken sollen, wenn er meinen Zustand bemerkt hätte.
Die folgenden Wochen wurden für mich zu einer einzigen Gratwanderung. Einerseits durfte ich mir nichts anmerken lassen, andererseits wollte ich Julian so oft wie möglich um mich haben. Julian, damals 21 Jahre alt, mittelgroß und schlank, athletische Figur, sah wirklich toll aus. Kurze blonde Haare und einen hellbraunen Teint. Es war nicht ganz auszuschließen, dass er von einem seiner amerikanischen Vorfahren einen leichten farbigen Touch mitbekommen hatte. Ihm stand es jedenfalls gut, machte ihn noch attraktiver, gab ihm einen Hauch von Latino. Ein durch und durch sympathischer junger Mann, eloquent, gebildet, gute Manieren. Selbst unser sonst eher kritischer Chef sprach mich auf Julian an: „Mit dem neuen Lagerarbeiter haben Sie aber einen guten Griff gemacht. Stellen Sie ihn fest ein, das kommt uns auf Dauer billiger. Machen Sie einen Teilzeitvertrag mit ihm."
Das war es! Dass ich da nicht selbst drauf gekommen bin! Julian war einverstanden und ich hatte ihn durch diese Maßnahme noch fester an die Firma gebunden. Jetzt musste mir nur noch etwas einfallen, wie ich, ohne dass es besonders auffällig wirkte, öfter mit ihm zusammen sein konnte.

Da kam mir die Idee: Wir beabsichtigten schon seit geraumer Zeit, unser Teilelager umzurüsten. Durch Anschaffung einer EDV-Anlage war die Lagerhaltung zwar übersichtlicher geworden, aber unser Lagersystem passte nicht mehr zu dieser Neuerung. Also könnte ich doch mit Julian das Teilelager umbauen, dann wären wir öfter zusammen und keiner könnte sich etwas Schlimmes dabei denken. Ich wäre ihm nahe und mal sehen, ob was geht? Ich bekam mehr und mehr so ein Gefühl, dass er auch gerne in meiner Nähe war. Das war kein Wunschdenken oder Einbildung, da steckte mehr dahinter. Wenn er sich unbeobachtet fühlte, hat er mich manchmal so merkwürdig angeschaut.

In den folgenden Wochen habe ich, neben meiner ganz normalen Tätigkeit, mit Julian das Teilelager umgebaut und EDV-tauglich gemacht. Dabei sind wir uns auch rein menschlich etwas näher gekommen und er hat mir angeboten, „Du" zu ihm zu sagen. Er erwies sich als ein interessanter Gesprächspartner, mit dem ich mich gern unterhielt. Ob ihm dabei aufgefallen ist, warum ich seine Nähe suchte, ob er erkannte, weshalb ich das tat, wusste ich nicht und er ließ sich nichts anmerken. Es bestand so ein Zustand von vertrauter Distanz zwischen uns. Mir kam es manchmal so vor, als gäbe es da so eine kleine Glut unter der Oberfläche, die keiner von uns entfachen wollte. Ob ich es zugeben wollte oder nicht, ich hatte mich bis über beide Ohren in Julian verliebt. Eine komplizierte Geschichte. Ich war froh, dass keiner etwas bemerkt hat, keiner mir dumme Fragen stellte.

Aber Wanda, die merkte was. Eine liebende Frau kann man auf Dauer nicht täuschen. Sie hatte im Laufe der Zeit einen besonderen Draht zu mir und meiner Gefühlswelt entwickelt. Sie sagte es mir auf den Kopf zu: „PP, du bist verliebt! Sag mir, in wen!"

„Wanda, ich bitte dich, was soll das? Ich dachte, das mit deiner Eifersucht hätten wir längst hinter uns?"

„Ja, sicher, ich bin auch nicht mehr eifersüchtig auf deinen toten spanischen Freund und auch nicht auf irgendwelche Frauen, aber du läufst wieder so herum wie vor 20 Jahren. Dein Blick hat so einen strahlenden Ausdruck, wenn du nachmittags von der Arbeit nach Hause kommst. Genauso verträumt hast du früher geschaut, wenn du von Manuel gesprochen hast. Du bist wieder in einen Mann verliebt, gib es doch zu, ich kenne dich lange genug!"
„Wanda, Wanda, was du schon wieder denkst. Sei bitte nicht albern, kein Wort ist wahr an dieser Geschichte, reine Unterstellung. Ich freue mich halt eben am Leben, nur so."
„Wir werden sehen, PP, eines Tages wird die Wahrheit schon ans Licht kommen. Aber gleich vorweg, ein zweites Mal halte ich das nicht durch. Wenn du wieder eine Affäre mit einem Mann anfängst, sind wir geschiedene Leute! Einmal hatte ich die Kraft, mir das anzusehen, ein zweites Mal nicht, nein, tu mir das bitte nicht an!"
Ich gebe es ja zu, besonders ehrlich bin ich nicht zu ihr gewesen. Aber was war denn geschehen, was ich zugeben sollte? Ich hatte mich in einen jungen Mann verliebt, einseitig verliebt und von einer Affäre konnte keine Rede sein.

Ein Mal im Monat bin ich mit meinen Mitarbeitern zum Skat in die Waldwirtschaft „Zur Sonne" gegangen. Unserem Chef war das ein Dorn im Auge, ich sollte mich mit meinen Mechanikern nicht „verbrüdern", wie er das zu nennen pflegte.
Seine Meinung interessierte mich aber herzlich wenig, ein guter Kontakt zu den Mitarbeitern schien mir wichtiger zu sein als die Meinung des Chefs. Wir brachten meistens so zwei, drei Skatpartien zusammen, haben vorher etwas gegessen und anschließen einen gepflegten Skat gedroschen. Über die Firma wurde wenig gesprochen, manchmal nur ein klein wenig geklatscht, wie üblich bei solchen Anlässen.

lian konnte nicht Skat spielen, wollte aber mit uns gehen. Er saß am anderen Tisch bei Robert und ließ sich von ihm in die Geheimnisse des Skatspielens einweihen. Meistens sind wir so gegen 22 Uhr gegangen. Viel getrunken wurde nie, wir mussten anschließend alle noch fahren. Nachdem wir uns verabschiedet hatten, ist einer nach dem anderen zu seinem Fahrzeug gegangen, um nach Hause zu fahren. Als ich bei meinem Wagen ankam, sah ich Julian im Dunkeln dort stehen, er schien auf mich zu warten.
„Na, Julian, ist noch etwas wegen morgen früh?"
„Nein, es ist alles okay. Der Abend ist so schön und ich möchte noch was erleben."
„Ja, da ich kenne mich nicht mehr so gut aus. Mir ist hier im Ort keine Disko bekannt, in die ein junger Mann jetzt noch gehen könnte. Da hättest du mal die anderen fragen sollen."
„Ich will in keine Disko, ich möchte nur noch nicht nach Hause gehen, vielleicht zu Ihnen? Auf einen Absacker?"
„Lieber nicht, ich …"
„Haben Sie Angst vor der Wahrheit, PP?"
„Von welcher Wahrheit sprichst du denn, Julian?"
„Glaubst du, ich bin aus Holz gemacht und merke nicht, dass du seit Wochen scharf auf mich bist? Den Anfang mache ich jetzt mal, sonst wird das nie was mit uns beiden. Du hast ja anscheinend keinen Mut, mich anzusprechen."
„Du überraschst mich aber schon ein wenig, Julian. Ich hatte keine Ahnung, dass dir was aufgefallen ist. Ich konnte dich doch nicht so einfach ansprechen. Du bist noch so jung, ich könnte dein Vater sein. Was willst du mit einem alten Mann wie mir?"
„Lächerlich, das ist doch keine Frage des Alters! Oder siehst du ein Problem, wenn du heute Nacht mit mir schläfst? Ich habe keines damit. Mir ist bekannt, dass du mit einer Frau liiert bist, aber das ist mir jetzt egal, du bist ein erfahrener Mann und kein bisschen alt. Du hast mir von der ersten Mi-

nute an gefallen. Es hat schon eine Weile gedauert, bis mir klar geworden ist, dass du auch auf Männer stehst."
„Und wie bist du darauf gekommen? Habe ich mich so auffällig benommen? In dir habe ich mich allerdings gründlich getäuscht, ich hatte nie vermutet, dass du … Wegen meiner Freundin musst du dir keine Gedanken machen, das hat mit uns beiden nichts zu tun."
„Ich habe es einfach gespürt und immer mehr an deinem Verhalten bemerkt. Egal, wichtig ist, du magst Männer und ich bekomme endlich mal einen erfahrenen Mann, keinen egoistischen Typen, der nur an sich denkt. Also, was ist, willst du die Nacht mit mir verbringen?"
Ich wollte, und wie ich wollte! Auf diese Nacht hatte ich so endlos lange warten müssen. Es war wie im Traum mit diesem zärtlichen Jungen, einfach himmlisch, seinen schönen Körper zu spüren, mich ganz tief fallen lassen können, mich ihm hinzugeben. Welch eine Gnade, 17 Jahre habe ich auf eine derartige Begegnung gehofft und wollte doch nie wahrhaben, wie sehr ich es vermisste, mit einem Mann zu schlafen. Mir wurde mehr und mehr bewusst, auf was ich all die Jahre verzichtet hatte. Noch in dieser Nacht habe ich mir geschworen: Nie mehr werde ich mir das antun! Ab heute wird es wieder Männern in meinem Leben geben.

***

In den folgenden Wochen haben wir viel gemeinsam unternommen. Julian war nicht nur ein fantastischer Liebhaber, sondern auch ein guter Freund. Trotz unseres Altersunterschiedes, lagen wir in vielen Dingen auf einer Wellenlänge. Für mich bedeutete die Beziehung mit dem jungen Mann so unheimlich viel. Sie gab mir ein Stück von jenem Leben zurück, auf das ich all die Jahre nicht mehr zu hoffen gewagt hatte. Was die Leute dachten, wenn sie uns zusammen turteln sahen, war mir egal, sollen doch die Neidhammel denken, was sie wollten. Dass uns zwei mehr verband als nur eine flüchtige Bekanntschaft, konnte jeder deutlich sehen, wir verbargen es auch nicht besonders. Meine finanzielle Situation ermöglichte uns tolle, abwechslungsreiche Unternehmungen: Ausflüge, Theater, Kino, ein Wochenende in Paris, schön essen gehen. Wir haben die uns verbleibende Zeit genutzt, wussten wir doch beide, unsere Beziehung war nicht für die Ewigkeit gemacht.

In der Firma hat kein Mensch etwas gesagt. Ich bin mir sicher, die haben schon was gemerkt, aber großzügig darüber hinweg gesehen. Was hätte man mir auch vorwerfen können? Meine Arbeit habe ich korrekt erledigt, im Gegenteil, ich strotzte nur so vor Unternehmungsgeist. Die neue Liebe gab mir so viel Kraft, so viel Selbstvertrauen, ich brütete jede Menge neuer Ideen aus, die für die Firma nur von Vorteil gewesen sind. Wenn man als älterer Mensch so intensiv von einem jüngeren Partner geliebt wird, gibt das Mut, Kraft und Elan. Man nimmt die Welt um sich herum ganz anders wahr, so leicht, so fröhlich, einfach beschwingter. Meine Eltern sagten ebenfalls nichts. Sie seien Kummer gewöhnt, hat meine Mutter die neue Situation einmal kurz kommentiert. Im Übrigen habe ich mir jede Einmischung verbeten: „Das ist ganz allein meine Sache, ich bin alt genug."

„Schwarzwald-Freunde" und Reitverein habe ich vernachlässigt, Julian war mir wichtiger. Leider habe ich aber auch Wanda vernachlässigt, habe mich bei ihr nicht mehr blicken lassen, bin ihr aus dem Weg gegangen, war auch telefonisch nicht mehr erreichbar für sie. Zu Hause nahm ich den Hörer nicht ab und in der Firma habe ich mich verleugnen lassen. Das hatte Wanda nicht verdient, aber ich war in diesen Dingen schon immer ein Feigling.

Bei den „Schwarzwald-Freunden" ging es mir nicht nahe, den Kontakt vorübergehend abzubrechen: Die kommen auch ohne

dich aus und irgendwann werde ich schon wieder hingehen. Aber mein Pferd „Bully", auf ihn zu verzichten, traf mich hart. Ich nahm es trotzig in Kauf, denn keinesfalls wollte ich Wanda beim Reitverein begegnen. Sie würde meinen kleinen Hengst schon betreuen. Wenn ich sie auch mit meinem Verhalten schwer enttäuscht habe, mein Pferd würde sie nicht leiden lassen. Wanda besaß einen Wohnungsschlüssel von mir und ich einen von ihr. Anstatt ihr klar und deutlich zu sagen: „Wanda, es ist aus. Ich habe mich anderweitig orientiert!", und sie um die Rückgabe des Schlüssels zu bitten, wechselte ich den Schließzylinder meiner Flurtür aus. Einmal spät abends, Julian und ich lagen bereits im Bett, hörten wir die Klingel und wie jemand versuchte, die Eingangstür zu öffnen. Das muss Wanda gewesen sein, denn am nächsten Morgen, beim Verlassen der Wohnung, fanden wir einen Karton mit Wäsche und Kosmetikartikeln vor der Tür. Dabei handelte es sich um meine Sachen, die ich benutzte, wenn ich bei Wanda übernachtete. Obenauf lag ein Zettel: „Künftigen persönlichen Kontakt bitte unterlassen und meinen Wohnungsschüssel in den Briefkasten werfen!"
Damit endete unsere jahrelange Freundschaft. Wie so oft bisher, spielte Wanda in meiner Gefühlswelt nur die zweite Geige. Mir war schon bewusst, dass ich sie wieder einmal total schäbig behandelt hatte. Wenn ich jetzt zu meiner Ehrenrettung sagen würde: „Es tut mir Leid!", wäre es gelogen. Es tat mir nicht Leid, ich hatte nur ein schlechtes Gewissen, weil ich nicht den Mut aufgebracht habe, ihr Aug' in Aug' die Wahrheit zu beichten. Ich fühlte mich wie der bewusste Dieb, der nicht seine Tat bereut, sondern ärgerlich ist, weil man ihn dabei ertappt hat.
Julian hat sich mit all dem nicht besonders belastet, er genoss meine Zuneigung in vollen Zügen. Die herrlichen Tage und Nächte, eine wunderschöne Zeit. Offiziell wohnte Julian im Taunus, bei seinen Großeltern. Die meiste Zeit verbrachte er

aber bei und mit mir. Er holte seine Sachen bei ihnen ab und erzählte den alten Leutchen beiläufig: „Ich wohne vorübergehend mit ein paar Kommilitonen in einer Wohngemeinschaft, da sind wir näher bei der Uni. Macht euch keine Sorgen."
Ob seine Großeltern ihm das abgenommen haben, ist mir nicht bekannt, jedenfalls konnten wir jetzt jede freie Minute zusammen sein. Unser gemeinsamer Sommer neigte sich langsam dem Ende zu. Im Oktober musste Julian wieder studieren.
Die letzten beiden Wochen vor dem Ende der Semesterferien verbrachten wir auf der kroatischen Insel Rab. Landschaft und Klima erinnerten mich im weitesten Sinn an Spanien. Man wird zwar der Insel Rab mit ihren vielen historischen Gebäuden und Kunstschätzen nicht ganz gerecht, wenn man sie mit einem spanischen Fischerdorf vergleicht, aber immerhin, sie ist dort ebenso südländisch und mediterran wie Spanien. Ich konnte wieder mit einem jungen Mann zusammen sein, durfte so wunderschöne Tage und Nächte im Süden verbringen. Manche Menschen brauchen weiß der Himmel was, um mit sich und der Welt im Einklang zu sein. Mir genügte dieses bescheidene Glück, ein liebender Freund, das Meer und die Sonne. Wenn ich so in meinem Liegestuhl lag und Julian draußen im Meer schwimmen sah – Julian war ein ausgezeichneter Schwimmer – wurde mir richtig warm ums Herz. Ich war so stolz auf meinen hübschen Freund. Kam er dann lachend und prustend aus dem Wasser, erinnerte er mich irgendwie an Manuel. Die gleiche Lebensfreude, der gleiche Charme, die gleiche liebenswürdige Art. Man kann beide nicht direkt miteinander vergleichen, ohne einem von ihnen ungerecht zu werden. Manuel war ein romantischer, zärtlicher Junge, der seine Neigung für Männer immer ein wenig zu verstecken, ja, zu entschuldigen suchte, Julian, heute, 20 Jahre später und in einer ganz anderen Welt lebend, war ein selbstbewusster, weltoffener junger Mann, der sich einen Teufel darum scherte, mich in aller Öffentlichkeit zu küssen oder zu umarmen. Anfangs musste ich

erst lernen, mit seiner direkten Art umzugehen, bekam aber im Laufe der Zeit immer mehr Sicherheit in diesen Dingen.
Zum ersten Mal seit Jahren war ich nicht mehr traurig, wenn ich an Manuel dachte. Julian hatte mich mit seiner Natürlichkeit und Jugend in das wirkliche Leben zurückgeholt. Manchmal kam es mir so vor, als hätten wir hier auf der Insel Rab die Zeit ein wenig zurückgedreht. Ich war wieder der Pedro von einst und Julian war Manuel. Wir sind in unserem Zimmer im „Rivera" in Malpente de Mar, glücklich und verliebt, genau wie damals. Der anmutige Zauber und der Liebreiz des jungen Mannes verwischten Zeit und Raum. Julian hat mich verstanden, war mir nicht böse wegen meiner Fantasien.

Als der regelmäßige Uni-Betrieb wieder aufgenommen wurde, kam Julian nur noch selten in die Firma. Wir haben uns abends abgestimmt, ob wir was für ihn zu tun hatten oder nicht. Nach den Vorlesungen und Seminaren ist er mit seinem kleinen Fiat zu meiner Wohnung gekommen und hat dort auf mich gewartet. Die schöne Zeit mit dem jungen Mann entschädigte mich reichlich für das, worauf ich so viele Jahre verzichtet hatte. Mein Leben mit Wanda war angenehm und ruhig gewesen, jetzt hat sich wieder etwas bewegt, Julians Elan, seine positive Haltung, sein Liebreiz haben mich mitgerissen. Es kam wieder Bewegung in mein Umfeld, nichts war mehr so statisch wie zuvor. Ich hoffte inständig, es ginge ihm so wie mir und er fühlte sich ebenfalls wohl, schämte sich nicht für seine Beziehung mit einem älteren Mann.

***

Unsere hohen Bosse im amerikanischen Mutterkonzern hatten in England eine Konkurrenzfirma gekauft, deren Erzeugnisse unser bereits bestehendes Programm ergänzen sollten. Ein weiterer Schritt zur endgültigen Marktführerschaft.

Für mich bedeutete das zweierlei. Ich erhielt vom Chef den Auftrag, erstens zwei Nachwuchs-Mechaniker einzustellen, für die neuen Sortiergeräte benötigten wir dringend mehr Personal, und zweitens sollte ich mit einem Sachbearbeiter für zwei Wochen nach Leeds in England fliegen, um die Fremdprodukte eingehend zu testen und kennen zu lernen.

Um die beiden Mechaniker zu finden, schaltete ich mehrere Annoncen in regionalen Zeitungen und erhielt einige Tage später bereits erste Bewerbungen. Bei der Auswahl der Bewerber hatte ich mich nicht allein von der fachlichen Qualifikation der Herren leiten lassen, sondern mehr unbewusst auch auf Erscheinungsbild und Wohnsitz geachtet. Jedenfalls waren beide ansehnliche junge Männer und stammten aus meinem Heimatdorf. Die Meinungen im Betrieb gingen auseinander. Die einen verbreiteten Parolen wie: „Der baut sich eine Mafia aus seinem Dorf auf, die halten dort alle zusammen wie Pech und Schwefel! Bald haben wir anderen hier nichts mehr zu melden."

Die Damen im Betrieb hatten da eine ganz andere Interpretation. Eine Kollegin sagte während der Mittagspause etwas anzüglich zu mir: „Seit Sie Betriebsleiter sind, werden die Mechaniker in der Werkstatt immer hübscher. Sie denken wenigstens auch an uns Frauen. Die Kerle gefallen uns genauso gut wie Ihnen."

Da hatte ich mein Fett weg. Mir war schon länger bewusst, dass Mitarbeiter und Kollegen über Julian und mich tuschelten, ich habe aber nicht besonders darauf reagiert. Die können mich mal, alles nur Neid, Missgunst, Firmenklatsch.

Unsere Reise nach Leeds war für Mitte November geplant. Julian wollte die Gelegenheit nutzen und die zwei Wochen bei seinen Großeltern im Taunus verbringen. Es galt als ausgemacht, dass mein Kollege Timo Hundt mich am Sonntagmorgen mit einem Taxi von zu Hause abholen sollte und wir gemeinsam zum Flughafen nach Frankfurt fuhren. Mit Timo verstand ich mich seit Jahren recht gut. Da er oft zusammen mit dem Chef die Messen im In- und Ausland besuchte und als äußerst gewissenhaft, fast schon pedantisch galt, verwaltete er immer die Reisekasse.

Ich erkläre zum besseren Verständnis: Wir leitenden Angestellten erhielten auf unseren Reisen so genannte „Vertrauensspesen", d. h. es wurden nur die Beträge abgerechnet, die tatsächlich für Hotel und Verpflegung angefallen sind.

Unser Buchhalter sollte für uns englische Pfund eintauschen und diese an Timo übergeben, so lautete die ausdrückliche Order vom Chef, der sich um jede Kleinigkeit kümmerte. Freitagmorgen kam Timo zu mir.

„Du, PP, ich muss noch mal weg, komme aber nicht mehr in die Firma. Lass dir bitte vom Buchhalter das Geld und die Tickets geben. Am Sonntagmorgen im Taxi übernehme ich dann die Reisekasse. So ein Zirkus, den der Alte immer um das Geld macht, einfach peinlich. Mach's gut, bis Sonntag um neun."

Mittags kam der Buchhalter Mansfeld und legte Pfundnoten im Wert von etwa 2000 DM samt den Flugscheinen auf meinen Schreibtisch. „Hier sind die Sachen für Herrn Hundt. Tschüss und einen guten Flug, bis in zwei Wochen."

„Danke, Herr Mansfeld, schönes Wochenende."

Freitags war, wie in vielen anderen Betrieben auch, bei uns um 12.30 Uhr offizieller Arbeitsschluss. Ich bin meistens noch etwas länger geblieben. Für mich die beste Zeit, Dinge aufzuarbeiten, für die ich sonst keine Zeit hatte. Regelmäßig kam dann Herr Hamann zu mir ins Büro und laberte mich voll, so auch heute.

„Na, schon alle weg und Sie sind noch so fleißig?"

„Ich hatte noch einige Dinge zu erledigen, gehe aber auch bald."

„Ja, Sie müssen Ihre Reise vorbereiten und wollen sicher am Samstag mit Ihrem Freund noch was unternehmen? Sie sind ja dann zwei Wochen ohne ihn. Es ist gewiss sehr schön, wenn

Sie ständig mit dem jungen Mann zusammen sind. Aber seien Sie vorsichtig, die Leute reden schon über Sie und Mister Sherman."

„Das ist mir im Prinzip egal, die Lästermäuler reden auch über Sie. In Ihrer Begleitung sollen sich ja öfter junge Damen befinden, die Ihre Enkelinnen sein könnten, sagt man. Aber ich finde, das geht keinen etwas an. Ob ich einen Freund habe oder Sie mit jungen Mädchen umherziehen, ist allein unsere Sache oder sind Sie da anderer Meinung?"

„Nein, nein, es sollte nur ein freundschaftlicher Rat sein, so von Mann zu Mann."

„Danke für den Tipp."

Dann sah er Geld und Tickets auf meinem Schreibtisch liegen und schnappte nach Luft: „Wieso ... wieso haben Sie denn das Geld? Ich habe doch ausdrücklich angeordnet ... Macht hier jeder was er will? Ja, habe ich denn gar nichts mehr zu sagen? Sie und der Hundt bekommen beide eine saftige Abmahnung, wegen ... wegen ... Befehlsverweigerung!"

„Machen Sie sich doch nicht lächerlich, Herr Hamann, wir sind doch nicht bei der Bundeswehr. Die Sache ist ..."

Er ließ mich gar nicht erst ausreden. „Schweigen Sie! Ich habe langsam genug von ihrer Selbstherrlichkeit! Baut sich hier im Betrieb eine private Hausmacht auf und ... und verführt unser Personal!"

So das reichte, jetzt hatte ich aber die Schnauze gestrichen voll, dieser Choleriker!

„Was soll denn das, Herr Hamann? Werfen Sie mal nicht alles in einen Topf! Wissen Sie was, fliegen sie doch am Sonntag selbst nach Leeds, ich habe keinen Bock mehr drauf. Schönes Wochenende und einen guten Flug."

Weg war ich, ließ den unverschämten Kerl einfach stehen. Am Abend erhielt ich einen Anruf vom Kollegen Timo Hundt: „PP, der Alte war gerade bei mir und hat die Tickets und das Geld gebracht. Ich soll mich für ihn bei dir entschuldigen. Er hat überreagiert, es tut ihm Leid. Also, bis Sonntag um 9 Uhr. Du fliegst doch mit, alter Junge?"

Nach unserer Rückkehr aus England kein Wort vom Chef, er war freundlich und nett wie meistens, so, als wenn nie etwas gewesen wäre. Unser Streit wegen des Geldes, den Tickets und der „Verführung" schien vergessen zu sein.

***

Anfang Dezember 1983, Julian sah sich mit mir das Bundesliga-Spiel Eintracht Frankfurt gegen den HSV im Fernsehen an. In der Halbzeit legte er seinen Arm um mich, sah mich traurig an und sagte, für mich vollkommen unerwartet: „PP, ich gehe zurück in die Staaten, mein Vater hat mir gestern das Flugticket geschickt."
Seine Worte trafen mich wie ein Blitz aus heiterem Himmel. Mit allem hätte ich gerechnet, aber damit nicht. Ich sah ihn entgeistert an, machte den Fernseher leiser.
„Wann und warum, Julian? Was ist denn geschehen? Fühlst du dich nicht mehr wohl bei mir? Habe ich irgendwann etwas Verkehrtes gesagt oder getan? Habt ihr das ausgemacht, während ich in Leeds gewesen bin? Das kommt so plötzlich, das darfst du mir nicht antun!"
„Aber nein, was denkst du von mir, das hat mit dir gar nichts zu tun. Es war so schön mit uns, ich habe die letzten Monate richtig genossen. Unsere gemeinsame Zeit werde ich mein ganzes Leben lang nicht vergessen. Es steht schon länger fest, dass ich zurückgehe, lange bevor wir uns kennen gelernt haben, war das mit meinen Eltern abgesprochen. Meine Heimat ist die USA, dort leben meine Familie und meine Jugendfreunde, dort bin ich aufgewachsen und verwurzelt. Bevor ich mich zu sehr an dich gewöhne, gehe ich lieber, andernfalls komme ich nie wieder weg von hier."

„Und, wäre das denn so schlimm für dich? Könntest du dir nicht vorstellen, für immer hier zu bleiben? Mit dem Geld, das ich auf der hohen Kante habe, möchte ich mir eine neue Existenz aufbauen und du hilfst mir dabei. Dann muss ich mich nicht mehr über den Hamann ärgern. Julian, bitte, denk bitte noch einmal über meinen Vorschlag nach, ich habe doch sonst niemanden!"

„Daran habe ich auch schon gedacht, aber das kann ich nicht annehmen, PP. Du bist so ein lieber, sensibler Mann, du würdest dir, wenn ich einmal in Deutschland unzufrieden wäre, die bittersten Vorwürfe machen, weil du mich zum Bleiben überredet hast. Das möchte ich dir nicht antun. Die Menschen in den Staaten sind oberflächlicher als hier, das liegt offenbar an unserer Mentalität. Aber das Land ist großzügiger, offener als euer enges Deutschland. Einem jungen Menschen bieten sich drüben bei uns einfach mehr Chancen."

„Julian, ich möchte dir keinesfalls im Wege stehen, dazu liebe ich dich viel zu sehr. Wann willst du fliegen?"

„Über Weihnachten bin ich noch hier. Mein Flieger geht am 28. Dezember. Ich möchte mit dir Weihnachten feiern."

„Wenigstens ein Lichtblick."

„Meinen Großeltern habe ich schon Bescheid gesagt. Sie bedauern auch, dass sie mich schon so bald verlieren. Außerdem sind sie längst dahinter gekommen, dass ich mit dir zusammen bin. Vielleicht ist das ja auch der Grund, warum mein Vater so drängt. Meine Vorliebe für Männer kennt er, aber es fällt ihm schwer, das zu tolerieren. Zurück in die Staaten wäre ich aber so oder so gegangen. Nicht böse sein, PP, mein Entschluss fällt mir gewiss nicht leicht. Komm doch einfach mit."

„Du weißt genau, das geht nicht, Julian. Es ist doch immer wieder die gleiche Geschichte, keiner lässt uns so leben, wie wir wollen. Immer will sich einer einmischen, uns bekehren. Sie sollen uns doch zufrieden lassen! Nun geht alles wieder

von vorne los, ich habe einfach kein Glück mit meinen Männern. Der eine wird erschossen, danach jahrelang nichts, dann treffe ich endlich wieder einen, der mir gefällt, der zu mir passt, nun gehst du nach Amerika zurück. Es ist grausam, aber ich muss mich damit abfinden und dankbar für die schöne Zeit sein, die wir miteinander verbracht haben. Ach, Julian, du fehlst mir schon jetzt."
„Sei nicht traurig, PP, du findest wieder einen, glaub mir das! Es gibt genug junge Männer, die glücklich wären, wenn sie dich zum Freund haben könnten. Gib nicht auf, es wird schon klappen. Und mach mir kein schlechtes Gewissen, ich gehe nicht gern."

Stimmungsvolle Weihnachtsfeiertage mit Julian. Und danach? Alles vorbei. Leere, Stille, Einsamkeit. Zuvor eine letzte zärtliche Nacht, dann der Morgen mit dem schrecklichen Abschied auf dem Flughafen. Ob Julian je begriffen hat, was sein Gehen für mich bedeutete? Ich denke nein, er ist damals noch so jung gewesen, so unbedarft, aus diesem Grund vielleicht auch eine Spur zu egoistisch?
Schon einmal hatte ich in der Weihnachtszeit Abschied von einem lieben Menschen nehmen müssen. 1966, auf dem Flughafen in Madrid von Vanessa Osborne. Seinerzeit war ich keineswegs unglücklich, als unsere Beziehung zu Ende ging. Ich hatte Heimweh nach meiner gewohnten Umgebung, wollte nach Hause zu meinen Eltern, zu meinen Freunden. Diesmal war ich unglücklich, aber mir blieb keine Wahl, ich hatte Julians Entscheidung zu akzeptieren, er wollte nach Hause zurück. Seine Sehnsucht nach der Heimat war stärker als seine Liebe. Ich hätte heulen können. Er hat sich, ganz im Gegensatz zu mir damals in Madrid, noch einmal umgedreht, als er in Frankfurt durch die Passkontrolle ging. Er kam zwar nicht wieder zu mir zurück, aber geschrieben haben wir uns häufig, richtig schöne Liebesbriefe. Als ich knapp zwei Jahre

später verhaftet wurde und anschließend wegen Mordes ins Gefängnis kam, endete der Briefverkehr. Vielleicht haben ihm seine Großeltern die Zeitungsberichte von meinem Fall geschickt und er wollte mit einem Mörder nichts mehr zu tun haben.

***

Nachdem Julian weg war, habe ich ihn gesucht, den, von dem er gesprochen hatte. Den, der froh war, wenn er einen wie mich zum Freund hatte. Ich fand ihn nicht, ich fand so viele, immer wieder andere. Ich habe mich total gewandelt, bin ganz anders an die Sache herangegangen. Wozu Gefühle investieren? Wieder nur Enttäuschungen kassieren? Nein, jetzt wollte ich die Kerle nur noch haben, alle, ohne Liebe, nur besitzen. Ein, zwei Nächte mit ihnen verbringen und dann ab zum Nächsten. Das ging besser als ich dachte. Ich hungerte mir zehn Kilo herunter, ging zwei Mal im Monat zur Maniküre und zum Friseur, benutzte zum ersten Mal in meinem Leben Make up, trug flippige und elegante Klamotten. Was ich früher strikt abgelehnt hatte, wurde mir jetzt zur Passion, ich ging in die Szenenlokale nach Frankfurt.
Wenn man als Neuling in der Szene auftaucht, wird man schnell bekannt. Alle sind neugierig: Wer ist der Typ? Wo kommt denn der so plötzlich her? Was hat er drauf?
Ich schloss schnell neue Freundschaften. Die Szene ist ständig in Bewegung, hat keinen festen Bestand. Die Beziehungen sind oberflächlich und halten meist nicht sehr lange. Doch genau das wollte ich ja, mir selbst bestätigen, dass ich, trotz meines Alters, noch jeden hübschen Kerl in mein Bett bekommen konnte. Nur nicht wieder fest an einen binden, davon hatte ich die Schnauze voll, das wollte ich mir nicht mehr antun. Mir war oft bange vor mir und meiner Kälte. So bist du doch früher nicht gewesen, Manuel und Julian hast du

doch geliebt, aber heute? Bei all diesen Typen geht es dir doch nur um das Eine, nur um deine Lust auf Männer. Jung sollten sie sein und gut aussehen mussten sie, das genügte, mehr hat mich an ihnen nicht interessiert. Manchmal packten mich Reue und Gewissensbisse wegen meines „unsittlichen Lebenswandels" und ich hatte eine wahnsinnige Angst, mich mit dieser neuen Krankheit, die speziell die homosexuellen Männer heimsuchte, anzustecken. Das Thema „Aids" war allgegenwärtig, jeden Tag standen neue Horrormeldungen in den Zeitungen.

Freitagabend im Februar 1984, etwa 23 Uhr vor dem „Rosa-Club" in Frankfurt. Ich war gerade im Begriff, zu gehen, nichts los heute: Diese Nacht wirst du allein schlafen müssen.
„He, alter Mann, läuft heute nicht so gut, nein? Du kannst dich aber nicht beklagen, du hast doch in den letzten Monaten die Typen in diesem Schuppen ganz schön aufgemischt. Wie machst du das nur, jedes Wochenende einen anderen Kerl? Hast du so viel Kohle und kaufst dir die Jungs oder bist du ein Naturtalent und hast andere Qualitäten? Heut treffe ich dich endlich mal allein, ich bin schon lange hinter dir her und neugierig auf dein Geheimnis. Wenn du willst, ist die Nacht gerettet", wurde ich laut und ziemlich frech von einem Typen hinter mir angesprochen.
Ich drehte mich um, da sah ich ihn zum ersten Mal, Sascha, den Softi mit dem Engelsgesicht. Unverschämt grinsend, mit seinem unschuldigen Blick stand er vor mir. Hoch gewachsen, schlank, blond und hellhäutig, fast zerbrechlich wirkend. So überaus verschämt und unschuldig, vermittelte er mir vom ersten Moment an das Gefühl seiner Hilflosigkeit. Beim Blick in seine hellblauen Augen wurde ich, ob ich es nun wollte oder nicht, bereits in eine Beschützerrolle gedrängt. Seine unschuldigen Kinderaugen sahen mich an und signalisierten: Bitte hilf mir, bewahre mich vor dieser bösen Welt! Kommt

man dieser Aufforderung nach, so, wie ich es in meiner Gutmütigkeit getan habe, hat man das Spiel schon verloren, bevor es richtig anfängt. Hinter all der Unschuld und Hilflosigkeit verbarg sich ein ganz ausgekochter Junkie. Zugegebenen, er war nicht nur durch seine eigene Schuld in den Teufelskreis aus Prostitution und Beschaffungskriminalität geraten. Elternhaus, Schule, Lebensumstände haben ihn auf die schiefe Bahn gebracht. Sascha war aber nicht der Mensch, der sich aus dem Sumpf herausziehen wollte, im Gegenteil, er kokettierte mit seiner Heroinsucht.

Ich bin auf ihn hereingefallen. Ehe ich mich recht versah, befand ich mich selbst in diesem Strudel. Doch das konnte ich an diesem Abend nicht ahnen und es hat lange gedauert, bis ich den Durchblick fand. Da war es bereits zu spät, da hatte ich keine Chance mehr, heil und unbeschadet aus der Geschichte herauszukommen. Aber alles der Reihe nach …

„Na, du bist ja ganz schön kess für dein Alter! Wie heißt du eigentlich? Du bist doch höchstens 18 und riskierst so eine dicke Lippe? Hat dir schon mal einer was aufs Maul gegeben?"
„Nein, die Typen gehen lieber mit mir ins Bett, weil ich so gut bin. Ich bin schon 21, habe mich aber gut gehalten, sehe deshalb viel jünger aus. Ich bin Sascha, Sascha Moll. Also, was ist? Gehen wir zu dir oder zu mir?"
„Wer sagt dir denn, dass du überhaupt mein Typ bist? Außerdem bist du mir viel zu frech."
„Du ahnst ja gar nicht, was dir da entgeht. Ich bin gut drauf, mache alles mit, was zwei Typen wie uns gut gefällt. Ich kann dir …"
„Jetzt lass mal gut sein, ich kenne selbst genug schöne Sachen, die wir miteinander anstellen könnten. Dann komm halt mit, ich wohne nicht hier in Frankfurt, wir müssen eine halbe Stunde mit dem Auto fahren."
„Gut, ich komme mit. Es wird dir bestimmt gefallen, ich …"

„Quassle nicht rum, lass uns lieber fahren."
Das Engelsgesicht hatte mein Interesse geweckt. Mal was ganz anderes, so ein großmäuliger Kerl, mal sehen, wie der drauf ist. Er sieht gut aus und hat bestimmt seine Qualitäten. Vor allem ist er jung und hübsch, fast zu hübsch für einen Mann. Sascha hatte nicht zu viel versprochen, so sexy, lasziv und wunderbar verdorben wie er war. Einer von der Sorte, die ihre Homosexualität vor sich hertragen, für die sie eine Lebenseinstellung ist. Sascha Moll hätte nie mit einer Frau geschlafen, er mochte nur Männer. Er besaß so eine Art, die mir gefallen hat, er gehörte zu den Typen, auf die ich schon immer abgefahren bin.

Am ersten Mai wollte ich mit dem Engelsgesicht einen Ausflug in den Odenwald machen. Seit jener ersten Nacht im Februar sind wir uns näher gekommen, Sascha und ich. Wir trafen uns jedes Wochenende und nahmen gemeinsam die Szene auf die Hörner. Ein charmanter junger Mann, mein neuer Freund. Mehr einer von der leichteren Art. Ernsthafte oder tief greifende Gespräche konnte man mit ihm nicht führen. Er kam immer gleich auf den Punkt, verfügte über ein unerschöpfliches Reservoir an seichten, frivolen Geschichten. Eine Nacht mit ihm wurde zum unvergesslichen Erlebnis. Er liebte wahrscheinlich außer sich selbst und dem Sex mit Männern nichts anderes auf dieser Welt. Er nahm kaum etwas ernst, hatte daher auch kein großes Bedürfnis nach menschlichen Gefühlen im üblichen Sinn. Ich verwöhnte ihn mit kleinen Geschenken. Mal ein elegantes Hemd oder ein teures Herrenparfüm, ab und zu ein diskreter Schein auf dem Nachttisch, das war ihm nicht unangenehm. Ausgegangen ist er für sein Leben gern, nicht nur in die diversen Bars und Szenenlokale, auch elegante Restaurants lagen auf seiner Wellenlänge. Er war gerne mit mir zusammen und genoss es, wenn ich ihn ausführte.
Genau betrachtet, führte er das Leben eines Callboys, das habe ich aber so nicht wahr haben wollen. Er war, wenn man es so

ausdrücken möchte, ein angenehmer Zeitvertreib für mich. Ein liebenswürdiger, gut aussehender Plauderer und vortrefflicher Liebhaber, nicht ganz billig, aber gut. Ein Typ, mit dem ich Aufmerksamkeit erregte, genau der Richtige für meine überzogene Eitelkeit.

Er durchschaute mich gründlich, der raffinierte Hund merkte sofort, wie er mich zu nehmen hatte. In seiner Gesellschaft wurde ich weich wie Wachs. Bei meinen bisherigen Partnern habe ich immer noch das Gefühl gehabt, das Heft in der Hand zu halten oder zumindest mit entscheiden zu können, was Sache war, von Sascha wurde ich regelrecht manipuliert, er bekam mich mit seinem anziehenden Körper und seinen frivolen Liebesspielen ganz schön unter Kontrolle. Ich wurde süchtig nach dem blonden Engelchen, konnte nicht genug von ihm bekommen, wollte ihn für immer an mich binden.

Viel wusste ich nicht von ihm. Er arbeitete damals noch als Verkäufer in der Herrenabteilung eines großen Kaufhauses und bewohnte ein kleines Apartment in der Frankfurter Innenstadt. Ursprünglich kam er aus Darmstadt, wurde aber wegen seiner homosexuellen Neigungen von den Eltern hinausgeworfen. Er hatte einige Ausbildungsplätze wegen seines Leichtsinns aufgegeben müssen, versuchte sich als Barmann und Kinovorführer, bis er dann letztendlich Verkäufer wurde. Zu jedem Date erschien er in einem anderen Outfit. Mal streng und devot gescheitelt, mit entsprechender Kleidung, wie ein Schuljunge, dann wieder mit offenen Haaren wie ein Mädchen. Am liebsten mochte ich es, wenn er mit einem Dreitagebart kam, dann hatte er so etwas Verwegenes, war richtig sexy. Ich glaube, wir sind beide ein klein wenig pervers gewesen.

Heute kam er betont lässig, braune Gabardinehose, saloppe Kollegjacke mit dazu passendem Hemd, hellbraune Schuhe, farblich gut abgestimmt mit dem Gürtel.

„Wohin fahren wir denn, Paul?", fragte er mich beim Einsteigen.

„Also, wir fahren jetzt zuerst nach Miltenberg am Main, dort essen wir zu Mittag. Anschließend laufen wir zum Kloster Engelsberg hoch. Bei den Mönchen dort oben gibt es einen guten Wein und sie machen einen vorzüglichen Käse. Wie ist es mit deiner Kondition, bist du gut zu Fuß? Es geht immer steil die Treppe hoch, wer weiß, wie viele Stufen."
„Du kennst mich doch, Paul, ich bin doch immer und überall gut. Und von meiner Kondition muss ich dir ja nichts erzählen, die kennst du bestens."
Ja, die kannte ich samt seiner Manie für Sex an den unmöglichsten Orten nur zu gut. Damit hatte er mich einige Male in arge Bedrängnis gebracht. Im Kino, im Auto, das ging ja gerade noch. Doch im vollbesetzten Stadtbad Mitte, unter der Decke, das ging zu weit, da habe ich ihm eine geschmiert und er hat mich ausgelacht, weil ich „spießig und unflexibel" sei. Dass er mich Paul nannte, ergab sich so. Bei unserer ersten Begegnung im „Rosa-Club" wollte er meinen Namen wissen und ich habe ihm meine beiden Vornamen, Paul-Peter, genannt, ihn gleichzeitig darauf hinwiesen, dass meine Bekannten „PP" zu mir sagten. Er lächelte mich treuherzig an und bestimmte für sich: „Ich bin nicht alle Welt, ich werde dich Paul nennen. Ist dir das recht so?"
„Ja, gut, das ist mal was ganz anderes."
Beim Fahren habe ich ihn mir genau angesehen. Im Grunde genommen war er ein ganz netter Junge, etwas außerhalb der üblichen Norm zwar, trotzdem vorzeigbar und wenn er wollte, konnte er sich auch benehmen. Nahm man es nicht so ganz genau, hätte ich ihn leicht für meinen Sohn ausgeben können. Beide blond, von der Statur her ähnlich. Gut, er war etwas größer und schlanker als ich, aber das sind die jungen Burschen von heute doch alle. Die nachfolgende Generation ist immer größer als die vorherige.
Mit Manuel wollte ich damals etwas Eigenes aufbauen, unabhängig sein. Auch Julian hätte sich als potenzieller Partner

geeignet, aber der war ja nun nicht mehr da. Jetzt hatte ich das Engelchen da im Schlepptau. Warum eigentlich nicht mit ihm, dachte ich so für mich. Ein kleines Herrenmodegeschäft? Er ist Verkäufer und besitzt einen guten Geschmack. Oder eine Bar, ein Szenelokal mit gutem Publikum? „Bei Peter und Sascha" würde sich doch gut anhören, oder? Das Geld dafür hätte ich, Bargeld, diverse Anlagen, Bausparvertrag, alles zusammen so schlappe 80 000 DM. Der Junge tut dir gut, warum also nicht? So in ein, zwei Jahren? Ich wäre dann unabhängig, brauchte mich nicht mehr in der Firma zu ärgern, Sascha hätte eine bessere Zukunft. Mal sehen, wie sich alles entwickelt, nachdenken darf ich ja mal darüber ...
„Hast du schon was für den Sommer geplant, Paul? Ich würde so gerne mal mit dir in den Urlaub fahren. Vielleicht nach Spanien, so wie früher mit meinen Eltern? Dort gibt es scharfe Typen. Oh, entschuldige, wenn ich mit dir dorthin fahre, sind die natürlich tabu für mich und für dich auch, mein Lieber."
„Ich hatte mal einen Freund in Spanien, das ist aber schon lange her, fast schon nicht mehr wahr."
„So? Und was macht der heute, habt ihr manchmal noch Kontakt? Erzähle bitte, Paul. War er gut im Bett? Hast du ihn geliebt?"
„Sascha, du stellst Fragen! Ja, ich habe ihn geliebt. Inzwischen ist er aber tot, lange schon tot. Er wurde erschossen."
„Nein, wie furchtbar."
Ich habe ihm von Spanien erzählt, von Manuel und mir. Als ich geendet hatte, sagte er: „Wollen wir nicht mal hinfahren und deinen ehemaligen Freunden, diesen Feiglingen, zeigen, dass du heute immer noch mit jungen Männern zusammen bist? Die würden schauen, wenn sie uns beide sehen könnten. Du und ich, zusammen in Spanien, das wäre wunderbar, Paul. Im August hab' ich Urlaub."
„Reizen würde mich das schon, Sascha, aber lass mir noch etwas Zeit."

Das Mittagessen nahmen wir in einem piekfeinen Lokal ein, für verwöhnte junge Herren wie ihn gerade richtig. Nach der Vorspeise schnappte er sich einen Löffel und ging damit zur Toilette. Als er nach zehn Minuten zurückkam legte er den Löffel wieder ab und redete während des gesamten Essens unaufhörlich auf mich ein. Mir Ahnungslosem ist daran nichts Besonderes aufgefallen.
Später sind wir zum Engelsberg hochgelaufen und abends in seine Wohnung gegangen.

***

Einige Tage später erhielt ich in der Firma einen Anruf.
„Grüß Gott, mein Name ist Schwester Karina von der Drogenberatung in Frankf..."
„Da sind Sie falsch verbunden, wir stellen Schreibcomputer her."
„Nein, nein, ich bin schon richtig, Sie sind doch Herr Gaus. Ich habe ihren Namen von Sascha. Ich möchte Ihnen danken, dass Sie sich so rührend um ihn kümmern, ganz anders als seine sonstigen Männerbekanntschaften. Private Hilfe ist jetzt ungeheuer wichtig."
„Entschuldigung, ich glaube, ich bin im falschen Film! Was ist denn mit Sascha und Drogen und anderen Männern? Ich habe ihn vor kurzem erst kennen gelernt, wir gehen öfter mal zusammen aus, mehr gibt es da nicht."
„Ja, ja, das hat er mir erzählt und dass Sie am Sonntag in einem Kloster gewesen sind und dass Sie ihm helfen wollen, clean zu werden."
„Clean werden? Wovon denn? Ich habe nicht die geringste Ahnung, wovon Sie sprechen, Schwester."
„Ja, wissen Sie denn nichts von all dem? Das kann ich kaum glauben. Sascha ist heroinabhängig. Bevor er völlig abstürzt, muss er unbedingt eine Therapie machen! Die Gefahr ist groß, dass er die Wohnung und seinen Arbeitsplatz verliert. Dann

endet er wie so viele drogenabhängige junge Männer über kurz oder lang als Stricher am Hauptbahnhof. Haben Sie denn wirklich nichts bemerkt?"
„Von all dem hatte ich bisher nicht die geringste Ahnung, begreife nun aber einiges. Der Bengel hat mich ganz schön an der Nase herumgeführt. Na warte, mein Lieber, das ist jetzt vorbei! Mit dem möchte ich nichts mehr zu tun haben."
„Um Himmels willen, entziehen Sie ihm nicht den letzten Halt zu ganz normalen Menschen wie Ihnen. Um nicht vollends abzurutschen, braucht er Sie jetzt dringender denn je. Er ist so ein wertvoller junger Mann. Kommen Sie doch bitte einmal in unsere Teestunde am Freitagabend."
Sie nannte mir eine Adresse in der Nähe der Alten Oper. Ihre „Teestunde", eine Einrichtung der evangelischen Kirchengemeinde, fand regelmäßig statt, hatte aber mehr symbolischen Charakter. Hier trafen sich die Junkies, um sich in Gesprächen auszutauschen und ihrer lieben Schwester etwas vorzugaukeln.
Eine zielgerichtete Drogenberatung besteht darin, dem Abhängigen bei der Vielzahl seiner täglichen Probleme mit Ämtern, Behörden und Gerichten beratend zur Seite zu stehen. Schwester Karina war dazu nicht in der Lage, sie meinte es zu gut mit ihren Schützlingen, hatte zu wenig Abstand zu Einzelschicksalen, geriet zu sehr auf die emotionale Schiene. Ist ein junger Mensch, aus welchen Gründen auch immer, in diesem Sumpf gelandet, gerät er über kurz oder lang mit der Polizei und den Gerichten in Konflikt. Er benötigt eine starke Hand mit Gespür für das Machbare. Ein Briefchen gestrecktes Heroin kostete im Mai 1984 etwa 50 bis 60 DM. Je nach Grad der Abhängigkeit verbrauchte ein Junkie ein bis drei Packs am Tag und das Geld dafür beschafft er sich in aller Regel durch Diebstahl, Betrug oder Prostitution. Die in anderen Ländern erfolgreich durchgeführten Programme mit Ersatzdrogen wie Methadon wurden in der BRD abgelehnt.

Bei uns beschränkte man sich auf die Verfolgung und Verurteilung der Konsumenten, indem man ihre Sucht ganz einfach kriminalisierte.

Gegen 19 Uhr bin ich aus purer Neugierde zu der angegebenen Adresse gegangen. Sascha ahnte nichts von meiner Absicht, ich hatte ihn nach meinem Gespräch mit Schwester Karina nicht mehr getroffen. In engen, schmuddeligen Räumen befanden sich die Beratungsbüros. Ein größerer Raum war für die Teestunde eingerichtet. Ein alter Tisch, ein paar Stühle, ein Herd. Es roch nach Schweiß und Bohnerwachs. Einige junge Leute waren bereits da und sahen mich überrascht an. Ein ganz normaler Mensch fällt in dieser Umgebung sofort auf. Ich weiß nicht, welche Gefühle ein Tanzbär hat, wenn man ihn mit einem Ring durch die Nase über einen Marktplatz führt, so oder so ähnlich war mir aber in diesem Moment zu Mute. An einem Tisch, umgeben von ihren Schützlingen, saß die jugendlich wirkende Nonne. Als sie mich sah, erhob sie sich und kam mit ausgestreckter Hand auf mich zu: „Hallo, ich bin Schwester Karina und Sie müssen Herr Gaus sein. Freut mich, dass Sie Zeit für uns gefunden haben. Sascha kommt auch bald vorbei. Nehmen Sie doch einstweilen Platz. Eine Tasse Tee gefällig?"
Die Gespräche am Tisch drehten sich ausschließlich um Gerichtsverhandlungen, Wohnungskündigungen, Sozialhilfe. Alles Dinge, mit denen ich bisher keinerlei Berührungspunkte hatte. Das Hauptthema war jedoch die Suche nach den wenigen Therapieplätzen. Eine durch und durch verlogene Angelegenheit.
Die Richter machten ihm, nachdem der Abhängige mit dem Gesetz in Konflikt geraten war, zur Auflage, sich bald einen Therapieplatz zu suchen. Der Staat konnte aber keine ausreichenden Therapieplätze zur Verfügung stellen, zu teuer, zu wenig Interesse. Die Süchtigen, in Angst vor einer Therapie,

stimmten zunächst zu, flüchteten aber bald wieder aus den Kliniken, weil dort mit Methoden gearbeitet wurde, die den Patienten eher bestraften, als ihm zu helfen. So lange es hier kein Umdenken gab, die Sucht nicht als ernst zu nehmende Krankheit betrachtet wurde, würde es auch keine nennenswerten Erfolge geben. Dass es auch anders ging, bewiesen die vielen aufgeklärten Ärztinnen und Ärzte, die ihren Patienten geholfen haben und deren Zulauf ständig größer wurde.
Mein Engelsgesichtchen kam etwa eine halbe Stunde nach mir und erschrak fürchterlich, als er mich inmitten seiner „Leidensgenossen" sitzen sah.
Während des Wartens auf ihn überredete mich die geschäftstüchtige Nonne zu einer monatlichen Spende von 50 DM für ihre Einrichtung. Schwester Karina besaß ein ausgeprägtes Talent, für sich und ihre Schützlinge zu werben.
Sascha nahm sich unter diesen gestrandeten jungen Menschen in seinen schicken Klamotten wie ein Paradiesvogel unter einem Schwarm Krähen aus. Noch war er nicht so tief gesunken, dass man ihm seine Drogensucht bereits ansah. Er kam auf mich zu und stammelte: „Bitte entschuldige, dass ich dich belogen habe. Wenn ich dir von Anfang an die Wahrheit gesagt hätte, wären wir nie zusammengekommen, Paul. Ich bin ja noch nicht so vom Stoff abhängig wie die meisten, die du hier siehst. Schwester Karina will mir einen Therapieplatz besorgen und dann wird alles wieder gut."
„Mich so zu täuschen! Ist dir überhaupt bewusst, in welche Gefahr du mich gebracht hast? Erstens wegen Aids und zweitens, wenn jemand erfährt, dass ich einen drogensüchtigen Stricher zum Freund habe, kann ich in der Firma meinen Hut nehmen!"
„Herr Gaus, bitte! Sascha geht nicht anschaffen. Zugegeben, er hat außer Ihnen noch andere Männerbekanntschaften, die haben aber doch alle homosexuellen Männer. Seien Sie nicht so streng mit ihm. Sascha liebt Sie, das hat er mir erst gestern

gesagt, er will Sie nicht verlieren. Wir schicken unsere Klienten regelmäßig zum Aidstest, bei ihm ist bisher kein positiver Befund bekannt geworden."

„Sie müssen so reden, Schwester Karina, das verlangt schon Ihr Glaube. Ich hoffe nur, Sie haben Recht mit dem, was Sie da sagen. Aber bitte verstehen Sie auch mich, ich habe bisher keinerlei Erfahrung mit Drogenabhängigen. Mir ist dieses Milieu total fremd. Was ist denn mit dieser Therapie, wann kann er die antreten und wo geht er hin?"

„Die eigentliche Entgiftung kann in jedem Krankenhaus gemacht werden, sie dauert ungefähr eine Woche. Anschließend muss Sascha für etwa drei, vier Monate in eine spezielle Klinik zur psychologischen Betreuung und Wiedereingliederung in ein normales Leben. Diese Plätze sind in Deutschland sehr rar, die Warteliste lang. Ich nehme mal an, dass wir in ein, zwei Monaten einen Platz für ihn bekommen. Bitte, Herr Gaus, helfen Sie ihm bis dahin, er ist ein so wertvoller Mensch, er wird Ihnen später viel Gutes zurückgeben können."

„Ich weiß nicht recht, mein Verstand sagt mir, dass ich mich eigentlich aus der Sache heraushalten sollte. Die ganze Geschichte ist mir viel zu heikel, ich habe kein gutes Gefühl dabei, ich …"

Sascha hatte uns eine ganze Weile lang schweigend zugehört, nun setzte der ausgebuffte Kerl seine stärkste Waffe ein, die ihm zur Verfügung stand: seine Tränen. Der arme, hilflose Junge, aufgelöst in Tränen, aus Angst, seinen Freund und Beschützer zu verlieren, sich um seine Zukunft sorgend, ein rührendes Bild. Er drückte damit genau auf den richtigen Knopf, ich wurde weich und habe mich breitschlagen lassen, Sascha materiell zu unterstützen, mich um seine Zukunft zu kümmern. Die Mitleid heischende Betschwester und der raffinierte Junkie haben mich „eingewickelt", haben meine Schwäche für den schönen Knaben erkannt und gegen mich verwendet. Sie haben meine Einsamkeit, mein Verlangen nach Zärtlichkeit,

meinen Wunsch nach einem Sohn, den mir das Leben bisher verweigert hatte, gewissenlos für ihre Zwecke benutzt.
Ich wusste ja selbst nicht so genau, was Sascha alles für mich sein sollte. Meine Tragik war blinde Sturheit und vermeintliche Stärke, damit setzte ich mich selbst unter Druck. Ich wollte mir und meinem Umfeld beweisen, dass ich mit diesem jungen Mann ein ganz „normales" Leben führen konnte. Ein Gemisch aus Sehnsucht nach vergangenen Träumen und neuen Hoffnungen vernebelte meinen Verstand. Bisher war mir doch immer alles gelungen, warum sollte es mir nicht auch noch gelingen, Sascha vom Heroin wegzubringen?

Jetzt war ich also verantwortlich für das Engelsgesicht. Die clevere Nonne hatte mir ihren Lieblingsjunkie aufs Auge gedrückt, die Verantwortung für ihn, froh, endlich einen Dummen gefunden zu haben, an mich abgegeben. Nun sollte ich für Lebensunterhalt, Wohnung, Arbeitsplatz und für sein Rauschgift die Verantwortung tragen.
Mir war noch nicht bewusst, auf welch dünnem Eis ich mich bewegte. Ich hätte mich niemals von der Nonne überrumpeln lassen dürfen! Als mir die Augen aufgingen, als später der Druck von Familie, Freunden, Arbeitskollegen immer stärker wurde, habe ich umso heftiger an Sascha Moll festgehalten.
Nach der Teestunde sind wir in ein Lokal gegangen, wollten noch einmal über alles reden. Ich hatte mir da etwas überlegt, wollte den Heiligen spielen, auch ein Opfer bringen. Um die Therapiebemühungen voranzutreiben, brauchte es auch meinen Beitrag.
„Bevor du nicht clean bist, Sascha, werde ich nicht mehr mit dir schlafen. Erst nach deiner Therapie können wir wieder ..."
Sascha sah mich ironisch lächelnd an: „Wenn du meinst, Paul, okay. Bin ich denn wirklich so abstoßend für dich, nur weil du inzwischen weißt, dass ich mir ab und zu Heroin spritze? Gut, du willst es so haben, mir soll's recht sein. Du bestrafst dich

damit aber eher selbst, du bist doch gerne mit mir zusammen. Oder sollte ich mich da täuschen? Denk nur an gest…"
„Sei still, ist ja schon gut! Vergiss, was ich eben gesagt habe."
Sascha konnte so unverschämt realistisch sein. Selbstverständlich war ich scharf auf ihn und genoss unsere intimen Stunden. Warum sollte ich jetzt darauf verzichten? Die wenigen Wochen bis zur Therapie würden wir auch ohne meine „Buße" überstehen. Meine Grundsätze brachen in Saschas Nähe schon in sich zusammen, bevor ich sie noch richtig formulieren konnte.
„Lass uns zu dir nach Hause fahren, Paul! Ich freue mich auf dein Bett und du möchtest doch sicher auch …? Morgen beim Frühstück machen wir gemeinsam einen Plan, wie wir die Sache in den Griff bekommen. Ich möchte mit dir zusammen bleiben, hilf mir bitte aus dieser Scheiße raus, lass mich jetzt nicht hängen!"

Am nächsten Morgen entwickelte er einen Vorschlag, wie wir, seiner Meinung nach, die Zeit bis zu seiner Entziehungskur überbrücken könnten.
„In meinem Job als Verkäufer verdiene ich etwa 1250 DM netto im Monat. Das reicht für Miete, Essen und Klamotten. Wenn ich mir alle zwei Tage ein Briefchen Heroin spritze, komme ich mit den Schlaftabletten und dem Hustensaft vom Doktor ganz gut über die Runden."
„Dein Arzt verschreibt dir Schlaftabletten und Hustensaft? Wozu denn das?"
„Tabletten und Hustensaft enthalten Opiate, die verstärken die Wirkung des Heroins. Dann hält es länger an."
„So was verschreibt dir dein Arzt? Gibt er dir denn kein Methadon?"
„Das darf er nicht, ich muss schon froh sein, wenn ich einen Arzt finde, der mir die anderen Sachen verschreibt. Alle machen das nicht."

„Wenn ich jetzt richtig gerechnet habe, würdest du im Monat so etwa 15 bis 20 Packs brauchen. Das wären je nach Preis rund 1400 DM."
„Ja, genau. Könntest du so viel Geld aufbringen? Wenn ja, dann sollten wir den ganzen Monatsbedarf auf einmal kaufen, ich kenne da eine Adresse in Dietzenbach. Das wäre viel stressfreier als am Hauptbahnhof oder auf der Kaiserstraße, vor allem wesentlich preisgünstiger. Für 1000 Mark würden wir leicht 20 Briefchen bekommen."
„Wenn ich auf deinen Vorschlag eingehe, Sascha, musst du deine übrigen Männerbekanntschaften aufgeben, ist dir das klar?"
„Aber sicher, die kenne ich halt noch von früher. Warum musste Schwester Karina dir auch davon erzählen? Das hat doch mit uns beiden gar nichts zu tun, die anderen Typen sind mir völlig egal."
„Diese Besuche müssen aufhören, ich möchte das nicht! Mein Freund braucht nicht anschaffen zu gehen."
„Ich schaffe doch nicht an, Paul. Also, abgemacht? Du gibst mir das Geld?"
„Ja, aber das Zeug kaufen wir gemeinsam und hinterher teilen wir es dann auch gemeinsam für dich ein, sonst nimmst du Gauner zu viel davon. Wir halten aber weiterhin Kontakt zu Schwester Karina, gehen regelmäßig in ihre Teestunde und zum Aidstest, klar?"
„Alles okay, Paul, du kannst dich fest auf mich verlassen."
Trotz dieses Agrements wurde ich ein ungutes Gefühl nicht los. Als wenn ich jemandem die Hand gegeben hätte und hinterher feststellen musste: Dir fehlt ein Finger an der Hand. Es wird schon gut gehen, redete ich mir ein, er wird halten, was er versprochen hat.

Meine Naivität erhielt einen ersten Dämpfer, als ich einige Tage später ein Gespräch mit meinem Hausarzt führte. Ich erzählte ihm von Sascha und seiner Drogensucht. Meine Neigung für

junge Männer war dem Doktor bekannt. Er machte mir bezüglich Saschas „Heilung" keine allzu großen Hoffnungen. Sascha jemals von der Nadel weg, in eine Therapie zu bringen, würde schwer, um nicht zu sagen unmöglich werden.
„So lange Sie ihm seine Sucht finanzieren, macht der nie eine Entziehung. Das ist genau so, als wenn man einen Alkoholiker in einen Weinkeller einsperrt und von ihm verlangt, den Wein nicht anzurühren. Bei häufigerem Gebrauch kommt es bei jeder Droge zu psychischer Gewöhnung, quasi zu einer Flucht vor dem Alltag. Der Fixer lebt in einer Scheinwelt und hat massiven Realitätsverlust. Dieser läuft mit einer zusätzlichen körperlichen Gewöhnung parallel. Wird das Gift vorenthalten, bekommt der Fixer Entzugserscheinungen und setzt alles daran, zu einem neuen Schuss zu kommen. In dieser Phase kennt er weder Freund noch Feind, da zählt nur noch der nächste Konsum. Versprechen tun die alles, nur halten können sie es nicht. Keineswegs aus böser Absicht, nein, die haben sich ganz einfach nicht mehr unter Kontrolle. Lassen Sie die Finger davon, er gehört in die Hände von Profis. Ich bin auch keineswegs sicher, ob Ihr Freund mit der angegebenen Menge auskommt, ich glaube das eher nicht. Erfahrungsgemäß verbraucht ein Abhängiger etwa ein Gramm reines Heroin am Tag, eine Menge, die Sie und mich sofort umbringen würde. Beobachten Sie Ihren Freund einmal genauer."
„Aber er mir doch fest versprochen, aufzuhören! Wir haben gemeinsam einen Plan für seine Entziehungskur entwickelt."
„Ihr Engagement in allen Ehren, Herr Gaus, aber hier werden Sie scheitern. Der verspricht Ihnen das Blaue vom Himmel. Stellen Sie Ihre finanziellen Zuwendungen sofort ein! Setzen Sie ihm eine Frist. Bis dahin geht er in eine Therapieeinrichtung oder es ist aus. Wenn er Sie liebt und mit Ihnen leben will, dann macht er das, wenn nicht, und davon gehe ich aus, lassen Sie ihn sausen. Suchen Sie sich eine nette Frau, Sie können doch auch mit Frauen."

Von diesem kompetenten Mann eine derartige Prognose zu hören, hätte mich eigentlich endlich wachrütteln müssen. Stattdessen habe ich mir gedacht: Der blöde Doktor muss halt so reden!
Einige Wochen später habe ich leider erkennen müssen, dass der Arzt mit seiner Vorhersage der Wahrheit ziemlich nahe gekommen ist. Wenn man überlegt, dass wir im Jahr 1980 annähernd 100 000 heroinsüchtige Personen in Deutschland zählten, mit zunehmender Tendenz, hätte ich die Warnung des Arztes sehr ernst nehmen müssen.

***

Über die Pfingstfeiertage wollte ich mit Sascha einige Tage in den Schwarzwald fahren, in die Gegend von Freiburg im Breisgau, vielleicht mit einem Abstecher in die Vogesen, nach Colmar hinüber, vor allen Dingen aber Wein kaufen. Einen Spätburgunder Weißherbst vom Kaiserstuhl oder einen spritzigen Silvaner aus dem Markgräfler Land konnte man in meinem Keller immer finden.
Unser erstes Ziel sollte Heidelberg sein. Ich habe zwar nie an einer echten Universität studiert, sondern mein Technikerstudium via Fernkurs absolviert, bin jedoch ein Fan der Studentenromantik, speziell der von Heidelberg mit seinen alten Gassen und romantischen Kneipen. Für die knappe Woche, die wir unterwegs sein wollten, nahmen wir für Sascha zehn Briefchen Heroin mit. Damit würde er auskommen und teuer genug waren sie allemal. An meinem Kontostand bemerkte ich nach und nach die zusätzliche Belastung durch das Rauschgift. Es blieb nicht nur bei den Ausgaben für den „Stoff", die normalen Ausgaben liefen weiter und ausgehen wollten wir schließlich auch noch. Von meinem Gehalt allein konnte ich nicht mehr alles bestreiten, immer öfter musste ich Geld vom Sparbuch abheben.

Um die Mittagszeit am Pfingstsamstag sind wir losgefahren und erreichten nach knapp eineinhalb Stunden Heidelberg. Ein geeignetes Hotel war schnell gefunden. Nach dem Einchecken machte ich einen kleinen Spaziergang durch die schöne Altstadt. In dieser Zeit konnte sich Sascha die Spritze setzen und ein wenig ausruhen, bis das Gift wirkte und er langsam wieder den „Normalzustand" erreichte. Mir ging das an die Nieren und ich wollte nicht dabei sein. Jedes Mal die gleiche Prozedur: Das Briefchen öffnen, darauf hoffen, dass es guter Stoff war, kein mit Milchpulver oder Mauerputz gestreckter Dreck, das Pulver auf einen Löffel geben, etwas Ascorbinsäure beimischen und mit dem Feuerzeug die Masse aufkochen, kurz vor dem Siedepunkt einen Zigarettenfilter zum Filtern beigeben, immer in der Angst lebend, dass die Mischung gerinnt, also unbrauchbar wird, aufziehen der Spritze, den Arm abbinden und dann hinein in die Vene. Danach dieses stoische Verhalten, wenn das Gift durch den Körper schießt und das Gehirn für etwa zehn Minuten lahm legt. In dieser Zeitspanne kann der Süchtige für nichts verantwortlich gemacht werden, denn er empfindet nichts. Er lallt allenfalls nur rum und kann nicht wahrnehmen, was in seinem Umfeld geschieht. Erst allmählich stellt sich Ruhe ein und es kommt zu jenem Gefühl, weswegen der Abhängige die ganzen Strapazen auf sich nimmt. Dieses unwürdige Schauspiel, wenn der kranke Mensch Sascha Moll danach gierte, sich endlich seinen Schuss setzen zu können, brachte mich täglich in einen schweren Gewissenskonflikt. Einerseits war mir klar, dass ich ihm Geld gab, mit dem er sich und seinen schönen Körper langsam aber sicher zu Grunde richtete, andererseits, hätte ich ihm das Geld verweigert, wäre er am Bahnhof anschaffen gegangen, um sich auf diese Weise seine Sucht finanzieren zu können. Das Ergebnis schien das gleiche zu sein, nur so ersparte ich ihm die Demütigungen der Prostitution. Der Weg aus der Sucht würde nur mit meiner Hilfe

möglich sein, bildete ich mit ein, und ich hoffte inständig, er meinte es ernst und würde bald in eine Therapieeinrichtung gehen. Lange würde ich den jetzigen Zustand, allein schon aus finanziellen Gründen, nicht durchhalten können.
Die schönen alten Häuser, der Blick zum Neckar und auf die Ruine des Schlosses lenkten mich von meinen Gedanken ab, stimmten mich ein klein wenig zuversichtlicher. Es wird schon klappen, einmal hast du bestimmt Glück mit deinen Kerlen.

Abends im „Wilden Mann", einer von diesen urigen Studentenkneipen, trafen wir auf eine nette Runde junger Leute. Das Bier floss in Strömen, wir hatten eine tolle Stimmung am Tisch. Sascha zeigte sich von seiner besten Seite, war galant zu den Mädchen und lustig mit den Burschen. Wenn er gut drauf war, konnte er ein charmanter junger Mann sein, von dem man nie gedacht hätte, dass er drogenabhängig war.
Wir verabredeten uns mit den Studenten für den nächsten Abend in der Schlosswirtschaft zum Wein. Sascha war entweder eifersüchtig oder betrunken, jedenfalls hat er uns vor versammelter Mannschaft als Liebespaar geoutet und behauptet, ich ginge lieber mit ihm in Homokneipen als mit ihnen in ganz normale Lokale. Die gute Laune war dahin, am liebsten hätte ich ihm eine runtergehauen.
Am Pfingstmontag beim Frühstück beichtete mir Sascha: „Paul, entschuldige bitte, nicht böse sein, aber ich habe bereits alle Packs verdrückt. Schuld bist nur du! Was musstest du auch mit den Studenten so rumschäkern? Ich war eifersüchtig und außer Kontrolle, irgendwie musste ich meinen Frust ja abbauen."
Zunächst habe ich auf seine Beichte äußerst cool reagiert, war nur erbost, dass es mir nicht aufgefallen ist, und ich habe ihm geantwortet: „Pass auf, mein Junge, ich bringe dich jetzt zum Bahnhof. Du fährst mit dem Zug nach Frankfurt und ich fahre allein nach Freiburg, so langsam habe ich es satt, wenn du immer

glaubst, du kannst machen, was du willst. Such dir ein anderes Kindermädchen! Pack bitte sofort dein Zeug zusammen."
Dass er diesmal zu weit gegangen war, wusste er selbst, und er fing an zu heulen. Mir war das peinlich, die übrigen Gäste im Frühstückszimmer schauten bereits zu uns herüber. Leise, fast flehend, sagte er zu mir: „Nein, bitte nicht. Nimm mich mit, Paul, ich habe mich so auf Freiburg gefreut. Ich werde kalt entziehen, das habe ich schon öfter gemacht."
Sein treuherziger Blick, seine kullernden Tränen stimmten mich wieder versöhnlicher. Dazu die fremden Leute im Raum, die gewiss dachten: Wieso ist der Alte nur so garstig zu dem armen Jungen? Sicher Vater und Sohn bei einem der üblichen Generationskonflikte. Kurzum, ich habe nachgegeben und ihn doch mitgenommen.
Ich hatte ja keine Ahnung, was so ein „kalter Entzug" für einen Junkie bedeutet. Woher hätte ich das auch wissen sollen?
Am ersten Tag ging noch alles ganz gut, wir fanden ein schönes Quartier in Freiburg. Sascha trank ein wenig zu viel Schnaps, wollte damit seinem Körper den Entzug erleichtern, war aber noch in der Lage, bei einer Wanderung durch das Höllental mitzulaufen. Etwa zwölf Stunden nach der letzten Dosis Heroin begann er, unruhig zu werden. In der folgenden Nacht konnte er nicht schlafen und winselte in seinem Bett vor sich hin. Am zweiten Tag war es nicht mehr auszuhalten, er klagte über starke Beschwerden und krümmte sich vor Schmerzen. Ein Schwächegefühl überkam ihn, er gähnte und schwitzte. Gleichzeitig rann ihm eine wässrige Flüssigkeit aus Augen und Nase. Er fiel in einen unruhigen Schlaf. Etwa 18 bis 24 Stunden nach der letzten Dosis erlebte er seine „persönliche Hölle". Das Gähnen wurde so heftig, dass er sich den Kiefer verrenkte. Aus der Nase floss dünner Schleim, die Augen tränten stark. Seine Pupillen waren erweitert, die Haut war kalt, wurde zur extremen Gänsehaut. Man bezeichnet diesen Zustand im Fixerjargon als „cold turkey" (kalter

Truthahn). Saschas Zustand verschlimmerte sich zusehends, ich werde die beiden Nächte in Freiburg wohl nie im Leben vergessen. Seine Därme begannen mit unerhörter Gewalt zu arbeiten. Seine Magenwände zogen sich ruckartig zusammen und er erbrach Blut. Die Leibschmerzen nahmen rapide zu und er bekam starken Durchfall. Nach 36 Stunden war er vollkommen am Ende. Er fror sehr stark und sein ganzer Körper wurde von starken Zuckungen geschüttelt. Mit den Füßen machte er unfreiwillig starke Tretbewegungen in alle Richtungen, die im Fixerjargon „kicking the habit" (die Gewohnheit wegtreten) genannt werden. An Schlaf und Ruhe war während dieses Zustandes nicht zu denken. Schmerzhafte Krämpfe der gesamten Muskulatur warfen Sascha unaufhörlich umher. Er fing an zu brüllen. Ich musste dieses Martyrium fast zwei Tage lang mit ansehen. Wir konnten das Zimmer nicht verlassen und einen Arzt durfte ich nicht holen, der hätte Sascha sofort zwangseinweisen müssen, doch der wollte das nicht.

In der Nacht, ich war nur kurz eingeschlafen, ist Sascha abgehauen. Er musste unbedingt nach Frankfurt, Stoff besorgen. Am nächsten Morgen konnte ich ihn gerade noch am Freiburger Bahnhof einfangen. Er war fast nicht mehr ansprechbar, hatte nur noch den erlösenden Schuss im Kopf. Mir blieb gar nichts anderes übrig, als ihn im Eiltempo nach Dietzenbach zu bringen. Den Weg nach Dietzenbach zu seiner Drogenhändlerin nannten wir, in Anlehnung an den Originalpfad in Vietnam, auf dem Drogen und Waffen geschmuggelt wurden, scherzhaft unseren „Ho-Chi-Minh-Pfad". An diesem Morgen hätte ich Sascha unbedingt in ein Krankenhaus bringen müssen. In seinem Zustand wäre er vielleicht zu einer Therapie bereit gewesen. Ich, ein blutiger Laie, stand dieser Situation völlig hilflos gegenüber, wusste nicht, was zu tun war, kannte niemanden, der uns beigestanden hätte. Meistens bin ich in Situationen wie dieser – und die kamen in nächster

Zeit noch oft – allein auf weiter Flur gewesen, allein mit einem Junkie, der dem nächsten Schuss entgegenfieberte.

Nachdem er sich bei mir in der Wohnung einen Schuss gesetzt hatte, war alles wieder gut. Sascha wollte anschließend nach Seligenstadt zu den „Mainterrassen". Dort sei er als Kind oft mit seinen Eltern zum Eisessen gewesen. Froh, dass er wieder zu gebrauchen war, bin ich mit ihm dort hingefahren. Nach dem Eis ging er zur Toilette, kam nach einiger Zeit lallend und am Arm blutend an unseren Tisch zurück. Kaum zwei Stunden war es her, dass er sich einen Schuss gesetzt hatte, und nun schon den nächsten. Durch die Anspannung der letzten Tage war ich derart genervt, dass ich mein Engelsgesicht im Lokal verprügelt habe. Ich bezahlte unsere Rechnung und bin gegangen. In diesem Moment ist mir egal gewesen, was die übrigen Gäste dachten, ich hatte genug von diesem unbeherrschten Jüngelchen. Hätte sich jemand eingemischt, hätte ich demjenigen, so geladen wie ich war, wahrscheinlich auch eine Abreibung verpasst. Sascha tat mir zwar Leid, aber was zu viel war, war zu viel. Er meldete sich nicht mehr bei mir, ich hatte keine Ahnung, wie er von Seligenstadt nach Frankfurt gekommen ist. Es interessierte mich auch nicht besonders, ich wollte ihn nicht mehr sehen.

***

In den folgenden Wochen blieb mein Engelchen verschwunden, fast tat es mir schon wieder Leid. Ich vermisste ihn, als Liebhaber fehlte er mir schon sehr. Im Supermarkt, beim ersten Einkauf nach Freiburg, traf ich zufällig den Reittrainer Rolf Hold.
„Ja, PP, wo steckst du denn nur die ganze Zeit? Wir sehen dich ja kaum noch bei uns. Warum kommst du nicht mehr zum Training? Ich bin gerade dabei, eine neue Quadrille auf-

zubauen, da könnten wir einen guten Reiter wie dich gut brauchen."
„Ich habe mich von Wanda getrennt und will ihr nicht mehr begegnen."
„Ach ja, Wanda, die kommt auch nicht mehr zum Training. Übrigens, jetzt, wo du das sagst, ich wollte dich sowieso anrufen. Was wird aus deinem ‚Bully'? Wanda hat ihre Stute Isolde verkauft und da sie nicht mehr kommt, kümmert sich auch niemand mehr um ‚Bully'. Sicher, die Mädchen pflegen und füttern ihn, er hat es gut, aber er vermisst dich wahrscheinlich schon sehr."
„Der arme Gaul, er tut mir so Leid, Rolf. Aber zurzeit wäre er eher eine Last für mich. Wenn ihr mir versprecht, dass ich ihn hin und wieder reiten darf, sollte ich wieder mehr Zeit haben, schenke ich ihn dem Verein."
„Sehr großzügig von dir, PP. Wir könnten ihn gut brauchen, wir haben momentan so viele Schüler und nur sieben vereinseigene Pferde in den Boxen stehen."
„Als guter Reiter sollte man sich besser um sein Pferd kümmern, ich weiß das selbst, aber bei euch ist er in guten Händen. Der Vorstand soll mir eine Schenkungsurkunde schicken, die kennen sich mit so was aus. Ich unterschreibe und der Gaul gehört wieder dem Verein."
„Schade, Wanda und du seid gute Reiterkameraden gewesen und menschlich habt ihr euch doch immer gut verstanden. Wollt ihr es euch nicht noch einmal überlegen? Ihr habt kurz vor der Hochzeit gestanden, ist da wirklich nichts mehr zu machen?"
„Rolf, das Leben kennt nicht nur Sonnentage. Es ging nicht mehr mit uns, wir hatten in manchen Dingen total verschiedene Ansichten."

***

An einem Freitagnachmittag Ende August, ich kam gerade von der Arbeit nach Hause, saß Sascha im Treppenhaus. Er lächelte mich an, als habe es nie ein Seligenstadt gegeben. Immerhin hatte ich fast drei Monate nichts von ihm gehört. Er sah gut aus, vielleicht ein wenig blass, bei seiner hellen Haut aber nicht außergewöhnlich. Als ich ihn so brav und unschuldig da sitzen sah, wurde mir ganz warm uns Herz.
Er ist wieder gekommen, er mag dich eben doch, versuchte ich mir einzureden. Sascha trug elegante Sommerklamotten, dreiviertellange schwarze Bermudas und ein schickes grün-weiß gestreiftes Hemd, er sah sehr sexy darin aus.
„Na, Mut hast du ja, dass du dich noch hierher traust!"
„Jetzt sei nicht so, du hast mich doch sicher vermisst. Oder hast du inzwischen einen anderen?"
„Du bist ja ganz schön eingebildet, mein Herr. Wo warst du denn die ganze Zeit? Was ist mit deiner Therapie, hast du die schon hinter dir?"
„Ich bin clean. Da, schau, meine Arme, keine Einstiche mehr."
Tatsächlich, die hässlichen Einstichnarben in den Armbeugen waren verheilt.
„Respekt, wie hast du denn das geschafft?"
„Das ist eine längere Geschichte."
„Erzähl, aber komm doch erst mal rein."
„Hast du noch was von deinem guten Sherry? Kann ich bitte einen haben?", fragte er, als wir im Wohnzimmer Platz genommen hatten.
Ich schenkte uns zwei Gläser Sherry ein.
„Ja, wo soll ich anfangen? Am liebsten möchte ich gleich mit dir in die Kiste springen, du hast mir gefehlt."
„Du übertreibst mal wieder ganz schön, das tust du aber meistens, wenn du etwas von mir haben willst. Was ist es denn diesmal?"
„Ich soll dich für morgen Abend zu einer Party abholen. Jonny möchte dich endlich einmal kennen lernen."

„Wer bitte ist Jonny? Ich kenne keinen Jonny."
Sascha erklärte mir ganz eifrig und stolz: „Jonny ist amerikanischer Offizier, Leutnant bei der US-Army. Als wir uns in Seligenstadt getrennt haben, stand ich an der Straße und wollte per Anhalter nach Frankfurt fahren. Da kam Jonny mit seinem Auto, er hielt und hat mich mitgenommen. Er ist 25 und so süß. Dass der schwul ist, habe ich sofort bemerkt. So haben wir uns getroffen."
„Und ich soll mit dir auf eine Party gehen, die dein neuer Freund gibt? Du spinnst wohl, Sascha. Wo wohnt denn dein Jonny, auch in Frankfurt?"
„Ja, in der Gießener Straße, in den Amiblöcken. Aber die Party gebe doch ich, es ist meine Einweihungsparty, denn ich wohne jetzt bei Jonny. Es kommen viele knackige GIs aus Jonnys Kompanie, du wirst deine helle Freude daran haben. Du magst doch durchtrainierte Boys?"
„Da gehe ich nicht hin. Dein neuer Freund und seine Amikumpels interessieren mich nicht. Was ist übrigens aus deiner Wohnung geworden, Sascha?"
„Die wurde gekündigt. Übrigens bist du nicht ganz unschuldig daran, dass ich Jonny getroffen habe. Wenn du mich nicht in Seligenstadt zurückgelassen hättest, wäre ich ihm nie begegnet. Er ist ein Ami, die nehmen nicht alles so ernst. Mit uns hat das gar nichts zu tun, wir machen das, was wir uns vorgenommen haben. Wenn du willst, ziehe ich heute noch zu dir und wir übernehmen ein kleines Lokal. Das mit Jonny ist mir nicht so wichtig."
„Langsam, langsam, Sascha! Deine Arbeit hast du aber noch, oder? Und wieso bist du auf einmal clean?"
„Ja, meinen Job als Verkäufer habe ich noch. Clean bin ich geworden, weil mir ein Arzt geholfen hat. Jonny kennt da einen bei der Army. Aber jetzt komm endlich ins Bett, ich will …"
„Ich dusche mich vorher erst noch kurz."
„Nein, so lange kann ich nicht mehr warten! Duschen kannst du später."

Er hatte mich also wieder rumgekriegt, der verdammte Schuft! Mir war schon bewusst, dass er mir wieder etwas vorflunkerte, von wegen Jonny und er wohne nur bei ihm, war nicht so ernst. Das konnte gewiss nicht alles stimmen! Aber was waren so ein paar lausige, kleine Lügen gegen ihn und seine Nähe. Ich habe noch in der gleichen Nacht kapituliert, ihm den ganzen Mist von Freiburg und Seligenstadt verziehen und zur Party bin ich auch mitgegangen. Ich war neugierig auf seinen Jonny, denn an einen Amisoldaten wollte ich meinen Sascha nicht verlieren.

Sascha hatte nicht übertrieben, eine tolle Party. Da waren recht knackige Typen unter den meist sehr leicht bekleideten amerikanischen Gästen. Ich war nicht der einzige „alte" Mann auf der Party, einige der GIs hatten ältere Freunde mitgebracht. Es ging recht freizügig zu, dazu Whisky und Bier in Mengen. Wer bezahlt das denn alles, fragte ich mich. Sascha als unser „Gastgeber" gewiss nicht. Vielleicht Jonny? Ein netter junger Mann, sehr höflich und korrekt, immerhin ein Offizier. Als Sascha uns vorstellte, haben wir alle gelacht, dadurch war die Angelegenheit etwas weniger peinlich. Eine ungewöhnliche Konstellation, wie sie nur in der Szene vorkommen kann – der Geliebte stellt dem Geliebten den Geliebten vor.
Dass ich mich in diesem seichten Milieu nie so richtig heimisch fühlte, habe ich oft genug betont, aber heute Abend wollte ich meinen Spaß haben, ganz einfach nur Spaß.
Auf einem der Tische stand ein Schälchen mit kleinen rosa Kugeln, von denen man sich bedienen durfte. Dass es sich dabei nicht um Bonbons handelte, war mir bewusst. Ich habe davon probiert und geriet, in Verbindung mit dem Alkohol, in einen leicht schwebenden Zustand. Wahrscheinlich habe viel öfter daran genascht, als mir gut tat, jedenfalls bekam so ein Gefühl, als ob ich fliegen könnte. Als ich wieder klar denken konnte, befand ich mich vollkommen nackt in einem fremden Bett, neben mir, ebenfalls nackt, lagen, friedlich schla-

fend, Sascha und Jonny. In meinem Kopf hämmerte eine Dampfmaschine und mein Hals wurde von einem Wahnsinnsdurst gequält. Meine Bettgenossen schliefen noch tief und fest. Ich ging ins Bad, sah auf die Uhr. Vier Uhr nachmittags. Aber welcher Tag? Sonntag? Montag?

In der Wohnung sah es wie nach einem Luftangriff aus. Im Wohnzimmer und in der Küche lagen noch einige leicht bekleidete Gestalten herum. Hatten wir vergangene Nacht eine Orgie gefeiert? Einer der Boys machte die Augen auf und lächelte mich selig an: „Hello, Peter, nice night yesterday."

Ich hatte keine Ahnung, was alles gelaufen war, musste mich noch mal hinlegen, so schlecht ist mir gewesen. Ich ging deshalb zurück ins Bett zu meinen Mitschläfern. Als ich gegen 19 Uhr erneut wach wurde, lag nur noch Sascha neben mir. Aus der Küche roch es verführerisch nach Kaffee. Die fremden Gestalten schienen verschwunden zu sein. Jonny saß allein und taufrisch am Küchentisch bei Kaffee und Sandwiches. Als er mich sah, sagte er lächelnd: „Eine tolle Party, Peter! Ihr Deutschen könnt feiern, bis es kracht, und diese Ausdauer, nein, einmalig! Es hat allen gut gefallen. Die letzten habe ich vor einer Stunde rausgeworfen, sie lassen dich grüßen. Die wollten noch gar nicht gehen, aber einmal ist Schluss und morgen früh müssen wir alle wieder zum Dienst in der Kaserne erscheinen."

Also doch erst Sonntag! Gott sei Dank, nicht auszudenken, wenn ich einen Arbeitstag verbummelt hätte. Sascha konnte sich auch nicht mehr so genau erinnern, sagte aber: „Mein lieber Paul, du hast ja ganz schön Dampf abgelassen, vor dir ist kein GI mehr sicher gewesen. Sogar mit Jonny wolltest du pennen, wie peinlich für mich. Aber dem hat es anscheinend noch Spaß gemacht, dem falschen Hund. Von mir wolltest du nichts wissen, mit mir hast du nur herumgemeckert: ‚Nicht so viele Drogen, Sascha! Ich habe kein Geld mehr, dich soll der Teufel holen!'"

War mir das peinlich, ich schimpfte immer mit Sascha wegen seiner Drogensucht und bei der erstbesten Gelegenheit knallte ich mir selbst die Birne zu. Wie konnte ich Sascha je wieder ernsthaft ins Gewissen reden? Dann habe ich anscheinend auch noch seinem Ami-Leutnant und die anderen GIs angebaggert. Ich konnte mich an nichts mehr erinnern. Nein, diese Schande! Am besten, du gehst den GIs künftig aus dem Weg. Welch eine Ironie, 1945, als kleiner Bub, wurden meine Omi, meine Mama und ich von amerikanischen Soldaten aus dem Haus gejagt. Hatte ich mir als kleiner Junge noch vorgenommen, Amisoldaten mag ich nicht, sie sind böse, waren sie 40 Jahre später fast zu meinen Bettgenossen geworden.
Mir war am Montag noch schlecht, am liebsten wäre ich nicht zur Arbeit gegangen. Doch das konnte ich mir momentan nicht leisten, es gab viel zu tun und ich lag mit dem Chef ständig im Clinch. Ihm gefiel meine, wie er sich auszudrücken pflegte, „selbstherrliche Art" nicht. Dabei habe ich nur einige Male seine eigenmächtige Einteilung korrigiert und die Geräte so ausliefern lassen, wie es in unseren Betriebsablauf passte. Er versprach den Kunden immer wieder Liefertermine, die nicht zu realisieren waren, und ich wollte nicht jeden Tag meine Planung umwerfen. Von Sascha und Jonny hatte ich die ganze Woche nichts gehört. Am Samstagabend bin ich zu Hause geblieben, es wäre mir peinlich gewesen, auf einen der GIs von Jonnys Party zu treffen. Ich machte mir immer noch Vorwürfe wegen meiner Eskapaden. Hab' ich mit denen oder hab' ich nicht? Bleib heute mal solide, schau dir einen Film im Fernsehen an, geh morgen früh zum Reiten. So bin ich immer gewesen, wenn ich einmal, und das kam eher selten vor, über die Stränge geschlagen hatte, plagte mich anschließend mein schlechtes Gewissen. Aber was war denn passiert, für das ich mich schämen müsste? Ich habe ein paar junge Burschen angemacht, vielleicht sogar mit ihnen geschlafen, das machen andere

auch, stell' dich nicht so an, versuchte ich mein Gewissen zu beruhigen.
Gegen 22 Uhr läutete mein Telefon. Ich wollte nicht abnehmen, dachte missmutig: Das wird Sascha sein, bestimmt ist ihm langweilig und er sucht Gesellschaft. Lass es nur bimmeln, er wird schon irgendwann aufhören.
Dann habe ich doch abgenommen.
„Ja, Hallo?"
„Hier ist das Drogendezernat Ausland der niederländischen Polizei in Amsterdam. Mein Name ist Inspektor de Vries. Wir haben Ihren Neffen Sascha Moll zusammen mit einem Amerikaner verhaftet. Sie sind doch Mijnheer Paul-Peter Gaus?"
„Ja, der bin ich. Was wirft man den beiden vor?"
„Besitz von Rauschgift in unzulässigen Mengen. Sie sind der Onkel von dem jungen Deutschen, ja? Sie können ihn bei uns abholen, Eltern hat er ja angeblich keine mehr."
„Er ist volljährig und für sich selbst verantwortlich. Warum soll ich ihn abholen?"
„Wir machen das immer so. Wir wollen das Umfeld der Täter kennen lernen. Bei Ihrem Neffen haben wir keinen Stoff gefunden. Der Amerikaner ist geständig und nimmt alle Schuld auf sich, er wird heute noch der US-Army übergeben. Also, holen Sie Ihren Neffen nun ab oder nicht?"
„Gut, ich komme morgen früh nach Amsterdam, Herr de Vries. Danke für Ihren Anruf."
So ein Mist, in was hat dich dieser verdammte Kerl jetzt wieder hineingezogen? Wenn ich rechtzeitig in Amsterdam sein will, fahre ich am besten gleich los. Ein Zimmer brauche ich auch. Wenn ich müde dort ankomme, wäre es gut, wenn ich eine Runde schlafen könnte.
Eilig packte ich ein paar Sachen in meine Reisetasche. Dabei kam mir die Idee, an meinen Freund Jan Koistra in Amsterdam ein Fax zu schicken und ihn um die Reservierung von zwei Zimmern in seiner Pension zu bitten. Sascha würde vor

unserer Rückfahrt nach Frankfurt auch eine Mütze voll [Schlaf?] nötig haben. Ich fuhr vorher am Hauptbahnhof vorbe[i und] setzte im Postamt das Fax für Jan ab. Dann ab nach Amsterdam, sehen, was ich tun konnte.

Als ich am Sonntagmorgen gegen 8 Uhr die kleine Halle der Pension „Rembrand" in der van de Veldesteaat 19 in Amsterdam betrat, sah ich Jan Koistra hinter seiner Rezeption mit einem PC hantieren. Aha, dachte ich, auch bei ihm hat die moderne Technik bereits ihren Einzug gehalten. Früher im Hotel „Rivera" in Malpente bemühte er doch immer sein großes schwarzes Gästebuch, wenn er die Reservierungen eingetragen hat.
Jans Pension lag inmitten der Altstadt, in der Nähe des Van Gogh- und Rijks Museums, nahe der Hoofstraat, einen Steinwurf entfernt von den wichtigsten und interessantesten Touristen-Attraktionen Amsterdams. Jan sah auf, erkannte, wer da zur Tür herein gekommen war, eilte freudig auf mich zu und rief: „Pedro, Amigo mio, lass dich anschauen und umarmen! Ich habe dein Fax erhalten. Es wird höchste Zeit, dass du uns besuchen kommst."
Lange hat mich niemand mehr Pedro genannt. Er drückte mich fest an seine Brust, so, wie damals im März 1966, als ich von ihm und seiner Frau Mercedes Abschied genommen hatte, um mit Vanessa Osborne die Spritztour durch Spanien zu machen. Seit damals hatten wir uns nicht mehr gesehen, eine Ewigkeit. „Mein Gott, Pedro, wie lang ist das nun her, 18 Jahre? Du hast dich nicht verändert, siehst noch genauso gut aus wie früher, brichst wahrscheinlich immer noch die Herzen der Frauen ... und der Männer?"
„Ach, Jan, wie schön, dich zu sehen. Du bist immer noch der gleiche charmante Lügner, genau wie damals in Spanien. Älter bin ich geworden, ich brauche beim Lesen eine Brille und meine Haare werden grau."

„Aber Pedro, warum soll es dir anders gehen als mir. Die Zeit macht nicht Halt vor uns. Dass ich dich wiedersehe, so eine Freude, das müssen wir feiern. Wie oft habe ich mir vorgenommen, nach Frankfurt zu kommen, um dich zu besuchen, alter Freund. Aber du weißt ja selbst, wie es geht, man plant und man verwirft, die Jahre gehen dahin und man hat längst nicht alles erledigt, was man erledigen wollte."

„Geht es euch gut, Jan? Dir, Mercedes, eurem Sohn? Wie alt ist der inzwischen schon?"

„Mercedes geht es gut, aber sie vermisst ihre Heimat, wenn sie es auch nicht zugibt. Hier in Holland ist das Wetter nicht so schön wie zu Hause in Spanien. Manchmal regnet es tagelang, dann ist sie traurig, aber sie ist tapfer. Unser Mario ist 15 Jahre alt, ein richtiger Lausbub. Er geht noch zur Schule, ist ein richtiger Niederländer geworden, ein besserer, als ich je einer gewesen bin. In seinem Kopf gibt es nur Fußball, Fußball und noch mal Fußball, du wirst ihn heute Abend sehen."

„Aus Kindern werden Leute. Es freut mich für euch, wenn ihr glücklich seid hier in Amsterdam. Kommt ihr noch manchmal nach Malpente?"

„Ja, regelmäßig im Sommer, dann schließen wir unsere Pension und ab nach Spanien. Wir besuchen die Eltern von Mercedes. Mario soll die Heimat seiner Mutter kennen lernen. Er spricht besser spanisch und katalanisch als so mancher Fischhändler in Barcelona."

„Und wie geht es den andern? Alfonso, Vincente, Claudio?"

»Wie dumm von mir, du möchtest sicher was von der alten Garde hören. Den meisten geht es gut. Alles hat sich total verändert, überall wird neu gebaut, neue Straßen, neue Häuser, neue Hotels, Supermärkte, moderne Läden. Die EG bekommt den Spaniern gut. Pedro, ich habe dich immer als Freund angesehen und zu dir gehalten, aber ich habe nicht verstehen können, warum du nie mehr wieder hingefahren bist. Du hättest längst deinen Frieden mit der Vergangenheit machen müssen. Sie fragen heute noch nach dir, doch ich konnte ihnen nie etwas Konkretes sagen. Wie es mir scheint, geht es dir gut, hast aber momentan Probleme mit einem Freund?"

„Lass uns später über diese Geschichte reden, da brauche ich sowieso deinen Rat. Ja, warum bin ich nicht mehr nach Spanien gefahren? Ich habe lange gebraucht, um mit meiner Enttäuschung fertig zu werden. Ich konnte einfach nicht vergessen, dass der Barón mich nicht dabei haben wollte und alle mitgemacht haben. Mittlerweile denke ich anders. Ich möchte so gerne hinfahren, um mich mit ihnen auszusöhnen, ich vermisse sie immer mehr."

„Fahr hin, Pedro, mach es dir doch selbst nicht so schwer! Spring endlich über deinen Schatten. Wenn du willst, machen wir was aus und treffen uns im nächsten Sommer dort."

„Mal sehen, Jan, es tut gut, darüber zu reden. Ich weiß, du meinst es gut mit mir, aber es ist nicht leicht für mich. Was ist aus dem Gut geworden? Lebt der Alte noch? Wer kümmert sich um Manuels Grab?"

„Der alte Barón de Santana ist lange tot. Manuels Mutter hat das Gut verkauft. Um das Grab kümmert sich Conchita. Erinnerst du dich noch an sie? Conchita, die Tochter des Kirchendieners, dein Freund Klaus hat sie doch seinerzeit so verehrt."

„Ja, jetzt, wo du es sagst. Conchita, was hat sie mit Manuel zu tun? Warum pflegt gerade sie sein Grab?"

„Nun, Pedro, die Wege des Herren sind nicht immer leicht zu verstehen. Conchita ist einem Orden beigetreten, betreut alte Leute. Im vorigen Jahr habe ich sie getroffen und ihr genau diese Frage gestellt. Sie hat mich lange angesehen und gesagt: ‚Jan, als wir alle jung waren, habe ich Manuel Llancer verehrt, still und heimlich. Wer war ich denn schon? Ein hässliches Entchen. Manuel hatte nur Augen für andere Mädchen und als der hübsche Deutsche kam, hatte er nur noch den im Kopf. Heute liegt er still in seinem Grab und hört mir zu, wenn ich mit ihm rede. Jetzt habe ich ihn für mich allein.' Nach dir hat sie sich auch erkundigt und mich gefragt, wie es dir geht."

„Das hätte ich nicht gedacht. Von dieser heimlichen Liebe haben wir alle nichts bemerkt damals. Ich bin so froh, dass sie sein Grab pflegt. Ich hatte all die Jahre ein schlechtes Gewissen deswegen, ich hätte mich selbst darum kümmern müssen, das wäre ich Manuel schuldig gewesen. Jan, kann ich das Zimmer haben? Ich bin die ganze Nacht durchgefahren und etwas müde. Ich lege mich kurz hin, später reden wir weiter."

„Selbstverständlich, mein Freund. Komm, ich nehme deine Tasche."

„Vorher muss ich in meiner Firma anrufen und denen aufs Band sprechen, dass ich am Montag nicht zur Arbeit kommen kann. Wir übernachten heute bei dir. Zwei so lange Strecken sind mir an einem Tag zu viel."

„Ein Telefon findest du in deinem Zimmer. Schlaf gut, Pedro."

„Sie können Ihren Neffen mit nach Hause nehmen, aber schärfen Sie ihm bitte ein, er darf sich in Holland nicht mehr blicken lassen, er hat Landesverbot."

Herr de Vries, der freundliche Beamte der Drogenfahndung, griff bei diesen Worten zum Telefon und gab irgendeine Anweisung. Nach etwa drei Stunden Schlaf und einem kräftigen Frühstück hatte mir Jan den Weg zum Polizeipräsidium beschrieben. Da saß ich nun und wollte meinen „Neffen" auszulösen.

„Danke, sehr freundlich, Mijnheer de Vries. Ich weiß gar nicht, was sich der Junge dabei gedacht hat", versuchte ich verzweifelt, die peinliche Situation zu überspielen. Ich hatte den Eindruck, dass mir der Beamte den „Onkel" nicht abnahm, er ließ sich aber nichts anmerken.

„Was wird mit Leutnant Montgomery? Haben Sie ihn schon der US-Army überstellt, Mijnheer de Vries. Kann ich ihn kurz sprechen?"

„Nein, das können Sie nicht, den haben wir als amerikanischen Offizier sofort den Militärbehörden seines Landes übergeben. Er wird nicht so glimpflich davon kommen. Immerhin haben wir bei ihm 100 Gramm reines Heroin gefunden. Ich kenne ähnliche Fälle, da wurden die Soldaten aus der Army rausgeworfen und zu hohen Gefängnisstrafen verurteilt. Die Amerikaner sind da nicht zimperlich. Mister Montgomery hat sich für Ihren Neffen geopfert, offensichtlich ist Ihr Neffe der Drogensüchtige. Bei ihm haben wir allerdings nichts gefunden, sonst könnten wir ihn auch nicht laufen lassen."
Sascha wurde gebracht, musste einige Formulare unterschreiben und konnte gehen. Unterwegs im Auto fing er an zu weinen.
„Du brauchst nicht zu weinen, dazu ist es jetzt zu spät. Was habt ihr euch bei eurem Abenteuer nur gedacht? Jonny geht wahrscheinlich für Jahre hinter Gitter! Was fällt dir ein, mich als deinen Onkel auszugeben? Belogen habt ihr mich nach Strich und Faden, du und dein Jonny, von wegen clean. Wohin spritzt du denn? An deinen Armen sieht man keine Einstiche?"
„Unter die Zunge. Was sollte ich denn machen, Paul, meine Eltern hätten mich hier schmoren lassen. Der Beamte hat zu mir gesagt: ‚Es muss Sie jemand bei uns abholen, ein Anwalt, Ihre Eltern, ein Verwandter.' Da habe ich gleich an dich gedacht, du machst so einen seriösen Eindruck."
„Ich bringe dich morgen früh zu Schwester Karina. Du brauchst unbedingt einen Therapieplatz. Sie muss endlich Dampf machen, mir reicht es jetzt. Mich so zu belügen, von wegen clean und so! Ich Esel habe das auch noch geglaubt! Wie habt ihr denn die ganze Zeit gelebt, dein Jonny und du? Sein Sold reichte doch nicht, um deine Sucht auf Dauer zu finanzieren. Essen und trinken musstet ihr auch."
„Ich bin anschaffen gegangen und an den Wochenenden sind wir nach Amsterdam gefahren. Drogen sind hier wesentlich billiger als in Frankfurt. Wir haben größere Mengen einge-

kauft, zum Teil für meinen Bedarf, mit dem Rest hat Jonny bei seinen Kameraden in der Kaserne gedealt."

„Was für Abgründe! Ein Offizier versorgt seine Männer mit Rauschgift und schickt seinen Freund auf den Strich. Schämt der sich denn gar nicht, er liebt dich doch angeblich? Na ja, jetzt hat er genug Zeit zum Nachdenken. Und du, nimm dich gefälligst zusammen, du hast lange genug mit der Therapie gespielt, tu endlich was oder du landest irgendwann auf dem Friedhof!"

„Wäre das denn so schlimm? Es wird mich keiner vermissen! Jonny war ein lieber Kerl, aber der ist durch meine Sucht ins Gefängnis gekommen. Er tut mir so Leid, so war das nicht vorgesehen. Und du? Du willst mich doch auch nicht mehr haben. Keiner will mich!"

„Ich habe dir oft genug gesagt, Sascha, geh in die Therapie, werde clean und wir sind zusammen. Zum letzten Mal, einen drogensüchtigen Stricher möchte ich nicht zum Freund haben. Das ist mir zu gefährlich, schon allein wegen Aids. Wir sind jetzt da, der Besitzer der Pension ist ein alter Freund aus Spanien, er weiß Bescheid. Du bekommst ein Zimmer und schläfst dich erst mal aus. Ich glaube, du hast es nötig. Am Abend trinke ich mit Jan noch etwas und morgen fahren wir zurück nach Frankfurt."

Nachdem ich am Abend Mercedes begrüßt hatte und auch den Sohn Mario kennen lernte, servierte sie uns eine andalusische Paella. Lange habe ich keine so nette Gesellschaft mehr gehabt. Jan brachte roten Rioja aus seinem Weinkeller und wir genossen den schönen Abend. Fast so wie früher bei unseren berühmten spanischen Nachmittagen, einfach sitzen, reden, die Zeit genießen. Wehmütig kramten wir in den Erinnerungen. Mercedes war froh, mit einem Kenner ihrer Heimat reden zu können. Ihr gefiel die Unterhaltung und mir taten die alten Geschichten aus Malpente de Mar auch gut. Sascha

schlief oben in seinem Zimmer tief und fest. Kurz vor dem Abendessen hatte ich noch einmal nach ihm gesehen. Mit den Tabletten vom Gefängnisarzt würde er die Heimreise gut überstehen. Wichtig nur, dass er schlafen konnte. Jan unterbrach unsere sentimentale Schwärmerei: „Entschuldigung, Mercedes, bevor ihr mir noch beide zu heulen anfangt, es ist schon reichlich spät und ich möchte mit Pedro noch etwas besprechen, Männergespräche. Wer weiß, wann ich ihn wieder mal da habe."
Mercedes zeigte Verständnis für ihren Mann und wir zogen uns in eine stille Ecke zurück. Nach dem zweiten Genever kam Jan auf den Punkt.
„Pedro, ich mache mir ernsthaft Sorgen um dich. Weißt du, früher, wenn du mit deinen Freunden zu uns nach Spanien ins Hotel gekommen bist, habe ich euch immer ein wenig beneidet, ihr habt alles so leicht genommen. Sicher, im Urlaub nimmt man das Leben leichter als sonst. Trotzdem, ich bin nie so gewesen, war immer mehr ein ernsterer Mensch."
„Du musstest ja auch, im Gegensatz zu uns, schwer arbeiten, Jan. Die Sommersaison war lang und anstrengend für dich und Alfonso hat seinen Angestellten nichts geschenkt."
„Das ist lange her, Pedro, reden wir nicht davon, reden wir von dir. Ich habe keine Ahnung, was aus deinen Freunden geworden ist, sicher sind sie verheiratet und haben Familie. Aber, wenn ich dich heute so sehe, nicht für Rom und Reich möchte ich mit dir tauschen. Heute beneide ich dich nicht mehr. Ich habe alles, was ich brauche, ein Haus, eine Familie, ich bin stolz auf meine Frau und meinen Sohn Mario. Und du, Pedro, du rennst immer noch deinem Traum hinterher. Diesen Traum gibt es aber nicht. Wenn es ihn je gegeben haben sollte, dann endete er spätestens mit den Schüssen von Arenas de Mont. Du findest keinen Ersatz für Manuel, er war einmalig, so, wie jeder Mensch auf dieser Welt einmalig ist. Und wenn du mit noch so vielen jungen

Burschen durch die Gegend ziehst, keiner wird je so sein wie er."

„Das ist mir doch alles klar, Jan, aber es tut immer noch so weh. Heute Abend, als ich mit dir und deiner Frau über die alten Zeiten gesprochen habe, das hat mir so gut getan. Mir ist, als wären sie alle dabei gewesen, Vincente, Carmen, Julio, Pa..."

„Die könntest du alle treffen. Komm im nächsten Sommer mit uns nach Spanien. Sie werden dich mit offenen Armen aufnehmen. Nur dort kannst du einen Schlussstrich unter die Vergangenheit ziehen, versöhne dich mit ihnen, nach fast 20 Jahren ist die Zeit reif dafür."

„Ich werde über deinen Vorschlag nachdenken. Eigentlich hast du ja Recht, es wird Zeit, dass ich einen neuen Anfang mache."

„Glaube deinem Freund, ich wünsche mir nichts sehnlicher, als dass du endlich deinen Frieden findest. Beende deine Suche, sei wieder du selbst, so fröhlich, wie du früher warst. Du machst so einen bedrückten, missmutigen Eindruck. Manuel wäre nicht glücklich, wenn er dich so sehen könnte. Niemals hätte er gewollt, dass du so verbittert bist."

„Das stimmt, Jan, er wollte, dass es mir gut geht. Wir haben uns einmal, mehr so zum Spaß, aus einer Laune heraus, versprochen: Wenn einem von uns etwas zustößt, soll der andere nicht ewig um ihn trauern, sondern versuchen, sein eigenes Leben zu leben."

„Dann mach's auch so. Du hast mir von dieser Frau geschrieben, von deiner Wanda. Versöhne dich mit ihr, heirate sie. Gibt es für einen Mann eine schönere Aufgabe als seine Familie? Wenn du das nicht willst, dann such dir meinetwegen einen Freund, aber einen, der zu dir passt, der dir ebenbürtig ist. Aber gib diesen jungen Burschen auf, diesen Sascha. Der wird dich nur herunterziehen, glaub mir das, Pedro. Wir sehen hier in Amsterdam genug Drogensüchtige. Jeden Tag lungern sie vor unserer Tür herum und belästigen die Passanten.

Für die Betroffenen ist das schlimm, aber du wirst ihn nicht vom Stoff wegbringen, dazu braucht man geschulte Leute, Leute ohne persönliche Emotionen. Die Süchtigen müssen wollen, dass ihnen geholfen wird, doch dazu sind die meisten von ihnen gar nicht bereit. Oder komm doch zu uns nach Holland. Ich kenne da einige Leute von ICM Niederland, eurer Konkurrenz, die schicken mir immer ihre Gäste zum Übernachten. Dort könnten sie einen Fachmann wie dich gut brauchen. Du hättest Abstand und eine neue Aufgabe."
„Ich danke dir für deine offenen Worte, ich werde darüber nachdenken. Mich bedrückt diese Situation doch selbst. Wegen Wanda mache ich mir schon Gedanken, habe aber keinen Mut, ihr zu begegnen. Ich habe mich derart schäbig benommen. Mit Sascha werde ich morgen auf der Rückfahrt sprechen, ich muss mich unbedingt von ihm trennen."
Guter Jan, er meinte wirklich ehrlich, was er da sagte. Er ist immer mein Freund gewesen, wahrscheinlich mein einziger.

Auf der Rückfahrt nach Frankfurt versuchte Sascha mir mit allen möglichen Argumenten zu erklären, warum er gerade jetzt keine Therapie machen könne. Junkie-Gewäsch! Am Hauptbahnhof habe ich ihn abgesetzt und ihm verboten, mich jemals wieder zu belästigen. Jan hatte Recht, der Junge belastete mich nur, zuerst musste ich meine eigenen Angelegenheiten regeln. Ich brauchte selbst Hilfe, war längst nicht so stark, wie ich immer vorgegeben hatte. Die letzten Monate mit Sascha hatten mich innerlich ausgezehrt, ich benötigte dringend eine Auszeit, warum nicht in Spanien? Jans Vorschlag, gemeinsam dorthin zu fahren, war eine gute Idee, ich wollte sie aufgreifen.

***

Der 22. Dezember 1984 war ein Samstag und dadurch meine letzte Chance, Weihnachtsgeschenke für die Familie zu kaufen. Meine Mutter, immer bemüht, die Familie zusammenzuhalten, wollte, dass ich den Heiligen Abend mit ihnen verbringe.

Seit unserem holländischen Abenteuer war mir Sascha nicht mehr begegnet, ich legte es auch nicht darauf an, ihn zu sehen. Von der Szene hielt ich mich fern und pflegte wieder meine alten Kontakte zu „Schwarzwald-Freunden" und Reitverein. Von denen habe ich mir allerdings einige Sticheleien anhören müssen, doch da musste ich durch, die hatte ich durch mein Verhalten selbst provoziert. Wanda kam tatsächlich nicht mehr zum Reittraining, also brauchte ich nicht zu befürchten, ihr dort zu begegnen. Ein Treffen wäre mir peinlich gewesen. Jans eindringliche Mahnung zeigte ihre Wirkung, ich wollte mich ernsthaft bemühen, eine passende Frau zu finden. Das wird nicht so leicht, schließlich bist du 42 Jahre alt und der erste Lack ist ab. Ich überlegte, ob ich nicht eine Kontaktanzeige aufgeben sollte. Potenzielle Kandidatinnen würde ich damit bestimmt leichter erreichen.

Mein Auto hatte ich zu Hause stehen gelassen, ich wollte ganz nostalgisch mit dem Zug nach Frankfurt fahren, Weihnachtsgeschenke einkaufen, auf dem Weihnachtsmarkt am Römerberg einen Glühwein trinken und gut essen gehen. Wollte mir also einen gemütlichen Tag machen, still und für mich allein. Der Morgen war empfindlich kalt, alles in allem versprach es aber ein sonniger Wintertag zu werden. Da ich bis zur Abfahrt des Zuges noch ein wenig Zeit hatte, ging ich in den Wartesaal. Auf dem Weg dorthin begegnete mir ein bekanntes Gesicht.

„Hallo, bist du nicht Martina, die Frau von Martin? Wir kennen uns doch, dich habe ich ja mindestens 20 Jahre nicht gesehen."

„Ja, die bin ich. Und du bist der PP, Martins ehemaliger Schulfreund, na so was."

„Richtig, ich bin mit ihm in die gleiche Klasse gegangen, beim Jugend-Rot-Kreuz haben wir für die gleichen Mädchen geschwärmt und bei den Kerbburschen waren wir auch. Und dann sind wir mit der ganzen Meute in die Tanzstunde gegangen, weißt du noch, im Gasthaus ‚Schäfchen' beim Tanzlehrer Metzler. Danach habt ihr geheiratet und wir haben uns aus den Augen verloren. Wie geht es euch denn so? Grüß den Martin mal von mir."
„Wir sind seit fünf Jahren geschieden und haben keinen Kontakt mehr. Schnell, PP, unser Zug fährt ein. Ich nehme an, du möchtest auch nach Frankfurt, fahren wir doch zusammen."
„Ja, gerne, reden wir ein bisschen über die alten Zeiten."
„Komm, beeil' dich, der Zug wartet nicht!"
„Es tut mir Leid wegen eurer Scheidung", sagte ich zu Martina, nachdem wir im Abteil Platz genommen hatten. „Martina und Martin, ihr seid doch das Traumpaar gewesen. Ich glaube, ihr habt als erstes Pärchen unserer ehemaligen Clique geheiratet, noch lange vor Michel und Moni."
„Hm, wir sind noch nicht mal zwanzig gewesen."
„Warum habt ihr euch denn getrennt? Habt ihr Kinder?"
„Nein, keine Kinder. Martin hat im Laufe unserer Ehe festgestellt, dass er sich eigentlich nichts aus Frauen macht. Er lebt heute mit einem Freund in Frankfurt-Bornheim. Ich möchte nicht darüber sprechen, es tut immer noch weh. Wie geht es dir, bist du denn inzwischen verheiratet?"
„Nein, ich bin immer noch solo."
„Das wundert mich, du bist doch in der Tanzstunde immer der Mädchenschwarm gewesen, alle wollten bei Damenwahl mit dir tanzen. Und du hast immer noch nicht die Richtige gefunden? Eigenartig."
„Daran kannst du dich noch erinnern, Martina? Das hätte ich jetzt nicht gedacht."
„Wir waren seinerzeit alle ein wenig neidisch auf Claudia, so hieß doch deine Freundin damals. Warum ist das mit euch nichts geworden?"

„Tja, wenn ich das wüsste ..." Ich kann ihr doch nicht sagen, dass ich der gleichen „Fakultät" angehöre wie ihr geschiedener Mann.
„Wohnst du hier in der Stadt, Martina?"
„Nein, in Offenbach, ich habe gestern meine Eltern besucht und fahre jetzt wieder heim. Ruf mich doch mal an, PP! Ich stehe unter meinem Ehenamen im Telefonbuch, Blumenstraße 6, in Offenbach-Bieber."
„Das werde ich bestimmt machen."
Na, da könnte sich doch was entwickeln, mal sehen ... Aber sie ist geschädigt, ein zweites Mal darf ihr kein Mann gestehen, dass er auch Männer mag. Keine leichte Aufgabe, aber ich kann doch auch mit Frauen und einen Anruf ist es allemal wert.

Die Geschenke waren rasch gekauft. Für Mutter eine weitere Tänzerin aus Meissner Porzellan. Für meinen Vater ein Hemd mit Krawatte und passendem Pullover, was man Vätern halt so schenkt. Meinem Bruder und seiner Frau werde ich einen Umschlag geben. Die junge Familie wird das Geld bestimmt gut brauchen können. Bei zwei kleinen Kindern und nur einem Verdienst sind sie für jede Zuwendung dankbar, überlegte ich mir, während ich die weihnachtlich geschmückte Zeil hochging.
Das gutbürgerliche Speiselokal „Zur Hessenkrone" war in den letzten Jahren so etwas wie mein Stammlokal geworden. Wann immer ich in die Stadt kam, bin ich dort zum Essen eingekehrt. Schorsch, der alte Ober, kannte mich gut. Egal, wie voll das Lokal gewesen ist, für mich fand er immer einen Platz. Die großen Bürohäuser mit den netten Sekretärinnen befinden sich meist rund um den Römerberg, Frankfurts Wahrzeichen. In meiner aktiven Zeit als KD-Techniker hatte ich dort oft und viel zu tun und dabei eines Tages das Lokal entdeckt. Dass man hier gut essen konnte, war keine Frage, man konnte aber auch jederzeit mit einem hübschen Mädchen herkom-

men. Die „Hessenkrone" galt bei Insidern als idealer Ort für ein romantisches Rendezvous, der Ober Schorsch als diskret und verschwiegen.

„Gure, Herr Peter, aach mol widder im Land? Hawwe Sie heit keins von dene hübsche Büromädcher dabei? Ich kann Ihne unser Grie Soß empfehle mit em gute Stick Ochsefleisch un Salzkatoffele."

»Gure, Schorsch, heut is doch Samstag, da wird in den Büros nicht gearbeitet, außerdem stehen wir kurz vor Weihnachten, da sind alle im Urlaub. Grie Soß? Die nehm ich und ein schönes Pils dazu."

„Is schon widder e Jahr rum, net zu glaawe."

Nach dem viel zu süßen Glühwein und der Bratwurst, die nach Sägemehl schmeckte, hatte ich Lust auf etwas Deftiges. Es wurde mit den Weihnachtsmärkten immer schlimmer, die Preise gingen nach oben und die Qualität nach unten. Für mein kleines Gesteck, eine rote Kerze mit ein paar Tannenzweigen, nahm der Händler mittlerweile schon 12 Mark. Ich wollte ein wenig Weihnachtsstimmung in meine Wohnung bringen. Zu Hause würde ich zwar kaum sein. Heiligabend bei den Eltern, erster Feiertag mit einer Arbeitskollegin beim Essen, zweiter Feiertag bei den „Schwarzwald-Freunden", also, volles Programm diesmal.

„Ein Pils. Sehr zum Wohl, der Herr! Das Esse kimmt sofort."

Die Sache mit Martina und Martin ging mir nicht aus dem Kopf. Sie waren damals so verliebt gewesen, wollten schnell heiraten. Wieso bemerkte Martin erst viel später, dass er lieber mit einem Mann zusammen sein wollte? Und warum schlugen bei uns Bi-Typen die Pendel meistens zu Gunsten der Männer aus? Wir können zwar recht gut mit Frauen, auch im Bett, aber auf lange Sicht finden wir unsere höchste Erfüllung meistens nur in der Hingabe zu einem Mann. Selten habe ich von Fällen gehört, in denen sich ein Bi aus einer glücklichen Männerbeziehung gelöst hatte, um sich einer Frau zuzuwenden.

„Einmal Grie Soß, en gute Appetit, Herr Peter."

Mir ist es doch selbst so ergangen. Wanda und ich sind uns einig gewesen, wollten sogar heiraten. Sicher, das ist nicht unbedingt mein größter Wunschtraum gewesen, aber es hätte gut gehen können. Mit etwas Toleranz auf beiden Seiten, warum nicht? Dann kommt plötzlich, wie aus heiterem Himmel, so ein hübscher Bengel wie der Julian daher und der schöne Plan ist dahin. Man(n) begehrt den schönen Knaben, die langjährige Partnerin ist nur noch zweite Wahl.
Es hatte den Anschein, als würde sich, auf lange Sicht gesehen, bei bi orientierten Männern ihr homosexueller Anteil einfach stärker durchsetzen. So oder so ähnlich muss es auch Martin ergangen sein. Wir haben in unserer Jugendzeit nie etwas von seiner Vorliebe für Männer bemerkt. Im Gegenteil, er galt als frühreifer Weiberheld. Im Nachhinein betrachtet, gab es schon gewisse Merkmale, die mir, als ebenfalls Betroffenem, aber auch nicht aufgefallen sind. Seine schicken Klamotten, seine gepflegten Haare und Fingernägel, die Art, wie er sich gab, sein graziöses Getue. Aber waren wir damals nicht alle ein wenig eitel? Kein Grund, hinter jedem gleich einen „Schwulen" zu vermuten.
„Schorsch, bitte zahlen."
„Fuffzehn Mark sechzig, bitte."
„Stimmt so."
„Vielen Dank, Herr Peter, un schöne Feiertage."
„Danke, dir auch, Schorsch. Frohe Weihnachten."

Das Wetter hatte am Morgen nicht zu viel versprochen, es war inzwischen sonnig geworden, aber immer noch empfindlich kalt. Bei dem schönen Sonnenschein bin ich zum Bahnhof gelaufen, das hat mir gut getan und geholfen, mein Mittagessen zu verdauen.
Im „Kaisersack", so nennen die Frankfurter Bürger das letzte Stück der Kaiserstraße, bevor diese auf dem Bahnhofsvorplatz endet, tummelten sich um diese Zeit bereits die Junkies und

Drogenhändler. Die Polizei saß, wie immer, in einigem Abstand in ihren Dienstfahrzeugen und beobachtete die Szene. Eingreifen wollten oder durften die nicht, sie waren nur stille Zeugen dieses unwürdigen Geschehens. Einem normalen Passanten fällt nichts auf, aber mir als „Kenner" der Rauschgiftszene blieben diese Details nicht verborgen.

Bis zur Abfahrt des Zuges hatte ich noch reichlich zehn Minuten Zeit. Ich stellte mich mit dem Rücken zum Bahnhofsgebäude und blinzelte in die Nachmittagssonne. Da blieb mein Blick an der total verlotterten Gestalt eines jungen Mannes hängen. Er saß total in sich zusammengekauert auf einer Bank. Bekleidet mit einer alten Bundeswehr-Parka, blondes, ungepflegtes Haar, einen grauen Wollschal um den Hals gebunden, stierte er teilnahmslos vor sich hin. Ab und zu hielt er die Hand vors Gesicht und hustete auf eine ganz erbärmliche Art.

Ich sah genauer hin. War das nicht? Doch, das war er! Das war Sascha, mein Sascha! Sollte ich … oder sollte ich nicht? Ich rannte ohne lange zu überlegen los, einfach nur los, hinüber zur Bank, zu ihm, zu meinem Jungen.

„Hallo, Sascha."

„Ach, Paul, da bist du ja endlich. Ich bin krank und habe Hunger. Um Himmels willen, hilf mir! Ich bin total am Ende."

Darf man sich in einer solchen Situation verweigern? Selbst wenn alle noch so klugen Experten sagen würden: „Geh weg, lass ihn sausen! Du kannst diesem verlotterten Junkie nicht mehr helfen! Lass ab von ihm!"

Egal, was bisher auch geschehen war, wie oft mich Sascha angelogen und betrogen hatte, diese Kälte besaß ich nicht und werde sie auch niemals besitzen.

„Möchtest du was essen? Brauchst du Medikamente? Du siehst aus, als hättest du Fieber. Du bist ja ganz heiß an der Stirn."

„Ich habe und bin nichts mehr. Seit Tagen quäle ich mich mit dieser Erkältung herum und niemand hilft mir."

„Dann komm mit in das Bahnhofsrestaurant! Dort ist es warm und du kannst etwas essen."
Nachdem er gegessen hatte und nun seinen Becher Tee mit Rum in langsamen Zügen austrank, fing er an zu erzählen: „Ich komme gerade mit dem Zug aus Darmstadt. Ich wollte meine Mutter bitten, dass sie mich über die Feiertage bei sich aufnimmt. Ich habe eine Einweisung für das Krankenhaus zum Entgiften. Jetzt, vor Weihnachten nehmen die aber keine Drogenpatienten auf, hat der Dienst habende Arzt gestern zu mir gesagt und mich wieder weggeschickt. Ich soll im Januar wiederkommen. Irgendwo muss ich hin, übermorgen ist Weihnachten und ich bin krank. Ich kann mich kaum noch auf den Beinen halten."
„Und was ist mit deiner Mutter, ist sie nicht zu Hause?"
„Doch, aber sie will mich nicht in ihrer Wohnung haben. Auf der Rückfahrt bin ich unterwegs ausgestiegen, ich wollte zu dir. So, wie ich drauf bin, habe ich keinen Stolz mehr. Egal, was du je zu mir gesagt hast, du hast Recht damit. Ich habe in meinem kurzen Leben so viel Mist gebaut. Mach mit mir, was du willst, aber lass mich nicht allein. Lach' mich bitte nicht aus, heute habe ich seit vielen Jahren zum ersten Mal wieder gebetet. Ich habe den lieben Gott gebeten, dass er mir hilft, dich zu finden. Er hat mich erhört. Du bist gekommen. Hilfst du mir, Paul?"
Ist das jetzt alles wieder nur Junkie-Geschwätz oder meint er ernst, was er da von sich gibt?
„Wobei soll ich dir denn helfen, Sascha? Was ist in den vergangenen Monaten geschehen?"
„Nach Amsterdam war alles aus. Du weg, Jonny im Knast, Schwester Karina nach Hannover versetzt, meine schöne Wohnung gekündigt, keine Arbeit mehr, kein Geld. Ich lebe praktisch auf der Straße oder im Männerwohnheim. So bin ich den Streetworkern von der Elbestraße in die Hände gelaufen. Die vom E 45 sind feine Menschen, sie haben mir einen The-

rapieplatz in Hadamar verschafft. Das ist kein Gerede, schau selbst, hier ist mein Einweisungsschein! Vorher muss ich in einer Klinik noch entgiftet werden, das geht aber erst nach Neujahr. Bitte, Paul, lass mich mit zu dir kommen! Der Doktor im Krankenhaus hat mir Tabletten gegeben, damit komme ich erstmal über dir Runden. Ich brauche momentan kein Heroin."

„Musste es erst so steil bergab mit dir gehen, bevor du vernünftig wirst? Ich kann dich, so wie du momentan drauf bist, nicht einfach hier sitzen lassen. Das bringe ich nicht fertig. Du hast mir einmal sehr viel bedeutet. Nur, dass eines klar ist: Keine Lügen mehr! Ich nehme dich mit zu mir, du kannst bleiben, bis du ins Krankenhaus gehst, aber, wie gesagt, ehrlich in allem und wenn es noch so unangenehm ist."

„Du wirst es nicht bereuen! Wenn ich wieder fit bin werde ich dir …"

„Vergiss das ganz schnell Sascha! Das ist für mich kein Grund mehr. Ich wollte immer den Tag erleben, an dem du clean bist, an dem ich sagen könnte: Das ist mein Freund Sascha, gemeinsam haben wir es geschafft."

„Ich weiß, Paul, du bist ein guter Mensch und du hast etwas Besseres als mich verdient. Vielleicht schaffen wir es ja wirklich noch."

Ich war und blieb ein romantischer Trottel. Meine guten Vorsätze, die Vorhaltungen von Jan, alles vergessen. Sascha wartete im Restaurant auf mich. Ich lief rasch zur Kaufhalle, um einige Sachen für ihn zu kaufen. Er hatte nichts mehr und das, was er mit sich herumschleppte, war reif für die Mülltonne. Dieser vergammelte Plunder kommt mir nicht in die Wohnung, das ist ja eklig! Sascha benötigte wieder eine komplette Grundausstattung, all seine schönen Sachen waren für Heroin draufgegangen. Ich musste mich sputen, die Geschäfte hatten nur bis 18 Uhr geöffnet und in eine Apotheke woll-

te ich auch noch gehen, um wenigstens ein Paar Grippetabletten und Hustensaft für ihn zu besorgen.
Vollbepackt sind wir anschließend mit dem Taxi zu mir in die Wohnung gefahren. Die vielen Klamotten und den kranken Sascha im Zug zu befördern, wäre schwierig geworden. Zu Hause habe ich ihn in die Badewanne und anschließend ins warme Bett gesteckt. Jetzt hatte ich wieder die Verantwortung für ihn. Diesmal hoffte ich inständig, dass alles gut gehen möge und wir ihn in gemeinsamer Anstrengung vom Heroin wegbringen würden.
Es ging gut – zunächst. Während der Feiertage schlief Sascha meistens und ich konnte mein vorgesehenes Programm durchziehen. Ab und zu wachte er auf, schaute ein wenig fern, aß eine Kleinigkeit und schlief weiter. Er erholte sich bald von seiner Erkältung.
Am Freitag, den 28. Dezember 1984 habe ich Sascha nach Frankfurt zu den Streetworkern gefahren, er sollte dort über den neuesten Stand berichten. Ich hatte mit diesen Leuten immer meine Probleme, möchte aber ihre Leistungen zum Nutzen der Abhängigen nicht in Zweifel ziehen. Mir waren sie in Sprache und Äußerem zu nahe bei den Junkies. Meiner Meinung nach schafft ein gewisser Unterschied in Verhalten und Kleidung mehr Distanz. Man wird dann eher als Berater und Helfer akzeptiert und weniger als Kumpel oder Leidensgenosse betrachtet. Diese Leute sahen das anders, glaubten, mit angepasster Kleidung und Sprache eher Brücken zu den Junkies bauen zu können.
Ich kann mich aber auch täuschen. Vielleicht war ihr Weg wirklich der bessere, um an die Junkies heranzukommen, ihr Vertrauen zu gewinnen? Ob mit oder ohne schöne Klamotten, wichtig war, sie haben den betroffenen Menschen geholfen.
In der Elbestraße übten damals etwa vier bis fünf Frauen und Männer ihren schweren Job für die städtische Drogenbera-

tung aus. Saschas Kontaktperson war eine gewisse Elfi. Ich schlug ihm vor, den verabredeten Termin bei Elfi allein wahrzunehmen. Inzwischen hätte ich Zeit gehabt, noch einige Dinge zu besorgen, die er für den Klinikaufenthalt dringend benötigte. Sascha sah es lieber, wenn ich mit ihm hinging. Sicher nahm er an, durch meine Anwesenheit könne er Elfi beeindrucken. Also tat ich ihm den Gefallen, habe es aber beim Eintreten in deren Büro sofort wieder bereut. Als wäre ich gar nicht dabei, sagte sie schnippisch: „Jetzt bringst du deine Freier schon mit hierher! Das war nicht ausgemacht, Sascha."
„Aber das ist doch Paul! Ich habe dir von ihm erzählt, Elfi."
Mir zugewandt und mich von oben bis unten musternd, antwortete sie: „Oh, Entschuldigung, da habe ich wohl etwas Verkehrtes gesagt. Aber wissen Sie, die Junkies schleppen uns Gott weiß wen ins Haus."
Na ja, zuerst denken, dann reden, aber diesen Fehler machen bekanntlich viele Menschen, dachte ich mir und habe ihr nicht darauf geantwortet.
Ihr Kontrollanruf im Krankenhaus ergab, dass Sascha vor Weihnachten wirklich dort war und der behandelnde Arzt ihn abgewiesen hatte. Eine nochmalige Terminabstimmung mit Hadamar, dann schien alles geregelt zu sein. Saschas „Beratung" war zu Ende.

In den vergangenen Jahren bin ich meistens mit Wanda auf die Silvesterparty des Reitvereins gegangen. Sollte ich dieses Jahr allein hingehen? Was würde mit Sascha werden? Mitnehmen konnte ich ihn nicht.
Ich habe ihn gefragt, was er an diesem Abend vorhabe. Im Grunde genommen war das eine unsinnige Frage. Wo sollte er denn hingehen? Seine einzige Bezugsperson zum „normalen" Leben war momentan ich. Es war ein armseliges Dasein, in das er sich da gebracht hatte.

„Vergiss, was ich eben gesagt habe! Selbstverständlich feiern wir Silvester gemeinsam. Wir kochen uns etwas Feines und machen uns einen gemütlichen Abend."
„Danke, dass du mit mir feiern willst, ich habe sonst niemanden mehr. Du bist nun so was wie meine Familie."
Seine Worte weckten Erinnerungen an Manuel. Nachdem der sich mit seinem Großvater überworfen hatte, sagte er auch oft zu mir: „Du bist jetzt meine Familie, Pedro."
Damals traf das zu; Manuel und ich wollten eine Familie werden, das ist immer unser Ziel gewesen. Einer sollte für den anderen da sein. Aber Sascha? Konnte der je für mich so etwas wie Familie werden? Ich war skeptisch, zu oft schon hatte mich Sascha enttäuscht und hintergangen. Trotzdem, ich hatte ihn immer noch gern, im Grunde meines Herzens war ich froh, dass er wieder bei mir war. Ich wollte doch gar kein „bürgerliches" Leben mit Ehefrau und Kindern führen. Wenn ich ehrlich mit mir selbst war, wollte ich immer nur in einer Beziehung mit einem Mann leben. Gefehlt hat mir nur der Mut, es zuzugeben. Je älter ich wurde, desto mehr fühlte ich mich zu jüngeren Männern hingezogen. Mit Sascha verband mich mehr, als ich zugeben wollte, wir teilten sie, unsere Vorliebe für Männer.
In der Silvesternacht gab er mir all das, was ich mir schon immer von ihm gewünscht hatte. So einfühlsam hatte ich Sascha noch nie erlebt. Plötzlich war da ein ganz anderer Mensch, zärtlich und rücksichtsvoll, kein egoistischer Junkie wie sonst. In dieser Nacht wischte er meine Bedenken weg, ich blickte zum ersten Mal wieder hoffnungsvoll in die Zukunft.

Am 2. Januar habe ich Sascha zur Entgiftung in die Uniklinik gebracht, danach war absolute Kontaktsperre angesagt, keine Briefe, keine Anrufe, nichts. Nach der Entgiftung wurde er nach Hadamar in die psychiatrische Klinik eingewiesen, wo

er in drei bis vier Monaten zu einem drogenfreien Menschen „umerzogen" werden sollte.
Man kann zu einer derartigen Reglementierung stehen, wie man will, die besondere Situation von Sascha und mir einmal ganz ausgeklammert, aber vier Monate Kontaktsperre sind für körperlich und vor allem seelisch angeschlagene Menschen kompletter Unfug. Das ist keine Heilungsmaßnahme, das ist eine Strafe! Viele Probanden brechen ihre Entziehungskur aus diesem Grund ab. Man kann im Interesse der Betroffenen nur hoffen, dass es zu einem positiven Wandel bei der Betrachtung dieser Maßnahmen kommt.

***

Ich hatte mir vorgenommen, dass das neue Jahr ruhiger werden sollte. Mehr Sport treiben, wieder öfter reiten gehen, keine Hektik, alles etwas langsamer angehen. Sascha war auf Entzug, die Trennung von Wanda endgültig besiegelt, also, ideale Voraussetzungen für ruhigere Zeiten. Diese Ruhe hatte ich auch dringend nötig, denn ab und zu spürte ich mein Herz. Nichts Schlimmes, nur manchmal so ein leichtes Ziehen und Brennen hinter dem Brustbein.
Es hätte alles so schön sein können, aber nein, jetzt fing unser Chef, Herr Hamann, plötzlich an zu nerven. Wegen meiner Arbeit konnte er nicht an mich ran, da fand er keine Angriffsfläche. Stattdessen verlegte er seine Aktivitäten auf Nebenkriegsschauplätze.
Als ich die Betriebsleiterstelle angetreten habe, hatte ich auch die Hausverwaltung übernommen. Alle Angelegenheiten, die mit dem Grundstück, Gebäuden und Betrieb zu tun hatten, liefen über meinen Schreibtisch, auch ganz banale Dinge, wie Heizöl einkaufen oder die Außenbewässerung im Herbst abstellen lassen, damit die Rohre nicht einfroren. Wegen der Heizung ging mir Hamann schon von Anfang an auf den Wecker.

Er bewohnte eine Drei-Zimmer-Wohnung im Betriebsgebäude. Vom ersten Tag an mäkelte er rum, ich würde ihm laufend die Heizung schwächer stellen und er, der arme Herr Hamann, müsse in seiner kalten Wohnung frieren. Zu keiner Zeit habe ich dem die Heizung verstellt, aber das war ihm nicht auszureden. Seine Manie ging so weit, dass er eines Tages den Hebel vom Warmwasservorlauf festgeschweißt hat. Sein gehässiger Kommentar dazu: „So, jetzt können Sie mir nicht mehr die Heizung abstellen, jetzt friere ich wenigstens nicht mehr!"

Diesmal kam er schnaubend angerannt: „Am Samstag wollte ich mein Auto waschen, konnte aber das Wasser nicht aufdrehen, das Handrad vom Ventil ist weg!"

„Ich weiß, es liegt hier in meiner Schreibtischschublade."

„Wie kommen Sie dazu? Eine Unverschämtheit. Ich kann mein Auto nicht waschen, weil der Herr Betriebsleiter mir das Wasser abgedreht hat."

„Ja, und Sie wissen sicher noch ganz genau, dass im vergangenen Winter die Leitung eingefroren ist. Sie wollten mir den entstandenen Schaden vom Gehalt abziehen lassen. Obwohl, und auch das wissen Sie sicher auch noch, Sie nach dem Autowaschen das Rohr nicht entleert haben. Dieses Jahr passiert mir das nicht noch mal, das Handrad habe ich in Verwahrung genommen und hier bleibt es auch."

„Das hat Folgen, Sie selbstgerechter Mensch, Sie!"

Weg war er, wie ein gebissener Hund. Wenn der so weiterspann, musste ich mir Jans Vorschlag, in Amsterdam für die Konkurrenz zu arbeiten, ernsthaft durch den Kopf gehen lassen. Überhaupt war es an der Zeit, mir Gedanken über meine Zukunft zu machen, denn wenn Sascha es schaffte, clean zu werden, waren meine Tage in der Firma gezählt.

***

Am Donnerstag, dem 28. Februar 1985, drei Tage vor Fastnacht, erhielt ich morgens gegen 10 Uhr einen Anruf von Elfi, unserer forschen Drogenberaterin vom E 45: „Hallo, Sascha ist gestern in Hadamar ausgerissen. Informieren Sie mich bitte, wenn Sie was von ihm hören."
Mehr war nicht von ihr zu erfahren. Als ich nachhaken wollte, hatte sie bereits aufgelegt. Die erste Nachricht von Sascha nach zehn Wochen Entzug und gleich so ein Hammer!
Bei mir meldete sich Sascha zunächst nicht, ich legte auch keinen gesteigerten Wert auf seine Anwesenheit. Ich war stocksauer auf ihn. Die drei „tollen Tage" wollte ich mir von dem nicht auch noch verderben lassen. Am Faschingssamstag fand, wie jedes Jahr, unser närrischer Ball in der Reithalle statt. Am Dienstagnachmittag der alljährliche Umzug mit den „Schwarzwald-Freunden" durch mein Heimatdorf. Urlaubstage hatte ich mir nicht eintragen lassen. Wir waren in der Firma gewaltig im Stress. Egal, ob Fasching oder nicht, jeder Mann wurde dringend gebraucht. Es würde schon irgendwie gehen müssen. Nicht so viel Alkohol trinken, nahm ich mir deshalb vor. Und ausgerechnet jetzt macht dieser verdammte Junkie wieder Zicken. Wenn der bei mir auftaucht, bekommt er eine Abreibung, die sich gewaschen hat, darauf kann er sich verlassen! Er wusste, was ihn in Hadamar erwartete. Warum hat er nicht durchgehalten?

In der Nacht von Samstag auf Sonntag, ich kam gerade vom Reiterball nach Hause, wollte ins Bett gehen, läutete gegen 4 Uhr morgens die Haustürglocke Sturm. Ich sah nach, wer um diese Zeit so unverschämt klingelte. Vor meiner Tür stand, total zugeballert, Sascha.
„Bitte, Paul, zahle das Taxi! Ich habe kein Geld bei mir."
„Du verdammter Kerl, verpiss dich! Wenn du kein Geld hast, dann fahr nicht mit dem Taxi, geh zu Fuß!"
Am liebsten hätte ich ihn weggeschickt, aber um diese Uhrzeit? Ich wollte keinen Skandal an meiner Wohnungstür riskie-

ren und habe den Taxifahrer widerwillig bezahlt. Sascha torkelte in die Wohnung und nachdem er sich auf einen Stuhl gesetzt hatte, fragte er mich lallend: „Hallo, Paul, wie geht es dir? Freust du dich denn gar nicht, dass ich wieder bei dir bin?"
Der Kerl hat einen Vogel, haut, aus welchen Gründen auch immer, von Hadamar ab und fragt noch so dämlich, ob ich mich darüber freuen würde!
„Meine Freude hält sich in Grenzen. Am Donnerstag bist du von Hadamar getürmt, heute Nacht rückst du hier an. Du bist doch wieder rückfällig geworden, Sascha! Warum nur, hast du dir deinen Verstand schon total zugedröhnt? Selbst wenn ich dich jetzt sofort zurückbringe, nehmen sie dich, so, wie du momentan drauf bist, nicht mehr an, du müsstest erst wieder entgiften."
„Ich gehe sowieso nirgends mehr hin, in keine Therapie der Welt! Es ist die Hölle! Ohne meinen Paul hätte ich es keinen Tag länger ausgehalten."
„Hör mit dem Gesülze auf, Sascha! Hast du auch an mich gedacht, als du in Hadamar abgehauen bist? Als du dich die ganzen Tage rumgetrieben hast? Und bei deinem ersten Schuss nach so langer Zeit, wo waren denn da deine Gedanken an deinen Paul?"
„Ja, ich habe wieder mal Scheiße gebaut, das gebe ich zu. Aber meine Freiheit, die Stadt, die Szene? Das alles habe ich so vermisst, da musste ich mir ganz einfach den Kick geben."
„Und das Geld dafür, woher kam das Geld?"
„Es gibt genug geile Kerle mit Kohle."
Da habe ich ihm eine geknallt, da hatte ich mich nicht mehr in der Gewalt. Das war meine empfindliche Stelle und das wusste er ganz genau. Er konnte nicht auf dem Männerstrich anschaffen gehen, hinterher in meine Wohnung kommen und auch noch damit prahlen! Mein Freund, eine männliche Hure? Nein, das wollte ich nicht akzeptieren, hier erreichten wir eine Grenze. Warum habe ich an diesem Morgen nicht ein-

fach zu ihm gesagt: „Sascha, hau ab, verschwinde aus meinem Leben! Mit dir will ich nichts mehr zu tun haben."
Doch diese Kraft brachte ich nicht auf, ich weiß bis heute nicht, warum. Stattdessen war ich froh, dass er wieder da war, kapitulierte, wie schon so oft, vor seinem schönen Körper, hüpfte auf der Stelle mit ihm ins Bett und war selig. Ich war diesem Junkie hörig.

Wider besseres Wissen, gegen all meine Vernunft, begann ich seine Heroinsucht erneut zu finanzieren. Was bedeutete mir das Geld? Einmal würde der Tag schon kommen, an dem alles ein gutes Ende nahm. Eines Tages würde ich hämisch auf all die zeigen, die mir heute ins Gewissen redeten: „PP, schick diesen Kerl zum Teufel, er ist dein Untergang!"
Ich würde ihnen laut und deutlich zurufen: „Seht her, wir haben es geschafft, er ist clean geworden, für mich, weil er mich liebt."
Im Moment sah es allerdings nicht danach aus, im Gegenteil, wir bewegten uns wohl eher weg von diesem Termin. Doch das wollte ich nicht akzeptieren und klammerte mich, je mehr man mir zuredete, ihn aufzugeben, noch fester an Sascha. Es war die Hölle, hier der Verstand, der mich ständig warnte: Schick ihn weg, er ist dein Untergang! Dort das Gefühl: Warum denn davonjagen? Er ist so ein hübscher Junge. Du hast so viele Jahre auf Männer verzichtet, genug damit, er tut dir gut, behalte ihn, die anderen sind doch nur neidisch.

Am Sonntagnachmittag fuhren wir nach Frankfurt zum Fastnachtsumzug des Großen Rates. Auf dem Weg zum Bahnhof habe ich am Geldautomaten eine stattliche Summe gezogen. Für Sascha gab es Heroin satt und ich wollte mir kräftig einen auf die Lampe gießen, den ganzen Frust über seine abgebrochene Therapie hinunterspülen. Mir ist noch in Erinnerung, wir haben flaschenweise Schnaps gesoffen und irgendwann

am nächsten Morgen habe ich meinen Kollegen Robert in der Firma angerufen und ihm was von Magenproblemen vorgelabert. Den Mut, mit Herrn Hamann zu sprechen, brachte ich nicht auf.
Robert hörte sich mein Gestammel an und sagte so etwas wie: „Ich regle das schon, komm erstmal wieder zu dir."
Wir soffen Rosenmontag und Fastnachtsdienstag durch. So ganz dunkel weiß ich noch, dass wir eine Nacht in einem Hotel geschlafen haben. Zu mir gekommen bin ich erst wieder in meinem eigenen Bett, wusste aber nicht, welchen Tag wir hatten und wie ich da hineingekommen bin. Aus der Küche roch es verführerisch nach Kaffee, Sascha bereitete anscheinend ein Frühstück für uns zu. Ab ins Bad, duschen, den Dreck der letzten Tage abspülen. Drei Tage ohne Dusche und immer in denselben Klamotten. Beim Blick in den Spiegel bekam ich fast einen Schock. Bin ich das wirklich? Der mit dem aufgedunsenen Gesicht und den verquollenen Augen? Mir wurde übel vor mir selbst, wie konnte ich mich nur so gehen lassen? An Essen durfte ich gar nicht erst denken, mich quälte nur ein wahnsinniger Durst und ich spürte mein Herz. Ein Blick auf Kalender und Uhr. Aschermittwoch, 13 Uhr, also drei ganze Tage absoluter Filmriss, keinerlei Erinnerung an die letzten 72 Stunden. Bei Durchsicht meiner Kontoauszüge erhielt ich später die Gewissheit, dieser Fasching 1985 hatte mich mindestens 2000 Mark gekostet. Das mit dem Geld war mir momentan nicht so wichtig, wichtiger schien mir: Was ist mit der Firma? Ich konnte mich noch dunkel erinnern, mit Robert gesprochen zu haben, aber das war am Montag, heute hatten wir Mittwoch. Ich hatte zwei Tage unentschuldigt gefehlt und das als Betriebsleiter! Mein Gott, war mir das peinlich.
Sascha sah, im Gegensatz zu mir, recht gut aus. Die 20 Jahre Altersunterschied machten sich eben doch bemerkbar.
„Na, Paul, alles wieder okay bei dir? Mein Gott, hast du gesoffen! Wer von uns ist denn nun der Süchtige?", spottete er.

„Sei bloß still, wenn du deine Therapie nicht abgebrochen hättest, wäre ich nicht so grausam abgestürzt. Aber das ist jetzt alles nicht so wichtig, ich muss in die Firma. Ich kann doch nicht drei Tage hintereinander blau machen, die werfen mich ja raus!"
„Keine Sorge, Paul, es ist alles geregelt. Ich habe am Montag noch mit deinem Chef und deinem Hausarzt gespr..."
„Du hast was?"
„Immer mit der Ruhe, lass mich ausreden! Du bist krank geschrieben und musst erst am Montag wieder zur Arbeit gehen. Die Praxis schickt die Krankmeldung in eure Firma. Der Chef wünscht dir gute Besserung. Dein Kollege Robert hatte ihm schon vorher was erzählt und mein Anruf hat alle Zweifel an deiner Person endgültig beseitigt."
„Und was hast du gesagt, wer du bist?"
„Der Neffe, der sich um seinen kranken Onkel kümmert."
Welch eine Ironie, der drogensüchtige Bengel rettete mir die Haut. Sicher nicht aus Sorge um mich, wohl eher aus Sorge um sich selbst. Die Kuh, die man melken will, schlachtet man nicht, verhindert zumindest, dass sie geschlachtet wird. Sascha war ausreichend mit Stoff versorgt, er hatte bei den 2000 Mark kräftig hingelangt. Ja, und wie sollte es nun weitergehen? Wie sollten wir zukünftig unseren Alltag meistern? Wohl ganz einfach, ich ging arbeiten und verdiente das Geld für Heroin und den Lebensunterhalt, Sascha spielte den Hausmann, ging einkaufen, wusch und bügelte die Wäsche, putzte und saugte Staub.
Für mich brach eine unstete Zeit an. Ich hatte nun ständig einen jungen Mann um mich, war aber nicht glücklich damit. So hast du es doch immer gewollt, seit Jahren rennst du diesem Phantom hinterher, warum bist du nun so unzufrieden?
Leicht zu erklären, mein Freund war heroinabhängig und ich musste jeden Tag mit der Frage leben: Was wird er als nächstes anstellen?

Solange er regelmäßig Geld für seinen Stoff von mir bekam, machte er keine Probleme. Dass er mir was aus der Wohnung wegträgt, brauchte ich vorläufig noch nicht zu befürchten, seine Geldquelle sprudelte ja noch munter drauf los. Was, wenn ich ihm nichts mehr geben will oder kann? Klaut er dann die EC-Karte und bedient sich von meinem Konto? Normalerweise würde das nicht gehen, die Geheimnummer kannte er nicht und am Schalter würde man ihm nichts geben. Aber woher konnte ich wissen, was in seinem vom Gift zerstörtem Hirn so alles vorging?

Wenn ich an meine Finanzen dachte, wurde mir speiübel. Denen erging es inzwischen wie einem Abreißkalender, sie wurden mit jedem neuen Tag weniger. Ein kräftiger Schluck aus der Flasche half mir, meine beschissene Situation ein klein wenig aufzuhellen. Zunächst nur zaghaft, dann immer mehr. Irgendwann kam der Tag, an dem ich mir eingestehen musste: Ohne Alkohol kommst du nicht mehr aus. Das ging zunächst schleichend, ich glaubte, die anderen merkten nicht, dass ich getrunken habe. Doch eh ich mich versah, hatten die aber längst bemerkt, was mit mir los war. Herr Hamann hat mich einmal gefragt: „Kann ich Ihnen helfen?"

Ja, was will denn der von mir? Mir helfen, ja, wobei denn? Meine Arbeit leidet doch nicht unter den paar Schnäpsen, dem bisschen Wein oder Bier. Ich habe mich über- und meine Alkoholabhängigkeit unterschätzt.

Robert wurde da schon deutlicher: „PP, mach langsam mit dem Saufen! Die Kollegen reden schon über dich."

Er war dennoch „solidarisch" mit mir. Wenn er bemerkte, wie ich mich quälte, wie ich zitterte, unter dem Alkoholentzug litt, schenkte er mir ein Wasserglas Obstler ein und deponierte es im Teilelager. Er gab mir ein Handzeichen und ich hatte für einige Stunden Ruhe, war ansprechbar, konnte meinen Job erledigen. Manchmal, in lichten Momenten, war ich so verzweifelt, hätte am liebsten alles hingeworfen, wäre weit weg gegangen, weg von Sascha und dem Heroin, weg von mir und dem Alkohol. Einfach in eine andere Welt flüchten, aber wo gab es die? Sascha war mein Zustand nur allzu recht, je mehr ich gesoffen habe, desto weniger Druck habe ich ihm gemacht, nun endlich noch mal eine Therapie zu machen. Wir waren jetzt zwei Süchtige in unserer „Familie". Der Suff vernebelte zusehends meinen Verstand, von klar denken, so wie früher, konnte keine Rede mehr sein. Ich habe mir unser Leben „schön gesoffen". Ich hatte doch alles erreicht, was ich immer haben wollte. Wenn ich abends von der Arbeit heimkam, stand das Essen auf dem Tisch, der Haushalt war geordnet, ein hübscher Mann wartete auf mich, gab mir das Gefühl, mich zu mögen, was er durch seine Zärtlichkeiten noch unterstrich. Worüber also aufregen? Es ist doch alles in Ordnung. Her mit der neuen Flasche!

Mitte April, mein Geld schmolz dahin wie der Schnee im Frühling, kam Sascha auf die Idee, selbst mit Rauschgift zu dealen. Wenn es gut laufen würde, könnte er jeden Tag so viel Geld verdienen, dass es für seinen Bedarf reichte und für uns noch ein satter Gewinn übrig bliebe. Mir schien das nicht der richtige Weg zu sein, um aus der finanziellen Misere herauszukommen. Ich kam mir schäbig vor, mich am Elend anderer Menschen zu bereichern. Aber was soll's: Das Hemd ist dir näher als die Hose, ist erst einmal der finanzielle Druck weg, kannst du mit dem Saufen aufhören. Vielleicht macht Sascha doch noch eine Therapie? Pläne, Hoffnungen, Strohhalme eines Ertrinkenden?
Ich warf, der Not gehorchend, meine Bedenken über Bord. Meinem Konto würde die Entlastung gut bekommen. In den letzten Wochen gingen täglich ca. 120 bis 140 DM für Heroin drauf, dazu Geld für meine Sauferei, für Auto, Essen, Haushalt, Miete, Strom, Telefon, Versicherungen. Samstags und sonntags ausgehen wollten wir auch. Das wenige Geld,

das Sascha als Stütze vom Sozialamt erhielt, reichte gerade mal für zwei Schuss. So gesehen schien mir das mit dem Dealen gar keine so schlechte Idee zu sein.

Von nun an saßen wir abends am Küchentisch und füllten kleine Briefchen ab, die er am nächsten Tag verdealte. Sascha stand mit einem Nigerianer in Kontakt, der ihm das Heroin 100-Gramm-weise verkaufte. Ich besorgte eine Briefwaage zum Abwiegen der Portionen und Milchpulver, mit dem wir das Rauschgift streckten.

Am Anfang lief alles ganz gut, wir machten satte Gewinne. Doch durch die Versuchung, unbegrenzten Zugang zum Stoff zu haben, drückte sich Sascha immer höher. Er wurde unvorsichtig und kam einige Male abends mit der Ausrede nach Hause: „Sie haben mir mein Geld und das Heroin abgenommen."

Ob das der Wahrheit entsprach, zog ich stark in Zweifel, konnte es aber nicht nachprüfen, ich musste auf meiner Arbeit erscheinen, konnte nicht in Frankfurt Drogen verkaufen. Wir haben die Sache daraufhin eingestellt. Jetzt waren wir wieder dort, wo wir begonnen hatten, mit dem kleinen, aber feinen Unterschied, der Herr benötigte nun täglich 180 bis 210 DM für sein Rauschgift. Sein Konsum betrug neuerdings, bedingt durch den allzu sorglosen Umgang mit dem Stoff, drei Packs am Tag, eines mehr als zuvor. Ein toller Erfolg, die Dealerei! Ich hätte ihn dafür erschlagen können.

Etwa sechs Wochen später begegnete uns Martina, die aus dem Zug nach Frankfurt, im Supermarkt. Freitags war Einkaufstag. Ich zog es mittlerweile vor, nicht mehr in den Markt zu fahren, der meiner Wohnung am nächsten lag, sondern wir tätigten unsere Einkäufe in einem anderen Stadtteil. Dafür gab es Gründe genug. Mir war es inzwischen unangenehm, mit Sascha gesehen zu werden, und daher war es mir peinlich, Freunde oder Verwandte im Supermarkt zu treffen. Frü-

her wäre ich stolz gewesen, hätte einer von denen gesagt: „Du hast aber einen hübschen Freund."
Heute hätte ich Sascha am liebsten versteckt und nur noch für gewisse Stunden herausgeholt. Man sah uns beiden an, dass irgendetwas nicht stimmte. Sascha, dünn und blass, sah aus wie ein Gespenst. Bei mir begann der Alkohol seine Wirkung zu zeigen, mein Körper wurde schlaff und aufgedunsen.
„Hallo, PP, du treulose Tomate wolltest mich doch mal anrufen! Auf euch Männer ist eben auch kein Verlass mehr", rief sie mir schon von weitem scherzend zu, fuhr arglos fort: „Möchtest du uns nicht vorstellen? Hast du Besuch? Ein Verwandter? Bestimmt dein Neffe, ihr seht euch so ähnlich."
„Grüß dich, Martina, wie geht es dir denn so? Ja, ich wollte mich melden, aber mir ist immer was dazwischen gekommen. Ich bin im Stress, der Job, die Vereine, mein Freund hier."
Da schien bei ihr der Groschen zu fallen. „Was, du auch?", fragte sie mich ungläubig.
„Ja, wie bei deinem geschiedenen Mann."
„Ach du lieber Himmel, alle interessanten Männer sind schwul! Na ja, wenigstens gaukelst du den Frauen nichts vor. Viel Spaß ihr beiden, auf Wiedersehen."
„Wer ist denn das gewesen, Paul? Wen hast du denn jetzt schon wieder enttäuschen müssen? Und alles wegen mir."
„Das war Martina, eine Bekannte von früher. Sie war lange Jahre mit einem meiner Schulkameraden verheiratet. Dann hat der im Laufe ihrer Ehe die Seiten gewechselt und lebt heute bei einem Kerl in Frankfurt. Sie sucht wieder einen neuen Mann und dachte wohl, ich sei ein potenzieller Kandidat. Leider haben wir sie soeben mit der harten Realität konfrontiert."
„Schade, ihr hättet ein schönes Paar abgegeben, sie hätte einen tollen Mann bekommen."
„Sei bitte nicht zynisch, ich hatte immer Frauen und war nie unglücklich dabei."

„Ich weiß, ich habe dir die Frauen ausgetrieben. Geht es dir nicht gut bei mir? Bekommst du nicht alles, was du brauchst? Mein Mann braucht keine Weiber, igittigitt, das ist ja ekelhaft!"
„Ob das wirklich so gut für mich gewesen ist, Sascha?"

***

Anfang Mai las ich in der Zeitung von einem neuen Experiment im Odenwald. Ein junger Schwede betrieb dort auf einem alten Bauernhof mit ehemalien Junkies Resozialisierung auf privater Ebene. Das Ganze wurde als eine Art Kommune geführt. Jeden, den er aufgenommen hat, ließ er nach seinen Fähigkeiten mitarbeiten, sich in die Gemeinschaft einbringen. Die Gruppe versorgte sich weitgehend selbst, fehlendes Geld steuerten private Spender wie Eltern oder Verwandte bei. Staatliche Unterstützung erhielt er nicht, für derartige Experimente gab man in der BRD damals kein Geld aus.
Mich hat diese Idee sofort fasziniert und ich schlug Sascha deshalb vor, dass wir uns die Sache einmal unverbindlich ansehen sollten. Überraschenderweise war er einverstanden und wir nahmen Kontakt zu Larry, dem Schweden, auf. Ich habe telefonisch einen Besuchstermin für den 18. Mai 1985 mit ihm verabredet.
So lernten wir Larry kennen. Um es kurz zu machen, Larry fand Gefallen an Sascha und nahm ihn in sein Programm auf. Für den Betrag von monatlich 300 DM bin ich gerne aufgekommen. Das kam mich billiger als Saschas tägliches Quantum an Heroin.
Nach der Entgiftung in der Uniklinik Frankfurt brachte ich ihn am Sonntag, 9. Juni 1985, auf das Gut „Hoffnung", so nannte Larry bezeichnenderweise seinen Experimentier-Bauernhof. Sascha wusste, dass dies seine letzte Chance war, und er versprach, sich anzupassen, diesmal keinen Blödsinn zu machen.

Wenn sich die meist jugendlichen Teilnehmer gut eingeführt hatten, durften sie regelmäßig an den Wochenenden Besucher empfangen. Ich versprach Sascha, ihn so oft wie möglich zu besuchen. Nachdem er weg war, konnten mein Bankkonto und ich endlich wieder durchatmen. Ich stürzte mich in meine Arbeit und stellte die verdammte Sauferei ein, es gab keinen Grund mehr dafür. Mein erschlaffter Body erholte sich recht bald wieder. Ich trieb mehr Sport, ging regelmäßig zum Reittraining. Mit Jan Koistra habe ich telefonisch verabredet, dass ich ihn und seine Familie am 15. August in Malpente de Mar im Hotel „Rivera" treffen werde. Bis August gab es noch viel zu tun, aber ich freute mich bereits heute wie ein kleines Kind auf Spanien und die Begegnung mit meinen ehemaligen Freunden. Ein wenig mulmig war mir schon. Was würde mich dort erwarten? Wie würden sie mich aufnehmen? Gab es noch die Sympathie von einst? Carmen, Vincente, Claudio Ruiz, Alfonso, wie würden sie nach all der Zeit aussehen? Zwanzig Jahre waren inzwischen vergangen und doch war mir so, als sei es erst vorige Woche gewesen.

Unser liebes altes Hotel, ob es noch etwas zu erzählen wusste von der einstigen Liebe des schönen Spaniers Manuel zu seinem Freund Pedro? Unsere verzauberte Bucht, gab es dieses romantische Fleckchen Erde noch oder war es inzwischen von verantwortungslosen, geldgeilen Geschäftemachern zubetoniert worden? Unsere kleine Hütte, die „Cabaña", zerstört durch die Urgewalt der Elemente, gab es leider nicht mehr. Aber wie war es Paco und Julio inzwischen ergangen? Man konnte sich die Hütte nicht ohne die beiden und beide nicht ohne die Hütte vorstellen, sie ist doch einmal ihr Leben, ihre Existenz gewesen. War das „Catalan" immer noch Treffpunkt für Aussteiger und Paradiesvögel? Gar zu gerne hätte ich gewusst, wie Vanessa Osborne in all den Jahren gelebt hat. Hatte sie eine neue Liebe gefunden und ihren Reitersoldaten vergessen können? Dann das Grab, Manuels Grab auf dem Gut „Mimosa", behütet und liebevoll gepflegt von der Nonne Conchita als der heimlichen „Gralshüterin". Hier hatte sie ihn für sich, den, den sie als junges Mädchen heimlich verehrte und der sie nie wahrgenommen hatte. Unser Leben konnte manchmal so hart und grausam sein. Das habe ich damals, nach der Katastrophe von Arenas de Mont, jedenfalls so empfunden. Im März 1966 habe ich zum ersten und einzigen Mal vor diesem Monument aus Granit und Marmor gestanden, bin aus Wut über Manuels Leichtsinn und Tod zornig gegangen. Diesmal würde ich in Demut kommen, in tiefer Demut vor meinem verstorbenen Freund. Wenn ich ehrlich zu mir selbst war, konnte ich mich immer noch nicht mit seinem Tod abfinden. Darum habe ich auch unbewusst stets nach einem Ersatz für ihn gesucht. Ein wesentlicher Teil meiner Probleme ist allein aus der Tatsache heraus entstanden, dass ich meinen „Ersatzmanuel" nie gefunden habe. Tief in meiner Seele hoffte ich auf ein Wunder und auf die Fortsetzung jener unbeschwerten Zeit mit ihm. Wenn ich je begreifen würde, dass nichts im Leben wiederholbar ist, wäre mir geholfen. Meine Reise nach Spanien könnte mich dieser Erkenntnis ein gutes Stück näher bringen.

Als ich am Montag, dem 12. August, drei Tage vor meinem Abflug nach Spanien, abends nach der Arbeit meinen Briefkasten leerte, fand ich das Telegramm von Larry.
„lieber pp stopp sascha vergangene nacht ausgerückt stopp gib mir nachricht, wenn er sich bei dir meldet stopp larry"
Sascha, der verdammte Mistkerl! Jedes Mal, wenn ich etwas vorhabe, macht er Zicken. Aber diesmal hat er sich geschnitten, meinen Urlaub in Spanien lasse ich mir von dem nicht verderben!
Es war doch alles so gut gelaufen in den letzten Wochen. Sascha entwickelte sich prächtig, der Odenwald tat ihm gut. Die Arbeit an der frischen Luft, geregelte Mahlzeiten, das

Leben in der Gemeinschaft, die Drogenabstinenz. Er war voller geworden, männlicher, nicht mehr das Engelsgesichtchen von einst. Als kräftiger junger Mann würde er heimkehren. Ich freute mich über diese Entwicklung und auf unser Zusammenleben nach der Therapie. Larry, zufrieden mit ihm, stellte in Aussicht, dass Sascha nach weiteren Fortschritten, vor allem nach der vollständigen Wiederherstellung seiner sozialen Integration, im Oktober das Gut verlassen könnte.
Am vergangenen Sonntag hatte ich ihn besucht, da war noch alles in Ordnung gewesen. Es gab keinerlei Probleme, im Gegenteil, Sascha schmiedete bereits Zukunftspläne mit mir. Endlich kam Licht ins Dunkel, es schien sich abzuzeichnen, dass meine Geduld und Opferbereitschaft erste zarte Früchte trug. Ab und zu warf ich bereits einen Blick in die Zeitungsannoncen, wegen eines Geschäftes oder einer kleinen Bar für uns. Und nun dieser Rückschlag! Was hat diesen einfältigen Junkie jetzt schon wieder aus der Bahn geworfen? Gibt es denn an dieser Front niemals Ruhe?
Ein Anruf bei Larry brachte die Erklärung. Vor wenigen Wochen sei ein junger Mann auf das Gut gekommen. Dieser Junge hätte sich mit Sascha angefreundet und beide hätten anscheinend eine intime Beziehung begonnen. Larry wusste es auch nicht so ganz genau, aber seine Vermutungen gingen in diese Richtung. Jedenfalls waren sie gemeinsam abgehauen.

Mein Flugtermin war auf den 15. August, um 11.30 Uhr angesetzt. Von Sascha habe ich nichts gehört. Am Abend des 14. August, den Koffer gepackt, den Wohnungsschlüssel samt Anleitung, welche Blumen wie oft gegossen werden sollten, bei der Nachbarin abgegeben, die Zeitung abbestellt, von Verwandten und Bekannten verabschiedet, erwartete ich den kommenden Morgen. Meine Reise in die Vergangenheit konnte beginnen. Ich war so aufgeregt, doch ganz im hintersten Winkel meines Herzens verspürte ich Angst vor der Konfrontation mit

den Ereignissen des Frühlings 1966. Am liebsten wäre ich gar nicht geflogen, aber ich hatte es Jan Koistra versprochen.
Es wird schon alles gut gehen, reiß dich am Riemen, PP!
Gegen 21 Uhr wurde ich durch das Läuten des Telefons aus meinen Gedanken gerissen. Nicht rangehen, das wird Sascha sein, wenn du jetzt abhebst, wird er dich zulabern und mit dem Urlaub ist es dann vorbei. Das Telefon bimmelte weiter, nach dem zwanzigsten Läuten nahm ich den Hörer ab. „Ja, bitte?"
„Chirurgische Station F12 der Universitätskliniken Frankfurt am Main, Dr. Weismann", meldete sich eine weibliche Stimme. „Spreche ich mit Herrn Gaus?"
„Am Apparat. Was kann ich für Sie tun?"
„Wir haben hier einen Patienten, einen gewissen Sascha Moll. Bei seinen Unterlagen war ein Notfallzettel mit Ihrer Telefonnummer. Sind Sie ein Verwandter?"
„Nicht direkt, ich kenne ihn sehr gut und habe mich in den letzten Monaten ein wenig um ihn gekümmert. Er ist ein ehemaliger Junkie."
„Ehemalig ist gut, der war bei seiner Einlieferung zugedröhnt bis zum Anschlag. Deshalb haben wir ja die Probleme mit ihm."
„Welche Probleme? Wovon sprechen Sie, Frau Dr. Weismann?"
„Das darf ich Ihnen am Telefon nicht sagen, nur so viel, sein Zustand muss als sehr ernst angesehen werden."
„Warum rufen Sie mich überhaupt an, wenn Sie mir doch nichts sagen dürfen oder wollen?"
„Weil der Patient ständig nach Ihnen gerufen hat, Herr Gaus."
„Er hat auch eine Mutter, haben Sie die schon verständigt?"
„Die ist bereits da. Aber er möchte Sie sehen, Herr Gaus. Kommen Sie bitte schnell!"
„Ich fliege morgen früh nach Spanien, ich habe heute Abend keine Zeit für Krankenbesuche."
„Wir mussten Herrn Moll einen Arm amputieren, es besteht Lebensgefahr."
„Ich komme sofort. Erklären Sie mir doch bitte den …"

Frau Dr. Weismann beschrieb mir den Weg zur Station F12. Nach weniger als einer Stunde stand ich in einem grünen Mantel und eine Haube auf dem Kopf auf der Intensivstation vor Saschas Bett. Er war an diverse Geräte und Schläuche angeschlossen, über deren Bedeutung ich mir im Einzelnen nicht im Klaren war. Ich wusste nur so viel, die Ärzte hatten auf Grund einer Sepsis den linken Arm amputieren müssen und es bestand immer noch akute Lebensgefahr. Die Blutvergiftung, eine Folge von durch unreines Heroin verursachter Wundbrandentzündung, hatte keine andere Möglichkeit zugelassen. Passanten fanden gestern den bewusstlosen Sascha in den Frankfurter Gallusanlagen und verständigten den Notarzt. Um seinen Zustand zu stabilisieren, war er nach der OP in ein künstliches Koma versetzt worden. Ob er die Nacht überleben würde, galt als fraglich.
Du kannst doch jetzt nicht nach Spanien reisen. Wenn er stirbt, musst du doch bei seiner Beerdigung mitgehen. Wenn er nicht stirbt, ist er ein Krüppel mit einem Arm, dann musst du ihm doch erst recht behilflich sein. Wie soll er denn ohne dich nur auskommen? In meinem Kopf überschlugen sich die Gedanken. Die einzig klare Entscheidung, die ich treffen konnte, war Jan anzurufen, um ihm zu sagen, dass ich nicht mit nach Spanien fliegen könne.
Ein Blick auf die Uhr. Fast Mitternacht. Jan und Mercedes liegen bestimmt schon im Bett, die kannst du so spät nicht mehr anrufen. Also, ein Fax absetzen. Jan hat bestimmt ein Faxgerät in seiner Pension und hier in der Klinik gibt es bestimmt einen Nachtdienst und jemanden, der das Faxgerät bedienen kann.
Es war alles vorhanden, ein Faxgerät und eine Sekretärin. Frau Dr. Weismann zeigte Verständnis für meine Situation und half mir, die Angelegenheit zu regeln.
„Liebe Mercedes, lieber Jan, zu meinem großen Bedauern kann ich nicht mit euch nach Malpente kommen. Sascha liegt schwer

-letzt im Krankenhaus, es geht um Leben oder Tod. Grüßt
 bitte die Freunde und sagt ihnen, aufgeschoben sei nicht
aufgehoben. Man sieht sich. Euer Amigo Pedro."
So oder so ähnlich lautete meine Nachricht an Jan Koistra. In
einem Punkt hatte ich aber leider nicht Recht behalten, ich
habe weder meine ehemaligen Freunde noch Spanien je wieder gesehen.
Wie hatte die Ärztin am Telefon gesagt? Seine Mutter sei auch
da? Ja, wo ist sie denn, die Rabenmutter? Vielleicht im Warteraum? Treffer, da saß sie, eine Zeitung lesend, Kaffeebecher
und Klimmstängel in der Hand. Die Dame konnte ihren Sohn
nicht verleugnen, er war ihr wie aus dem Gesicht geschnitten. Die gleichen blonden Haaren, die gleiche Gestik, das
gleiche schauspielerische Talent, eben Mutter und Sohn.
„Guten Abend, Frau Moll, mein Name Paul-Peter Gaus."
„Guten Abend, ich bin Saschas Mutter. Dass wir uns sich
unter diesen Umständen kennen lernen müssen, nein, wie
furchtbar, der arme Bub. Er hat mir so viel Gutes von Ihne
erzählt, wie Sie sich all die Jahre um ihn gekümmert hawwe.
Sie sin ja so lieb zu ihm. Er mag Sie auch, erst neulich hat er
zu mir gesagt, der Paul is ..."
„Wissen Sie denn genau, was geschehen ist?"
„Nein. Der Bub ist aber auch so was von dumm. Jetzt hat er
so einen liewe Mann wie Sie gefunne und was macht er? Er
fängt wieder mit dem Teufelszeug an. Wie soll denn des mit
dem dumme Bub nur ende? Wenn mein Sascha stirbt, des
kann ich mir niemals verzeihe."
„Sie hätten sich mehr um Ihren Sohn kümmern müssen, Frau
Moll."
„Des sagt sich so leicht. Was soll ich denn mache, mein jetziger Mann will ihn net im Haus hawwe. Er hat mir jeden
Kontakt mit ihm strengstens verbote."
„Aber er ist doch Ihr Kind, nehmen Sie ihn denn wenigstens
auf, wenn er das hier überlebt?"

„Nein, des geht net, mein Mann wirft mich samt dem Bub aus dem Haus. Aber des is sicher net notwendig, dass er zu mir kommt, er hat doch Sie. Gell, Sie sorche auch weiterhin für moin Sascha, er ist ja so ein liewer Kerl und Sie hawwe ja auch was davon. Er ist doch lieb zu Ihne, oder?"
„Sie meinen doch sicher, er schläft mit mir? Jetzt will ich Ihnen mal etwas sagen, meinen Sie, es macht mir auf Dauer Spaß, mit einem heroinsüchtigen Stricher zu verkehren? Weiß der Himmel, was man sich da alles holen kann! Nein, das ist kein Grund mehr für mich, ihn aufzunehmen, wenn doch, dann nur noch aus Mitleid."
„Isses denn so schlimm mit ihm?"
Ich habe sie stehen lassen. Was hätte ich mit ihr noch zu bereden gehabt?

Sascha starb nicht in dieser Nacht und auch nicht in der nächsten. Er erholte sich relativ schnell. Man verlegte ihn auf die Normalstation und Sascha war, dank seiner Jugend, bald wieder putzmunter. So munter, dass ihn sein Spezi, mit dem er von Gut „Hoffnung" getürmt war, im Krankenhaus mit Heroin versorgt hat. Als die Ärzte dies bemerkten, haben sie ihn entlassen. So einfach ging das, keiner fühlte sich für Sascha verantwortlich. Den erfahrenen Ärzten muss doch bewusst gewesen sein, wie groß die Gefahr eines Rückfalles war. Man hätte ihn vor diesem „Freund" schützen müssen. Keine Zeit, zu wenig Personal, Gleichgültigkeit. Es war einfacher, ihn zu entlassen, als ihn zu behüten. Also schob man ihn wieder einmal mir zu, wie einen Hund, den sonst keiner haben wollte. Nimm ihn mit, aber lass uns mit dem Kerl in Ruhe, wir wollen mit seinem Suchtproblem nichts zu schaffen haben! Wir haben unser Möglichstes getan.
Da stand er nun mit seinem amputierten Arm und seinen wenigen Habseligkeiten, ein Bild des Jammers. Noch einmal,

nun allerdings aus Mitleid, habe ich mich um ihn gekümmert. Neue Kleidung, neue Schuhe, eine neue Bleibe, habe wieder viel Geld für diesen unglücklichen Menschen ausgegeben. Die schönen Sachen, die ich ihm gekauft hatte, als er seine Therapie bei Larry antrat, waren längst im Pfandhaus versetzt und zu Heroin geworden. Aber wo sollte er wohnen? Zu mir in die Wohnung konnte er nicht mehr, das wollte ich mir nicht mehr antun. Es wäre auch nicht gut gegangen, ich empfand nichts mehr für ihn. Ich nehme an, er wollte es auch nicht. Ihm schien bewusst zu sein, dass er den Bogen endgültig überspannt hatte. Er ging sofort auf meinen Vorschlag ein, für ihn ein kleines möbliertes Zimmer zu suchen.

Binnen weniger Tage, so lange habe ich ihn in einer billigen Pension untergebracht, fanden wir ein möbliertes Apartment in Frankfurt-Niederrad für ihn. Ein kombinierter Wohn- und Schlafraum mit Kitschinette und Dusche. Der Mietpreis war gerade noch vertretbar. Der Mietvertrag lief auf meinen Namen, ich verpflichtete mich, bis seine Angelegenheiten mit dem Sozialamt geregelt waren, die Miete vorübergehend zu übernehmen. Ich half ihm beim Umzug, viel gab es nicht umzuziehen, eine Fuhre mit meinem Pkw, er besaß ja nichts mehr. Umgemeldet hat er sich selbst und dabei seine Ansprüche beim Sozialamt geltend gemacht.

***

Sascha und ich redeten in den folgenden Wochen nur noch das Notwendigste miteinander. Ich, maßlos enttäuscht von ihm, hatte nichts mehr zu sagen und ihn plagte sein schlechtes Gewissen. Außerdem hatte er durch seine Flucht aus dem Odenwald den letzten Rest von Sympathie zerstört. Allein schon die Tatsche, dass er mir meine Spanienreise verdorben hatte, würde ich ihm nie vergessen.

Jan setzte mir diesbezüglich in einem Brief ganz schön den Kopf zurecht, er schrieb etwas von „enttäuscht sein" und „Wirst du niemals gescheit?".

Sascha ging mir aus dem Weg, aber wir mussten miteinander reden, unbedingt reden, ich wollte schließlich wissen, wie es mit ihm weitergehen sollte.

„Sascha, noch einmal in aller Ruhe, bitte. Möchtest du nicht endlich deine Drogenkarriere beenden? Es bringt dich keinen Schritt weiter, wenn du ewig an der Nadel hängst. Versuch' es doch noch mal, geh für ein Jahr nach Hadamar, dort werden sie dir helfen."

„Niemals, da geh ich nicht mehr hin, damit brauchst du mir gar nicht erst zu kommen."

„Und wovon lebst du? Ich kann dir nichts mehr geben, bei mir ist Ebbe."

„Ich gehe anschaffen."

„Das ist ja eine tolle Alternative."

„Du hast leicht reden. Es ist furchtbar in der Therapie, man ist dort von allem abgeschnitten."

„Und hier, wenn du so weitermachst, was ist denn das für ein Leben? Bahnhofsstricher? Mit jedem geilen Bock, der zahlen kann, ins Bett steigen?"

„Immer noch besser als eine Therapie!"

„Wo ist dein Stolz geblieben, Sascha? Sich für ein paar Stunden Heroinrausch so zu erniedrigen, das kann es doch nicht sein!"

„Stolz habe ich keinen mehr. Mir ist alles egal, nur keine Therapie mehr."

„Mein Gott, bist du stur! Du warst mal so ein liebenswerter junger Mann. Schau dich doch an, Sascha, was aus dir geworden ist! Willst du nie mehr aus dem Sumpf rauskommen, bedeutet dir dein Leben gar nichts mehr? Wir hatten doch so viel vor!"

„Du wirst dich nicht mehr lange über mich ärgern müssen, Paul. Ich gehe nach Berlin, dort setze ich mir den goldenen Schuss."

Ich kam einfach nicht mehr an ihn heran, es war zwecklos.

oft ich mir auch vornahm, mich nicht mehr um Sascha zu kümmern, ich hielt es nicht durch. Zwei, drei Mal pro Woche bin ich abends nach Feierabend zum Hauptbahnhof gefahren und habe ihn gesucht. Dort stand er mit seinem einen Arm und wartete auf Freier. Ein Krüppel. Er tat mir so Leid. Wenn er mich kommen sah und unverschämt grinsend auf mich zu gelaufen kam, hätte ich ihn am liebsten umgebracht. Doch was tat ich? Ich gab ihm Geld für Stoff, nahm ihn mit zu mir nach Hause, brüllte ihn an, dass es heute das letzte Mal sei. Doch er nahm mich gar nicht ernst, wusste genau, dass ich nicht mehr von ihm loskam.
Später fuhr ich ihn nach Niederrad und soff mir auf der Rückfahrt in irgendeinem Lokal den Kopf zu.
Einige Tage später wieder das Gleiche. Ich geriet erneut in den schlimmen Teufelskreis aus falsch verstandenem Mitleid, Gier nach seinem Körper, gepaart mit schwerster Alkoholabhängigkeit. Oft war mir morgens gar nicht bewusst, wie ich mein Auto nach Hause gebracht hatte. Manchmal konnte ich nicht rechtzeitig aufstehen. Ich ging dann nicht zur Arbeit oder kam später.
Zum endgültigen Zusammenbruch, dass ich auch mit Heroin anfing, ist es nicht gekommen. Ich stand mehr als einmal vor diesem Abgrund, aber konnte mich im letzten Moment gerade noch beherrschen. Die Spritze aufgezogen, den Arm bereits abgebunden, lauerte der Dämon Heroin auch auf mich. Der Himmel und ein Rest von Verstand haben mich glücklicherweise davor bewahrt. Sascha wäre es nur zu recht gewesen, mich dahin zu bringen, ebenfalls vom Gift abhängig zu werden. Er hat mich, wenn ich so richtig besoffen war, immer wieder dazu animiert. Dann hätte ich ihm keine Vorhaltungen mehr machen können. Ich blieb weiterhin „nur" beim Alkohol, auch eine Sucht, wenn auch eine von der billigeren Variante.
Ich habe ich mich so geschämt. Geschämt vor mir, vor meiner Familie, vor meinen Mitarbeitern, denen mein Zustand nicht

verborgen geblieben ist. Ich, der immer so unfehlbar über den Dingen stehen wollte, war zum hemmungslosen Alkoholiker geworden.
Es gab aber nicht nur den moralischen Aspekt, der mir zu schaffen machte, nein, auch körperlich ging es mir nach jedem Absturz schlechter. Mein Herz tat weh, der Blutdruck schoss nach oben, ich schwemmte auf, bekam Falten im Gesicht und meine Hände fingen an zu zittern. Meine ständigen Selbstvorwürfe zehrten mich aus. Du bringst dich mit deiner Sauferei noch um oder du endest in der Gosse! Kündige bei der Firma, die mögen dich sowieso nicht mehr! Geh nach Amsterdam! Nein, dort wollen sie dich auch nicht haben?
In diesem Zustand sucht man die Schuld nie bei sich selbst, Schuld haben immer die anderen. Vor der wahren Ursache meiner Probleme verschloss ich die Augen.
Seit einer Weile brachte ich meinen eigenen Schnaps mit in die Firma, Robert gab mir nichts mehr. Wenn meine Entzugserscheinungen tagsüber zu stark wurden und ich nicht mehr arbeiten konnte, musste ich trinken. Hamann drohte mit Abmahnung, gegebenenfalls mit Entbindung von meinen Aufgaben als Betriebsleiter. Ganz wollte er noch nicht auf mich verzichten.
Einmal haben wir uns gründlich ausgesprochen. Ich erzählte ihm im Suff meine Geschichte und er versprach, mir zu helfen. Er nannte mir die Adresse eines befreundeten Psychiaters und verabredete mit diesem einen Termin für mich. Wozu brauche ich einen Seelenklempner? Schwachsinn. Na ja, geh ich halt mal hin, dann gibt der Hamann wenigsten Ruhe.
In dieser Situation ist ein Mensch für vernünftige Argumente nicht mehr zugänglich. Er will nur noch saufen und das hören, was ihm gefällt. Da hatte ich den Doktor aber gewaltig unterschätzt. Bei den Sitzungen hörte er sich, ohne jede Regung und mit einem undurchsichtigen Pokergesicht, das keinen Aufschluss darüber erkennen ließ, was er wirklich dach-

te, meine Lebensbeichte an. Zwischendurch machte er sich seine Notizen, nickte bedächtig mit dem Kopf und schwieg ansonsten, reden ließ er mich. Dann sagte er einmal einen Satz, ich glaube, dieser Satz war ursächlich für meine weiteren Handlungen. „Was würde Ihr spanischer Jugendfreund sagen, wenn er Sie heute so sehen würde? Sie, sein geliebter Pedro, ist ein fetter, versoffener Jammerlappen geworden. Denken Sie mal darüber nach und machen Sie sich frei von Ihrem Problem. Sie brauchen keine Tabletten, Sie brauchen nur etwas mehr Mut!"
Oh, das hatte gesessen! Was würde Manuel wirklich sagen, wenn er mich so sehen könnte, fett, aufgedunsen, zittrig?

*****

4. Februar 2002

JVA Hohenfels

Wider Erwarten ist die Chemotherapie erfolgreich verlaufen. Die Kasseler Ärzte sind sehr zufrieden mit PPs Zustand und dem neuen Krebsmittel, das sie bei ihm zum ersten Mal eingesetzt haben. Anhand der Laborwerte ist eindeutig ein Rückgang der Krebszellen im Blut nachzuweisen. Der Tumor in seinem Magen ist sichtbar kleiner geworden. Es sieht ganz so aus, als wäre PP noch einmal davongekommen.
Nach Abschluss aller Untersuchungen wird er nach Hohenfels in seine alte Zelle gebracht. Harald ist überglücklich, als er den Zellengenossen wieder gesund begrüßen kann. „Die wollten mir weiß Gott wen hier herein legen, aber ich habe zum alten Kramer gesagt, dieser Platz bleibt frei, der PP wird wieder gesund."
Seine vorzeitige Entlassung ist beantragt. Direktor Stolpe gratuliert PP zur Genesung und verspricht ihm für den Fall, dass sich etwas Definitives ergeben würde, sofortige Benachrichtigung. Aber, so fügt

er einschränkend hinzu: „Auch die Mühlen der Justiz mahlen langsam, mit ihrer Entlassung kann es noch einige Zeit dauern."
Alles in allem keine schlechte Prognose für die Zukunft. Kann es doch noch so etwas wie ein spätes Glück für ihn geben? Darf er wieder hoffen? Vielleicht auf Wanda? Als ihr Mann vor zwei Jahren so plötzlich verstorben ist, verschlug es sie wieder in die alte Heimat. Kam sie wegen PP zurück? Zwei Mal hat sie ihn schon hier in Hohenfels besucht. Hat ihm die treue Seele alles vergeben? Er macht sich vorerst noch keine Gedanken, wie sein neues Leben in der Freiheit aussehen soll. Zu oft schon sind seine Zukunftspläne von der harten Realität durchkreuzt worden. Über all das nachdenken will er erst, wenn er wirklich außerhalb der Gefängnismauern steht. Sein Leben hat ihn gelehrt, nicht so viel im Voraus zu planen, manches kommt hinterher ganz anders.

*****

Mord und Sühne

Ein mieser Tag, dieser 20. November 1985, kalt und regnerisch. Er gehörte zu jenen Tagen, an denen man das Gefühl nicht loswird: Am besten, du bleibst im Bett liegen. Weiß der Himmel, was heute noch alles geschieht.
In den letzten Tagen und Wochen ging mein Alltag seinen „gewohnten" Gang. Zum Frankfurter Hauptbahnhof bin ich nicht mehr gefahren. Neuerdings kam Sascha wieder zu mir in die Wohnung. So alle zwei bis drei Tage tauchte er auf und wollte Geld für Heroin. Er jammerte mir vor, wenn ich ihm nichts geben würde, müsse er sich das Geld auf dem Strich verdienen. Ich konnte ihm kein Geld geben, ich hatte keines. Wenn er enttäuscht und zornig gegangen war, griff ich zur Flasche und spülte meinen Frust über die beschissene Situation mit reichlich Alkohol hinunter. Zuletzt wollte er mich vor zwei Tagen anzapfen, daher war ich an diesem Morgen nicht verkatert und konnte sagen: Mir geht es gut. Morgen würde er wieder kommen und mir würde es dann wieder schlecht gehen. Der ständige Alkoholkonsum ruinierte Zug um Zug meine Gesundheit, zerstörte meinen Geist und meinen Körper, auf den ich früher mal so stolz gewesen bin. Ich ließ mich total gehen, habe mich kaum noch gewaschen, vernachlässigte meine Kleidung, mir war alles egal.
Am Monatsende waren die Mieten fällig, ich machte mir bereits heute Gedanken, woher ich diesmal das Geld dafür nehmen sollte. Das Sozialamt zahlte nichts für Sascha, also musste ich dafür gerade stehen, leichtsinnigerweise hatte ich seinen Mietvertrag unterschrieben. Meine Mittel waren erschöpft, das Konto hoffnungslos überzogen, ich verfügte nur noch über mein Gehalt. Die Möglichkeit, mein Konto mittels Sparbuch aufzufüllen, gab es schon lange nicht mehr. Auf der letzten Seite des Sparbuches standen nur noch Nullen.

Da war zwar noch ein letzter Sparvertrag, aber der sollte nicht auch noch durch Saschas Venen fließen. Dieses Geld war als eiserne Reserve für die Zeit nach Sascha vorgesehen. Dass die endgültige Trennung bevorstand, war sicher. Hatte uns bisher noch das schmale Band der Sexualität zusammengehalten, war das inzwischen mürbe geworden und es gab keinen Grund mehr für mich, deswegen an der Beziehung festzuhalten. Der ständige Rauschgiftkonsum hatte Sascha lustlos und impotent gemacht. Es kam zu keinen Intimitäten mehr. Sein einstmals so schöner Body war verfallen, Saschas Attraktivität war dahin. Dass es so weit kommen würde, hätte ich nie gedacht. Ich bin doch einmal so stolz auf mein Engelsgesicht gewesen, habe ihn geliebt und begehrt. In den nächsten Tagen würde ich die Trennung von diesem Parasiten vollziehen müssen. Ich überlegte bereits, wie ich dies am elegantesten über die Bühne bringen könnte. Was verband mich noch mit ihm? Ich glaube, nur noch Mitleid und die Angst vor der absoluten Wahrheit. Noch fiel es mir schwer, mir einzugestehen: PP, du bist gescheitert! Der Kampf ist verloren, das Heroin hat dich besiegt.

Mein Auto sprang wieder mal nicht an, die Batterie war leer. Ich sollte längst einen neuen Wagen haben, doch die Firma musste sparen, die Zeiten waren längst nicht mehr so rosig wie noch vor zwei Jahren. Es wurde weniger investiert, die Arbeitslosenzahlen stiegen stetig an, wir erlebten eine Rezession. Die Regierung tat zu wenig für die Wirtschaft. Auch in der Firma war das Geld knapp, nicht nur bei mir. Der Betrieb konnte es sich momentan nicht leisten, seinem Betriebsleiter ein neues Auto zu kaufen. Also musste ich mich weiterhin mit der alten Schüssel plagen. Ich rief einen Arbeitskollegen an und bat ihn, vor seiner Fahrt in die Firma bei mir vorbeizukommen, um mir Starthilfe zu geben.

„Der Alte möchte dich gleich sprechen! Er hat schon zwei Mal nach dir gefragt. Bist du fit, PP, oder soll ich ihm sagen,

du bist noch nicht da, du kommst später?" Mit diesen Worten empfing mich der aufgeregte Robert in meinem Büro.
„Bei mir ist alles okay, Robert. Die Scheißkarre ist wieder mal nicht angesprungen. Lothar hat mich abgeholt und mir Starthilfe gegeben. Die Kiste ist zwar noch nicht so alt, hat aber schon 200 000 Kilometer drauf. Die sollen mir endlich einen neuen Wagen kaufen! Was will denn die Nervensäge von mir?"
„Keine Ahnung, vielleicht wegen der Messe in Moskau? Die sind wieder zurück und haben allerhand Aufträge mitgebracht. Leg dich bitte nicht mit ihm an, der schmeißt dich sonst noch raus."
„Nur zu, ich gehe sowieso bald weg von hier. Erst werde ich meinen Junkie noch abservieren und dann ab nach Amsterdam! Mein Freund Jan Koistra besorgt mir dort einen neuen Job."
„Tu mir das bitte nicht an, PP!"
„Du hast doch nur Angst, dass er dich zu meinem Nachfolger macht und du dich dann über den Alten ärgern musst."
„Ich spiele für diesen Choleriker nicht den Betriebsleiter, da gehe ich lieber auch."

„Guten Morgen, Herr Hamann. Sie haben mich vermisst, wie ich höre. Was gibt es denn so Wichtiges?"
„Na, da sind Sie ja endlich! Was war es denn heute wieder?", begrüßte mich Hamann in seinem Büro. Von Höflichkeit keine Spur.
Ich reagierte leicht sauer: „Mein Wagen sprang mal wieder nicht an, Scheißkarre, verfluchte!"
„Eine neue Variante. Ihnen fällt aber immer wieder etwas zu Ihrer Entschuldigung ein. Sie müssen Ihre privaten Angelegenheiten in Ordnung bringen, dann haben Sie den Kopf auch wieder frei für Ihren Job."
„Was werfen Sie mir eigentlich vor, Herr Hamann? Ich bin ein paar Mal angetrunken hier erschienen, das bedaure ich sehr. Aber ich habe nie meine Arbeit vernachlässigt, das können Sie doch nicht leugnen."

„Na ja, das mag zwar stimmen, aber ein paar Mal sind Sie dafür auch gar nicht erschienen."

„Dafür hatte ich dringende persönliche Gründe. Ich habe mit Ihnen darüber gesprochen und mich entschuldigt. Ich stecke momentan in einer Krise. Sie haben bei unserem Gespräch damals Verständnis gezeigt und mich zum Psychiater geschickt. Warum reden Sie plötzlich wieder ganz anders? Ich werde diese Gründe baldigst aus der Welt schaffen, das kann ich Ihnen versprechen."

Dann fing er plötzlich an zu brüllen: „Ist denn die Welt total aus den Fugen? Sie muten uns seit Jahren Ihre Callboys zu, saufen wie ein Loch und erscheinen tagelang nicht zur Arbeit! Jetzt reicht es mir aber!"

„Ja, jetzt reicht es wirklich, Herr Hamann! Eben haben Sie die Grenzen des guten Geschmackes überschritten. Sie können mir Versäumnisse bei meiner Arbeit vorwerfen, das akzeptiere ich gerade noch eben, obwohl es so nicht stimmt, aber beleidigen lasse ich mich von Ihnen nicht! Wenn Sie sich wieder beruhigt haben, rufen Sie mich an. Ich komme dann zu Ihnen und wir reden wie zivilisierte Menschen miteinander." Sprach's und wollte sein Büro verlassen.

„Hier geblieben, mein Herr! Ach so, renitent sind Sie auch noch? Aber das waren Sie schon seit dem ersten Tag. Ständig haben Sie meine Autorität untergraben und sich selbst als Chef aufgespielt! Ich werde Sie rauswerfen und zwar auf der Stelle!"

„Sie und mich rauswerfen? Dass ich nicht lache! Mich wirft keiner raus und Sie schon gar nicht! Da gehe ich lieber von selbst. Auf Wiedersehen!"

Langsam drehte ich mich um, verließ sein Büro, ging ebenso langsam in den Umkleideraum, hängte meinen weißen Arbeitsmantel in den Spind, zog mein Sakko an. Auf dem Weg zu meinem Büro besorgte ich mir einen Karton und packte meine persönlichen Habseligkeiten hinein. Innerlich hatte ich schon vor Jahren gekündigt, ich konnte die ständige doppelte

Belastung, den ewig nörgelnden Chef und den geldgeilen Junkie einfach nicht mehr ertragen. Ich musste sie beide verlassen, jetzt gleich! Wenn ich es heute nicht schaffte, dann schaffte ich es nie mehr. 19 Jahre habe ich in der Firma verbracht, gute und schlechte Zeiten erlebt. Jetzt nur keine falsche Sentimentalität! Es galt, mein Leben neu zu ordnen, das hatte jetzt allerhöchste Priorität.

Robert stand an der Tür und sah mich fragend an: „PP, was ist los? Der Alte ruft dauernd an, du sollst noch einmal zu ihm kommen."

„Der kann mich mal! Mach's gut, Robert, ich gehe und zwar für immer. Privat halten wir selbstverständlich weiterhin Kontakt."

„Das kannst du doch nicht machen! Wer soll uns die Arbeit einteilen? Wer kümmert sich um alles?"

„Doch, Robert, das kann ich, ich muss es sogar tun. Viel zu lange habe ich damit gewartet. Glaub mir, es geht auch ohne mich. Jeder Mensch ist zu ersetzen. In spätestens einem halben Jahr habt ihr mich vergessen."

Als ich an der geöffneten Bürotür von Herrn Hamann vorbeiging, saß er hinter seinem Schreibtisch und erhob sich wild gestikulierend, als er mich sah. Er rief mir nach: „PP, jetzt seien Sie doch nicht so empfindlich! Man kann doch über alles red…"

Den Schluss des Satzes habe ich nicht mehr gehört.

Als ich vor die Tür trat, blinzelte die Sonne durch den verhangenen Himmel, ein gutes Zeichen. Ich stieg in mein Auto und fuhr los, umgedreht habe ich mich nicht mehr. Das Auto sollen sie holen, wenn sie es brauchen. Eine formelle Kündigung schreibe ich morgen. Die Kündigungsfrist kann er mit meinem Urlaub verrechnen, aber das ist jetzt zweitrangig.

Auf nach Niederrad, um die zweite Trennung zu vollziehen! Schluss mit allem, aus und vorbei! Morgen rufe ich Jan an, er soll mir einen Termin mit den Leuten von ICM Niederland machen, die nehmen mich bestimmt. Anschließend suche ich mir eine

Frau, meinetwegen mit fünf Kindern, egal. Vielleicht suche ich mir auch einen gleichaltrigen Mann. Nur endlich weg von diesen Plagegeistern. Nur endlich wieder ich selbst sein!

Sascha lag noch im Bett, er hatte mein Klingeln nicht gehört. Bei der Anmietung des Apartments habe ich mir einen Schlüssel erbeten, schließlich lief der Mietvertrag auf meinen Namen. In dem großen Zimmer, das er als Wohn- und Schlafraum benutzte, sah es wie in einem Saustall aus. Überall schmutzige Klamotten und benutztes Geschirr. Gestunken hat es fürchterlich. Erst mal das Fenster öffnen, frische Luft hereinlassen. Sascha rieb sich mit seiner verbliebenen Hand die Augen und sah mich erstaunt an. „Ist denn heute Sonntag? Oder was ist los? So früh bist du schon da? Es ist erst halb elf. Haben wir was ausgemacht? Ich möchte noch schlafen, es ist spät geworden gestern Abend. Ich bin mit einem Typen im ‚Rosa-Club' gewesen. Wirklich ein geiler Schuppen, da sollten wir auch mal wieder hingehen."
„Wir zwei gehen nirgendwo mehr hin. Nein, heute ist Mittwoch und ausgemacht haben wir auch nichts. Ich möchte dir nur sagen, vor einer knappen Stunde habe ich meine Firma verlassen, für immer, ich gehe nach Amsterdam zu Jan. Mit uns ist es auch aus, Sascha, ich werde mich von dir trennen. Künftig sorgst du für dich selbst. Dein Apartment werde ich heute noch kündigen."
„Na ja, so ein Verlust ist das auch wieder nicht. Du bist sowieso immer nur ein mieser Freier für mich gewesen."
„Was war ich?"
„Ein ganz mieser Frei..."
Da war ich schon über ihm, habe ihm eine geklebt. Er fing an zu schreien: „Hilfe! Hilfe!"
Ich packte ihn an der Gurgel und drückte zu, immer fester und fester, wie im Rausch, ich hatte kein Gefühl mehr. Saschas Augen quollen fast aus den Höhlen. Er zuckte mit den

Beinen und röchelte laut. Dann Stille. Eine friedvolle Stille kehrte ein.

Sascha ist tot! Du hast ihn umgebracht! Nichts wie weg, raus an die frische Luft! Ich wäre in diesem schäbigen Zimmer erstickt.
Unterwegs im Auto, auf meiner ziellosen Fahrt, quälende Vorwürfe: War das denn nötig? Warum hast du gleich zugedrückt? Warum bist du nicht einfach gegangen? Einen „miesen Freier" hat er dich genannt. Was hast du nicht alles für diesen Saukerl getan und der qualifiziert dich mit einem Begriff aus seinem Strichermilieu ab!
Ich konnte das Auto kaum in der Spur halten, ich zitterte am ganzen Körper vor Aufregung und mir liefen die Tränen. Ich konnte kaum noch etwas sehen. Du musst mit jemandem reden! Zu wem hast du Vertrauen? Wem kannst du deine entsetzliche Tat beichten? Deinen Eltern? Nein, die kannst du damit nicht belasten, die werden noch früh genug erfahren, dass ihr Sohn zum Mörder geworden ist. Gib ihnen noch ein paar Stunden Schonzeit. Deinem Bruder? Nein, der hat nie Zeit für dich, der ist mit seiner Arbeit und seiner Familie total ausgelastet, der kann sich nicht auch noch um deine Probleme kümmern. Deinen Freunden? Nein. Hast du denn überhaupt noch so gute Freunde, denen du einen Mord gestehen kannst? Doch wohl eher nicht. Du hast Kumpane, mit denen du saufen, reiten oder auf Reisen gehst, aber echte Freunde, so wie früher? Vielleicht Jan in Amsterdam? Nein, den guten Jan kannst du in diese Geschichte nicht mit hineinziehen. Und spätestens an der Grenze werden sie dich schnappen. Du bist bestimmt schon in der Fahndung. Sie werden Sascha längst gefunden haben. Der Hausmeister hat gewiss die Hilferufe gehört, außerdem hat er dich kommen und gehen sehen, du bist ihm nicht unbekannt.
Wenn es überhaupt einen Menschen auf der ganzen Welt gab, dem ich meine Tat beichten konnte, der mich eventuell sogar

verstehen würde, für den meine Gründe nachvollziehbar waren, dann war es Wanda. Plötzlich hatte ich ein starkes Verlangen nach dieser warmherzigen, mütterlichen Frau. Ich muss zu ihr, sie muss mir helfen!

Es brannte Licht in ihrer Wohnung.
„Was für eine Überraschung, der gnädige Herr persönlich! Ist was passiert? So, wie du ausschaust, wurde wieder einer deiner Liebhaber erschossen. Was willst du hier?"
„Wanda, ich habe das Schwein ermordet. Er hat …"
„Bist du betrunken? Geh nach Hause und schlafe deinen Rausch aus, ich habe keine Lust, mir diesen Unfug anzuhören! Ich will dich sowieso nicht mehr sehen. Also verschwinde, du bist hier nicht willkommen!"
„Wanda, bitte, es ist mein Ernst! Ich habe Sascha die Kehle zugedrückt. Das ist die Wahrheit, ich habe heute noch keinen Tropfen Alkohol getrunken. Ich fahre seit Stunden ziellos durch die Gegend."
„Dann komm erst einmal rein. Wer bitte ist Sascha? Ich dachte die ganze Zeit, du lebst mit diesem amerikanischen Studenten zusammen, wegen dem du mich damals verlassen hast."
„Schon lange nicht mehr. Julian ist leider wieder zurück in die USA gegangen. Ich habe … ich hatte einen anderen Freund, Sascha."
„Warum hast du dir zur Abwechslung nicht mal eine Frau gesucht, PP? Mit deinen Männern erlebst du doch eine Pleite nach der anderen. Einer wird dir erschossen, einer rennt dir weg und den da hast du angeblich ermordet!"
„Wanda, du nimmst mich nicht ernst. Aber es stimmt wirklich, ich habe diesen Menschen erwürgt."
Allmählich schien Wanda zu begreifen, dass ich nicht zu ihr gekommen bin, um ihr in Alkohollaune irgendeinen Bären aufzubinden, sondern dass ihr die ungeschminkte Wahrheit schilderte. Ich hatte im Zorn einen Menschen getötet!

„Was ist passiert? Du bist doch sonst nicht gewalttätig, so kenne ich dich ja gar nicht."

„Das bin ich auch nicht und eigentlich habe ich ihn ja geliebt …" Dann habe ich Wanda die ganze Geschichte von Sascha und mir erzählt. Auch davon, dass ich nach Jahren endlich wieder nach Spanien reisen wollte, um mich mit den Freunden von früher auszusöhnen, und wie Sascha mir dieses Vorhaben durch seine Flucht aus dem Odenwald verdorben hatte. Dass ich am Morgen die Firma im Streit verlassen hatte, erzählte ich ihr ebenfalls. Mittlerweile war das aber nur noch zweitrangig, durch die Ereignisse in Niederrad würde ich den Betrieb sowieso nicht mehr betreten können.

Wanda hörte mir geduldig zu, zwischendurch schüttelte sie einige Male mit dem Kopf. Meine Ausführungen schienen sie zu beschäftigen. Als ich geendet hatte, sah sie mich lange an und sagte nach einer ganzen Weile: „Mit so etwas war irgendwann einmal zu rechnen. Du bist nicht der Mensch, der Niederlagen so einfach wegsteckt."

„Wie kommst du denn darauf, Wanda? Ich habe schon so oft im Leben verloren."

„Aber nie wirklich. Dir ist immer alles leicht gefallen, von frühester Jugend an, Schule, Ausbildung, Beruf, Liebe. Du warst ein richtiger Sunnyboy. Die Mädchen sind dir nachgelaufen, Jungs hast du keine an dich rangelassen. Nicht aus Angst vor dem, was die Leute sagen könnten, nein, das wäre dir egal gewesen. Du hattest Angst, dich in einen zu verlieben und der läuft dir hinterher weg. Das wäre eine Niederlage für dich gewesen und mit Niederlagen kannst du nicht umgehen. Du hast die Liebe zu einem Mann immer als etwas ganz Besonders angesehen, etwas, was über allem stand."

„Das ist aber seltsam, Wanda. Ist das wirklich deine Meinung von mir? Zugegeben, mir ist vieles leicht gefallen, aber in mir drin sah es meistens nur chaotisch aus. Ich habe sehr unter meiner Veranlagung gelitten."

„Vielleicht wolltest du dich ja auch nie in einen Mann verlieben, hast immer nur damit kokettiert? Ich habe keine Ahnung. Bei dir ist das, was du sagst, immer das Gegenteil von dem, was du tust. Du bist schwer durchschaubar. Als du in Spanien deinem Manuel begegnet bist, da wurde es ernst, da musstest du dich entscheiden und dein Herz sprach eindeutig für Manuel. Er war der besondere Mann, auf den du immer gewartet hattest. Als er dir genommen wurde, hast du es als eine persönliche Niederlage angesehen. Du warst beleidigt, dass man dir so etwas angetan hatte. Darum hast du nicht um ihn getrauert, sondern beschlossen, nichts mehr mit Männern anzufangen."
„Du weißt genau, das ist nicht die Wahrheit, Wanda. Du hast doch selbst erlebt, wie ich ihn vermisst habe. Denk doch nur mal an unsere Diskussion im Winter 1966, da hast du mir den Kopf gewaschen und mich wieder auf die Beine gestellt."
„Ja, genau, das ist mir noch gut in Erinnerung. Daraufhin hast du beschlossen, keine Männer mehr zu lieben. Fast 20 Jahre hast du damit gelebt, bis dieser Julian kam. Wieder so ein ganz besonderer Mann, wieder so ein Schönling. Du hast kapituliert und dich in ihn verliebt. Als er dann gegangen ist, musstest du schon wieder eine Niederlage hinnehmen. Das hat gewaltig an deinem Ego gekratzt, gib es doch zu! Und dann ist dir dieser Sascha zugelaufen. Als du bemerkt hast, welchen Fisch du dir da an Land gezogen hast, wolltest du ihn auf Biegen und Brechen umkrempeln. Du wolltest deinen Kritikern zeigen: Schaut nur her, ihr Zweifler, ich habe meinen Lover doch noch gefunden und bin glücklich mit ihm! Doch das ging total in die Hose, gegen seine Sucht bist auch du nicht angekommen."
„Ich wollte ihm doch nur helfen, diesem undankbaren Kerl!"
„Wollte er sich denn von dir helfen lassen? Oder solltest du ihm nur seinen Stoff finanzieren? Als Gegenleistung gab er dir Sex. Vielleicht wollte er gar nicht mehr von dir. Hast du

ihn je danach gefragt? Als du gemerkt hast, es wird immer enger, Geld weg, Job in Gefahr, da hast du zugedrückt. Bevor dir wieder eine schmerzliche Niederlage zugefügt wird, wolltest du die Sache selbst zu Ende bringen. Du hast ein Leben zerstört, nur um deine verdammte Eitelkeit zu befriedigen!"
„So denkst du also von mir? Ich hätte aus reiner Eitelkeit den Rächer gespielt, um mir keine weitere Niederlage einzuhandeln? Das ist doch absurd!"
„Ja, mein Lieber, Richter und Vollstrecker wolltest du sein. Du hast einen Menschen ermordet, um nicht schon wieder auf der Verliererseite stehen zu müssen. Man wird dich dafür zur Verantwortung ziehen."
„Das ist Unsinn, Wanda! Sascha hat mich furchtbar beleidigt, da habe ich rot gesehen und zugedrückt, so einfach ist das."
„So siehst du das, aber deine Richter werden es anders sehen. Du hast dich immer in die falschen Männer verliebt. Du wolltest zu viel von ihnen. Es gibt so viele nette homosexuelle Männer, die gerne mit einem Typen wie dir zusammengelebt hätten. Auch genug nette Frauen. Warum, und das frage ich mich immer noch, bin ich dir plötzlich nicht mehr gut genug gewesen? Wir haben uns doch gut verstanden?"
„Das musste ja jetzt kommen! Es tut mir ehrlich Leid, vielleicht wäre es ja gut gegangen mit uns beiden. Aber was mache ich jetzt, Wanda?"
„Bleib heut Nacht hier, es ist schon spät! Ich richte dir das Sofa her. Morgen gehe ich mit dir zur Polizei. Gib mir deine Schlüssel, dein Auto kann jemand aus deiner Firma bei mir abholen. Deine Wohnungsschlüssel bringe ich deinen Eltern, sie müssen sich halt jetzt um alles kümmern. Den armen alten Leuten hast du viel abzubitten."
„Danke, Wanda, du hast ein gutes Herz."

***

Am nächsten Morgen brachte mich Wanda in ihrem Wagen zuerst zu meiner Wohnung, anschließend bis kurz vor die Polizeistation. Die letzten Schritte wollte ich zu Fuß gehen. Wanda gab mir die Hand und sagte traurig: „Leb wohl, PP! So schnell sehen wir uns wahrscheinlich nicht wieder. Ich habe einen Mann aus Norddeutschland kennen gelernt, wir heiraten bald und ziehen danach nach Husum." Bei diesen Worten sind ihr ein paar kleine Tränen über das Gesicht gelaufen. Ich habe mich beim Weggehen noch einmal umgedreht und über meine Schulter geblickt. Auch Wanda drehte sich noch einmal kurz um. Nach allen bisherigen Erfahrungen mit dem Umdrehen beim Abschiednehmen würden wir uns wiedersehen.
Ich betrat die Wache und nannte den Beamten meinen Namen. „Gut, dass Sie kommen, wir haben Sie schon erwartet. Ihre Bekannte hat uns heute früh verständigt."
Wanda dachte immer an alles, bei ihr gab es keine halben Sachen. Die Beamten waren sehr freundlich zu mir. Da ich freiwillig gekommen war, bestand keine Gefahr, dass ich wieder abhauen würde. Man hat mich nicht eingesperrt oder gar in Handschellen gelegt. Einer bemerkte nur kurz: „Wir behalten Sie vorläufig hier, es ist aber noch kein Haftbefehl ergangen. Bitte haben Sie etwas Geduld, unser Herr Jäger wird bald kommen, er ist der Kriminalbeamte hier und wird den Fall bearbeiten. Wollen Sie eine Zeitung haben oder möchten Sie Ihren Anwalt anrufen?"
„Nein, danke, keine Zeitung. Ich kann mich nicht konzentrieren. Anwälte kenne ich keine, ich habe noch nie einen gebraucht."
So, der Jäger bearbeitet also meinen Fall. Beim Reitverein war er mir einige Male begegnet, er gehörte zu Rolf Holds neuer Quadrille. Ein sympathischer Mann mittleren Alters, nicht sehr groß, untersetzt, rothaarig. Im Verein nannten ihn alle nur den „Kriminaler". In einer Kleinstadt kennt man sich eben, Kriminalpolizisten gibt es hier nicht viele. Schwere Delikte kamen eher selten vor und wenn, dann wurden die von Darmstadt oder Frankfurt aus bearbeitet. Für die leichteren Fälle, wie Dieb-

stahl, Einbruch oder Ähnliches, genügte ein Kriminalmeister. Herrn Jäger, ortsbekannt, eilte der Ruf voraus, ein „guter" Polizist zu sein. Um 14 Uhr sollte sein Dienst beginnen, bis dahin hieß es eben warten. Um die Mittagszeit fuhr einer der Beamten zum Metzger. Er kam auch zu mir: „Wollen Sie etwas essen? Soll ich Ihnen was mitbringen?"
Ich verneinte. Die Aufregung des gestrigen Tages kam jetzt erst so richtig durch, außerdem war mir hundsmiserabel schlecht, mir fehlte ein kräftiger Schluck, so, wie ich ihn um diese Uhrzeit gewöhnt war.

Kurz vor zwei Uhr erschien Kriminalmeister Jäger zum Dienst. Nachdem er sich zunächst einen Überblick verschafft hatte, ein Tötungsdelikt kam in seiner Tätigkeit nicht jeden Tag vor, wandte er sich an mich.
„Guten Dach, Sie kenn ich doch, Sie sind doch auch im Reitverein. Was, um Himmels willen, hat Sie denn zu dieser Tat bewogen?"
Was sollte ich darauf für eine Antwort geben? Das wusste ich selbst nicht so genau. Meine gestrige Kurzschlusshandlung konnte ich nicht einfach mit ein paar lapidaren Sätzen begründen. Das ging tiefer.
„Ja, Herr Jäger, das Leben bringt uns manchmal in Situationen, die wir nicht mehr steuern können. Wir lassen uns im Zorn zu etwas hinreißen, was wir im Normalfall niemals tun würden. Was passiert denn nun mit mir?"
„Eine gute Frage. Zunächst machen wir ein Protokoll vom Tathergang und zu den möglichen Motiven. Dann müssen wir abwarten. Unsere Oberen sind sich noch nicht im Klaren darüber, wer für Ihren Fall zuständig ist. Es gibt da noch Kompetenzgerangel zwischen den zuständigen Staatsanwaltschaften."
Das Telefon auf seinem Schreibtisch läutete. Jäger hob ab.
„Ja? ... Ich habe den Mann eben erst gesehen ... Mein Dienst? ... Ja um 14 Uhr ... Nein, noch nicht ... Wenn ich fertig bin,

sofort ... Ja, per Fax. Ja ... Nein, das nicht." Wieder an mich gewandt: „Es geht schon los. Die Staatsanwaltschaft Frankfurt will Sie bald sehen. Kann sein, dass wir Sie heute noch überstellen müssen. Haben Sie einen Anwalt?"
„Nein, ich kenne keinen."
„Dann kann ich Ihnen nur raten, sich dringend einen zu suchen. Hier haben Sie eine Liste mit Strafverteidigern aus der Gegend und dort steht das Telefon. Ich lasse Sie jetzt allein, rufen Sie sofort an! Später machen wir dann das Protokoll."
Ich griff gerade nach der Liste, begann die Namen zu lesen, als Jäger schon wieder in sein Büro kam. „Besuch für Sie."
Hinter ihm betrat ein schlanker, elegant gekleideter Herr den Raum. Den kannte ich doch, aber woher?
„Hallo, guten Tag, Herr Gaus. Mein Name ist Lange, Rechtsanwalt Dr. Friedrich Lange. Sie haben mich bestimmt schon mal gesehen, ich bin der Anwalt Ihrer Firma. Ihr Chef, Herr Hamann, hat mich beauftragt, Sie aufzusuchen. Wenn Sie damit einverstanden sind, übernehme ich Ihre Verteidigung, die Kosten will Ihr Arbeitgeber tragen. Sie wundern sich jetzt sicher, dass man Ihnen den Firmenanwalt schickt, aber da kann ich Sie gleich beruhigen, mein Schwerpunkt ist das Strafrecht."
Ach, daher kenne ich den Mann, aus dem Betrieb. Dort ist er mir hin und wieder über den Weg gelaufen. Persönlich hatten wir noch nie miteinander zu tun gehabt. Und nun schickte ihn der Hamann hierher, um mir zu helfen? Sonderbar, kein Wort von meiner gestrigen Kündigung, keine Silbe von unserem Streit? Ich war total von den Socken, täusche sich ein Mensch in den Menschen?
„Danke, dass Sie so unverhofft und vor allem so schnell gekommen sind. Gerade wollte ich einen Anwalt anrufen."
„Ja, kennen Sie denn einen? Soll ich wieder gehen?"
„Nein, nein, hier auf der Liste, die mir der Kriminalbeamte gegeben hat, wollte ich mir einen aussuchen. Aber wieso hat

Herr Hamann …? Wir hatten doch Streit gestern. Ich bin aus der Firma ausgeschieden."
„Das sieht Herr Hamann anders. Im Übrigen hat eine Bekannte von Ihnen erheblichen Anteil an seinem Sinneswandel. Eine streitbare Dame, ich habe sie vor zwei Stunden getroffen. Sie hat dem Hamann Beine gemacht. Sie hat behauptet, wenn Hamann Sie nicht provoziert hätte, wäre es nicht zur Tat gekommen. Diese Ansicht teile ich nicht unbedingt, aber Sie haben in ihr eine treue Fürsprecherin."
Räuspernd machte sich Kriminalmeister Jäger bemerkbar: „Dann lasse ich Sie mal allein, meine Herren. Sie werden viel zu bereden haben. Das Protokoll kann warten."

Als mein Anwalt gegangen war, betrat Kriminalmeister Jäger mit ernster Miene sein Büro. „Stehen Sie bitte auf! Herr Paul-Peter Gaus, wegen Mordes an dem Verkäufer Sascha Moll, wohnhaft in Frankfurt am Main, Niederrad, nehme ich Sie vorläufig fest!", sagte er fast feierlich, man sah ihm die Anstrengung dabei förmlich an. So viele Festnahmen wird er in seinem bisherigen Polizistenleben nicht vorgenommen haben, um sich die Routine eines Profis aneignen zu können. Weiter fuhr er fort: „Ich mache Sie darauf aufmerksam, dass alles, was Sie ab jetzt sagen, im Falle eines Prozesses gegen Sie verwendet werden kann. Nach Paragraf 112 StPO werden Sie in U-Haft genommen, zwei Beamte der Schutzpolizei bringen Sie anschließend ins Polizeipräsidium nach Frankfurt. Machen Sie's gut, ich wünsche Ihnen alles Gute."

Im Präsidium wurde ich herumgereicht wie eine Frachtsendung ohne Empfänger. Name, Beruf, Wohnort, Fotos, Fingerabdrücke. Alles routinemäßig, kalt, stoisch, unpersönlich, schon hundert Mal gemacht. Nach dieser Prozedur brachte mich ein Beamter in einen fensterlosen Raum. Ein Tisch, mehrere Stühle, eine fahle Neonlampe an der Decke, an einer Wand ein großer Spiegel.

Es gibt ihn also doch, den „Verhörraum", genau so einen, wie wir Zuschauer ihn aus vielen Fernsehkrimis kennen, dachte ich im Stillen. Auf der andere Seite des Spiegels steht bestimmt „der Alte" und beobachtet dich, versuchte ich mir Mut zu machen. Ich befand mich körperlich in einer schlimmen Verfassung – der Entzug. An „normalen" Tagen hatte ich um diese Zeit bereits meine ersten Schnäpse intus. Auch Hunger machte sich bemerkbar. Seit dem gemeinsamen Frühstück mit Wanda hatte ich nichts mehr gegessen. Mir zitterten die Hände und ich hatte Schweißausbrüche. Unterhalb der linken Schulter quälte mich ein kaltes, ziehendes Engegefühl, mein Herz. Was ich jetzt gebraucht hätte, gab es hier sicher nicht. Ein Bier, zwei, drei Schnäpse, dazu ein Stück Brot mit herzhafter Wurst und ich wäre wieder fit gewesen. So rauchte ich eine Zigarette nach der anderen. Mir wurde immer schlechter und den Polizisten, der mich bewachen musste, konnte man vor Qualm kaum noch sitzen sehen. Das ging so lange, bis er mich zurechtwies: „Jetzt hören Sie doch mal mit Ihrer verdammten Qualmerei auf!"
Die Tür öffnete sich und herein kam ein etwa 60-jähriger kleiner Mann. Er trug einen grauen Anzug und ein hellblaues Hemd ohne Krawatte. Dunkle Hornbrille und auf seinem Kopf gab es nur noch einen grauen Haarkranz. Ein unauffälliger Typ, der zufällige Betrachter hätte ihn leicht für einen Volksschullehrer oder Finanzbeamten gehalten. Dieser Eindruck täuschte aber gewaltig, der geübtere Menschenkenner sah es seinen Augen an; kleine stechende Augen, listig, fast hinterlistig blickend, sagten sie, dass er ein nicht zu unterschätzender „Gegner" war. So manchen schweren Jungen hatte er schon geknackt, sprich, ihn für Jahre hinter Gitter gebracht. Bei seinen Vorgesetzten genoss er ob dieser Fähigkeiten höchstes Ansehen.
„Guten Abend, mein Name ist Kriminalhauptkommissar Hieronymus Körner. Sie sind also der Freier, der seinen Strichbubi aus Eifersucht umgebracht hat? Na, wir werden das alles noch genau analysieren, wir haben Zeit. Die nächsten Wochen wer-

den wir beiden uns oft sehen und Sie erzählen mir dann haarklein, warum Sie den Kerl abgemurkst haben. Am besten, wir fangen gleich damit an. Berichten Sie doch mal, was gestern Morgen los gewesen ist. Warum haben Sie den Moll erwürgt? Haben Sie ihn mit einem anderen Kerl im Bett erwischt?"
„Ich bin nicht sein Freier! Sascha war mein Freund, ich habe mich um ihn gekü..."
„Ach, wie lieb! Bei euch schwulen Typen ist immer alles heile Welt. Warum bringt ihr euch dann gegenseitig um? Es ist jedes Mal dasselbe."
„Wer sagt Ihnen denn, dass ich schwul bin, Herr Kommissar?"
„Der Moll ist doch Ihr Liebhaber gewesen, oder?"
„Sicher, aber ich kenne auch genug Frauen", versuchte ich ihn zu provozieren.
„Schlafen Sie mit denen auch?"
„Ja."
„Pfui Teufel, das sind die Schlimmsten! Weder Fisch noch Fleisch. Und Sie kommen auch noch von Ihrem hohen Ross runter! So klein mache ich Sie, so klein mit Hut." Dabei deutete er mit Daumen und Zeigefinger einen Abstand von etwa drei Zentimetern an.
Die Angelegenheit begann langsam zu eskalieren. Mir war so schlecht. Der Entzug, der Hunger und eine bleierne Müdigkeit machten mich aggressiv. Jetzt ein Bett! Ein Königreich für ein Bett! Schlafen, nur noch schlafen!
„Was macht Sie da so sicher? So voreingenommen, wie Sie sind, sage ich ohne meinen Anwalt kein Wort mehr. Außerdem habe ich Hunger und Durst. Lassen Sie mich in eine Zelle bringen! Zuerst möchte ich morgen früh mit Dr. Lange sprechen."
„Was hier passiert, bestimme immer noch ich. So und jetzt will ich was von Ihnen hören, also bitte, mein Herr! Bei Ihnen kommt ganz schön was zusammen: Mord, Verstoß gegen das Betäubungsmittelgesetz. Der Moll war doch auf Drogen und Sie haben sie ihm beschafft."

„So ein Unsinn! Ich habe zugegeben, dass ich ihn erwürgt habe, aber mit Drogen habe ich nichts am Hut! Hören Sie mit diesem Unfug auf! Außerdem bin ich freiwillig zur Polizei gegangen. So, es reicht mir für heute, ich möchte jetzt schlafen, mir ist schlecht, mein Kreislauf."
Mir ging es tatsächlich immer schlechter, ich fing an zu zittern und das Atmen fiel mir schwer. Körner muss das aufgefallen sein, er sah mich lauernd an und fragte: „Brauchen Sie einen Arzt?"
„Ja, bitte."
„Dann holen Sie ihm einen, Wachtmeister!"
Der Polizeiarzt hat mich genauestens untersucht und mit dem Kopf geschüttelt: „Hieronymus, der Mann braucht unbedingt eine Pause, er ist total erschöpft und hat offenbar Entzugserscheinungen. Er ist nicht weiter vernehmungsfähig. Ich gebe ihm jetzt eine Spritze und dann ab in die Zelle!"
Körner enttäuscht: „Auch das noch. Wachtmeister, ab in die JVA mit ihm."
Der Wachtmeister fragte: „Wohin sollen wir ihn denn bringen lassen, Herr Kommissar?"
„Ja, wo bringen wir diese Typen denn hin? Selbstverständlich in die JVA 1, Außenstelle Höchst. Ich rufe dort an und lasse ein Apartment für den Herrn vorbereiten."

Am anderen Morgen nahm ich erst richtig auf, wo ich am Abend gelandet war. Ein kleiner düsterer Raum, schätzungsweise acht bis zehn Quadratmeter groß, eine Pritsche mit blau-weiß karierter Bettwäsche, ein Schemel, ein kleiner Tisch, ein schmaler blecherner Spind, ein Holzregal über dem Tisch. In der Ecke eine graue Wand, dahinter die Toilette, aber ohne den sonst üblichen Sitz, und ein Waschbecken.
Meine Armbanduhr zeigte 6 Uhr an. Die Nacht war schlimm gewesen. Ich konnte mich noch erinnern, von zwei Beamten der Schutzpolizei hierher gebracht worden zu sein. Ein mür-

rischer Vollzugsbeamter der Nachtschicht hatte mich anschließend in die Zelle eingesperrt.

Zunächst bin ich vor Erschöpfung und durch die Wirkung der Spritze sofort eingeschlafen, wachte aber bald wieder auf. Die fremden Geräusche, der Entzug. Tausende unsinnige Träume versetzten mich in einen Zustand zwischen Schlafen und Wachsein. Ich konnte mich kaum entspannen, wachte noch müder auf, als ich mich hingelegt hatte. Die Reisetasche mit meinen Sachen stand auf dem Tisch. Einen Schlafanzug konnte ich in der Nacht gerade noch finden, musste aber feststellen, dass ich ohne Handtücher von zu Hause weggegangen bin. Zu Hause! Wie sehnte ich mich nach meinem warmen Bett, nach meiner schönen Wohnung. Wie soll das nur werden, wenn sie dich lebenslänglich in so eine Zelle sperren? Ich hätte heulen können. Den Rest deines Lebens wirst du eingesperrt, und warum?

Nach den Gesetzen des Staates, den Regeln der abendländischen Kultur sowie den Vorgaben unseres christlichen Glaubens, manifestiert in den zehn Geboten, ist das Töten eines Menschen ein schlimmes Verbrechen, das mit aller Härte bestraft wird. Da soll es auch bei mir keine Ausnahme geben. Ich habe dagegen verstoßen und für die Folgen verantworte ich mich vor meinen Richtern, nicht vor diesem Polizeiheini, der mir etwas anhängen möchte, was so nicht zutrifft.

Mir schwirrte der Kopf. Beim Kramen in meiner Reisetasche nach Zigaretten fiel mir das Bild von Manuel und mir in die Hände. Ich habe es lange angesehen und für einen kurzen Moment wurde ich von Sentimentalität übermannt.

Dieser Zustand hielt aber nicht lange an. Als ich mich wieder in der Gewalt hatte, in diesen Minuten, hier in der schäbigen Zelle der Haftanstalt Frankfurt am Main 1, Außenstelle Höchst, beschloss ich, den Kampf aufzunehmen, zu dem zu stehen, was ich getan hatte, mich aber nicht unterkriegen zu lassen.

Aufrecht und selbstbewusst werde ich kämpfen, mich nicht in die Rolle der eifersüchtigen Schwuchtel drängen lassen, wie es dieser Körner gestern versucht hatte! Soll es dieser selbstherrliche Kommissar nur so weiter treiben, ich werde ihm Paroli bieten! Ich werde keinen Hehl daraus machen, dass ich der Ansicht bin, für Saschas Tod verantwortlich zu sein, aber auch Staat und Gesellschaft ihre Schuld daran tragen. Warum kümmert man sich denn so wenig um die Junkies? Warum überlässt man sie Familien und Freunden? Mir ist es doch meistens so ergangen, bei allen wichtigen Entscheidungen über Saschas Zukunft war ich immer auf mich selbst gestellt, hatte keine Hilfe von außen. Gestern Morgen habe ich eine Entscheidung getroffen, allerdings die falsche. Plötzlich waren sie alle da, wollten mir sagen, was ich falsch gemacht hatte. Das wusste ich selbst, ich habe Sascha getötet. Aber war das Mord? Bin ich nach Niederrad gefahren, um ihn vorsätzlich umzubringen? Nein, es ergab sich aus der Situation. Wenn ich eine gerechte Strafe verdient habe, dann für Totschlag, nicht für Mord. Dafür werde ich kämpfen. Ich will mich nicht aus der Verantwortung stehlen, dazu ist mein Gerechtigkeitssinn viel zu stark ausgeprägt, aber ich will diese Gerechtigkeit auch für mich in Anspruch nehmen dürfen.

Dem alten vergilbten Bild aus besseren Tagen, ich hatte es während der letzten Minuten mehr unbewusst fest umschlossen in meinen Händen gehalten, habe ich versprochen: Manuel, wenn das alles vorbei ist, komme ich zu dir an dein Grab. Im Sommer waren die Umstände gegen meine Reise, aber ewig können sie mich nicht einsperren.

Dieses Gelübde erfüllte mich mit einer ungeheuren Kraft, ich hatte wieder ein Ziel, war zum Kampf bereit. Der kann von mir aus gleich beginnen!

Es näherten sich Schritte, das Schloss der Zellentür klapperte. „Gute Morsche, das Frühstück! Brötcher, Butter, Marmelade un en scheene heiße Kaffee. Sie sinn also der Neuzugang. Mein

Name ist Weber, Karl. Meine Kolleche und ich sind für Block 7a zuständig, alles U-Haftler."

Mit Herrn Weber brauchte ich nicht zu „kämpfen", er war eher einer von der gutmütigeren Sorte, groß, hager, fast dürr, mittleren Alters, unauffälliger Typ, Eintracht-Fan und redete gerne.

„Ebenfalls guten Morgen. Ja, ich wurde gestern Abend eingeliefert, ich …"

„Weiß Bescheid, die Zeitunge sin voll mit ihrm Fall. Möchte Sie unser Frühstück oder wolle Sie sich was anneres bringe losse?"

„Heute Morgen steht schon was in den Zeitungen? Die haben es aber eilig! Was meinen Sie mit dem Frühstück, von wo soll ich mir was bringen lassen?"

„Es gibt genuch reiche Bonze, dene schmeckt unser Esse net, die losse sich die Mahlzeite aus einem Hotel oder Restaurant bringe, für ihr eichenes Geld natierlich. Als U-Haftler steht Ihne dess zu, un Sie hawwa Anspruch auf eine Zelle mit Einzelbelegung."

„Vielen Dank, Herr Weber, erst einmal sehen, wie es hier so schmeckt. Aber eine Bitte hätte ich doch, ich habe keine Handtücher, könnten Sie mir da aushelfen, ich will mich wenigstens waschen können."

„Awwer sicher, do bleibt immer mal was hänge. Wenn Sie mir Geld gewwe, bring ich Ihne aach nachher die Zeitunge mit, des dauert awwer noch e bissje, erst muss ich moi Leut mit Frühstück versorche."

Wenigstens ein netter Mensch in dieser schrecklichen Umgebung.

Das mit dem „dauert e bissje" zog sich bis halb zwölf. Der Vormittag schleppte sich träge dahin, nichts zu lesen, kein Radio. Ich grübelte und grübelte. Es wollte mich auch keiner verhören. Keinerlei Abwechslung. Ich schaute im Fünf-Minuten-Abstand auf die Uhr, doch die Zeit ging und ging nicht vorbei.

Herr Weber brachte mein Mittagessen, Speckbohnen, Salzkartoffeln, nicht zu essen, das Zeug, dazu einen grünen Apfel als Nachtisch. Außerdem zwei blaugestreifte Handtücher,

BILD-Zeitung und Abendpost. „Des hot jetzt etwas länger gedaucrt. So viel Neizugäng heit un dauernd muss widder aaner zum Verhör. Uffschließe, zuschließe, man kimmt ganz dorschenanner. Ich soll Ihne noch saache, um zwei kommt Ihne Ihrn Anwalt. Un hier is e Merkblatt mit dem Tagesablauf. Bis später, en scheene Nachmittag noch! Ich guck noch mal roi, bevor ich Feierabend mach."

Das Essen schmeckte wirklich scheußlich. Da würde ich mir auch was bringen lassen müssen. Ich werde mit Dr. Lange darüber sprechen. Die Zeitungen waren voll mit Schmutz über den „Strichermord von Niederrad". Eine haarsträubende Geschichte haben die mir da angedichtet, so niederträchtig und pervers bin ich nie gewesen. Ein gefundenes Fressen für die Paparazzi. Meine armen Eltern, wenn die den Unfug lesen, wissen sie doch hoffentlich, dass ich nie so einer war, nie so gewesen bin!

Ich nahm mir die Merkblätter zur Hand, von dem Zeitungsgeschmiere hatte ich vorläufig die Nase voll.

Merkblatt für Untersuchungsgefangene

Tagesablauf

6 Uhr:	Wecken, anschließendes Frühstück auf der Zelle
7–12 Uhr:	Arbeit in den Arbeitsbetrieben (U-Haft ausgenommen)
12–13 Uhr:	Mittagessen auf der Zelle
13–16 Uhr:	Arbeit in den Arbeitsbetrieben (U-Haft ausgenommen)
16–17 Uhr:	Hofgang (U-Haft ausgenommen)
17 Uhr:	Abendessen auf der Zelle
bis 21 Uhr:	Aufschluss, eventuell Freizeit/Gesprächsgruppen (U-Haft ausgenommen)
ab 22 Uhr:	Nachtruhe

Die Untersuchungsgefangenen können alle zwei Wochen 30 Minuten richterlich genehmigten Besuch erhalten. Die Besuchstermine werden nur nach vorheriger telefonischer Anmeldung der Besucher vergeben.
Montag: 8–10 Uhr und 13–16 Uhr
Donnerstag: 13–16 Uhr
Einkäufe am Kiosk: werktags von 10–11 Uhr

Pünktlich um 14 Uhr traf ich Dr. Lange im „Anwaltszimmer", einem kleinen schmucklosen Raum, der für die Begegnungen der Anwälte mit ihren Mandanten bereitgestellt wurde. Nach der üblichen Begrüßung kam Dr. Lange gleich auf den Punkt. Anwälte haben's immer eilig.
„Geht es Ihnen heute wieder besser? Ich habe gehört, man musste gestern Abend einen Arzt für Sie kommen lassen. Ich habe ja gar nichts von Ihrem Alkoholproblem gewusst, sonst hätte ich Sie in die Psychiatrie einweisen lassen. Dort hätten Sie vorerst Ihre Ruhe vor diesem Kommissar gehabt."
„Nein, nicht in die Klapse! Ich bekomme das schon in den Griff. Heute fühle ich mich wesentlich besser und verhören wollte mich auch noch keiner."
„Die Polizei ist in der Firma und vermutlich auch in Ihrer Wohnung. Herr Hamann hat mich angerufen. Sie verhören alle Mitarbeiter. Körner ist ein zäher Bursche, der sammelt eifrig Munition gegen Sie."
„Das habe ich gestern Abend schon bemerkt. Ich bin mit ihm aneinander geraten, er hat mich gleich als Mörder tituliert und als Saschas Freier hingestellt."
„Wir müssen uns eine Strategie zurecht legen und den Herren in die Parade fahren. Der leitende Oberstaatsanwalt ist kein leichter Brocken. Also, erstens habe ich Ihnen Unterlagen mitgebracht, aus denen auch ein Laie die wesentlichen Punkte des deutschen Strafprozessrechtes herauslesen kann. Machen Sie sich damit vertraut und achten Sie besonders auf

die wesentlichen Unterschiede zwischen Mord und Totschlag, das wird sehr wichtig für uns sein. Zweitens werde ich beantragen, dass wir unsere Referendarin, Frau Sabine Müller-Hübschen, zu Ihnen schicken dürfen. Der werden Sie haarklein alles erzählen, was für diesen Fall relevant ist, alles. Lassen Sie nichts aus, haben Sie vor allem keine Hemmungen. Wenn wir Sie verteidigen sollen, müssen wir alles über Sie wissen. Ich brauche für Ihre Verteidigung alle Details, denken Sie daran. Morgen um 10 Uhr gehen wir zum Haftrichter. Und lassen Sie sich auf nichts ein, weder bei der Kriminalpolizei noch bei der Staatsanwaltschaft. Denen sind Sie nicht gewachsen, die wollen Sie nur provozieren und so zu einer Aussage verleiten. Bleiben Sie stur, sagen Sie beim nächsten Verhör: Ich möchte meinen Anwalt dabei haben! Wenn Sie das einige Male vorexerzieren und die Herren müssen auf mich warten, werden sie schon zahmer. Geduld, Geduld und nochmals Geduld."

„Konnten Sie inzwischen mit meinen Eltern sprechen?"

„Ja, ich habe gestern am Abend noch angerufen. Ich soll Sie schön grüßen. Die alten Herrschaften machen sich große Sorgen. Ich konnte sie etwas beruhigen. Sie sind total verzweifelt. Wenn sie heute Morgen die Zeitungen gelesen haben, werden sie es noch mehr sein. Ich kann da aber leider nichts machen. Wenn ich mit Ihrer Person und den Umständen besser vertraut bin, kann ich vielleicht gegen die Presse vorgehen, aber wie gesagt, alles braucht seine Zeit. Haben Sie viel Geduld."

„Ja, ich werde mich bemühen, aber es ist so langweilig hier, kein Radio, nichts Richtiges zu lesen, nicht einmal schreiben kann ich."

„Machen Sie eine Liste und Frau Müller-Hübschen besorgt Ihnen alles. Haben Sie Geld, es gibt einen Kiosk in der Anstalt, dort können Sie persönliche Dinge einkaufen."

„Es ist noch was da, nicht mehr viel. Ich habe auch noch Anlagen bei der Bank, da kann ich aber nicht mehr ran."

„Geben Sie mir eine Vollmacht. Ihre einzige Verbindung zur Außenwelt sind künftig ich und Frau Müller, mit uns müssen Sie alles regeln. Vertrauen Sie uns, wir helfen Ihnen. Für Ihre Eltern beantrage ich eine Besuchserlaubnis. Die werden wir aber erst nach Abschluss der Ermittlungen bekommen. Ihr Vater fragte mich nach Ihrer Wohnung. Es handelt sich wohl um eine Mietwohnung? Er wollte von mir wissen, was damit werden soll. Ich kann nicht viel dazu sagen, das müssen Sie letztendlich selbst entscheiden. Nach all meinen Erfahrungen werden Sie mindestens fünf Jahre Haft für Totschlag bekommen und, wenn es ganz schlecht läuft, vielleicht auch lebenslänglich wegen Mordes. Eine Wohnung brauchen Sie die nächsten Jahre also nicht. Ich gebe Ihnen den guten Rat, lassen Sie die Wohnung auflösen. Stellen Sie Ihre Sachen irgendwo unter oder verkaufen Sie die Möbel. Ich nehme an, Sie können nicht über Jahre hinweg die Miete bezahlen."

Als um 17 Uhr das Abendessen gebracht wurde, Pellkartoffeln mit Brathering, dazu kalter Pfefferminztee, fragte ich den Beamten nach dem Kiosk. Mürrisch, es war nicht mehr der freundliche Herr Weber vom Vormittag, gab er zur Antwort: „Haben Sie's denn nicht auf dem Merkblatt gelesen? Der ist morgens zwischen 10 und 11 Uhr für U-Häftlinge geöffnet. Was hätten Sie denn gebraucht?"
„Ein, zwei Flaschen Wasser oder Saft, ein paar Kekse, etwas Schokolade und Zigaretten und das da nehmen Sie bitte gleich wieder mit."
„Mögen Sie keinen Fisch? Wir haben einen neuen Beamtenanwärter, gegen ein Trinkgeld besorgt der Ihnen was von draußen, haben Sie Geld?"
„Ja, hier sind 20 Mark, er soll mir bitte etwas holen. Der Rest ist für ihn."

Nach einer knappen halben Stunde war ich stolzer Besitzer von zwei Flaschen Selterswasser, einer Packung Zigaretten und einem Paket Butterkeksen. Außerdem hatte er mir noch zwei Tafeln Vollmilch-Nuss-Schokolade mitgebracht. Das waren richtige Schätze in dieser Umgebung. Ich aß etwas von der Schokolade, legte mich aufs Bett und begann mit meinem „Studium" der Jurisprudenz.

***

Grundsätzliche Voraussetzungen zur U-Haft

Untersuchungshaft bedeutet die Unterbringung eines Beschuldigten in einer speziellen Abteilung der Justizvollzugsanstalt. Die U-Haft dient dazu, sicherzustellen, dass der Beschuldigte in der Hauptverhandlung anwesend ist und das Hauptverfahren durchgeführt werden kann. Die Anordnung, eine Person in U-Haft zu nehmen, der so genannte „Haftbefehl", darf allein von einem Gericht erlassen werden. Im Ermittlungsverfahren ist dafür der Ermittlungsrichter zuständig, nach Erhebung der öffentlichen Klage das mit dieser Klage befasste Gericht.

Vollzug der Untersuchungshaft

Die Untersuchungshaft wird regelmäßig in einer besonderen Untersuchungshaft-Vollzugsanstalt oder zumindest in einer besonderen Abteilung einer allgemeinen Justizvollzugsanstalt vollzogen.

Unterbringung während der Untersuchungshaft

Bei der Durchführung der Untersuchungshaft darf der Untersuchungs-Gefangene nur solchen Einschränkungen unterworfen werden, die der Zweck der Untersuchungshaft oder die Ordnung in der Vollzugsanstalt erfordert. Deswegen darf der Untersuchungsgefangene beispielsweise seine eigene Kleidung tragen oder sich Verpflegung von einem (vertrauenswürdigen) Restaurant bringen lassen. Während der U-Haft unterliegt der

Briefverkehr des Untersuchungsgefangenen einer Briefkontrolle. Dies bedeutet, dass alle ein- und ausgehende Post durch den Richter oder statt seiner durch den Staatsanwalt kontrolliert und zur Weiterbeförderung freigegeben werden muss.
Besuche
Ein Untersuchungsgefangener kann Besuche nur nach schriftlicher Genehmigung des Gerichts oder der Staatsanwaltschaft erhalten. Der Besuch kann akustisch und optisch durch einen Bediensteten der Vollzugsanstalt oder der ermittelnden Strafverfolgungsbehörde überwacht werden.

Ermittlungsverfahren

Das Ermittlungsverfahren oder Vorverfahren ist Ausgangspunkt jedes Strafverfahrens. Als die „Herrin des Ermittlungsverfahrens" führt die Staatsanwaltschaft mit Unterstützung ihrer Ermittlungspersonen (in der Regel die Dienstgrade Polizeiobermeister bis Kriminaloberrat bei der Polizei) Untersuchungen hinsichtlich Straftaten durch. In der Praxis werden die Ermittlungen fast ausschließlich durch die Polizei geführt. Die Ermittlungen müssen nach dem Legalitätsprinzip aufgrund von Anzeigen oder zureichender Hinweise auf eine Straftat stets aufgenommen werden. Die Polizei hat in diesem Zusammenhang das Recht und die Pflicht zum ersten Zugriff. Die Ermittlungsbehörden müssen in Deutschland auch alle entlastenden Tatsachen erforschen. Bei der Erforschung der be- und entlastenden Tatsachen sind sie grundsätzlich an das Freibeweisverfahren gebunden. Ist das Ermittlungsverfahren dann abgeschlossen, obliegt es allein der Staatsanwaltschaft, darüber zu entscheiden, ob Anklage erhoben wird, ein Strafbefehl beantragt oder das Verfahren eingestellt wird. Wird Anklage erhoben oder der Strafbefehl beantragt, tritt das Strafverfahren in das Zwischenverfahren beim jeweiligen Gericht ein.

Totschlag

Im deutschen Strafrecht ist Totschlag in § 212 StGB unter Strafe gestellt. Er unterscheidet sich vom Mord (§ 211 StGB) durch das Fehlen von täterbezogenen (z. B. niedrige Beweggründe wie Habgier) oder tatbezogenen (z. B. Heimtücke) Mordmerkmalen. Die Strafandrohung ist dementsprechend niedriger angesetzt. Dem Täter droht eine Freiheitsstrafe von nicht unter fünf Jahren, in besonders schweren Fällen sogar eine lebenslange Freiheitsstrafe. Zentrales Merkmal ist der Taterfolg, also die Verursachung des Todes eines anderen Menschen. Entscheidend kommt es dabei auf die Subjektsqualität des Opfers als Mensch an, die nur in Grenzbereichen fraglich sein kann. Aus strafrechtlicher Sicht beginnt das Leben und damit die Existenz des Menschen mit der Geburt, also dem Einsetzen der Geburtswehen. Bis zu diesem Zeitpunkt ist eine Vernichtung des Embryos allenfalls als Schwangerschaftsabbruch nach § 218 StGB strafbar. Das Leben endet mit dem eingetretenen Hirntod, also dem Erlöschen jeglicher Aktivitäten des Gehirns, unabhängig davon, ob andere Körperfunktionen noch aufrechterhalten werden.
Der § 212 Abs. 2 StGB nennt den besonders schweren Fall des Totschlags. Es handelt sich hierbei um eine Strafzumessungsregel, die strafverschärfend wirkt und die Strafandrohung auf lebenslange Freiheitsstrafe erhöht. Sie findet Anwendung, wenn die Schuld des Totschlägers ebenso schwer wie die eines Mörders wiegt. Anstelle der fehlenden Mordmerkmale müssen besondere Umstände hinzutreten, durch die das nötige Maß an Verwerflichkeit erreicht wird.
In § 213 StGB findet sich der minderschwere Fall des Totschlags. Er ermöglicht eine mildere Bestrafung desjenigen, der zu dem Totschlag durch eine ihm oder einem Angehörigen gegenüber begangene Misshandlung oder schwere Beleidigung zum Zorn gereizt und auf der Stelle zur Tat hingerissen wurde. Daneben nennt das Gesetz noch den nicht weiter

charakterisierten minderschweren Fall, bei dem eine Gesamtwürdigung aller strafzumessungsrelevanten Umstände vorzunehmen ist. § 213 stellt keinen eigenen Tatbestand, sondern eine Strafzumessungsregel dar, die den Regelstrafrahmen des Totschlages auf ein Jahr bis zu zehn Jahre absenkt.

Mord

Mord ist die von der menschlichen Gemeinschaft besonders verurteilte und vorsätzliche Tötung von Menschen. Gelegentlich wird auch die Tötung von Tieren oder Abtreibung als Mord bezeichnet. Im allgemeinen Sprachgebrauch kommt es vor, dass die Tötung eines Menschen als Mord bezeichnet wird, obwohl es sich im strafrechtlichen Sinne noch nicht um Mord handelt, sondern z. B. um Totschlag oder um ein fahrlässiges Tötungsdelikt. Darin drückt sich häufig weniger Unkenntnis als besondere Verachtung aus.

Mordmerkmale

Im deutschen Recht unterscheidet sich der Mord vom Totschlag (§ 212 StGB) dadurch, dass mindestens eines der in § 211 Abs. 2 StGB genannten Mordmerkmale im Rahmen der Tötung verwirklicht wird. Jedoch müssen diese Merkmale auf Grund der Strafzumessung aus Absatz 1 sehr restriktiv ausgelegt werden. Dies ist alleine schon verfassungsrechtlich geboten. Die Literatur und die Rechtsprechung haben verschiedene Rechtsfiguren geschaffen, um dieser restriktiven Auslegung gerecht zu werden, dazu gehören zum einen die positive und die negative Typenkorrektur und die Rechtsfolgenlösung. Diese Figuren sind jedoch alle nicht befriedigend und kommen einer Rechtssetzung durch die Gerichte gefährlich nahe. Diesen Zustand zu beseitigen, ist der Gesetzgeber gefordert. Unterschieden wird von drei „Gruppen" (zwei täterbezogene und eine tatbezogene) der Mordmerkmale ausgegangen:
1. besonders verwerfliche Gesinnung (täterbezogen)

2. besonders verwerflicher Zweck (täterbezogen)
3. besonders verwerfliche Begehungsweise (tatbezogen)
Rechtsfolgen
Auf Mord steht in Deutschland zwingend lebenslange Freiheitsstrafe (sofern nicht Jugendstrafrecht eingreift oder der Täter nicht voll schuldfähig war). Diese absolute Strafandrohung ist mit dem Rechtsstaatsprinzip nur vereinbar, wenn der Richter in Härtefällen auf eine zeitige Freiheitsstrafe ausweichen kann. Die mithin gebotene Korrektur wird in Rechtsprechung und Literatur unterschiedlich vorgenommen. Teilweise wird vertreten, die einzelnen Mordmerkmale müssten restriktiv ausgelegt werden, teilweise wird – beispielsweise bei der Heimtücke – noch ein zusätzliches Moment der Tücke oder ein Vertrauensbruch gefordert. Nach der Rechtsprechung (so genannte „Rechtsfolgenlösung") soll in Ausnahmefällen, insbesondere bei den so genannten „Haustyrannenmorden", in denen eine Frau sich nicht mehr anders zu helfen weiß, als ihren Mann zu töten, eine im Gesetz eigentlich nicht vorgesehene Strafmilderung nach § 49 StGB stattfinden; damit droht nur noch eine Freiheitsstrafe zwischen drei und 15 Jahren.
Prozessuales
Zuständiges Gericht ist die Große Strafkammer des Landgerichts als „Schwurgericht". Rechtsmittel gegen das Urteil ist die Revision zum Bundesgerichtshof.

***

Spät ist es geworden, aber es war die Mühe wert, die Unterlagen von Rechtsanwalt Dr. Lange so genau zu studieren. Schlafen konnte ich sowieso nicht. Der Alkoholentzug machte mir mehr zu schaffen, als ich ursprünglich dachte. Ich fand einfach keine Ruhe und vor meinem geistigen Auge tanzten volle Bier- und Schnapsgläser durch die Zelle. Dazu dieses ständige Grübeln, wie gerne hätte ich mit jemandem geredet.

Gegen Mitternacht fiel ich in eine Art Erschöpfungsschlaf, die Natur verlangte ihr Recht, aus dem ich dann um 6 Uhr in der Frühe aufgewacht bin. Die ungewohnte Geräuschkulisse des Gefängnisses weckt einen Elefanten auf! Man glaubt gar nicht, welche Unruhe morgens in einer JVA herrscht. Lautes Rufen der Gefangenen dringt durch die geschlossenen Zellentüren. Klappern und Schlagen der Türen bei der Frühstücksausgabe. Dazwischen das ständige Schimpfen der Beamten. Wenn ich richtig gerechnet habe, ist heute Samstag. Und trotzdem so ein Lärm? Die Strafgefangenen müssen heute nicht zur Arbeit, warum dürfen sie nicht ausschlafen?
Der freundliche Herr Weber brachte mein Frühstück und wir redeten ein paar Worte miteinander. Er, bitter enttäuscht von dem gestrigen Spiel der Frankfurter Eintracht, gab seinem Unmut Ausdruck: „Wie die erste Mensche hon die gespielt, als hättese vorher noch nie geje en Ball getrete. Zwaa zu null verlorn, un ausgerechnet geche Werder Bremen. Heit am Samsdach gibt's Kuche zum Frühstück. Ich bringe Ihne später noch die Zeitung roi. Do kennese selbst nochlese, wie unser Stars unnergange sinn. Und von Ihne steht aach widder allerhand drin, ein Exklusivbericht."
„Danke, Herr Weber, um 10 Uhr muss ich zum Haftprüfungstermin, arbeiten denn die auch samstags?"
„Die Justiz arbeitet Tag und Nacht, moin Liewer. Die hawwe ihr Vorschrifte, do is immer aaner im Dienst."
Der Kuchen schmeckte nicht schlecht, das Frühstück schien überhaupt die beste Mahlzeit des Tages zu sein. Frisch gestärkt machte ich mich daran, nachzulesen, was beim Haftrichter eigentlich geschieht. Mir ging es heute Morgen wesentlich besser als gestern Nacht. Für jede Abwechslung war ich dankbar, auch wenn es sich nur um meine Vorführung beim Haftrichter handelte. Wenn ich nur mit jemandem reden könnte! Die Einsamkeit machte mich wahnsinnig. Was hätte ich darum gegeben, wenn ich nicht so allein gewesen wäre.

Der Haftrichter

Festgenommene sind innerhalb von 48 Stunden dem/der Haftrichter/in vorzuführen, ansonsten sind sie freizulassen. Erstmalige Haftanordnung von maximal vier Wochen erfolgt: Wenn die angeschuldigte Person einer mit Freiheitsstrafe bedrohten Tat dringend verdächtigt ist und überdies konkrete Umstände vorliegen, die befürchten lassen, die Freiheit werde zur Flucht (Fluchtgefahr), zur Vereitelung der Untersuchung (Kollisionsgefahr) oder zur Begehung von Verbrechen (Fortsetzungsgefahr) benutzt.
Vor Erlass eines Haftbefehls durch den/die Haftrichter/in werden Betroffene in einer mündlichen (nicht öffentlichen) Verhandlung zu Tatverdacht und Haftgrund angehört. Der Beizug einer Verteidigerin oder eines Verteidigers ist zulässig. Unvermögenden Angeschuldigten wird im Haftverfahren auf ihr Begehren in jedem Fall eine Anwältin oder ein Anwalt zur unentgeltlichen Verteidigung beigegeben (§ 15 Abs. 2 StPO). Besteht der Haftgrund weiter, wird der Haftbefehl vor Ablauf der festgesetzten Frist erneuert und die Haft um höchstens zwei Monate verlängert. Eine mündliche Verhandlung über die Haftverlängerung findet nur auf Antrag der verhafteten Person statt. Entscheide des Haftrichters oder der Haftrichterin können von den Betroffenen innerhalb von 10 Tagen beim Berufungsgericht angefochten werden. Verhaftete können jederzeit ein Haftentlassungsgesuch stellen. Über solche Gesuche entscheidet der Haftrichter/die Haftrichterin im Vorverfahren innerhalb 10 Tagen endgültig.

Beim Haftrichter erwartete man uns bereits. Der Richter, Herr Dr. Lange, ein neues Gesicht, ich nahm an, das war der leitende Oberstaatsanwalt Dr. Eichenwald, sowie Kriminalhauptkommissar Körner unterhielten sich leise.
Die Verhandlung verlief kurz und schmerzlos. Der Richter musste, um abwägen zu können, nicht erst von meiner Schuld

überzeugt werden. Ich gab ja alles zu, war nach der Tat freiwillig zur Polizei gegangen.
„Samstag, 23. November 1985. Erschienen vor dem Haftrichter des Amtsgerichtes Frankfurt am Main ist Herr Paul-Peter Gaus, zurzeit in U-Haft, mit seinem Anwalt Herrn Dr. Lange. ... Es ergeht Haftbefehl. Der Beklagte verbleibt wegen Tötung von Herrn Sascha Moll wohnhaft in ... in Untersuchungshaft. Die Sitzung ist beendet. Wachtmeister, bringen Sie den Häftling zurück in seine Zelle."
Dr. Lange bat den Richter um ein kurzes Gespräch mit mir, was dieser auch zugestand.
„Hier haben Sie eine Speisekarte. Kreuzen Sie an, was Sie in den nächsten Tagen essen wollen, es wird Ihnen dann vom Restaurant in die Zelle gebracht. Unsere Referendarin wird bereits am Dienstag zu Ihnen kommen, der Richter hat's erlaubt. Sie bringt Ihnen die gewünschten Sachen mit. Der Körner war mir heute viel zu friedlich, ich befürchte, er hat stichhaltige Beweise gegen Sie gesammelt. Die wollen unbedingt auf Mord gehen. Haben Sie bemerkt, der Amtsrichter hat sich nicht festgelegt, er hat diplomatisch von ‚Tötung' gesprochen. Der Staatsanwalt schreibt in seinem Antrag ‚Mord'. Ich muss mir am Montag die Ermittlungsakten ansehen."
„Mich hat bisher noch keiner verhört."
„Das werden die vorläufig auch nicht tun. Körner sammelt Beweise und konfrontiert uns später damit. Wir haben keinen leichten Gegner. Ich möchte Ihnen keine Angst machen, warten wir's ab. Geht es Ihnen inzwischen besser oder sollen wir noch einmal den Arzt kommen lassen?"
„Es geht mir täglich etwas besser, einen Doktor brauche ich vorläufig nicht."

***

In den folgenden Wochen war Sabine, wir nannten uns inzwischen beim Vornamen, meine einzige Verbindung zu Außenwelt. Sie versorgte mich mit dem Notwendigsten und half mir, meine Zelle etwas gemütlicher einzurichten. Mit ihrer Hilfe wurde der Aufenthalt in dieser Einsamkeit etwas erträglicher. Sie besorgte mir ein kleines Radio, Briefpapier, Bücher, Kleider, Wäsche, kurz, all die tausend kleinen Dinge, die man in der Freiheit wie selbstverständlich benutzt, deren wahren Wert aber erst in einer Gefängniszelle schätzen lernt.

Sabine erhielt nach Abschluss der polizeilichen Ermittlung meinen Wohnungsschlüssel, damit konnte sie nun die Sachen, um die ich sie gebeten hatte, aus der Wohnung holen und mir ins Gefängnis bringen. Ohne Sabines Hilfe hätte ich diese schlimme Zeit nicht überstanden. Besucher wurden nicht vorgelassen, die Ermittlungen sollten nicht über Gebühr „behindert" werden. Ein totaler Unsinn, um nicht zu sagen, reine Schikane. So zurückgezogen wie ich immer gelebt habe, wusste keiner meiner Freunde oder Verwandten etwas über die Hintergründe meiner Beziehung zu Sascha Moll. Was hätte ich also mit potenziellen Besuchern Konspiratives besprechen sollen? Dr. Lange bemühte sich vergeblich um Besuchserlaubnisse. Endlich konnte er mir vor wenigen Tagen mitteilen: „Ihre Eltern dürfen Sie am ersten Weihnachtsfeiertag für eine halbe Stunde besuchen."

Jeden zweiten Tag saß Sabine mit mir im Anwaltszimmer und fragte mich über mein bisheriges Leben aus. Da ihr Chef, Dr. Lange, sie beauftragt hatte, ein umfangreiches Exposee von mir zu erstellen, auf das er seine Verteidigung stützen konnte, bohrte mir Sabine Löcher in den Bauch. Sie stellte Fragen, wie sie nur eine Frau stellen konnte, forschte nach bis ins kleinste Detail. Sie brachte mich manchmal in arge Verlegenheit, wenn ich meine geheimsten Gedanken, meine intimsten Erlebnisse vor ihr ausbreiten musste.

Auf dem Tisch brannte eine Kerze, bei Lebkuchen, Plätzchen und Kaffee kam bald so etwas wie Weihnachtsstimmung auf. Sabine schien einen ausgeprägten Sinn für Romantik zu besitzen, nahm es daher auf sich, Kerze, Kaffee und Gebäck, wohlverwahrt in ihrer Aktentasche, an der Kontrolle vorbeizuschleusen. Das war relativ leicht, bei Anwälten und Mitarbeitern beschränkten sich die Justizbeamten nur auf Stichproben.
Beim Erzählen habe ich Sabine heimlich beobachtet. Sie war eine ausnehmend hübsche junge Frau von etwa 30 Jahren. Aparte Figur, schulterlange schwarze Haare, groß schlank, sehr geschmackvoll gekleidet, ein Superweib. Ich glaube, ich hatte mich ein klein wenig in sie verliebt. Auch bei ihr konnte man eine gewisse Sympathie für mich nicht ganz ausschließen. Unter normalen Umständen, draußen im richtigen Leben, hätte ich um sie geworben. Aber hier, unter diesen Voraussetzungen? Mir fehlte schon was fürs Herz, ich litt auch unter diesem Entzug. So, wie man sich an so vieles im Leben gewöhnen kann, werden einem auch die Freuden der Liebe bald zur angenehmen Gewohnheit. Drei Wochen befand ich mich bereits in Haft. Wen wundert es da, dass ich mir die hübsche junge Frau ein wenig näher angesehen habe, ich war schließlich immer noch ein Mann mit gewissen Wünschen und Bedürfnissen.
Eines Abends hauchte sie mir beim Gehen einen Kuss auf die Wange und wie ein verliebter Primaner konnte ich die halbe Nacht nicht einschlafen.
Die Regelung meiner arbeitsrechtlichen Angelegenheiten war mir vollkommen unklar. War ich nun arbeitslos oder bis zu meiner Verurteilung noch bei der Firma angestellt? Wer musste wem kündigen? Welchen Status hatte ein U-Häftling?
Sabine erklärte mir: „Während der Haft werden keine Beiträge an die Rentenversicherung abgeführt. Sie wird bei Berechnung der Rente versicherungstechnisch als ‚Ausfallzeit' gewertet. Straf-

gefangene sind nicht krankenversichert. Sie erhalten zwar während der Haft ärztliche Betreuung, haben aber kein Anrecht auf den Schutz ihrer seitherigen Krankenkasse."

So betrachtet, war ich nun schlechter dran als vorher. Sascha hat dir zwar das Geld fast bis zur Armutsgrenze aus der Tasche gezogen, aber im Gefängnis wirst du zum Sozialfall abrutschen. Das wenige Geld, das noch da ist, plus dem Erlös aus dem Verkauf deiner Möbel, reicht kaum für die Anwalts- und Gerichtskosten. Dr. Lange hatte zwar gesagt: „Keine Sorge, Ihre Firma übernimmt die Prozesskosten", doch dieses Angebot wollte ich nicht annehmen. Was ich nicht ablehnte, war der Vorschlag von Herrn Hamann, die Kosten für mein Essen aus dem Restaurant zu übernehmen und mir weiterhin ein halbes Monatsgehalt zu zahlen, wenn ich als Gegenleistung die Monatsstatistiken bearbeiten würde. Dazu gab ich gerne meine Einwilligung, hatte ich doch hier im Knast Zeit genug und war dankbar für jede Abwechslung.

Sabine übernahm den Transport der Unterlagen. Dadurch blieb ich zunächst bei der Firma beschäftigt und behielt meinen Status als Technischer Angestellter.

So einfach, wie ich das hier berichte, ist es aber nicht gegangen. Für jede dieser Maßnahmen benötigten wir die Zustimmung des Haftrichters. Immer wieder wurden Firmenakten und die von mir ausgearbeitete Verkaufsstatistik auf geheime Botschaften untersucht. Erst als Herr Hamann dem Richter glaubhaft versichern konnte, dass wir keine prozessrelevanten Nachrichten austauschten, sondern dass es nur um Verkaufsinformationen für den amerikanischen Mutterkonzern ging, war man bereit, die Kontrollen zu lockern.

Von Herrn Körner kam gar nichts mehr. Ab und zu wurde ich ins Präsidium gebracht und von niederen Dienstgraden befragt: „Wie war das in Amsterdam? Wann und wie oft waren Sie in Dietzenbach bei der Drogenhändlerin? Wer hat

Ihnen das Heroin besorgt? Wann haben Sie beschlossen, ihren Freund umzubringen?"

Soweit ich, ohne mich zusätzlich zu belasten, ihre Fragen beantworten konnte, habe ich es getan, im Zweifelsfall die Aussage verweigert oder meinen Anwalt rufen lassen. Die Kriminalbeamten waren über meine konsequente Haltung verärgert und ließen mich das auch spüren. Bei jedem Transport von und nach der JVA wurde ich wieder gefesselt und wie ein aufsässiger Schwerverbrecher behandelt. Ich habe das nicht absichtlich provoziert, ich wollte mir nur nichts unterjubeln lassen.

Eines Nachmittags gab sich der Herr Staatsanwalt Dr. Eichenwald beim Verhör die Ehre. Es ging wieder mal, wie schon so oft, um die eine, aber für mich so existenzielle Frage: Mord oder Totschlag?

Ich bestritt hartnäckig seine Unterstellung, Sascha vorsätzlich umgebracht zu haben. Eichenwald hielt mir vor: „Sie haben am Mordtag zu Ihrem Arbeitskollegen Robert Graf wörtlich gesagt: ‚Erst muss ich den Junkie loswerden, dann ab nach Amsterdam, mein Freund Jan besorgt mir dort einen neuen Job.' Das ist doch eindeutig der Beweis dafür, dass Sie mit der Absicht nach Niederrad gefahren sind, Ihren Stricher umzubringen."

„Und ich sage Ihnen zum tausendsten Mal, Sascha Moll war mein Freund, nicht mein Stricher. Nehmen Sie das doch endlich zur Kenntnis. Ich wollte ihn vom Heroin wegbringen, dafür habe ich mich engagiert. Ihn umzubringen, ist nie meine Absicht gewesen! Mich von ihm trennen, ja, das wollte ich. Ich erkannte, dass er nicht vom Gift loskommen wollte, außerdem hatte ich kein Geld mehr, um seine Sucht zu finanzieren. Er wollte das nicht einsehen und hat mich an dem bewussten Morgen so schlimm beleidigt, dass ich nur noch rot gesehen habe. Die fadenscheinigen Beweise, die Sie da aus dem Hut ziehen, die sind nichts wert, die können Sie sich

sonst wohin stecken. Und der Satz, den Sie eben zitiert haben, ist doch vollkommen aus dem Zusammenhang gerissen."
Rechtsanwalt Dr. Lange zeigte sich äußerst besorgt, als ich ihm vom Zusammenstoß mit dem Staatanwalt berichtete.
„Gegen meinen ausdrücklichen Rat haben Sie sich von ihm provozieren lassen! Warum haben Sie mich bei einer so entscheidenden Frage nicht rufen lassen?"
„Aber er hat mich doch persönlich beleidigt. Darf der das so ohne weiteres? Habe ich denn gar keine Rechte mehr?"
„Denen ist jedes Mittel recht, auch persönliche Beleidigungen. Betrachten Sie Ihren Fall doch mal aus Sicht der Ermittler. Um Sie zu überführen, musste man sich nicht besonders anstrengen. Sie haben sich selbst als Täter präsentiert. Also, nichts mit Anerkennung oder gar Lob durch höhere Instanzen. Erfolg zur Legitimation ihrer Tätigkeit brauchen diese Herren aber auch, deshalb wird man mit allen Mitteln versuchen, Ihnen einen Mord anzuhängen. Totschlag? Für die Justiz wäre das kein besonderes Ruhmesblatt. Ein Mord mit lebenslänglicher Haft, das wäre schon eher ein Erfolg."

***

Heiligabend 1985 fiel auf einen Dienstag. Einen Tag zuvor brachte mir Sabine einen kleinen tragbaren Fernseher und ein Büchlein mit Gedichten von Eugen Roth.
„Den Fernseher schicken dir die Kollegen aus der Firma und das Gedichtbändchen ist von mir. Auf dass du deinen Humor im Knast nicht verlierst! Ich kann nicht lange bleiben, mein Besuchstermin ist nicht abgestimmt. Der Beamte hat aber ein Auge zugedrückt."
„Ich danke dir für die Überraschung, Sabine! Wann sehen wir uns wieder?"
„Mitte Januar bin ich wieder in Deutschland. Ich fliege für drei Wochen mit einer Freundin nach Teneriffa."

„Dann wünsche ich dir und deiner Freundin einen schönen Urlaub. Gesegnete Weihnachten, Sabine!"
Diesmal gab sie mir einen richtigen Kuss und ich habe wieder nur die halbe Nacht schlafen können.
Am 24. Dezember betrat der Justizvollzugsbeamte Weber um 8 Uhr meine Zelle und brachte das Frühstück. Wir hatten inzwischen fast ein freundschaftliches Verhältnis. Er war ein einfacher, bescheidener Mann mit viel Herz.
„Also, scheene Woinachte, Herr Gaus, un ich hoffe mol, dass mir uns im neie Johr gesund wiedersehe."
„Ach, fahren Sie weg? Sind Sie nicht da oder sind Sie krank, Herr Weber?"
„Nein, nein, ich bin kerngesund. Ich dachte da eichentlich mehr an Sie. Wisse Se, unner uns gesacht, an de Feierdach bringe sich immer e paar hier drinne um, awwer so was mache Sie net, gelle?"
„Keine Angst, ich tu mir nichts an. Den Gefallen tu ich denen nicht."
„Gut so, nur net unnerkrieje losse, es komme aach widder bessere Zeite. Awwer was anneres, es is so üblich, dass die, die zwische Daume un Zeichefinger e bissje besser gestellt sin, an Woihnachte was in unser Kaffeekass werfe. Dofür tun mir heit Owend net so genau an dene Kanne rieche, wo eiern Kaffee drin is, wenn aus dem Restaurant des Esse gebracht wird. Verstehe Sie mich?"
Ich hatte Weber verstanden und gab ihm 20 Mark für die „Kaffeekasse".
„Vielen Dank, un scheene Feiertage. Mir sehn uns im Januar widder, ich fahr mit moiner Fraa zur Schwägerin in de Vogelsberch."
„Auch schöne Feiertage und einen erholsamen Urlaub, Herr Weber."

Heiligabend im Knast, na ja, es gibt schönere Orte auf der Welt, um das „Fest der Liebe" zu begehen.

Den Tag verbrachte ich mit rauchen und fernsehen. Das kleine Mobilgerät funktionierte hier in der Zelle ganz ordentlich, ARD und ZDF waren gut zu empfangen. Um 18 Uhr kam im Radio auf HR 1 immer die Sendung „Von Dom zu Dom, Glocken läuten die Weihnacht ein". Seit meiner frühesten Kindheit haben wir zu Hause diese Sendung immer gehört. Weihnachten ohne die Glocken von Limburg, Darmstadt oder Mainz war kein richtiges Weihnachten.

Um 18.30 Uhr brachte der Zubringerdienst mein „Weihnachtsmenü" aus dem Restaurant. Fischvorspeise, Suppe, Rehrücken mit Kroketten, nobel. Als Nachtisch hatte ich mir eine große Portion Karamellpudding ausgesucht. Es war eine traurige Mahlzeit, einsam und allein in der Zelle, keinen Weihnachtsbaum, nichts, was mich ein wenig fröhlicher gestimmt hätte. Mein einziger Trost in dieser Heiligen Nacht war eindeutig die Thermoskanne. Dort, wo sonst Bohnenkaffee drin war, roch es heute verführerisch nach Glühwein, ein Labsal nach der Abstinenz der letzten Wochen.

Total entspannt und durchgewärmt, richtig wohlig in meiner Haut, dachte ich mir: Du könntest auch mal wieder … Warum nicht? Schnell ein Handtuch über die helle Lampe, heute Abend kommt sowieso keiner mehr, das Geschirr holen sie erst morgen früh ab.

Noch entspannter verbrachte ich den Rest des Abends mit fernsehen. Das erste Mal seit Wochen fühlte ich mich, trotz der beschissenen Situation, ein klein wenig zufriedener als sonst. Vielleicht erkennt der Richter ja auf Totschlag? Fünf Jahre Knast, dann bist du fünfzig, hättest also noch einige schöne Jahre vor dir.

Eingeschlafen bin ich bald, der Alkohol, wachte aber morgens gegen 5 Uhr schon wieder auf. Der heutige Besuch meiner Eltern ging mir nicht aus dem Kopf. Es würde keine leichte Begegnung werden. Die Sensationspresse verbreitete in ihren Blättern allerhand Schmutz über mich, ließ dabei auch kein gutes

Haar an unserer Familie. Dass dies alles nur zusammengelogener Unsinn war, wusste außer mir niemand. Meine Eltern haben sehr darunter gelitten, konnten diesen Unfug nicht einordnen. Dazu hätten sie mehr über mich und mein Leben der letzten Jahre wissen müssen. Im Grunde genommen wussten wir sehr wenig voneinander. Mutter würde mir wieder Vorhaltungen machen, Mütter sind so. Bei einigen Dingen mochte sie ja Recht haben, es ist nicht immer alles optimal bei mir gelaufen, ich habe Fehler gemacht, unverzeihliche Fehler. Mein größter Fehler, da bin ich mir inzwischen vollkommen sicher, war, dass ich nicht mit Julian in die USA gegangen bin. Noch in unserer letzten Nacht vor seinem Abflug hat er mich inständig darum gebeten, mit ihm in die Staaten zu gehen.

***

„Frohe Weihnachten, Bub, allerdings könnt ich mir einen schöneren Ort für meine Weihnachtsgrüße vorstelle als diesen hier", eröffnete Mutter unser Gespräch, nachdem sie und Vater am ersten Weihnachtsfeiertag um Punkt 14.30 Uhr Platz genommen hatten.
Wahrlich, da hatte sie Recht, einen scheußlicheren Ort als dieses trostlose „Besucherzimmer" der JVA Höchst konnte es kaum geben. Ein kahler, fensterloser Raum, etwa zehn Meter lang und sechs Meter breit. In der Längsachse von einer Art Tisch getrennt, waren fünf „Sprechplätze" eingerichtet. Auf unserer Seite des Tisches, also auf der Seite der Gefangenen, befanden sich links und rechts Abtrennungen aus massiven Holzbrettern. Der nach oben durchgehende Maschendrahtzaun sollte die Häftlinge von Fluchtversuchen abhalten. Die Besucherseite war durch verschiedenfarbige Acrylwände markiert. Wir Häftlinge mussten zehn Minuten vor dem angesetzten Termin an den vom Aufsichtspersonal zugewiesenen Plätzen sitzen und auf die Besucher warten.

Mein Vater, dem man direkt ansah, wie peinlich ihm das alles war, konnte sich gerade noch dazu durchringen, mir zu sagen: „Von mir aach scheene Weihnachten und viele Grüße von alle annern."

Wer „alle annern" waren, habe ich ihn nicht gefragt. Mir war die Begegnung an diesem unwirtlichen Ort genauso peinlich wie ihm. Nie ist mir die Distanz, zugleich aber auch der Wunsch nach mehr Nähe zu meinem Vater größer vorgekommen, als hier im Sprechzimmer der JVA. In unserer Verlegenheit wirkten wir beide so ungemein hilflos. Er, nach den Moralvorstellungen der bürgerlichen Gesellschaft ein aufrechter Familienvater, hatte Kindheit und Jugend bei HJ, Reichsarbeitsdienst und Wehrmacht dem nationalsozialistischen Unrechtsstaat geopfert. Nach Jahren in Krieg und Gefangenschaft ist er heimgekehrt in eine Welt, die ganz anders schien, als die, die er als junger Soldat verlassen hatte. Nach einem langen Berufsleben, geprägt von „Wiederaufbau" und „Wirtschaftswunder", lebte er heute bescheiden sein Rentnerdasein. Mein Vater hat immer versucht, mir und meinen Bruder ein Vorbild zu sein. Bei mir ist ihm das nicht gelungen, ich war nicht gerade das Idealbild eines guten Sohnes, in vielem anders denkend, anders lebend als er. Meine Vorliebe für Männer, meine Abneigung gegen die Ehe. Mir tat der alte Mann Leid. Mit einem Mal war ich tief traurig, dass ich ihm das alles angetan hatte, ihn zum Vater eines Gewaltverbrechers gemacht habe. Und zum ersten Mal in meinem Leben verspürte ich so etwas wie Liebe für diesen Mann. Es hätte so vieles anders sein können, doch dazu war es nun zu spät. Die Zeit, uns besser kennen zu lernen, hatten wir nicht mehr. Zu meiner Mutter hatte ich immer ein ganz anderes Verhältnis. Wir haben uns oft gefetzt, aber keiner hat dem anderen je etwas krumm genommen. Die Jahre, die wir ohne meinen Vater verbringen mussten, schweißten uns auf ganz besondere Art zusammen. Wir haben uns immer geliebt, daran wür-

de sich nie etwas ändern. Für sie würde ich immer ihr „Bub" bleiben, auf den sie glaubte, einen Anspruch zu haben.
Sie hätte mit jedem meiner Partner oder Partnerinnen einen bedingungslosen Konkurrenzkampf um mich geführt. Doch das habe ich ihr nie gestattet, habe mich immer hinter einer Wand verborgen. Ich glaube, im Grunde genommen war es ihr, wenn sie das auch niemals zugeben würde, ziemlich egal, ob ihr Bub mit einem Mann oder mit einer Frau glücklich geworden wäre. Sauer war sie nur über die Erkenntnis, dass sie in keiner dieser Beziehungen je eine Rolle gespielt hätte.
Auch heute versuchte Mutter sofort, das Gespräch an sich zu ziehen, das für sie so brennende Thema „Warum alles so kommen musste, wie es gekommen ist" in den Vordergrund zu stellen.
„Warum hast du dich nur mit dem Kerl oigelosse, mir hawwe dich immer widder vor deine Strichbuwis gewarnt, doch des war für die Katz. Alles, was ich zu dir gesacht hab, is dir zum ahne Ohr neu un beim anner widder raus gange. Hättest du nur die Wanda geheiratet, do wär uns viel ..."
„Mama, lass gut sein! Es bringt nichts mehr, über das zu reden, was hätte sein können, wir müssen uns damit abfinden, wie es nun mal ist. Wir haben nur 30 Minuten Zeit. Wir müssen über meine Wohnung und über mein Konto sprechen."
„Da hot der Bub vollkommen Recht. Jetzt is nix mehr zu ännern. Früher wär vielleicht noch Zeit gewese, awwer do hot unser Herr Sohn net uff uns gehört."
„Ich wollte so leben, wie ich gelebt habe, Papa. Je mehr Druck ihr gemacht habt, desto mehr habt ihr mich bestärkt, dass ich alles richtig mache. Das, was die Zeitungen geschrieben haben, ist Unsinn. Ich habe Sascha nicht sexuell ausgenutzt und ich habe ihm auch keine Drogen besorgt. Helfen wollte ich ihm, von dem Zeug loszukommen. Ich habe ihm Geld gegeben, sehr viel Geld. Ich wollte nicht, dass er auf dem Strich anschaffen geht, so einfach ist das alles."

„Warum bist du net gegange, als du gemerkt host, es ist aussichtslos, der reitet mich immer tiefer noi?"

„Das war mein Fehler. Ich wollte nie aufgeben, nur nicht verlieren. Ich wollte immer bei den Gewinnern sein, Papa."

„Du host in all den Jahren nach einem Ersatz für den junge Mann aus Spanien gesucht, für den, der domols erschosse worn is, stimmt des? Den host du anscheinend werklich geliebt, den kannste net vergesse."

„Ja, Mama."

„Un wie geht's jetzt weiter?"

„Das müssen wir abwarten, Papa. In ein paar Tagen wird Dr. Lange die Anklageschrift zugestellt und dann entscheidet es sich. Für Totschlag gibt es maximal fünf Jahre, für Mord lebenslänglich."

„Was geschieht nun mit doiner Wohnung? Mir misse do driwwer redde!"

„Papa, ich bitte dich, die Wohnung zu kündigen und mit Alexander leer zu räumen. Meine Möbel verkauft ihr am besten. Ich habe noch einen fälligen Ratensparvertrag über 10 000 DM. Der Anwalt schickt dir eine Vollmacht dafür. Du verwendest einen Teil des Geldes für die Renovierung der Wohnung, den Rest legst du zusammen mit dem Erlös von den Möbeln irgendwo neu an."

„Mir brauche doch nix von doim Geld für die Renovierung, höchstens e bissje Farb, den Rest mache mir selbst. De Willi un de Karl kenne uns helfe. Die Möwel stelle mir vorerst emol bei uns unner, do finne mir schon en Platz. Es wird schon alles gut gehen."

Lieber guter Vater, behalte dir nur deinen Optimismus, dachte ich mir. Es war jedoch tröstlich für mich, dass er trotz allem zu mir stand und sich um alles kümmern wollte. Bei ihm waren meine Belange in sehr guten Händen. Was später auf mich zukommen würde, war mir momentan egal. Meine Zukunft konnte ich selbst nicht mehr beeinflussen, die lag allein bei Gott und meinen Richtern.

Die halbe Stunde Besuchszeit ging zu Ende, meine Eltern mussten gehen.
„Könne mir noch was für dich tun, Bub?"
„Nein, Mama, es war schön, euch zu sehen."
„Wiedersehen, Paul-Peter. Kopf hoch!"
„Wiedersehen, Papa. Danke für alles."
Wieder in der Zelle, hätte ich am liebsten geweint, ein Mann weint aber nicht, hatte man mir in der Kindheit eingetrichtert. „Buwe, weine net!" Ein Mann sollte aber ruhig auch mal weinen dürfen, wenn ihm danach ist. Mir wurde plötzlich klar, dass heute etwas Endgültiges geschehen war, etwas, was nie mehr rückgängig gemacht werden konnte. Meine Wohnung, meine Fluchtburg, auf die ich immer so stolz gewesen bin, in der ich 20 Jahre meines Lebens verbrachte, schöne und weniger schöne Zeiten erlebt habe, musste ich endgültig aufgeben. Dort habe ich um Manuel getrauert, mit Wanda, Julian und Sascha viele unvergessliche, glückliche Stunden erlebt. In dieser Wohnung habe ich meine schlimmsten Zeiten überstehen müssen. Sie ist mir immer eine Heimat gewesen. Wo würde ich je wieder ein solch gemütliches Heim finden? Mir wurde plötzlich bitter kalt und ich bekam wahnsinnige Angst vor der Zukunft.

Nach einer einsamen Silvesternacht, in den Thermoskannen befand sich, dank einer erneuten „Spende", diesmal Sekt, begann das neue Jahr.
An Neujahr beschließt man meistens, irgendetwas an seiner Lebensweise zu ändern, weniger zu rauchen, mehr Sport zu treiben oder sonst eine belanglose Sache, die man dann meistens doch nicht einhält, sich aber hinterher ärgert, weil man wieder einmal schwach geworden ist. Gute Vorsätze für das neue Jahr habe ich diesmal keine gefasst. Was hätte ich mir auch vornehmen sollen? Ich war nicht frei, nicht Herr meines Willens, konnte keine Entscheidung auch nur ansatzweise eigenständig treffen. Hier im Knast war alles reg-

lementiert und nach den Feiertagen setzte der ganz normale Gefängnisalltag wieder ein.

Mitte Januar stand plötzlich, wie aus heiterem Himmel, Sabine in der Zelle. Ihr Urlaub auf Teneriffa schien ihr gut bekommen zu sein. Die hübsche braungebrannte Frau brachte mich wieder ein wenig aus dem Gleichgewicht. Da ich in punkto Erotik starken Nachholbedarf hatte, machte ich mir Gedanken, wie es wohl mit ihr sein könnte?

Sabine brachte einen Bildband von Spanien und jede Menge Neuigkeiten mit.

„Alles Gute im neuen Jahr! Der Doktor lässt sich entschuldigen, er hat viel zu tun, wir sollen alles Notwendige miteinander besprechen."

„Dir auch alles Liebe zum Jahresbeginn, aber du gehst mir viel zu schnell zur Tagesordnung über, Sabine. Wie war denn dein Urlaub auf der Insel? Erzähl' mir von Spanien, ich bin so lange nicht mehr dort gewesen!"

„Verzeih, ich wollte dir bewusst nichts erzählen, ich weiß doch, wie viel dir dieses Land einmal bedeutet hat. Den Bildband habe ich dir mitgebracht, damit du dir einen Überblick über das heutige Spanien verschaffen kannst. Alles hat sich in den vergangenen Jahren total verändert. Manches ist sicher ganz anders, als du es in deiner Zeit dort gekannt hast. Schau dir den Band in Ruhe an, aber versprich mir, nicht sentimental zu werden."

„Keine Angst, ich kann mit meiner Vergangenheit inzwischen ganz gut umgehen. Was gibt es in meinem Fall Neues? Wann ist die Verhandlung? Was steht in der Anklageschrift?"

„Die Anklageschrift ist noch nicht abgefasst. Der Staatsanwalt will auf vorsätzlichen Mord plädieren, möchte aber dein Einverständnis dazu haben. Anscheinend verfügt er über Zeugenaussagen, die eindeutig belegen, dass du geäußert haben sollst: ‚Den Moll bringe ich um!'"

„Aber das ist doch Unsinn, Sabine! Ich bin nach Niederrad gefahren, um mich von Sascha zu trennen. Ich wollte ihn nicht

umbringen, das ergab sich aus der Situation heraus. Das habe ich doch alles schon hundert Mal gesagt, will das denn niemand begreifen? Es war eine Affekthandlung, er hat mich provoziert und ich habe ohne lange nachzudenken zugedrückt. Das kann auch ein Staatsanwalt nicht als vorsätzlichen Mord hinbiegen."
„Deshalb will er ja auch deine Zustimmung. Man würde dir dann bei der Strafe entgegenkommen, eventuell nur zehn Jahre Haft beantragen."
„Darauf darf sich der Doktor keinesfalls einlassen! Ihr seid doch beide Juristen, ihr kennt den Unterschied zwischen Mord und Totschlag genau, besser als ich oder jeder Laie."
„Keine Angst, Dr. Lange hat das Manöver längst durchschaut. Er wird sich auf nichts einlassen. Nur, er muss dich als seinen Mandanten vom Angebot der Gegenseite informieren, dazu ist er gesetzlich verpflichtet. Man hat für den 21. Januar einen Termin anberaumt. Die Staatsanwaltschaft möchte sich vor Prozessbeginn mit dir und Dr. Lange abstimmen."

Am Dienstag, dem 21. Januar 1986, war es kalt, wie alle Tage in diesem Januar; so kalt, dass Sabine mir wärmere Kleidung ins Gefängnis gebracht hatte.
Zwei Justizbeamte überstellten mich im VW-Bus ins Polizeipräsidium zur „Besprechung". Auf die sonst üblichen Handschellen wurde heute verzichtet. Im Büro von Kriminalhauptkommissar Hieronymus Körner war dieser mit den anderen Herren, meinem Anwalt Dr. Lange und dem Oberstaatsanwalt Dr. Eichenwald, bereits in ein anregendes Gespräch vertieft. Bei meinem Eintreten bemerkte der Staatsanwalt bissig: „Da ist er ja endlich! Es ist bereits 14.15 Uhr, ich bin in Zeitnot, fangen wir also an."
„Mein Mandant ist nicht für die Unpünktlichkeit verantwortlich, da müssen Sie schon Ihre Beamten am Ohr ziehen, Herr Kollege."

„Ich weiß, ich weiß, lieber Doktor Lange." Der Staatsanwalt legte sofort los: „Herr Gaus, hören Sie mir jetzt bitte genau zu. Ich werde Sie auf Grund der überaus erdrückenden Beweislast wegen Mordes aus niedrigen Beweggründen an dem drogenabhängigen Stricher Sascha Moll anklagen. Die Motive Wut und Eifersucht reichen für eine Anklage in diesem Sinn aus. Außerdem hat die Kriminalpolizei ermittelt, dass Sie vor zwei voneinander unabhängigen Zeugen Ihre Tat vorher angekündigt haben. Mit Ihren Verstößen gegen das Betäubungsmittelgesetz reicht das aus, um Sie lebenslänglich hinter Gitter zu bringen."

Ich konnte zunächst aus Wut und Enttäuschung nichts anderes sagen als: „Das ist infam, Herr Staatsanwalt! Das stellt alles auf den Kopf!"

„Lassen Sie sich nicht einschüchtern! Und Sie, Dr. Eichenwald, mäßigen Sie sich bitte etwas. So einen Unfug habe ich lange nicht gehört. Versuchen Sie nur, vor Gericht damit durchzukommen, ich werde Ihre Argumente wie welkes Laub vom Tisch fegen. Was wollen Sie mit Ihrer Veranstaltung hier bezwecken? Am besten, wir brechen ab, bevor Sie noch mehr solchen Unsinn reden, Herr Kollege!", bemerkte Dr. Lange und lächelte dabei.

„Wir bieten Ihnen und Ihrem Mandanten einen Kompromiss an. Wenn Sie meiner Argumentation folgen, beantrage ich zehn Jahre Haft und nicht die vorgesehene Höchststrafe, nämlich lebenslänglich."

„Wir sind doch hier nicht auf einem orientalischen Basar, Herr Dr. Eichenwald. Wir, mein Mandant und ich, verlassen uns da ganz auf das Gericht. Ich stelle jedenfalls den Antrag, auf Totschlag zu entscheiden. Warten wir's ab, wem die Richter folgen werden."

Kriminalhauptkommissar Hieronymus Körner hatte die ganze Zeit schweigend in seinem Drehstuhl gesessen. Er wandte sich nun an Dr. Lange: „Herr Rechtsanwalt, vergessen Sie mal, was

ich über Ihren Mandanten und seine sexuelle Ausrichtung gesagt habe. Es soll hier nicht der Eindruck entstehen, als sei die Polizei voreingenommen. Mit der Beschaffung des Rauschgiftes hat Ihr Mandant nichts zu tun, wir können ihm jedenfalls nichts Konkretes nachweisen. Aber er hat, und das haben wir zweifelsfrei ermittelt, am Mordtag zu seinem Arbeitskollegen und Freund Robert Graf sinngemäß gesagt: ‚Ich gehe von hier weg, erst werde ich meinen Junkie abservieren und dann ab nach Amsterdam, mein Freund Jan besorgt mir dort einen Job.' Und weiter am gleichen Morgen zu seinem Chef: ‚Ich werde die Gründe für meine Probleme bald aus der Welt schaffen, das kann ich Ihnen versprechen.' Legen Sie endlich ein Geständnis ab! Machen Sie Ihrem Herzen Luft! Geben Sie zu, dass Sie den Moll in voller Absicht abgemurkst haben, um endlich frei zu sein! Jeder Richter wird Sie verstehen."
„Aber Herr Körner, wir kennen uns lange genug. Das sind doch alles nur Spekulationen, das wissen Sie doch auch! Überlassen wir doch dem Gericht die Bewertung Ihrer Beweise."
„Verehrter Herr Doktor Lange, niemand möchte Sie beeinflussen, ich wollte Ihnen nur unsere Argumente aufzeigen."
„Meine Herren, Dr. Eichenwald, Herr Kommissar, ich schlage Ihnen vor, wir beenden diese Besprechung, sie führt zu nichts."
„Wie Sie wollen, Herr Dr. Lange", bemerkte der Staatsanwalt hintergründig lächelnd.

***

Am Montag, dem 4. Mai, um 10 Uhr, begann vor dem Schwurgericht des Landgerichtes Frankfurt am Main der mit Spannung erwartete Prozess, Bundesrepublik Deutschland gegen Paul-Peter Gaus, wegen vorsätzlichen Mordes an dem Verkäufer Sascha Moll. Für die Verhandlung waren vier Tage vorgesehen.
Nach dem Frühstück brachten mich zwei Justizvollzugsbeamte im geschlossenen VW-Bus zum „Großen Verhandlungs-

saal" des Landgerichts in der Kreuzeckergasse. Herr W
verabschiedete mich mit: „Hals und Beinbruch, Herr G
Dr. Lange, Sabine und ich warteten in einem kleinen Nebenraum auf den Verhandlungsbeginn. Sabine hatte mir vor ein paar Tagen meinen dunklen Anzug, einige helle Hemden und Krawatten in die Zelle gebracht. Normalerweise war es nicht gestattet, Besucher in der Zelle zu empfangen, doch Sabine mit ihrem Charme gelang es jedoch immer wieder, bei den Beamten eine Ausnahme zu erschmeicheln. Wer wollte es der hübschen jungen Frau verwehren, „ihren" Häftling zu besuchen? Außerdem genoss sie als Mitarbeiterin der Kanzlei Lange einen Sonderstatus.

Als Sabine in der Zelle stand und mir dabei zusah, wie ich mich ausgezogen habe, um den Anzug zu probieren, ist es passiert. Wie im Rausch sind wir übereinander hergefallen. Wir hatten Glück, niemand ertappte uns dabei, unser „Ausrutscher" blieb ohne Folgen. Eine Entdeckung hätte Sabine ihre Stellung gekostet und für den Prozessverlauf wären die Folgen katastrophal gewesen. Wir haben keine Zeit mit nachdenken verbracht, einfach die nur Gelegenheit genutzt, sind der Leidenschaft gefolgt. Nun war endlich die Spannung weg, die sich über Wochen in uns angestaut hatte. Meine Begierde nach Sabine war zunächst befriedigt, dieser Zustand zog etwas ungeheuer Befreiendes nach sich, ich war gelöster, habe dem Prozessbeginn nicht mehr so ängstlich entgegen gesehen. Dr. Lange schien das alles nicht verborgen geblieben zu sein. Jedenfalls schüttelte er einige Male seinen Kopf und lächelte so wissend, als er mit uns den Prozessverlauf besprach. Der Presse schien es anscheinend gelungen zu sein, mit ihrer aufreißerischen Berichterstattung für ausreichendes Interesse bei der Bevölkerung zu sorgen. Die wenigen Zuschauerplätze waren jedenfalls gut besetzt und die Leute diskutierten über den Fall, was man an dem lauten Gemurmel deutlich hören konnte. Ich sah viele bekannte Gesichter unter den Zuschau-

ern. Auf der Zeugenbank hatten meine Eltern, Herr Hamann, Robert, meine Freunde Eduard und Klaus, Wanda, der Reitlehrer Holm, Saschas Mutter, Arbeitskollegen, Kriminalhauptkommissar Körner, die Streetworker und viele mir unbekannte Personen Platz genommen.
Der Vorsitzende Richter, Herr Dr. Mohndorfer, schlug mit einer Art Gummihammer drei Mal auf den Richtertisch und verkündete laut und vernehmlich: „Die Hauptverhandlung ist eröffnet! Angeklagter, treten Sie vor. Ihnen wird zur Last gelegt, am Morgen des 20. November 1985 Ihren damaligen Lebensgefährten Sascha Moll erwürgt zu haben. Ich vernehme Sie jetzt zur Person."
Es folgten die üblichen Fragen nach Namen, Alter, Beruf, Familienstand. Nachdem ich über alles brav Auskunft erteilt hatte, forderte der Richter den Staatsanwalt auf, die Anklageschrift zu verlesen.
„Hohes Gericht, der Angeklagte Paul-Peter Gaus ermordete am Vormittag des 20. November 1985 seinen langjährigen homosexuellen Partner, den Strichjungen und Drogenabhängigen …"
„Halt, halt, halt, Herr Oberstaatsanwalt Dr. Eichenwald! Nur die Fakten bitte, über die Lebensumstände des Angeklagten verschafft sich das Gericht sein eigenes Bild."
„Wie Sie wünschen, Herr Vorsitzender. Der Angeklagte ermordete, nachdem er dies mehrmals vor Zeugen glaubhaft ankündigte, seinen Lebensgefährten Sascha Moll aus niedrigen Beweggründen wie Eifersucht und Rache. Der Angeklagte …"
Staatsanwalt Dr. Eichenwald zählte nun die gesamte Bandbreite der angeblichen „Verbrechen" auf, die ich, seiner Meinung nach, außer dem Tötungsdelikt noch begangen haben sollte: Unzucht mit Minderjährigen, weil ich mit Sascha geschlafen haben sollte, als er noch nicht 18 Jahre alt war, Verstoß gegen das Betäubungsmittelgesetz, weil ich Sascha zu seiner Dealerin nach Dietzenbach gefahren habe, unterlassene Hilfeleistung, damals im Hotel in Freiburg, gefährliche

Körperverletzung, wegen Saschas Arm. Weiß der Himmel, was ich damit zu tun haben sollte.
Mir wurde mit jedem seiner Sätze übler und ich fragte mich: Wer um Himmels willen hat dem nur diesen Mist eingeredet? Seine Ausführungen stellten den Verlauf unserer Beziehung total auf den Kopf. Hier sollte der Eindruck entstehen, ich hätte Sascha angefixt, um ihn sexuell auszunutzen. All dieser Unfug gipfelte im beantragten Strafmaß. Eichwald forderte knallhart: „Die Staatsanwaltschaft Frankfurt am Main stellt daher den Antrag, den Angeklagten in der Hauptsache nach § 211 StGB wegen Mordes aus niedrigen Beweggründen zur Höchststrafe, lebenslängliches Gefängnis und dem Entzug der bürgerlichen Ehrenrechte auf Lebenszeit, zu verurteilen."
Richter Mohndorfer wandte sich an mich: „Was sagen Sie zu den Anschuldigungen der Staatsanwaltschaft, Angeklagter?"
„Das stimmt doch alles nicht! Sascha war 21 Jahre alt, als ich ihn zum ersten Mal traf, und alles andere, nein, so ist das nie gewesen! Mir ist schlecht, Herr Richter, ich bitte um eine kurze Pause."
„Wenn Sie einen Arzt benötigen, Ihr Anwalt kennt sich hier aus. 15 Minuten Pause, die Verhandlung wird um 10.45 Uhr fortgesetzt."
Dr. Lange versucht mich zu beruhigen: „Nehmen Sie das nicht so ernst, was der Staatsanwalt gesagt hat. Das sind Nebenkriegsschauplätze und das weiß er auch. Die wirklich entscheidenden Punkte sind die Aussagen Ihres Chefs und Ihres Arbeitskollegen Robert Graf. Wenn die beiden aussagen, dass Sie vorher angekündigt haben, den Moll zu beseitigen, dann haben wir keinen leichten Stand. An diesen beiden Aussagen kommt das Gericht nicht vorbei."
„Ich habe zu denen gesagt: ‚Ich möchte mich von Sascha trennen', aber doch niemals, dass ich ihn umbringen will."
„Das wissen Sie und ich. Es kommt jetzt bei den beiden Aussagen auf jede Silbe an. Was in den polizeilichen Vernehmungsprotokollen steht, hört sich nicht gut an."

„Wenn ich lebenslänglich einsitzen soll, sterbe ich lieber, das halte ich nicht durch."
„Immer mit der Ruhe! Ich bin ja auch noch da. Ich werde versuchen, die Aussagen zu erschüttern. Sabine, sagen Sie doch auch mal was, trösten Sie Ihren Lieblingsmandanten. Sie mögen ihn doch oder sollte ich mich da getäuscht haben?"
„Aber Herr Doktor Lange, wie meinen Sie denn das?"
„Sabinchen, Sabinchen, Sie werden ja noch rot. Sorgen Sie lieber dafür, dass unser Held hier nicht schlapp macht."
„Sie, Peter, wird der Richter jetzt vernehmen. Antworten Sie frei von der Leber weg. Ich kenne den Mohndorfer, der mag nichts Gekünsteltes. Vor allem aber, bewahren sie Ruhe, Aufgeregtheiten schaden uns nur."

Dr. Mohndorfer fragte mich nach der Pause: „Sie haben zeitweise mit dem Opfer in einer Hausgemeinschaft gelebt, oder besser gesagt Herr Moll lebte mit in ihrer Wohnung. Erzählen Sie dem Gericht mit Ihren Worten, wie das so abgelaufen ist."
Ich habe dem Richter präzise alle Details geschildert. Wie ich Sascha kennen gelernt habe, wie ich bemerkte, dass er drogensüchtig war, von der Teestunde bei Schwester Karina, von Hadamar und dem Odenwald, von Amsterdam, von meiner geplanten Reise nach Spanien, von Saschas Vergiftung, von dem Arm, den er dabei verloren hat, von meiner Geldnot und meinem Alkoholproblem.
Als ich geendet hatte, stellte der Richter fest: „Das Gericht hat keine weiteren Fragen an den Angeklagten. Wir machen Sitzungspause bis 14.30 Uhr. Danach gehen wir in die Beweisaufnahme. Herr Staatsanwalt Dr. Eichenwald, rufen Sie nach der Pause Ihren ersten Zeugen auf."

Nach der Pause ließ sich Staatsanwalt Dr. Eichenwald laut und deutlich vernehmen: „Ich rufe Herrn Eduard B. in den Zeugenstand."

In seiner Stimme lag dabei so etwas Triumphierendes, Siegessicheres. Mein alter Freund und Weggenosse nahm an dem kleinen Zeugentisch Platz und wurde vom Richter zur Person befragt und über seine Wahrheitspflicht belehrt.
„Bitte, Herr Staatsanwalt, Ihr Zeuge. Dem Gericht ist jedoch nicht klar, was der Zeuge hier aussagen soll."
„Herr Zeuge, berichten Sie dem Gericht bitte von der Beziehung zwischen dem Angeklagten und dem später von der spanischen Garde erschossenen Kellner Manuel Llancer. Sie waren doch im Sommer 1964 zusammen mit dem Angeklagten an der Costa Brava und haben das abnormale Verhältnis der beiden jungen Männer in dem spanischen Badeort Malpente de Mar hautnah miterlebt. Haben Sie damals schon gewusst, dass ihr Freund Gaus Männer bevorzugt? Und hatten Sie keine Angst, dass er auch Ihnen nachstellen könnte?"
Das war allerübelste Meinungsmache vom Staatsanwalt, damit wollte er mich gleich zu Prozessbeginn in eine Ecke drängen, in die ich nicht hineingehörte.
Eduard saß sprachlos auf seinem Zeugenstuhl und schüttelte den Kopf.
„Einspruch, Hohes Gericht! Was soll das?", rief Dr. Lange zornig in den Saal.
„Einspruch stattgegeben! Auch das Gericht kann nicht erkennen, was diese Frage mit unserem heutigen Prozess zu tun hat? Erläutern Sie bitte dem Gericht Ihre Absicht, Herr Oberstaatsanwalt. Warum fragen Sie den Zeugen B. nach Dingen, die mehr als zwanzig Jahre zurückliegen und mit dem aktuellen Fall nicht das Geringste zu tun haben. Es steht uns hier nicht an, die besonderen Neigungen des Angeklagten zu bewerten. Unterlassen Sie bitte derartige Griffe in die Mottenkiste der Vergangenheit. Das Gericht hat sich mit dem Vorleben des Angeklagten befasst, auch und gerade mit den von Ihnen hier angesprochenen Geschehnissen in Spanien. Die von uns befragten spanischen Behörden konnten absolut nichts

Nachteiliges über den Angeklagten berichten, er ist dort nie auffällig geworden. Das Gericht bedauert aufrichtig, dass die Ereignisse von 1966 hier angesprochen wurden. Der Angeklagte hat bei dem Vorfall seinen damaligen Lebengefährten verloren. Das war für ihn schmerzlich genug und verdient unseren Respekt, also, genug damit! Wenn die Staatsanwaltschaft sonst keine weiteren Fragen an den Zeugen B. hat, kann er den Zeugenstand verlassen. Herr Verteidiger, haben Sie Fragen an den Zeugen?"
„Nein, Herr Vorsitzender, ich habe keine Fragen an diesen Zeugen", ließ sich Dr. Lange vernehmen.
Eduard verließ den Zeugenstand und blickte achselzuckend in meine Richtung.
Ich war so erregt über diesen perfiden Angriff der Staatsanwaltschaft, dass mir mein Herz bis zum Hals schlug und ich anscheinend aschfahl im Gesicht geworden bin. Dr. Lange klopfte mir beruhigend auf die Schulter und Sabine reichte mir ein Glas Wasser. Der Richter, dem das nicht verborgen geblieben ist, fragte besorgt: „Angeklagter, benötigen Sie eine weitere Pause?"
„Nein, danke, es geht mir schon wieder besser."
„Wenn keine Pause benötigt wird, fahren wir mit der Zeugenvernehmung fort. Ihr nächster Zeuge, Herr Staatsanwalt."
„Ich rufe Herrn Heinrich Hamann in den Zeugenstand."
Hamann im Zeugenstand, die Spannung stieg. Die Medien hatten sich ausgiebig über die Bedeutung gerade seiner Aussage in Bezug auf die zu erwartende Strafzumessung ausgelassen. Im Grunde genommen brauchte er nichts mehr auszusagen. Jeder im Saal wusste inzwischen, was ich am Morgen des 20. November zu ihm gesagt hatte. Jetzt kam es nur noch darauf an, wie er meine Äußerungen wiedergeben würde.
Richter Mohndorfer belehrte auch ihn über seine Wahrheitspflicht, fragte ihn über unsere beiderseitige Zusammenarbeit aus und wie ich mich als Mitarbeiter der Firma verhalten hätte.

Hamann berichtete dem Gericht von loyaler Einstellung und von fachlicher Kompetenz.

„Bitte richten Sie Ihre Fragen an den Zeugen, Herr Staatsanwalt."

„Danke, Herr Vorsitzender. Herr Hamann, als Geschäftsführer einer Firma obliegt es Ihnen, neben dem Trachten nach geschäftlichem Erfolg, auch die Sorgfaltspflicht für Ihre Mitarbeiterrinnen und Mitarbeiter wahrzunehmen. Der Angeklagte hatte in Ihrem Unternehmen die Position eines …?"

„Verzeihung, Herr Staatsanwalt, das Unternehmen gehört mir nicht, ich bin selbst nur ein Angestellter."

Gelächter im Saal, der Richter gebot Ruhe.

„Verehrter Herr Zeuge, wie ich bereits ausgeführt habe, sind Sie Geschäftsführer. Der Angeklagte wurde von Ihnen als Betriebsleiter eingesetzt. Glauben Sie, dass Ihr Vertrauen in ihn gerechtfertigt war?"

„Wie darf ich diese Frage verstehen? Herr Gaus war … ist ein exzellenter Fachmann. Erst durch seine Fähigkeiten war es möglich, unsere Produkte so erfolgreich am Markt zu positionieren."

„Ich dachte dabei mehr an die zwischenmenschlichen Beziehungen, weniger an seine fachlichen Qualitäten."

„Wir haben in unserem Betrieb ein famoses Betriebsklima, das auch durch die besonderen Führungsqualitäten von Herrn Gaus …"

„Na also, genau das wollte ich doch von Ihnen hören, Herr Hamann."

„Was wollten Sie von mir hören? Ich verstehe kein Wort, Herr Staatsa…"

„Der Angeklagte kam doch speziell mit den jungen Männern im Betrieb besonders gut zurecht."

„Das habe ich mit keiner Silbe gesagt, Herr Staatsanwalt."

„Es dürfte einem so erfahrenen Mann wie Ihnen doch nicht entgangen sein, dass der Angeklagte homosexuelle Neigungen hat und sich die Gunst seiner männlichen Mitarbeiter zu

erschleichen versuchte. Kam es in der Firma zwischen dem Angeklagten und seinen Untergebenen zu Intimitäten? Ist Ihnen da wirklich nichts aufgefallen?"
Von der Verteidigerbank hörte man den erregten Doktor Lange rufen: „Einspruch, Herr Vorsitzender! Der Herr Staatsanwalt will den Zeugen Hamann zu einer Aussage verleiten, die so nicht bewiesen ist."
„Einspruch stattgegeben! Herr Dr. Eichenwald, mäßigen Sie sich. Fahren Sie bitte mit der Befragung fort."
„Also, anders gefragt, Herr Zeuge: Sie beschäftigen doch in der Firma auch eine Anzahl von jungen Männern. Hatten Sie nie Bedenken, dass sich der Angeklagte an die heranmachen könnte?"
„Erlauben Sie mal, wofür halten Sie unsere Firma? Im Übrigen gab es dazu keinerlei Anlass, ich habe uneingeschränktes Vertrauen zu Herrn Gaus, er ist mit seinen Untergebenen immer korrekt umgegangen. Hören Sie mit diesen unglaublichen Unterstellungen auf oder ich verlasse umgehend den Zeugenstand."
„Beantworten Sie ganz einfach nur meine Fragen, mehr nicht. Ist Ihnen bekannt, ob der Angeklagte eine intime Beziehung zu einem besonders hübschen Mitarbeiter unterhielt, einem gewissen Julian Sherman?"
„Ob Mister Sherman hübsch ist, kann ich nicht beurteilen, ich bevorzuge Frauen."
Erneutes Gelächter im Saal, selbst der Richter schmunzelte verhalten.
„Herr Zeuge, Sie wissen genau, was ich damit sagen will. Hatte der Angeklagte eine intime Beziehung mit diesem Mitarbeiter?"
„Fragen Sie ihn das bitte selbst. Zur Unternehmenskultur der Firma zählt Engagement und Kompetenz. Wir schnüffeln nicht im Privatleben unserer Mitarbeiter herum."
Große Klasse, 1:0 für Hamann! Das hat er wunderbar gemacht. Wie der dem arroganten Arschloch die Zähne gezeigt hat, hätte ich ihm gar nicht zugetraut. Der Oberstaatsanwalt aber ließ nicht locker.

„Herr Zeuge Hamann, hatte der Angeklagte ein Alkoholproblem?"
„Ja, zeitweise. Er ist durch seine erfolglosen Bemühungen, seinen Freund vom Heroin wegzubringen, alkoholabhängig geworden."
„Hatten Sie deswegen oft Streit mit ihm?"
„Nein, wir alle haben versucht, ihm zu helfen. Ich habe ihn zu einem mir bekannten Psychologen geschickt und das Honorar dafür gezahlt. Wir wollten einen wertvollen Mitarbeiter wie ihn nicht verlieren."
„Was genau wurde am Vormittag des 20. November 1985, also am Mordtag, zwischen Ihnen und dem Angeklagten bezüglich Sascha Moll gesprochen?"
„Herr Gaus war an diesem Morgen sehr erregt und hat einige unbedachte Äußerungen gemacht, was man halt manchmal so redet."
„Hat er dabei sein Arbeitsverhältnis gekündigt?"
„Nein, nicht direkt."
„Was genau hat er gesagt? Erinnern Sie sich gut, Herr Hamann, sagen Sie es dem Gericht genau so, wie Sie es bei der Kriminalpolizei zu Protokoll gegeben haben."
„Auf meine Vorhaltungen sagte er wörtlich: ‚Ich werde diese Gründe baldigst aus der Welt schaffen, das kann ich Ihnen versprechen.'"
„Danke, keine weiteren Fragen an den Zeugen."
„Herr Verteidiger?"
„Ja, ich habe Fragen an den Zeugen, Herr Vorsitzender."
„Bitte, Herr Verteidiger, Ihr Zeuge."
„Herr Hamann, Sie und der Angeklagte hatten doch richtig Streit an diesem Vormittag, das können Sie dem Gericht doch sagen."
„Ja."
„Und im Laufe dieses Streites haben Sie dem Angeklagten Vorwürfe gemacht, weil er öfter zu spät kam und zu viel getrunken hat, stimmt das bis hierher?"
„Ja, das stimmt, Herr Rechtsanwalt."

„Hat der Angeklagte Ihnen darauf wie folgt geantwortet, ich zitiere mit Erlaubnis des Gerichtes den genauen Wortlaut seiner Antwort: ‚Dafür hatte ich dringende persönliche Gründe. Ich habe mit Ihnen darüber gesprochen und mich entschuldigt. Ich stecke momentan in einer Krise. Sie haben bei unserem Gespräch damals Verständnis gezeigt, warum reden Sie plötzlich wieder ganz anders. Ich werde diese Gründe baldigst aus der Welt schaffen, das kann ich Ihnen versprechen.' Zitat Ende. Waren das nicht seine genauen Worte, Herr Zeuge?"
„Doch, Herr Verteidiger."
„Na also, im Zusammenhang betrachtet, ergibt die Antwort meines Mandanten einen ganz anderen Sinn. Er wollte seine Probleme in den Griff bekommen und nicht Sascha Moll umbringen, wie der Herr Staatsanwalt behauptet. Ich habe keine weiteren Fragen an den Zeugen. Danke, Herr Hamann."
Wieder ein kleiner Vorteil für uns. Hoffentlich geht es so weiter. Sabine lächelte mir aufmunternd zu und Dr. Lange zwinkerte in meine Richtung. Doch jetzt wurde Robert aufgerufen. Der ist nicht so clever wie der Hamann, dachte ich besorgt. Nach der vorgeschriebenen Belehrung durch den Richter begann der Staatsanwalt damit, meinen Arbeitskollegen und Freund Robert Graf systematisch dahin zu bringen, wo er ihn haben wollte, ihn zu Aussagen zu verleiten, die nur zu meinem Nachteil waren. Was ihm bei Hamann nicht gelungen ist, nämlich den Beweis zu erbringen, dass ich die Tat vorher geplant hatte, versuchte er nun, Robert in den Mund zu legen.
„Herr Graf, Sie gelten in der Firma als der Vertraute des Angeklagten, fast könnte man sagen, Sie sind mit ihm befreundet."
„Ich bin sein Stellvertreter. Wir kennen uns seit mehr als zwanzig Jahren. Ja, wir sind auch gute Freunde."
„Sprach der Angeklagte mit Ihnen über die Probleme, die sich wegen seiner ständig wechselnden Sexpartner ergeben haben?"
„Was soll die Frage? Peter war viele Jahre mit seiner Wanda zusammen, er hatte keine ständig wechselnden Partner."

„Herr Graf, Ihr Freund hatte doch ein Verhältnis mit dem jungen Herrn Sherman?"

„Na und? Das ist doch nichts Besonderes, viele Männer haben ..."

„Danke, Herr Zeuge, eine andere Frage. War Ihnen bekannt, dass der Angeklagte mir Sascha Moll liiert war, hat er mit Ihnen mal darüber gesprochen?"

„Wir haben täglich über so vieles gesprochen, da kann ich mich nicht so genau an Einzelheiten erinnern."

„Bitte doch etwas genauer, Herr Zeuge. War Ihnen bekannt, dass der Angeklagte mit seinem späteren Opfer eine homosexuelle Beziehung unterhielt? Hat der Angeklagte manchmal mit Ihnen über seine häufigen Schwierigkeiten mit dem drogensüchtigen Mann gesprochen?"

„Ja."

„Auch am Morgen des 20. November 1985?"

„Ja."

„Hatten Sie persönlich den Eindruck, dass der Angeklagte an diesem Morgen betrunken war?"

„Nein, diesmal nicht."

„Der Angeklagte ist also öfter betrunken zur Arbeit erschienen?"

„Ja, schon."

„Hat er Ihnen gesagt, warum er trinkt?"

„Du lieber Himmel, das wusste doch jeder. Der verdammte Junkie hat den Peter ausgenommen bis aufs Blut. Was hat der nicht alles getan, um den Kerl vom Heroin wegzubringen! Das war aber alles für die Katz, der hat fleißig weitergespritzt. Manchmal hat der Peter gesagt ..."

„Nur zu, Herr Graf, heraus damit! Was hat der Angeklagte denn gesagt?"

„Tja, was man halt so redet: ‚Wenn ich den Kerl doch nur los wäre.' Aber dann hat er sich wieder rührend um ihn gekümmert. Er hat ihn halt geliebt, er wollte mit ihm was Eigenes aufmachen, einen Laden, ein Lokal, was weiß ich."

„Wissen Sie noch genau, wann der Angeklagte zu Ihnen gesagt hat, dass er Herrn Moll gerne los wäre?"
„Nein. Meistens dann, wenn der mal wieder was angestellt hatte oder aus der Therapie abgehauen ist."
„Der Angeklagte hat also mehrmals Ihnen gegenüber geäußert, er möchte Herrn Moll loswerden?"
„Loswerden, ja, aber doch nicht umbringen! Man redet mal so etwas dahin, ohne groß nachzudenken. Ich sage ja auch manchmal zu meiner Frau: ‚Ich könnt dich uff de Mond ...'"
„Danke, Herr Zeuge. Die Bewertung der Aussagen müssen Sie schon dem Gericht überlassen und Ihre Eheprobleme interessieren hier niemanden."
Verdammt, verdammt! Diesen aalglatten Hund von Staatsanwalt haben wir alle unterschätzt und Robert, dieser einfältige Trottel, hat mich soeben erster Klasse beerdigt. Habe ich das wirklich zu ihm gesagt? Ich denke schon, bei ihm habe ich öfter mal Dampf abgelassen. Muss der das ausgerechnet hier breittreten? Aber so, wie der Staatsanwalt gefragt hat, blieb dem armen Robert gar nichts anderes übrig. Er hat es gut gemeint, mich aber ungewollt hineingeritten.
Die Gesichter von Dr. Lange und Sabine sprachen Bände. Das war noch nicht ausgestanden. Eichenwald bohrte weiter.
„Was geschah am 20. November vormittags, als der Angeklagte in die Firma kam? Erzählen Sie es dem Gericht, Herr Graf, Wort für Wort. Der Vorsitzende hat Sie ermahnt, uns hier die Wahrheit zu sagen."
„Er kam etwa eine Stunde später, sein Auto ist nicht angesprungen. Der Chef hatte schon nach ihm gefragt und ich habe ihn zu ihm geschickt."
„Wie lange war der Angeklagte bei Ihrem Chef, wissen Sie das noch?"
„Höchstens zehn Minuten, ich habe in seinem Büro auf Peter gewartet."
„Wissen Sie, ob die beiden gestritten haben?"

„Peter war sehr erregt. Er sagte, er habe vor, die Firma zu verlassen. Er packte bereits seine Sachen zusammen."
„Was war vorgefallen? Bitte jetzt ganz genau, Herr Zeuge."
„Das weiß ich nicht, ich bin doch nicht dabei gewesen."
„Aber er muss Ihnen doch was gesagt haben. Mit Ihnen, seinem Freund und Stellvertreter, hat er doch darüber gesprochen, oder?"
„Der Chef wollte ihn anscheinend rauswerfen, da ist er lieber von selbst gegangen. Peter ist ein sehr selbstbewusster Mann, der lässt sich von keinem was gefallen, nur bei Herrn Moll ist er immer schwach geworden."
„Herr Zeuge, was ist am Morgen des 20. November 1985 zwischen Ihnen und dem Angeklagten gesprochen worden, als er in die Firma kam? Satz für Satz will das Gericht jetzt von Ihnen hören. Oder soll ich Ihnen noch mal ins Gedächtnis rufen, was Sie bei der Kriminalpolizei zu Protokoll gegeben haben? Also bitte, Sie können Ihren Freund nicht schützen. Ich werde Ihre Vereidigung beantragen und auf Meineid steht Gefängnis."
„Ich versuche mich zu erinnern. Er kam so gegen halb neun oder doch später? Dreiviertel? Als ich Peter fragte, warum er zu spät käme, sagte er zu mir: ‚Bei mir ist alles okay, Robert. Mein Scheißauto ist wieder mal nicht angesprungen. Lothar hat mich abgeholt und mir Starthilfe geleistet. Die Kiste ist zwar noch nicht so alt, hat aber schon 200 000 Kilometer drauf. Die sollen mir endlich einen Neuen kaufen. Was will denn die Nervensäge von Chef?' Ich habe ihm geantwortet: ‚Keine Ahnung, vielleicht wegen der Messe in Moskau, die sind wieder zurück und haben allerhand Aufträge mitgebracht. Leg' dich bitte nicht mit ihm an, der schmeißt dich sonst noch raus.' Darauf Peter ganz stolz: ‚Nur zu, ich gehe sowieso bald weg hier. Erst werde ich meinen Junkie observieren und dann ab nach Amsterdam, mein Freund Jan Koistra besorgt mir dort einen neuen Job.' Das ist alles, Herr Staatsanwalt, mehr weiß ich nicht."
„Na also, es ging doch, Herr Zeuge. Hohes Gericht, ich bitte den Zeugen Graf zu vereidigen."

„Herr Verteidiger, Ihr Zeuge."
„Danke, Herr Vorsitzender, ich habe keine Fragen an den Zeugen."
Richter Mohndorfer: „Dann werden wir den Zeugen Graf noch vereidigen und unterbrechen die Sitzung bis morgen früh 9.30 Uhr."

„Wundern Sie sich nicht, Peter, wenn ich Ihren Freund nicht befragt habe, so aufgeregt, wie der war, hätte er Sie nur noch tiefer hineingeritten", bemerkte Rechtsanwalt Lange nach der Verhandlung. Er hatte beim Richter noch Zeit für eine kurze Unterredung mit mir erwirkt und wir saßen zusammen mit Sabine in dem kleinen Nebenraum.
„Allem Anschein nach haben wir soeben den Prozess verloren. Aus dem Totschlag wird nun nichts mehr, die gehen pfeilgerade auf Mord los. Sie hätten mir das sagen müssen, das mit dem „Abservieren". Erinnern Sie sich ganz genau, ob Sie das wirklich so gesagt haben?"
„Wir haben so vieles miteinander gesprochen. Robert war der Einzige, mit dem ich überhaupt über diese Dinge reden konnte. Sicher habe ich manchmal auf Sascha geschimpft und wäre ihn gern los gewesen. Dann haben wir uns wieder vertragen und er tat mir so Leid. Aber ich wollte ihn nicht umbringen. Herr Doktor Lange, helfen Sie mir, bitte! Lebenslang ins Gefängnis, das stehe ich nicht durch."

***

Freitag, 8. Mai, 10 Uhr, Termin der Urteilsverkündung. Wieder war der große Sitzungssaal bis auf den letzten Platz besetzt. Viele neugierige Menschen, die keine Plätze bekommen hatten, sind frustriert wieder nach Hause gegangen. Die Presse überschlug sich in den letzten Tagen mit Spekulationen über die Höhe des zu erwartenden Strafmaßes. Ich muss jedoch ein-

räumen, seit der Veröffentlichung einer Stellungnahme der Streetworker vom E 45 sind die Zeitungsberichte objektiver geworden. Die vergangenen Prozesstage brachten keine neuen Erkenntnisse, die Würfel waren bereits in der ersten Sitzung bei den Aussagen von Herrn Hamann und Robert gefallen. Da halfen auch die vielen Entlastungszeugen nichts mehr, die Dr. Lange für mich in die Schlacht geworfen hatte. Allesamt bestätigten sie dem Gericht, dass ich kein gewalttätiger Mensch sei, nur ein Träumer, der seinem Traum vom „anderen Leben" seit vielen Jahren hinterherlief, ihn aber nie zu fassen bekam. Eine tragische Gestalt, die besser zwischen die Seiten eines Romans gepasst hätte, als in die raue Wirklichkeit. Aber ich war vor dem Gesetz schuldig an Saschas Tod. Ob es Dr. Lange gelungen war, mit seinem geschliffen vorgetragenen und rhetorisch exzellent abgefassten Plädoyer das Ruder zu meinen Gunsten herumzuwerfen, das Gericht vom „Totschlag" zu überzeugen, galt es, abzuwarten. In wenigen Minuten würden wir eine Antwort auf diese entscheidende Frage erhalten. Das Plädoyer des Staatsanwaltes enthielt, wie nicht anders zu erwarten, eine Serie von Unterstellungen und Anzüglichkeiten.
Aber nicht die Plädoyers werden vom Gericht gewürdigt, sondern Tat und Täter werden be- bzw. verurteilt. So unterschiedlich wie ihre Plädoyers, waren auch ihre Anträge für das Strafmaß. Rechtsanwalt Dr. Friedrich Lange beantragte in Anbetracht der besonderen Umstände, das Gericht möge auf Totschlag im Affekt erkennen und die Strafe auf fünf Jahre Haft festsetzen. Der Vertreter der Anklage, Oberstaatsanwalt Dr. Eichenwald, forderte vom Gericht die Höchststrafe, lebenslange Haft und Aberkennung der bürgerlichen Ehrenrechte auf Lebenszeit. Von seinen Gründen, Mord aus niedrigen Beweggründen, ließ er sich nicht abbringen.
Das letzte Wort hat bekanntlich der Angeklagte. Als der Vorsitzende Richter Dr. Mohndorfer mich dazu aufforderte, habe ich um „Gerechtigkeit und Milde" gebeten.

Das war gestern. In den heutigen Presseberichten gaben sich die Klatschreporter schon zahmer, waren dabei, zu begreifen, dass hier ein Mensch in eine Situation geraten ist, bei deren Bewertung man nicht nur einfach schwarz oder weiß sagen konnte. Die vielen grauen Zwischentöne gaben den Ausschlag. Hatte gestern noch so mancher von ihnen eine harte Strafe für den Strichermörder von Niederrad verlangt, mehrten sich heute die Stimmen, die ein mildes Urteil forderten.

Gespannt blickte ich, eingerahmt von meinen beiden „Bodyguards", auf die kleine Tür hinter dem Richtertisch. Noch zehn Minuten! Ich war kurz vorm Zerplatzen. Dr. Lange und Sabine waren noch nicht eingetroffen. Ein kleiner Ausgleich bei all den Ungereimtheiten dieser Verhandlung war, wie ungnädig der Vorsitzende Richter Saschas Mutter abgefertigt hatte. Vom Staatsanwalt als Belastungszeugin in den Zeugenstand gerufen, gab sie die treusorgende Mutter. Sie bemühte sich, meine Anstrengungen um ihren Sohn als rein von sexueller Lust geprägt abzuqualifizieren. Der Richter hörte sich ihr bösartiges Gerede eine Zeitlang an, wies sie danach aber mit den Worten zurecht: „Wenn Ihnen Ihr Sohn so viel bedeutet hat, warum haben Sie sich so wenig um ihn gekümmert? Sie haben ihn aus Ihrem Haus vertrieben und andere Menschen für ihn sorgen lassen. Schämen Sie sich! Statt hier den Angeklagten zu beschimpfen, sollten Sie lieber in sich gehen. Herr Staatsanwalt, auf diese Zeugin kann das Gericht verzichten."

Im Zuschauerraum war bei den Worten des Vorsitzenden zum ersten Mal so etwas wie beifälliges Gemurmel zu hören gewesen und ich bildete mir ein, einige Zuschauer hätten mir freundlich zugenickt.

Schlag 10 Uhr, der Vorsitzende Richter, begleitet von seinen Richterkollegen und den beiden Laienrichtern, betrat den Sitzungssaal. Sie nahmen am Richtertisch Platz. Bevor die drei Berufsrichter ihre Käppis aufsetzten und sich zur Urteilsverkündung erhoben, ein Stoßgebet: „Lieber Gott, mach bitte, dass es gut ausgeht!"

Dr. Lange bedeute mir durch ein Kopfnicken, aufzustehen, und Sabine lächelte mich ermunternd an. Mir zitterten die Knie, wie durch eine Wolke vernahm ich die Stimme des Vorsitzenden.

„Im Namen des Volkes ergeht folgendes Urteil: Der Angeklagte Paul-Peter Gaus wird wegen Mordes an dem Verkäufer Sascha Moll zu lebenslanger Haft und Aberkennung der bürgerlichen Ehrenrechte auf Lebenszeit verurteilt. Die Kosten des Verfahrens trägt der Angeklagte. Nehmen Sie bitte Platz zur Urteilsbegründung."

Ein Raunen ging durch den Saal, teilweise ungläubige Gesichter. Richter Mohndorfer streng und angespannt: „Bitte Ruhe! Das Gericht ist bei der Festsetzung des Strafmaßes davon ausgegangen, dass der Angeklagte schon längere Zeit mit dem Gedanken befasst war, sich von seinem späteren Opfer zu trennen. Das Gericht kam dabei zu der Überzeugung, der Angeklagte hat billigend in Kauf genommen, diese Trennung notfalls auch mit Gewalt zu vollziehen, also auch durch Tötung von Sascha Moll. Der Verteidigung ist es nicht gelungen, diese Überlegungen auszuräumen, daher konnte das Gericht nicht auf Totschlag im Affekt erkennen. Die Aussagen der Zeugen Hamann und Graf sprachen eindeutig für die Argumente des Gerichtes. Den Beweis, dass der Mord aus niedrigen Beweggründen ausgeführt wurde, konnte wiederum die Staatsanwaltschaft nicht eindeutig genug führen. Das Gericht hält dem Angeklagten zu Gute, dass er aus Wut und Enttäuschung gehandelt hat. Diese Überlegung ist für die Festsetzung des Strafmaßes jedoch nicht relevant, Mord bleibt Mord, hat aber einen positiven Einfluss auf eine eventuelle spätere Begnadigung. Die nach gängiger Rechtsprechung so genannte „Rechtsfolgenlösung" konnte in unserem Fall nicht angewendet werden. Sie soll in Ausnahmefällen, insbesondere bei so genannten „Haustyrannenmorden", in denen z. B. eine Frau sich nicht mehr anders zu helfen weiß, als ihren Mann zu töten, eine im Gesetz eigentlich nicht vorgesehene Strafmilderung nach § 49

StGB bewirken. Damit droht ihr nur noch eine Freiheitsstrafe zwischen drei und 15 Jahren. Der Angeklagte war mit dem Opfer nicht in ehelicher Gemeinschaft verbunden, also ist dieser Paragraph nicht anwendbar, zumal, und das ist der wichtigste Gesichtspunkt überhaupt, der Angeklagte hätte sich jederzeit von Sascha Moll zurückziehen können. Er hatte seinem Opfer gegenüber keinerlei Verpflichtungen, auch keine moralischen. Der Angeklagte hat, im vollen Wissen um die Problematik mit suchtkranken Personen, an seinem Freund festgehalten und versucht, diesen auf den rechten Weg zu bringen. Zu klären, ob das aus Liebe oder sonstigen Gründen geschehen ist, konnte nicht Aufgabe dieses Gerichtes sein, ist auch für die Bewertung der Tat nicht entscheidend. Die Tragik dieses Falles liegt in der Gleichgültigkeit der Gesellschaft gegenüber menschlichen Schicksalen wie diesem. Gegen dieses Urteil kann binnen zwei Wochen beim Bundesgerichtshof oder bei der Geschäftsstelle dieses Gerichtes Einspruch bzw. Berufung eingelegt werden. Die Sitzung ist geschlossen."
Fotografen, Blitzlichter, laute Diskussionen unter den Zuschauern. Ein Blick zu meiner Mutter, die in der zweiten Reihe der Zuschauerbänke saß. Ich sah ihr verhärmtes Gesicht und wusste, sie traf dieses Urteil noch härter als mich. Sie hatte soeben auch ein Kind verloren. Ich bin nicht tot wie Sascha Moll, nein, ich musste nur für den Rest meines Lebens hinter Gittern verschwinden. Unerreichbar für meine Mutter. Bei all ihren künftigen Besuchen würde es keine Berührungen, keine zärtlichen Umarmungen mehr geben. Und als ob ich für diesen Tag nicht schon genug Unglück erlebt hätte, das leise gehauchte „Ciao, Peter" von Sabine gab mir den Rest. Keine Geste des Bedauerns, kein Mitleid. Sie hat sich nicht einmal umgedreht und ich habe sie nie mehr wiedergesehen.

***

Einige Wochen später saß ich, ausgenommen an den Wochenenden, acht Stunden täglich an einer *Cornely Muschelstichmaschine* und endelte Bademattten ein. Immer die gleiche stupide Tätigkeit: Matte aufnehmen, Nähfuß lüften, tuck-tuck-tuck, warten, bis die Matte eingesäumt war, und das Ganze wieder von vorne. Nur unterbrochen vom Wechseln der Stickfäden, wenn eine andersfarbige Serie Matten kam.

Nur ganz langsam gewöhnte ich mich an den Alltag in der JVA Hohenfels. Vorbei waren die Privilegien der U-Haft in Höchst. Zivilkleider, feines Essen aus dem Restaurant, jeden Tag im Kiosk einkaufen, nichts mehr von alldem. Dabei galt Hohenfels mit seinen etwa 180 Insassen, inmitten des oberhessischen Mittelgebirges gelegen, noch als „Sanatorium" unter den JVAs, kein Vergleich zu den Strafvollzugsfabriken Butzbach, Kassel oder Dieburg.

Wer letztlich daran gedreht hat, dass ich hierher überstellt wurde, ist mir nicht bekannt, ich nehme aber an, Richter Mohndorfer hat da etwas nachgeholfen. Mir war das egal, ich war fertig mit dem Leben. Ich wurde hochgradig depressiv und hätte eigentlich in ärztliche Behandlung gehört.

Vor wenigen Monaten bin ich 46 Jahre alt geworden, eingedenk aller persönlichen Rückschläge, hatte ich mir bisher immer meinen persönlichen Freiraum bewahren können. Ich hatte mich zum Betriebsleiter hochgearbeitet, hatte eine schöne Wohnung besessen, war im Freundeskreis anerkannt. All das war hier im Knast nichts mehr wert. Hier konnte mir jeder Depp sagen, was ich zu tun oder zu lassen hatte. Nicht, dass ich je hochnäsig gewesen wäre, aber unter den Demütigungen, denen ich im Knast täglich ausgesetzt war, habe ich sehr gelitten. Mir gehörte nichts mehr, ich hatte keine Intimsphäre, war in kein soziales Netz mehr eingebunden, besaß nur noch sehr begrenzte Bürgerrechte, war eine Null.

Einen Tag nach der Urteilsverkündung wurde ich nach Hohenfels überstellt. Die Anspielungen bei der Aufnahme möchte

ich mir schenken. Mir eilte der Ruf voraus, ein „Warmer" zu sein. Dementsprechend sind die Witze und Schmähungen der Justizvollzugsbeamten und ihrer Helfer ausgefallen.
Am frühen Vormittag, kurz vor dem Transport, kam noch einmal mein Anwalt Dr. Lange zu mir in die Zelle und fragte wegen der Berufung nach.
„Sehen Sie denn eine Chance, Herr Doktor Lange?"
„Um ehrlich zu sein, nein. Richter Mohndorfer hätte Sie beim geringsten Zweifel nur wegen Totschlags verdonnert, aber er hat nach den Aussagen Ihrer Freunde aus der Firma keine Möglichkeit dazu gehabt. Gestern rief er mich an und bedauerte das harte Urteil. Sie haben ihm Leid getan, Peter."
„Das hilft mir nun auch nicht weiter, ist aber schön, zu hören. Verzichten wir auf die Revision, ich habe keine Kraft mehr. Ich will nur noch meine Ruhe."
„Überlegen Sie in aller Ruhe, wir haben noch zwei Wochen Zeit."
„Ihre Rechnung, Herr Doktor …"
„Wird von Hamann bezahlt. Sie können das mit gutem Gewissen annehmen, auch die Begleichung der Gerichtskosten durch ihn. Die Firma hat jahrelang von Ihren Ideen profitiert, machen Sie sich darüber keine Gedanken. So bleibt Ihnen wenigstens noch etwas Geld, wenn Sie irgendwann einmal entlassen werden."
„Daran kann ich momentan gar nicht denken."
„Es klingt vielleicht zum jetzigen Zeitpunkt etwas makaber, aber alles im Leben geht einmal zu Ende. Machen Sie's einstweilen gut, wir bleiben in Kontakt. Wenn ich Ihnen bei irgendwas helfen kann, melden Sie sich, Peter. Bitte, keine Scheu, ich bin immer für Sie da."

***

„Wir legen Sie in die Zelle zu Harald Krüger. Das ist ein harter Hund, also Vorsicht. Er hat seinen Vater und seine

Frau beim Ehebruch erwischt und beide mit der Axt erschlagen", kündigte mir der Anstaltsleiter, Herr Direktor Stolpe, mein neues Quartier an.
„Sie werden es als Homosexueller hier bei uns schwer haben."
„Ich habe es langsam satt, das immer wieder zu hören."
„Unser Oberwachtmeister Kramer wird Sie in Ihre Zelle bringen. Vorher gebe ich Ihnen noch ein paar Merkblätter bezüglich der Bestimmungen für Besuchszeiten, Paketsendungen oder Geldanweisungen mit, die können Sie Ihren Angehörigen schicken. Wie alles hier läuft, den Arbeitseinsatz, Essenszeiten und dergleichen, bekommen Sie im Laufe der Zeit schon mit."
Der wortkarge Oberwachtmeister Kramer brachte mich in die Zelle. „Setze Se sich dohie, der Krüger is noch auf Arbeit, der kimmt gleich. Der secht Ihne dann schon, was für e Bett Sie nemme könne. Mir mische uns do net oi."
Da saß ich nun und wartete auf meinen Zellengenossen. Die Zelle, mein künftiges „Zuhause", war gemütlicher eingerichtet als die U-Haft-Zellen in Höchst. Zwei Pritschen, zwei Spinde, ein großer Tisch, zwei Stühle, ein Regal mit Geschirr, Büchern, Fernsehgerät, Radio. Das gehört sicher alles diesem Krüger, dachte ich mir beim Betrachten der Zelleneinrichtung. Separat, durch Trennwände abgeteilt, ein kleineres Waschbecken und die Toilette. Mal sehen, was Krüger für einer ist. Wir werden uns zusammenraufen müssen. Inzwischen kann ich mir schon mal die Merkblätter ansehen.

Unsere Besuchszeiten

Dienstag	15.30–18.00 Uhr
Mittwoch	8.00–15.30 Uhr
Donnerstag	12.00–17.30 Uhr

Besuchstermine müssen rechtzeitig vorher telefonisch unter der Nummer (0 62 22) 995-38, werktäglich in der Zeit von 15 – 20

Uhr angemeldet werden. Die Besucherzahl ist grundsätzlich auf maximal drei Personen (inkl. Kinder) beschränkt. Für Gefangenenbesuche letzter Einlass jeweils 45 Minuten vor Besuchszeitende. Die vereinbarten Termine sind zeitlich zwingend einzuhalten, da ansonsten der Besuch nicht fristgerecht durchgeführt werden kann. Bei Nichteinhalten der zeitlichen Vorgaben kann der Besuch an diesem Tag nicht durchgeführt werden und entfällt.

Merkblatt für den Paketempfang
Nach Nr. 39 UVollzO, § 33 StVollzG und VV sowie HAB zu § 33 StVollzG darf der Gefangene jährlich vier Pakete empfangen und zwar:

Jahrespaket:	Gewicht bis 3 kg
	oder Ersatzeinkauf bis 100 DM
Osterpaket:	Gewicht bis 3 kg
	oder Ersatzeinkauf bis 100 DM
Weihnachtspaket:	Gewicht bis 5 kg
	oder Ersatzeinkauf bis 120 DM
Zugangspaket:	Gewicht bis 2 kg
	oder Ersatzeinkauf bis 50 DM

Das Oster- oder Weihnachtspaket soll innerhalb von zwei Wochen vor bzw. nach dem Ereignis in der Justizvollzugsanstalt eingehen. Der Zeitpunkt des Jahrespaketes ist frei wählbar. In diesen Paketen sind nur bestimmte Nahrungs- und Genussmittel erlaubt: haltbare Nahrungsmittel (Wurst, Schinken, Hartkäse), Nüsse ohne Schale, Schokolade ohne Füllung, Zigaretten, Tabak, Zigarettenhülsen, Zigarettenblättchen.

Eine halbe Stunde später betrat ein großer, kräftiger Mann die Zelle. Er mochte etwa 30 Jahre alt sein. Blondes, gescheiteltes Haar, bullige Gestalt, lustiges, offenes Gesicht. Gar keine so üble Erscheinung.

„Hallo, ich bin der Harald. Am besten, du nimmst das untere Bett. Aber nicht in die Bettwäsche wichsen, das haben die hier nicht so gerne. Wenn du dir einen von der Palme schütteln willst, gehst du hinter die Wand. Das mach' ich genauso. Es heißt zwar immer, die tun was ins Essen, dass wir nicht geil werden, aber davon merke ich nix."
Ja, was sollte ich zu dieser Begrüßung sagen? Mir fiel nur ein, zu murmeln: „Hallo, ich bin Peter."
„Ja, ja, ich weiß, wer du bist. Du hast deinen Freund ins Jenseits befördert und du bist schwul. Lass dir nicht einfallen, mich anzubaggern, ich schneid' dir sonst die Eier ab."
Jetzt muss ich sofort für Klarheit sorgen, sonst buttert mich dieser unverschämte Kerl noch unter. Ich nahm all meinen Mut zusammen. Auf einen groben Keil gehörte ein grober Klotz.
„Da brauchst du keine Angst zu haben, du Bauernlackel bist nicht mein Typ. Dich könnte man mir nackt auf den Bauch binden, ich brächte keinen hoch."
Er lachte: „Das war jetzt aber gut gekontert, du gefällst mir! Du bist gar kein so feiner Pinkel, wie die Zeitungen geschrieben haben. Setz' dich her, jetzt rauchen wir erstmal eine Selbstgedrehte und trinken eine Bombe miteinander. Dann erzählst du mir von dir."
„Was bitte ist eine Bombe?"
„Ach, ihr Neuen! Euch muss man aber auch alles beibringen. Hör zu und merk dir unseren Knast-Jargon, ohne den kommst du hier nicht aus."
In diesen ersten gemeinsamen Minuten wurde eine Freundschaft fürs weitere Leben geschlossen, wir wären im Laufe der Jahre jeder für den anderen durchs Feuer gegangen. In den folgenden Wochen richteten wir unsere Zelle ein wenig nach unserem Geschmack ein, mussten dabei jedoch die bestehenden Vorschriften beachten. So lange Harald allein in dem relativ kleinen Raum war, hatte er sich ausbreiten können. Aber nun, bei doppelter Belegung, wurde es enger und wir mussten uns arrangieren.

Wenige Tage vor Ablauf der Widerspruchsfrist fragte Rechtsanwalt Dr. Lange telefonisch nach, wie ich mich entschieden hätte, ob er wegen des Urteils Revision beim Bundesgerichtshof einlegen sollte? Ich habe mich dagegen entschieden, nicht noch einmal wollte ich durch diese Hölle gehen. Nicht noch einmal sollte die Presse ihre Schmutzkübel über mich und meine Familie ausschütten dürfen. Ich wollte mir und den Eltern die Berufung nicht mehr zumuten. Nach seiner Ansicht gab es sowieso keine Chance, mein Strafmaß dadurch zu verkürzen.

Hier im Knast fand ich Zeit zum Nachdenken. Einen Menschen zu töten, ist die eine Sache, dafür zu büßen, die andere. Ich war mir nicht mehr ganz so sicher, ob ich Sascha erwürgt hatte, weil er mich an dem bewussten Morgen provoziert hatte, oder habe ich Sascha Moll nicht doch getötet, alttestamentarisch getötet, „Auge um Auge, Zahn um Zahn", weil ich glaubte, es tun zu müssen. Er war auf dem Weg dazu, mein Leben zu ruinieren, da habe ich ihm seines vorher genommen. Für alles im Leben gibt es Zeiten. Zeit, um gezeugt und geboren zu werden, Zeit die Liebe zu spüren, Zeit zu leben, Zeit zu sterben. Für mich war nun die Zeit der Buße gekommen. Buße zu tun für Saschas Tod und meine Vorstellung von einem „anderen Leben".

Ich habe Dr. Lange abgesagt und er hat meine Entscheidung „weise" genannt. Die Wochen gingen dahin, ich lebte mich ganz langsam ein, meine anfänglichen Depressionen verschwanden so nach und nach, ein Mensch gewöhnt sich eben an alles. Sogar in einer winzigen Gefängniszelle kann man so etwas wie ein Stück Heimat finden. Harald half mir beim Etablieren. Ohne ihn hätte ich das nie geschafft. Er schützte mich vor den Anfeindungen der Mithäftlinge, denen ich als vermeintlicher „Schwuli" permanent ausgesetzt war. Wenn mich einer dumm anmachen wollte, blickte Harald nur in seine Richtung und schon war Ruhe.

Als meine Mithäftlinge im Laufe der Zeit feststellten, dass ich gar nicht so war, wie sie annahmen, akzeptierten sie mich als einen der ihren. Inzwischen hatte ich mit dem Arbeiten begonnen. Ich wurde zufriedener, die Arbeit brachte eine gehörige Portion Abwechslung in mein Leben. Aber auch hier wieder Vorschriften über Vorschriften. Harald half mir dabei, selbst mit diesem Kram fertig zu werden.

***

Stunden, Tage, Wochen, Monate, Jahre. Die Zeit im Gefängnis vergeht träge und schleichend. Jeden Tag die gleichen Handgriffe, die gleiche Regelmäßigkeit, die gleichen Prozeduren.

6 Uhr	wecken, anschließendes Frühstück auf der Zelle
7–12 Uhr	Arbeit in den Arbeitsbetrieben
12–13 Uhr	Mittagessen auf der Zelle
13–16 Uhr	Arbeit in den Arbeitsbetrieben
16–17 Uhr	Hofgang
17 Uhr	Abendessen auf der Zelle
bis 21 Uhr	Aufschluss, eventuell Freizeit-/Gesprächsgruppe
ab 22 Uhr	Nachtruhe

Nur manchmal unterbrochen von den Besuchen meiner Eltern. Zu Beginn der Haftzeit noch einige Briefe von ehemaligen Bekannten oder mir völlig fremden Menschen, denen mein Schicksal nahe gegangen war, später nichts mehr. Mir ist nichts mehr geblieben, als die trostlose Leere der JVA Hohenfels. Meine früheren Träume und Sehnsüchte endeten in diesen Mauern. Das Leben im Gefängnis ist ein Leben in einer anderen Welt, einem eigenen kleinen Kosmos. Dinge, die draußen im täglichen Leben kaum eine Bedeutung haben, die man in der Hek-

tik des modernen Alltags als selbstverständlich betrachtet, bekommen hier einen ganz besonderen Stellenwert. Ein Brief, ein Paket oder auch kein Brief oder kein Paket lösen Gefühle und Emotionen aus, von denen ich jahrelang nicht ahnte, dass sie überhaupt in mir schlummerten. Wahrscheinlich nirgendwo auf der Welt ist ein solches Potenzial von empfindsamen und doch so maßlos egoistischen Individuen auf engstem Raum versammelt, wie hinter den Mauern einer Haftanstalt. Harte Kerle, die ohne Reue und Gewissen in ihrem vorherigen Leben einen Menschen erschlagen, geschändet oder vergiftet haben, werden zu heulenden kleinen Kindern. Allein die Tatsache, dass sie niemand besucht, sie keine Post bekommen oder die Ehefrau sich scheiden lassen möchte, lösen in ihnen Reaktionen aus, von denen sie nie eine Ahnung hatten.
In dem begrenzten Lebensraum einer Haftanstalt werden ungeheuer komplizierte zwischenmenschliche Beziehungen geknüpft oder tödliche Feindschaften provoziert, die ein ganzes Gefängnisleben lang bestehen bleiben. Da werden lächerliche Besitzstände gehütet und, wenn es sein muss, bis aufs Blut verteidigt. Keinem würde es in der Freiheit einfallen, einem Aschenbecher oder einer zweiten Kaffeetasse eine solch hohe Bedeutung beizumessen, wie es Gefangene in der Haft tun. Manchmal konnte ich mich des Eindruckes nicht erwehren, ich befände mich unter einer Horde von Steinzeitmenschen und die Evolution beginne noch einmal von vorn. Im Laufe der Jahre wurde ich selbst ein Mitglied dieser Horde. Ich bemühte mich, das Beste aus der Situation zu machen, habe viel gelesen und Sport getrieben, habe versucht, mich körperlich und geistig fit zu halten. Damals aber begannen bereits die Probleme mit meinem Reizmagen.

Eines Abends, so nach etwa zwei, drei gemeinsam verbrachten Jahren, saßen Harald und ich in unserer Zelle und spielten Mau-Mau. Harald schien nicht konzentriert zu sein, ich

gewann jedes Spiel. Ich sah ihm an, dass ihn irgendetwas beschäftigte. Harald, sonst nicht der Hellste, verstand auf seine einfache Art sehr viel vom Leben und den Menschen, ich konnte mich gut mit ihm unterhalten.
„Bedrückt dich irgendwas, Harald? Du bist den ganzen Abend schon so schweigsam."
„Mir will das nicht aus dem Kopf gehen, was du am ersten Tag zu mir gesagt hast: ‚Da brauchst du keine Angst zu haben, du Bauernlackel bist nicht mein Typ.' Bin ich wirklich so abstoßend für dich?"
„Du willst mich doch jetzt nicht ernsthaft anmachen, Harald?"
Er, lauthals lachend: „Nein, du alter Spinner! Ich frage mich nur die ganze Zeit, ob das wirklich so ist, wie ich gedacht habe. Ich war immer der Meinung, ihr Schwulen seid scharf auf jeden Schwanz, den ihr bekommen könnt, aber du bist gar nicht so."
„Bist du früher jedem Rock hinterher gerannt, nur weil du mit seiner Trägerin pennen wolltest? Da spielen doch noch andere Dinge eine Rolle, da gibt es doch noch mehr: Sympathie, Zuneigung, Vertrauen und Liebe."
Er, jetzt nachdenklich: „Ja, das stimmt, deshalb war ich ja so enttäuscht von dem Luder. Bei der erstbesten Gelegenheit ist meine Alte zu meinem Vater unter die Bettdecke gekrochen. Da gab es für mich nichts zu überlegen. Her mit der Axt und drauf!"
„Würdest du das heute wieder tun?"
„Jederzeit. Aber noch mal wegen euch Typen: Kann man als Mann wirklich einen Mann lieben und trotzdem auch mit Weibern schlafen? Ich kann mir das nicht vorstellen, PP."
„Doch, Harald, es geht. Das eine hat mit dem anderen nichts zu tun. Ich schlafe gern mit Frauen, ich habe das immer sehr genossen. Mit einem hübschen Jungen ins Bett zu gehen, hat mir genauso viel Spaß gemacht. Das ist eben was ganz anders, das kann man nicht miteinander vergleichen. Die meisten Leute denken, wir Homo- und Bi-Männer sind Schweine, wir

treiben Dinge miteinander, die ein normaler Mann nicht macht. Harald, was ist schon normal? Ein ästhetischer Männerkörper ist ganz einfach schön und es bereitet mir Lust, ihn anzufassen, das ist doch keine Sauerei."
„Der da oben auf dem Bild, war das einmal dein Freund?"
„Ja, vor mehr als zwanzig Jahren haben wir eine wunderschöne Zeit gehabt."
„Er ist wirklich ein hübscher Bursche, wenn ich das mal so sagen darf."
„Ach, Harald, im Kittchen haben sie schon so manchen umgedreht. Pass nur gut auf dich auf! Bleib lieber so, wie du bist, das passt besser zu dir."
Er, jetzt wieder laut lachend, antwortete darauf: „Mach dir nur keine falschen Hoffnungen!"

***

Ich möchte, am Ende der Erzählung über mein „geteiltes Leben" angekommen – im letzten Kapitel geht es um den schönen Traum eines todkranken, sterbenden Mannes –, nicht sentimental werden. Aber bei der Prognose „lebenslängliche Haft" kommt nicht mehr viel, da ist nichts mehr zu erwarten. 1960 bin ich als junger Bursche aufgebrochen, um die Welt zu erobern. Ich glaubte im Überschwang der Gefühle, die nur der Jugend eigen sind, ihr meinen Stempel aufdrücken zu können. Was ist aus dieser Absicht geworden? Was habe ich erreicht? Nichts.
Ich bin beim Versuch gescheitert, für mich und meine Männer einen eigenen Weg des Zusammenlebens zu finden. Ich habe gramgebeugte Eltern zurückgelassen, die sich nie mehr wieder von dem Schock „Unser Sohn ist ein Mörder" erholen werden. Ich werde von Bekannten und Verwandten als exzentrischer Außenseiter und Verbrecher verachtet. Für meine Freunde aus Kindertagen bin nicht mehr erreichbar. Meine Kumpels bei

den „Schwarzwald-Freunden" und die Reiterkameraden werden mich bald vergessen haben. Die Firma hat mich in einer staubigen Personalakte abgelegt, Robert macht jetzt den Betriebsleiter und sie produzieren ihre Geräte auch ohne mein Zutun. Wanda, verheiratet mit einem anderen Mann, ist nicht mehr für mich da. Manuel ruht seit vielen Jahren in seinem spanischen Grab. Julian ist in den USA hoffentlich eine glückliche Beziehung mit einem neuen Partner eingegangen. Sascha, so hoffe ich wenigstens, findet in jener anderen Welt seinen Frieden. Ich selbst bleibe voraussichtlich bis zum Lebensende hier in Hohenfels weggesperrt. Ein bitteres Schicksal, welches mir unser Schöpfer da auferlegt hat. Und doch sind mir draußen, in jener besseren Hälfte meines Lebens oft, sehr oft sogar, glückliche und unvergessliche Stunden vergönnt gewesen. Keine davon möchte ich je missen, von ihnen werde ich in dieser tristen, unwirtlichen Gefängniswelt noch lange zehren können.

*****

1. Dezember 2002

JVA Kassel I Krankenstadion

PP ist wieder auf der Krankenstation in Kassel. Ein schwerer Rückschlag. „Metastasen in Leber und Lunge", hat der Arzt gesagt.
Die vorzeitige Entlassung ist durch, aber PP ist zu krank für ein selbstständiges Leben in der Freiheit. Wo soll er hingehen? Wer soll ihn bei sich aufnehmen und pflegen? Wie soll er sich als todkranker Mann draußen zurechtfinden? Er will im Knast sterben, nicht irgendwo in einem Heim oder Krankenhaus, wo er niemanden kennt.
Zu seiner Familie kann er nicht. Sein Vater, selbst alt und krank, ist auf fremde Hilfe angewiesen. Bruder und Schwägerin haben PP schon damals nach dem Prozess abgeschrieben, da gibt es kaum

noch Kontakte. Wanda bietet sich an, sie ist wieder da. Sie will PP bei sich aufnehmen und pflegen. Das kann er nicht annehmen, dazu hat er ihr einmal viel zu wehgetan.
Er darf im Gefängnis bleiben. Makaber, der Gedanke: Ein sterbender Mann ist froh, wenn er im Gefängnis bleiben kann, nicht in die Freiheit entlassen wird, vor der er Angst hat.
Seine Heimat ist das Gefängnis geworden. Draußen in der Freiheit gibt es keine Zukunft für ihn.

Aber in diesem armseligen Krankenbett, an der Schwelle zwischen Leben und Tod, oft nicht ansprechbar und gepeinigt von schlimmen Schmerzen, erträumt sich PP im Dahindämmern das, was ihnen damals versagt blieb: ihr gemeinsames Leben in Spanien. In der Fantasie des sterbenden Mannes wurde Manuel nicht erschossen und auch alle anderen nehmen noch einmal Gestalt an: der alte Barón, Jan Koistra, Vincente und Carmen, Alfonso, Claudio Ruiz, Paco, Julio.
PP ist wieder ein junger Mann und genießt im Sommer 1966 mit all seinen Sinnen. Wie er in Frankfurt in ein Flugzeug steigt, um nach Spanien zu fliegen. Wie er sich gemächlich in seinem bequemen Sitz zurücklehnt und ganz entspannt bei der lächelnden Stewardess seinen Lieblingsdrink, einen „Gin Tonic", bestellt.
Er fühlt, wie ruhig und gleichmäßig das Flugzeug durch die Luft gleitet und ihn Meile um Meile näher zu Manuel bringt. Seine Gedanken fixieren sich auf sein neues Leben: In zwei Wochen wollen wir gemeinsam eine Strandbar in Malpente de Mar an der Costa Brava eröffnen. Heute Morgen habe ich noch letzte Vorbereitungen für meinen Aufenthalt in Spanien getroffen. Dann brachte mich mein Vater mit seinem Auto im Eiltempo zum Rhein-Main-Flughafen, ich wollte den Flug LH 503 nach Barcelona nicht verpassen. Alle persönlichen Sachen, Kleider, Wäsche, meine Schallplatten samt Stereoanlage, sind, wohlverpackt in einem Container, bereits in Spanien. Dank Wanda und ihrer sprich-

wörtlichen Geduld ist der riesige Aufwand mit all den Formalitäten doch noch zu einem guten Ende gekommen. Alle Papiere und Dokumente befinden sich sorgfältig geordnet hier in meiner Brieftasche.

******

4. KAPITEL

Der spanische Traum

Der Aeropuerto von Barcelona war um diese Jahreszeit kaum frequentiert. Im April ist noch keine Saison, der Touristenansturm beginnt erst Mitte Mai. Manuel stand am Ausgang und strahlte mich aus seinen schönen dunklen Augen feurig an. Jeder zufällige Beobachter hätte sehen können, wie es um uns stand. Zwei Verliebte trafen sich nach langer Trennung wieder, umarmten und küssten sich zärtlich.
Es ist geschafft, ich bin bei ihm, wollte für immer bei ihm bleiben. Darauf haben wir all die Jahre hingearbeitet, nun ist es endlich erreicht!
Als ich wieder Luft bekam, fragte ich ihn zärtlich: „Mano, amigo mio, wie geht es dir? Wartest du schon lange?"
„No, ich bin gerade erst gekommen. Jetzt geht es mir gut, du bist da, endlich. Auf diesen Moment habe ich gewartet, gewartet seit jenem Tag im August 1961, als wir uns zum ersten Mal begegnet sind. Weißt du noch, am Strand von Malpente, an diesem wunderschönen Sommermorgen? Von diesem Tag an hatte ich nur den einen Wunsch, mit dir zusammen zu sein, Pedro."
„Wie könnte ich je diesen Tag vergessen, Manuel."
„In deiner hellblauen Badehose hast du zugesehen, wie der alte Lorenzo dir einen Sonnenschirm gebracht hat. Mindestens drei Gläser habe ich vor Aufregung fallen lassen. Gebetet habe ich: ‚Madonna, hilf mir, dass er bald hereinkommt in unsere Cabaña. Gib, dass dieser süße Kerl da mit seinem blonden Wuschelkopf und seiner hellen Haut so ist, wie ich ihn mir wünsche! Gib, dass er mein Freund wird!'"

„Mir ging es nicht anders. Ich war hin und weg, als du über den Strand gekommen bist. Nie zuvor hatte ich einen hübscheren Mann gesehen. Als wir dann abends in deiner Bucht waren, als immer klarer wurde, dass wir uns lieben, da hätte ich die ganze Welt vor Glück umarmen können und wäre so gerne bei dir geblieben, aber es ging nicht, damals noch nicht. Jetzt ist das vorbei, jetzt bleiben wir zusammen."

„Ja, Pedro, jedes Mal, wenn du wieder gegangen bist, hat es mir mein Herz zerrissen, am liebsten wäre ich mit dir nach Deutschland gefahren. Heute Nacht bleiben wir hier in Barcelona. Ich habe für uns ein Zimmer reserviert, ich kann nicht warten, bis wir zu Hause in Malpente sind. Du hast mir so gefehlt, so lange habe ich dich nicht berühren können. Der Winter war lang und einsam ohne dich, Pedro."

Eine Zugfahrt von Barcelona „Estación Central" (Hauptbahnhof) nach Malpente war in den 60er Jahren immer ein Abenteuer. Die normale Fahrzeit betrug etwa eine Stunde und fünfzehn Minuten. Sie konnte aber leicht auch mal zwei bis drei Stunden dauern.

Unsere Fahrt verlief fast schweigend. Wir waren beide noch etwas müde von der vergangenen Nacht, aber so glücklich. Eine wunderschöne Zukunft lag vor uns. Wir saßen uns gegenüber, sahen uns verliebt an oder blickten aus dem Fenster. Draußen zogen die endlosen Strände der Küste vorbei, mehr als 60 Kilometer feinster Sandstrand, der weiter nördlich in die steile Felsenküste der Costa Brava übergeht. Ich konnte mich an meinem Gegenüber nicht satt sehen, Manuel Llancer war ein bildhübscher junger Mann. Seine schwarzen Locken, das schöne Gesicht mit den strahlenden dunklen Augen, sein ebenmäßiger Körper, seine samtige braune Haut, weich und warm anzufassen, sein männlicher Charme. Ich war so stolz, ihn zum Freund zu haben.

Gegen 12.30 Uhr erreichten wir Malpente de Mar. Warm schien die Sonne vom wolkenlosen Himmel, ruhig und gleichmäßig rollte die Brandung des Meeres. Es war ein wunderschöner Frühlingstag, wie bestellt für meine Ankunft. Touristen gab es so früh im Jahr fast noch keine im Ort. Die Einheimischen waren noch unter sich und gingen ihrer gewohnten Arbeit nach. Der alte Schreiner, der an schönen Tagen seine Säge vor die Tür stellte, um im Schatten der Platanen seine Bretter zu sägen, Señora Alente mit ihrem kleinen Laden, bei der es die besten Aprikosen im ganzen Dorf gab, der Apotheker, oft die letzte Rettung so mancher Touristen bei Durchfall und Sonnenbrand, alle waren sie da und grüßten Manuel und mich im Vorbeigehen freundlich lächelnd: „Buenas tardes, Señores, Bienvenido, Señor Pedro."
„Gracias Señor."
„Gracias Señora."
„Lass uns zu Fuß nach Hause gehen, Pedro, es ist nicht weit. Wir haben ja nur unser Handgepäck zu tragen", hatte Manuel am Bahnhof gesagt.
Nach Hause, wie fremd sich das anhörte. Aber Spanien sollte nun meine Heimat werden. Ich wollte hier leben, selbst ein Teil dieses Landes werden. Und die neue Heimat empfing mich an Manuels Seite mit all ihrem Charme, dem wunderschönen Wetter, den freundlichen Menschen. Da würde kein Heimweh bei mir aufkommen. Mir wurde mit jedem Schritt klarer: Deinen Entschluss, nach Spanien zu gehen, wirst du nie bereuen müssen!
Das Apartmenthaus befand sich in der „Calle San Esteban". Genau an jener Stelle, an der ich mit Eduard vor zwei Jahren die „Havarie" mit den beiden besoffenen Dorfpolizisten erlebt habe. Es machte einen guten Eindruck auf mich. Vor dem Haus stand ein kleiner Seat Kombi.
„Das ist unser Auto, aber komm erst einmal mit hoch, Pedro. Ich bin gespannt, was du zur Wohnung sagen wirst. Hoffentlich gefällt sie dir, das Auto kannst du später noch bewundern."

Die Wohnung lag im zweiten Stock, nicht sehr groß, aber gerade richtig für uns. Manuel hatte sich solche Mühe gegeben und alles sehr geschmackvoll eingerichtet. Von dem wenigen Geld, das ich ihm vor einiger Zeit überweisen konnte, hatte er die Möbel gekauft. Der Zeit und dem Geschmack entsprechend, waren es dunkelbraune Teakholzmöbel. Im größten Raum befand sich das Schlafzimmer. Zwei schöne große Betten, elegante Bettwäsche, ein Regal, ein Schreibtisch, eine kleine Sitzgruppe. Meine Sachen, Bücher, Schallplatten und die Stereoanlage, standen schon an ihrem Platz. Ich war überrascht, was Mano für einen guten Geschmack besaß und was er aus dem wenigen Geld alles gemacht hatte.

Der kleinere Raum, mit einer gemütlichen Sitzgruppe und einem Sideboard, war als Wohnraum vorgesehen, sogar ein Fernsehgerät stand auf einem kleinen Regal. In der Küche die übliche bequeme Sitzecke, Kühlschrank, Herd, Spülbecken, Schränke. Im Badezimmer Dusche, Waschbecken, Bidet. Auf dem Flur zwei große begehbare Wandschränke für unsere Klamotten. An den Wänden geschmackvolle Bilder und Teppiche auf den Fußböden. Ich wollte ihn nicht gleich ausfragen, woher das Geld für all die schönen Sachen gekommen war, von der geringen Summe, die ich ihm geschickt hatte, konnte er das unmöglich alles bezahlt haben.

„Mano, du bist doch ein Zauberer! Du überraschst mich immer wieder neu. Du hast uns so ein schönes Heim eingerichtet, ich bin stolz auf dich."

Ich weiß heute nicht mehr genau, war es die Hektik der letzten Wochen oder die Freude über all das Schöne hier, jedenfalls liefen mir ein paar Tränen aus den Augenwinkeln. Mir war das peinlich. Was sollte Manuel nur von mir denken? Er nahm mich zärtlich in den Arm und drückte mich fest an sich.

„Sieh mal an, mein Macho kann seine Gefühle doch zeigen. Das habe ich vom ersten Tag an gewusst. Du tust immer nur

so cool und abgeklärt, in Wirklichkeit bist du ein ganz sensibler Kerl."
„Du hast mich also durchschaut?"
„Sofort, mein Lieber, sofort. Deshalb liebe ich dich ja so, weil du so bist, wie du bist. Meistens tust du nur so stark, so über den Dingen stehend, dabei merkt doch jedes Kind, was für ein weiches Herz du hast. Übrigens, danke für das Kompliment wegen der Wohnung. Ich habe aber nicht alles allein gemacht, Carmen hat mir beim Einrichten geholfen. Bedanke dich auch bei ihr, Frauen haben einen viel besseren Geschmack als wir Männer."
Am Nachmittag machten wir unsere Runde, schließlich wollte ich all unsere Freunde begrüßen. Später besuchten wir noch Jan Koistra und seine Frau Mercedes. Conchita und ihrer Mutter überbrachte ich Grüße von meinem Freund Klaus, dem heimlichen Schwarm der beiden Damen.
Hier ein Gläschen, dort ein Gläschen, wie es halt so geht. Manuel sagte am Ende der Begrüßungstour zu mir: „Jetzt reicht es, wenn das so weitergeht, bekommen wir noch einen Rausch. Ich brauche frische Luft. Es ist so ein schöner warmer Frühlingsabend, weißt du was, Pedro, wir setzen uns auf die Terrasse bei der Hütte und lassen uns den Wind um die Nase wehen. Vorher kaufen wir bei Señora Allente Brot und Käse, dazu eine Flasche Wein und essen später am Strand."

Lange haben wir auf der Terrasse „unseres" Lokals gesessen und die warme Frühlingsluft genossen, später Brot und Käse gegessen, unseren Lieblingswein Chablis dazu getrunken.
„Mano, wie sollen wir uns entscheiden? Hältst du es wirklich für eine gute Idee, Alfonso mit ins Boot zu nehmen, so, wie du in deinem letzten Brief geschrieben hast? Ich bin der Meinung, wir machen uns dann nur abhängig von ihm. Wenn der erst einmal seinen Fuß bei uns drin hat, wird er uns schlu-

cken wollen. Auf der Lohnliste von Alfonso zu landen, ist das Letzte, was ich will."

„Du hast vollkommen Recht, das ist inzwischen auch meine Meinung. Ich habe mit Paco gesprochen, er möchte weiterhin für unsere Gäste kochen. Den Leuten hat es immer geschmeckt und sie hatten bisher ihren Spaß dabei, dem lustigen Kerl beim Kochen zuzusehen. Das wäre dann nicht mehr so, sollten wir unsere Gerichte aus der Küche vom ‚Rivera' beziehen. Unsere ‚Cabaña' wäre dann genauso ein anonymer Strandschuppen wie viele andere hier an der Küste, sie würde viel von ihrem Flair und ihrem Charme verlieren, das wollen wir doch beide nicht."

Am 1. Mai haben wir das Lokal eröffnet. Wir waren so stolz, dass unser lang ersehnter Wunsch endlich in Erfüllung gegangen ist. Wir mussten aber in den letzten beiden Wochen schuften wie die Berserker. Alles neu anstreichen, das Lokal in ein wahres Schmuckstück verwandeln. Vincente sagte anerkennend und Carmen nickte dabei zustimmend mit dem Kopf: „So schön hat unsere ‚Cabaña' noch nie ausgesehen, wir haben die richtigen Pächter gefunden."
Alfonso, das Schlitzohr, ließ durch Jan Koistra Blumen überbringen, selbst ist er nicht gekommen. Immer noch sauer wegen der Absage, betreffs der Lieferung der Speisen aus seiner Hotelküche, spielte er den Beleidigten. Jan sagte schmunzelnd: „Der wird sich schon wieder beruhigen."
Vom ersten Tag an brummte der Laden. Manchmal waren wir abends so müde, dass wir nur noch ins Bett gefallen sind. Aber wir wussten, wofür wir uns so plagten, wir wollten das ja nicht für immer und ewig machen. Zuerst einmal richtig Geld verdienen, später sehen wir weiter. Unser gemeinsames Leben, die tägliche Arbeit im Lokal, so hatten wir es immer gewollt. Manuel und Pedro, Pedro und Manuel, zwei durch und durch glückliche junge Männer. Vorbei waren die lan-

gen Jahre der Trennung. Damals konnten wir uns oft nur vier Wochen im Jahr sehen. Jetzt durften wir täglich zusammen sein und miteinander arbeiten. Zwischendurch, von niemandem bemerkt, heimliche Blicke und zärtliche Berührungen, Herzklopfen beim Anblick des Freundes.

Zwischen Weihnachten und Neujahr besuchte Manuel seinen Großvater auf dem „Bauernhof", er wollte dem alten Mann eine Freude machen. Weil wir nur ein Auto besaßen, ist er mit dem Zug nach Angeles gefahren. Wir hatten verabredet, dass wir uns am 31. Dezember in Barcelona am Bahnhof treffen wollten, um in der Stadt Silvester zu feiern. Ich sollte ihn um 16.15 Uhr mit dem kleinen Seat dort abholen. Er hatte mir außerdem noch gesagt, dass ich ihn abends nach 18 Uhr unter der Nummer seines Großvaters anrufen könne. Mir ist zwar aufgefallen: Sein Großvater, ein armer spanischer Bauer, besitzt ein Telefon? Ungewöhnlich, meine Eltern haben erst seit Kurzem eines. Ich habe aber nicht weiter darüber nachgedacht.

Manuel stieg im eleganten Zweireiher aus dem Personenzug Port Bou – Barcelona. So schick angezogen hatte ich ihn noch nie gesehen, wirklich ein toller Mann, mein Freund. Wir umarmten uns so stürmisch, als hätten wir uns Jahre nicht gesehen und nicht nur die letzten Tage aufeinander verzichtet.

„Mano, was ist los, hast du in der Lotterie gewonnen? Du siehst so elegant aus heute. Was ist geschehen?"

„Heute ist doch Silvester, da möchte ich dich am Abend ganz groß zum Essen ausführen. Ich habe uns ein Zimmer in einem kleinen Hotel bestellt, außerdem muss ich dir etwas ganz Wichtiges erzählen. Aber jetzt komm erstmal, ich kann es kaum erwarten, dich richtig zu begrüßen. Hast du deinen dunklen Anzug dabei? Morgen Abend sind wir bei meinem Großvater zum Essen eingeladen."

Er plapperte so munter drauflos, dass ich ihm kaum folgen konnte. Dunkler Anzug? Großvater besuchen? Was Wichtiges sagen? Er wirkte irgendwie aufgekratzt und schien doch innerlich zutiefst zufrieden zu sein, wie von einer schweren Last befreit.

Ein nobles Restaurant, in das er mich führte. Das Essen war entsprechend: Langusten als Vorspeise, Entrecôte mit Pilzen zum Hauptgang, geeiste Früchte an Champagnercreme und Schokotrüffeln als Dessert, Käseplatte, Obst als Abschluss. Champagner zu den Langusten, einen sündhaft teuren Rotwein zum Fleisch. Hinterher Zigarren und Kaffee.
„Ich weiß nicht, wo ich anfangen soll, Pedro, ich schäme mich so vor dir. Ich habe dich all die Jahre belogen", eröffnete Manuel ganz bedrückt unser Gespräch.
„Wieso? Hast du einen anderen? Liebst du mich nicht mehr? Diesen Eindruck hatte ich vor zwei Stunden aber gar nicht", erwiderte ich scherzhaft.
„Mach keine Witze mit mir, ich werde nie einen anderen haben, dich will ich. Nein, etwas ganz anderes. Ich bin nicht der, für den ich mich immer ausgegeben habe."
„Ja, wer bist du dann? Bestimmt ein Prinz oder ein Zauberer. So etwas habe ich schon immer vermutet, mich hast du jedenfalls bereits total verhext."
„Lach mich bitte nicht aus, mir ist es ernst. Du liegst gar nicht so falsch damit. Mein Großvater ist kein gewöhnlicher Bauer. Er ist der reichste Grundbesitzer hier in Katalonien, er hat riesige Tomatenfelder und große Schafherden."
„Wie bitte?"
„Doch, das stimmt. Er ist ein Barón."
„Und zu dir muss ich ab jetzt ‚Hoheit' oder ‚Euer Gnaden' sagen … Mano, du spinnst."
„Nein, mit so etwas scherzt man nicht. Hör mir doch bitte mal zu."
Und dann hat er mir alles der Reihe nach erzählt. Vom Bürgerkrieg, von seinen Eltern, von seinem Vater, dem Rechtsan-

walt Dr. Llancer, der im Krieg auf Seiten der internationalen Truppen gegen das Franco-Regime gekämpft hat und schwer verwundet wurde. Von seiner Mutter, die als Rot-Kreuz-Schwester seinen Vater gepflegt und später geheiratet hat. Vom frühen Tod des Vaters. Von seinem Leben auf dem Gut „Mimosa" bei dem strengen Großvater, dem Barón de Santana. Von seiner Kindheit, nachdem seine Mutter nach England ging. Von der Schulzeit in Gerona. Von seiner Flucht an die Küste, nachdem er auf dem Gut nicht so leben konnte, wie er es wollte.
Schweigend habe ich ihm zugehört. Zwischendurch kam der Kellner mit den Zigarren, von denen ich mir eine nahm und mit dem Rauchen begann. Manuel bemerkte nichts davon, so sehr war er in seine Vergangenheit abgetaucht.
„Ja, warum hast du mir von all dem nie was erzählt? Meinst du denn, ich hätte dich weniger lieb gehabt, nur weil dein Opa zufällig ein Barón ist?"
„Nein, aber ich wollte nicht, dass man von dir denkt, du bist hinter mir her, weil ich vielleicht einmal das Gut erben werde. Ich wollte dich damit nicht belasten."
„Blödsinn, was interessiert mich euer Geld! Ich will dich, nicht deinen Opa. Und belasten? Womit denn, Manuel, womit? Du bist mir wichtig, nicht dein Opa und seine Tomaten."
„Jetzt bin ich aber beruhigt. Übrigens, mein Großvater möchte dich kennen lernen. Er hat zu mir gesagt: ,Wer es mehr als fünf Jahre mit dir aushält, muss ein ganz besonderer Mensch sein. Den möchte ich sehen.' Er hat nichts dagegen, dass ich einen Freund habe. Auf die Landwirtschaftakademie soll ich gehen und später einmal unser Gut übernehmen. Du sollst mit mir nach Gut „Mimosa" ziehen und die ,Cabaña' sollen wir aufgeben. Aber lass uns morgen über alles reden, heute bin ich viel zu aufgeregt. Heute ist Silvester, wir suchen uns jetzt zwei hübsche Señoritas und tanzen bis morgen früh. Um Mitternacht essen wir Trauben und dann wünschen wir uns

was. Alles, was man sich in der Silvesternacht beim Traubenessen wünscht, geht im folgenden Jahr in Erfüllung. Ich wünsche mir, dass wir immer zusammen bleiben können und später einmal viele Kinder und eine große Familie haben werden."
So glücklich wie heute hatte ich Manuel noch nie erlebt. Welch zentnerschwerer Stein muss an diesem Silvesterabend 1966 von seinem Herzen gefallen sein. Deshalb habe ich auch nicht widersprochen, als er mir seine seltsamen Wünsche offen legte.

Um 11 Uhr vormittags bin ich wach geworden und aus unserem hohen französischen Bett geklettert. Beim Öffnen der Samtvorhänge sah ich, dass dieser 1. Januar 1967 ein nasskalter, regnerischer Tag war. Schnell wieder hinein ins warme Bett! Es war noch genügend Zeit, wir sollten erst um 21 Uhr bei Manuels Großvater zum Abendessen sein.
Manuel schlief noch fest. Ruhig und gleichmäßig ging sein Atem. Nur sein Kopf mit den schwarzen Locken war zu sehen. Was fesselte mich eigentlich so an diesem Mann, warum hatte er mich all die Jahre so fasziniert? Es konnte nicht nur der Sex sein, zugegeben, er war ein fantastischer Liebhaber, beim Blick in seine dunklen Augen und auf seinen makellosen Körper geriet ich jedes Mal wieder aus dem Gleichgewicht, doch da war noch mehr, da war eine Zuneigung, eine menschliche Nähe, die ich immer gesucht und bei ihm gefunden habe. Immer mehr hatte ich das Bedürfnis, mich bei ihm anzulehnen. Er war jetzt meine Familie geworden.
Nachdem er sich mit seinem Großvater ausgesöhnt hatte, weil dieser endlich akzeptierte, dass sein Enkel anders war, würde sich auch in unserer Beziehung etwas ändern? In seiner gestrigen Euphorie hatte er angekündigt, dass er auf die Landwirtschaftakademie gehen würde, schließlich sollte der künftige Erbe eines landwirtschaftlichen Betriebes auch etwas vom Fach verstehen. Zudem hatte er gesagt, wir sollten die „Cabaña" aufgeben. Aber das war doch meine Existenz! Darin

steckten alle meine Ersparnisse! Dass eine grundlegende Veränderung in unserem künftigen Leben bevorstand, wurde mir immer klarer. Ich wollte Manuel gewiss nicht im Wege stehen, aber was für eine Rolle sollte ich dabei spielen? Sein Großvater erwartete, dass wir auf das Gut zogen, aber wovon sollte ich dort meinen Lebensunterhalt bestreiten? Sollte ich etwa für den Großvater Schafe hüten? Mir blieb zwar immer noch die Möglichkeit, das Lokal allein weiter zu führen, aber was würde dann aus unserer Beziehung? Ich kam nach Spanien, weil wir miteinander leben wollten, und nun?
Ich hatte an diesem kalten Neujahrsmorgen große Angst um unsere gemeinsame Zukunft.

Von Barcelona City bis Gerona sind es rund 100 Kilometer, dann noch etwa 15 Kilometer, bis zu dem kleinen Dorf Angeles. Das Gut „Mimosa" liegt direkt beim Dorf.
Damals gab es noch keine Autobahnen in Nordspanien. Man benötigte für die Strecke auf der Landstraße etwa eineinhalb bis zwei Stunden. Das Dorf Angeles hat etwa 500 Einwohner und liegt inmitten eines offenen Tales in den Vorbergen der Pyrenäen. Die meisten Landarbeiter, die auf dem Gut arbeiteten, kamen aus dem Dorf. Die Gegend wird als sehr fruchtbar angesehen, ideale Bedingungen für den Anbau von Tomaten und Bohnen, gutes Weideland für Schafe und Ziegen.
„Wie soll ich deinen Großvater anreden, Manuel?"
„Keine Ahnung, wie sagt man denn zu einem Barón? Ich nenne ihn ‚abuelo' (Großvater)."
„Aber ich kann doch nicht ‚abuelo' zu dem alten Herren sagen, der würde sich schön bedanken. Wie sagen denn seine Arbeiter zu ihm?"
„Die sagen einfach ‚Don Ernesto' oder ‚patrón' zu ihm."
„Und die anderen? Wenn mal Besuch kommt, wie sagen denn die?"

„Die sprechen ihn meist mit ‚Barón de Santana' an. Ja, sag einfach nur ‚Señor Barón' zu ihm. Aber ich übersetze dir alles, mein abuelo spricht nur katalanisch."
„Das sagst du mir erst jetzt? Was muss ich sonst noch alles beachten?"
„Ich weiß es auch nicht, Pedro! Bitte entschuldige mein Verhalten, ich bin so schrecklich aufgeregt."
„Bleib ganz ruhig, er wird uns schon nicht auffressen."
Durch die von mächtigen Korkeichen umsäumte Auffahrt erreichten wir den hell erleuchteten Innenhof von Gut „Mimosa", dem Stammsitz derer „de Santana", Manuels Familie mütterlicherseits. Eigentlich war es schon mehr ein kleines Schloss. Das gesamte Bauwerk hätte eher nach Andalusien gepasst, als in den Norden Kataloniens. Eine stilistische Laune der Vorfahren des heutigen Besitzers, hier im spanischen Norden ein Schloss im maurischen Stil erbauen zu lassen. Im Laufe der Jahrhunderte vermischten die jeweiligen Besitzer mit An- und Umbauten die einzelnen Stilelemente, so dass wir nun ein Gemisch aus allen spanischen Epochen antrafen. In der Mitte der Anlage befand sich das Haupthaus des Gutes „Mimosa" mit zierlichen Säulen und Rundbögen, hinter denen sich eine Veranda verbarg. Links ein intakter, aber völlig heruntergekommener Seitenflügel. Der rechte Seitenflügel war irgendwann im 18. Jahrhundert total abgebrannt und wurde wegen akutem Geldmangel nicht wieder neu aufgebaut. Hinter diesen Gebäuden befanden sich die Wohnungen für die Landarbeiter sowie Ställe, Remisen und Scheunen. Alles war taghell erleuchtet.
Manuel sagte lächelnd: „Wie kommen wir denn zu dieser Ehre? Sonst ist er doch so geizig, spart jede Peseta beim Strom."
Der alte Herr kam uns auf der Veranda entgegen. Trotz seiner siebzig Jahre eine blendende Erscheinung. Die Ähnlichkeit mit Manuel war unverkennbar, eine tadellose Figur, hellgraues volles Haar. Er trug einen dunkelblauen Anzug mit dazu

passender Krawatte. In der linken Hand hielt er einen Stock mit silbernem Knauf. Wahrhaftig ein echter Grande, Haltung und Benehmen wie aus dem Lehrbuch.

Als er seinen Enkel mit mir als Begleiter sah, huschte ein verschmitztes Lächeln über sein Gesicht. Er begrüßte uns in reinstem, fast akzentfreiem Deutsch: „Guten Abend, meine Herren. Manuel, Señor Pedro, willkommen auf ‚Mimosa'!"

Ich war einigermaßen überrascht, damit hatte ich nicht gerechnet, so ein charmanter alter Herr und die Begrüßung in meiner Muttersprache. Was hatte mir Manuel von einem herrischen alten Mann erzählt?

„Manuel, sperr' deinen Schnabel zu! Ich habe dir schon früher erklärt, dass ich während meiner Internatszeit deutsch gelernt habe. Wenn wir schon das große Glück haben, einen deutschen Gast auf unserem Gut begrüßen zu dürfen, dann kann ich doch deutsch mit ihm sprechen, oder?"

„Buenas tardes, abuelo."

„Guten Abend, Herr Baron … Äh, Verzeihung, Señor Barón de Santana."

„Sagen Sie ganz einfach nur ‚Barón' zu mir, junger Freund. Wenn es Ihnen recht ist, werde ich Sie Peter nennen."

Manuel schien genauso überrascht zu sein wie ich. Er sah mich ungläubig an und in seinem Gesicht stand geschrieben, was er in diesem Moment dachte: Wieso ist Großvater nur so zahm? Ich habe doch mit einem gewaltigen Donnerwetter gerechnet.

„Ja, meine lieben Señoritos. Keine Widerrede, ihr seid noch keine richtigen Señores, sondern aufsässige junge Burschen. Mir steht es nicht an, über euch zu richten, aber meine Meinung werde ich euch beiden sagen, offen und ehrlich: Es ist in unserer Familie noch nie vorgekommen, dass sich ein de Santana in einen Mann verliebt hat. Aber einmal ist eben immer das erste Mal. Ich alter Mann kann mich nicht länger sperren und will mich in das Unabwendbare fügen.

Aber jetzt kommt erstmal mit ins Haus, hier draußen ist es viel zu kalt. Juan wartet bereits in der Halle mit dem Jerez auf uns. Das Abendessen dauert etwa noch eine gute halbe Stunde."

Drinnen in der großen Halle brannte ein offenes Kaminfeuer und verbreitete seine behagliche Wärme. Rustikale Anrichten aus Eichenholz und riesige Ledersessel bildeten die spärliche Einrichtung in dem bis zur Decke getäfelten Raum. An den Wänden Portraits aus allen möglichen Epochen, wahrscheinlich die Ahnengalerie derer „de Santana". Überall gab es Waffen und Rüstungen, dazu Bilder von martialischen Reitern auf edlen Pferden. Ein Kronleuchter mit hunderten elektrischer Kerzen schmückte die Decke. Auf dem Marmorboden lagen edle orientalische Teppiche und Brücken. Vor dem offenen Kamin befand sich ein runder Glastisch, auf dem der alte Diener Juan seine Jerezflaschen und Gläser aufgebaut hatte. Die Köchin Rosalita stand mit einem Tablett kleiner Leckereien im Hintergrund. Bei Manuels Eintreten überzog sich ihr Gesicht mit einem breiten Lächeln, er ging auf sie zu und beide umarmten sich vertraut. Der Barón schmunzelte bei dieser Szene.

„Und Sie sind also derjenige welcher. Ich habe schon viel von Ihnen gehört. Euer Freund Vincente, der Pharmavertreter aus Barcelona, kommt gelegentlich in die Praxis meines Hausarztes Dr. Romero. Dort habe ich ihn kennen gelernt. Er hat Sie, Peter, in den höchsten Tönen gelobt, und ich muss schon sagen, er hat anscheinend nicht übertrieben."

„Großvater, du bist unmöglich, du machst unseren Gast noch ganz verlegen."

„Wieso? Ich habe weiß Gott wen erwartet, den du mir da ins Haus schleppst, aber nicht so einen sympathischen jungen Mann wie ihn."

„Abuelo, lass gut sein! Pedro wird ja ganz rot im Gesicht. Was soll er nur von dir denken?"

Ich verhielt mich ruhig, diese Partie mussten der Großvater und sein Enkel eröffnen, meine Zeit würde kommen. Sollten die beiden sich erst einmal zusammenraufen.

„Perdón, Señor Peter, ich wollte Sie keinesfalls kränken, aber was wahr ist, darf ich doch sagen. Sie gefallen mir. Ich muss mich zwar erst mit der Tatsache abfinden, dass mir mein Enkel einen Mann ins Haus führt. Ich habe auf eine Frau und Großenkel gehofft, die mir Manuel nach ‚Mimosa' bringen würde. Ist das denn so abwegig gedacht von mir altem Mann?"

„Nein, Großvater. Aber komm mir jetzt nicht wieder damit, daraus wird nichts mehr. Pedro und ich sind ein Paar und damit basta."

„Ist ja schon gut. Was soll ich alter Mann gegen zwei verliebte Dickschädel ausrichten? Die Liebe ist auch bei uns in Katalonien etwas Heiliges. Man denkt dabei im Allgemeinen eher an die Liebe zwischen Mann und Frau, aber soll ich meinen einzigen Enkel aus dem Haus jagen, nur weil er einen Mann liebt? Sagen Sie doch mal selbst, Peter, würden Sie das fertig bringen? Ich kann es nicht."

„Wollen wir nicht erst einen Jerez zusammen trinken, abuelo? Er lockert etwas auf und macht eine gute Stimmung."

„Dann schenke uns ein, Manuel. Juan ist in die Küche gegangen und hilft Rosalita beim Abendessen. Greift bitte auch bei den Tapas zu, bedient euch, Señores!"

„Salute und nochmals herzlich willkommen, Peter! Sie gefallen mir."

„Salute, Barón de Santana. Danke, Sie sind sehr freundlich. Sie erinnern mich ein wenig an meinen Großvater zu Hause in Deutschland. Salute, Manuel."

Nachdem wir angestoßen hatten, wurde die Stimmung etwas lockerer. Der alte Herr ließ sich in einem der großen Sessel nieder und setzte das Gespräch fort: „Stellen Sie sich nur vor, Peter, was ich mit diesem Bengel da schon alles erlebt habe. Aber damit ist jetzt Schluss. Helfen Sie mir bitte, ihn auf den rechten Weg zu bringen. Ich schickte ihn auf eine deutsche Schule und bezahlte das teure Schulgeld. Doch was macht dieser Bursche? Bei Nacht und Nebel büxt er mir aus und arbeitet als Kellner beim größten Gauner der Costa Brava, bei diesem Alfonso. Dann als Kellner in einer Bar am Stand. Später erfahre ich, Verzeihung, Peter, er zieht mit einem jungen Deutschen herum. So eine Schande."

„Wenn Sie mit dem jungen Deutschen mich meinen, Barón, wir sind nicht herumgezogen. Ihr Enkel und ich mögen uns und wir haben beschlossen, unseren Weg gemeinsam zu gehen."

Lachend entgegnete der Barón: „Noch so ein Rebell. Die Jugend ist voller Widerstand. Aber sachte, Señoritos, ich will ja einlenken, ihr sollt ja zusammenbleiben dürfen. Ich habe nur vorher genau überlegen müssen, welche Folgen eure Verbindung für das Gut haben könnten. Für mich ist es nicht so einfach mit der Zustimmung, ich habe gegenüber dem Gut und meinen Leuten Verpflichtungen und muss gewisse Regeln beachten. Aber auch mein Enkel, mein einziger Erbe, ist mir wichtig. Deshalb, ja, meinen Segen habt ihr, ihr verliebten Träumer! Ich werde euch beiden aber harte Bedingungen stellen, davon könnt ihr ausgehen."

Bei Suppe, Fisch, Braten, Käse und Gebäck wurde über unsere gemeinsame Zukunft verhandelt. Der Barón hatte feste Vorstellungen, war aber milde gestimmt, denn die Gesellschaft von uns beiden schien ihm zu gefallen. Man sah ihm förmlich an, wie er bei dem Gedanken, wenn wir seinen Argumenten folgen würden und ständig bei ihm auf dem Gut lebten, aufblühte. Das Ende seiner jahrelangen Einsamkeit schien zum Greifen nahe. Dementsprechend annehmbar waren auch seine Forderungen. Es gab nichts, was wir nicht akzeptieren konnten. Mancher seiner Gedanken bedurfte noch einer genauen Überprüfung, aber im Großen und Ganzen haben wir

uns geeinigt. Bei dem guten Essen und den dazu passenden Getränken redete es sich leichter. Rosalitas Essen war ausgezeichnet. Wir machten ihr, während sie auftrug, immer wieder Komplimente wegen ihres vorzüglichen Menüs, die sie lächelnd, aber sichtlich stolz mit den Worten kommentierte: „Aber, aber, zwei so junge Señores und ich alte Frau ..."
„Dass Manuel später einmal das Gut übernehmen soll, ist doch unbestritten?", setzte Manuels Großvater die Unterhaltung fort. „Oder seht ihr das anders? Als er die Schule geschmissen hat, stand er zwei Jahre vor dem Abitur. Ergo ist wichtig, dass er sein Abitur nachmacht, sonst wird er nicht zum Studium zugelassen. Wenn er ab dem 7. Januar wieder in seine alte Schule nach Gerona geht, kann er das Abitur in knapp zwei Jahren nachholen. Mit dem Direktor der Schule habe ich gesprochen, es würde gehen. Die sind zwar nicht besonders begeistert, einen 25-jährigen Schüler aufzunehmen, aber der Direktor ist mir noch etwas schuldig."
„Ja, abuelo, aber was macht Pedro in der Zwischenzeit?"
„Ich könnte unser Lokal allein weiterführen oder nach Barcelona zur Vertretung meiner früheren Firma gehen. Die würden mich nehmen, ich habe einen guten Kontakt zu den Leuten. Manchmal rufen sie an und fragen mich was."
Manuel machte ein betrübtes Gesicht und der Barón wandte sich fragend an mich: „Frühere Firma? Vertretung in Barcelona? Mir scheint, ich weiß längst nicht alles über Sie, Peter. Heraus mit der Sprache, keine Geheimnisse mehr, meine Herren."
„Pedro ist Techniker, sein ehemaliger Arbeitgeber hat hier eine Vertretung. Die würden ihn sofort einstellen."
„Und du Gauner bist nach drei Wochen verschwunden, läufst mir wieder davon, weil du deinen Peter vermisst. Nein, nein, so geht das nicht! Das kommt gar nicht in Frage, weder das mit dem Lokal noch das mit Ihrer Tätigkeit in Barcelona. Jetzt sage ich einmal basta!"

„Ich verstehe dich nicht, Großvater. Was soll er denn hier machen?"

„Langsam, ihr beiden Hitzköpfe, ich bin ein alter Mann, bei mir geht nicht mehr alles so schnell. Ich habe mir etwas überlegt. Seit Jahren kümmert sich niemand mehr um das Schloss. Die Landwirtschaft ist in guten Händen, dafür habe ich meinen Verwalter, Señor Ovela. Aber unser Haushalt verkommt immer mehr. Schaut euch doch mal um! Rosalita und Juan sind alte Leute, genau wie ich. Wir haben keinen Schwung mehr. Was hier fehlt, ist ein junger Mann, der alles in seine Hände nimmt, alles auf Vordermann bringt. Señor Peter, ich biete Ihnen die Stelle eines … Wie wollen wir es denn nennen? Sagen wir es einmal salopp und in Ihrer Muttersprache: Mädchen für alles. Sie kümmern sich um Haus und Hof, verhandeln mit den Handwerkern und Lieferanten. Ich möchte den Seitenflügel umbauen lassen. Sie betreuen meine drei Pferde und den Fuhrpark. Man hat mir gesagt, dass Sie ein guter Reiter sind. Ich bin früher oft ausgeritten, wenn jemand mit mir ausreiten würde, könnte ich mir durchaus vorstellen, wieder damit zu beginnen. Ich zahle Ihnen ein gutes Gehalt, dessen Höhe wir noch festlegen werden. Kost und Logis sind selbstverständlich frei. Sie hätten in diesem Haus die Stellung meines Privatsekretärs und werden von mir nach und nach mit den laufenden Geschäften betraut. Könnten Sie sich mit diesem Gedanken anfreunden? Die Einzelheiten werden wir später noch ausführlich besprechen müssen. Man sieht doch überall, wie die Gebäude in den letzten Jahren verfallen sind. Seit dem Tod meiner Frau im Jahre 1950 hat sich hier nichts mehr verändert. Keine sehr leichte, aber eine interessante Aufgabe für einen jungen, dynamischen Mann und ich glaube, Sie sind so einer. Ihre erste Aufgabe würde sein, für euch beide drüben im Seitenflügel eine Wohnung einzurichten."

Wir waren sprachlos, das hatten wir nicht erwartet.

Der alte Mann traf seine Entscheidung beileibe nicht uneigennützig, aber was wäre ihm denn geblieben, wenn er sich weiterhin stur und unversöhnlich gezeigt hätte? Ein Leben in der Einsamkeit. Durch dieses Angebot würde sich auch sein Leben von Grund auf zum Besseren wenden, er bekam mit diesem Schachzug zwei junge Menschen unter das Dach seines verstaubten Herrensitzes.

Manuel sah mich an und mir war bewusst, was er mich fragen wollte und was ich ihm darauf antworten würde. Also gab ich dem Barón die Antwort, die Mano von mir erwartete: „Señor Barón de Santana, ich bin einverstanden. Das eine oder andere wird allerdings noch zu klären sein."

„Keine Angst, ich werfe Sie schon nicht ins kalte Wasser. Wir arbeiten eng zusammen, ich zeige Ihnen alle Tricks, die man braucht, um ein guter spanischer Geschäftsmann zu werden. Manuel und Señor Ovela für die Landwirtschaft, Sie und ich für die übrigen Geschäfte, damit werden wir unschlagbar sein."

An seinen Enkel gewandt: „Manuel, lauf in den Weinkeller und hole eine Flasche Champagner! Wir wollen auf unsere Zukunft anstoßen. Wir werden uns gut vertragen und ich freue mich schon auf das Leben mit euch jungen Burschen. Endlich ist es nicht mehr so einsam hier."

Rosalita, der gute Geist des Hauses, hatte uns im ersten Stock zwei Gästezimmer für die Nacht gerichtet. Manuels Jugendzimmer gab es nicht mehr, das musste der Diener Juan ausräumen, als Manuel 1957 das Gut verlassen hatte und der Barón seinen Enkel aus dem Gedächtnis streichen wollte.

Das Zimmer, kalt und ungemütlich, ein riesiges hohes Bett, Brokatvorhänge und Gobelins, eine bedrückende Atmosphäre. Wenn wir beide hier leben sollten, in diesem alten Herrenhaus, würde sich vieles ändern müssen. Mir war kalt und ich hatte ein wenig Angst vor der Zukunft.

Leise Schritte näherten sich und ein warmer Körper schmiegte sich an meine Seite. Manuel flüsterte mir ins Ohr: „Zieh deinen Schlafanzug aus, ich möchte deine Haut spüren! Wir wollen uns gegenseitig wärmen."
In dieser Nacht wurden meine Ängste weniger, ich fühlte mich geborgen und sicher und ich hatte auf einmal das Gefühl, als wäre ich nach vielen Irrwegen endlich dort angekommen, wo ich hingehörte. Dieses beschauliche Gut am Rande der Pyrenäen könnte für Manuel und mich durchaus zur Heimat werden.

Zwei Tage nach dem Abendessen bei Manuels Großvater waren wir mit drei Landarbeitern, einem geborgten Kleinlaster und bester Laune auf dem Weg nach Malpente. Wir wollten unsere Wohnung ausräumen und die Sachen nach „Mimosa" bringen. Ich saß am Steuer, Manuel gemütlich bei mir im Führerhaus, die Spanier hinten auf der Pritsche.
Mit dem Barón die Einzelheiten wegen unserer Übersiedlung abzusprechen, hatte sich als nicht allzu schwer erwiesen. Der alte Herr galt zwar als schwierig, konnte aber seinem charmanten Enkel nichts abschlagen, und dieser verstand es vortrefflich, seinen abuelo um den Finger zu wickeln.
„Glaubst du nicht auch, Pedro, dass wir richtig entschieden haben? Unser Lokal war schon eine tolle Sache und es tut etwas weh, es aufzugeben, aber so werden wir mehr Zeit für uns haben. Ich hätte ja nie gedacht, dass wir nebenher so viel zu tun haben würden. All die Dinge, an die man vorher gar nicht denkt. Es ist schon ein Unterschied, ob man als Kellner arbeitet oder ob einem das Lokal gehört."
„Wir haben alles richtig gemacht. Und es freut mich besonders für dich, dass alles so gut ausgegangen ist. Im Grunde deines Herzens wolltest du doch immer der Nachfolger des Baróns werden."
„Ja, das stimmt. Aber was ist mit dir? Gefällt dir wirklich, was mein Großvater mit uns vorhat? Hast du noch genug Freiheit

oder fühlst du dich durch unser künftiges Leben auf dem Gut zu sehr eingeengt?"

„Nein, es wird mir bestimmt gefallen. Ich werde mich mit deinem abuelo schon vertragen. Mit Großvätern ist es leichter als mit Vätern. Ich glaube, er mag mich ganz gut leiden. Für die nächste Zeit haben wir eine Lösung gefunden, aber was ist, wenn du mit der Schule fertig bist, wenn du studierst?"

„Oh, entschuldige, das haben wir dir noch gar nicht gesagt. Die beste spanische Akademie für Landwirtschaft befindet sich in Banyoles, das ist nur ein paar Kilometer von uns weg. Dort wollen natürlich alle Studenten hingehen und die sieben ganz schön aus, da braucht man gute Noten. Aber den Enkel vom alten Santana nehmen sie schon. Und was den Barón betrifft, bei dem hast du einen Stein im Brett, der mag dich wirklich. Das will bei dem alten Herren schon was heißen."

„Wie wird das jetzt mit der Wohnung? Wann müssen wir kündigen und wie lange zahlen wir noch Miete? Darum hast du dich immer gekümmert. Was müssen wir jetzt alles tun?"

„Das ist mir wirklich peinlich, Pedro, ich hätte dir längst alles sagen müssen. Wir zahlen keine Miete und kündigen müssen wir auch nicht. Das Haus gehört einer Immobilienfirma meines Großvaters."

„Und wegen der Hütte? Wann gehen wir zu Vincente und Carmen?"

„Wegen der ‚Cabaña' unternehmen wir zunächst gar nichts. Wie ich das einschätze, rührt Opa schon kräftig in dieser Suppe herum. Es wird sich sicher ‚rein zufällig' was ergeben und er tut dann so, als habe er absolut nichts damit zu tun. Wir lassen ihn in dem Glauben, spielen sein Spiel einfach mit."

Auf „Mimosa" kehrte der Alltag ein. Von wegen Alltag! Der Alte hatte schamlos untertrieben mit dem, was er sich unter meiner künftigen Tätigkeit vorstellte. Er nahm mich ganz schön ran. Ich sollte möglichst schnell und viel von ihm ler-

nen. Als erstes schickte er uns zum Einkaufen nach Barcelona. Unsere bisherige Garderobe schien ihm für sein Herrenhaus nicht angemessen genug. Manuel erhielt einen Blankoscheck und die Order: „Nicht sparsam sein!"
Gesellschaftskleidung, Anzüge, Hemden, Wäsche, Schuhe, für jeden von uns ein Reitdress, die jungen Caballeros von „Mimosa" sollten schließlich standesgemäß auftreten.
„Lasst euch von mir altem Mann etwas sagen: Das Wichtigste bei Geschäften ist, dass man immer gut gekleidet ist. Es gibt Männer, die haben keine Peseta in der Tasche, aber einen schwarzen Anzug. Denen vertraut man hier in Spanien mehr als allen anderen."
Zug um Zug kam ich dahinter, was der Alte für ein Schlitzohr gewesen ist und wo der überall seine Finger mit drin hatte. Nach dem gemeinsamen Frühstück, wenn sich Manuel auf dem Weg zur Schule befand, haben wir uns in seinem Arbeitszimmer getroffen und den Tagesablauf besprochen. Mal wollte er dahin, mal dorthin. Manchmal fuhr er allein, manchmal begleitete ich ihn. Zwischendurch habe ich mich um die Renovierung des Seitenflügels gekümmert und unsere Wohnung dort eingerichtet. Jeder sollte sein eigenes Schlafzimmer haben – „wegen der Leute im Haus", verlangte der Barón und weil er auf unseren „guten Ruf" bedacht war. Ein gemeinsames Arbeitszimmer, ein Salon, ein Badezimmer. Im Schloss gab es einen reichhaltigen Fundus an Möbeln und Einrichtungsgegenständen, so viel, dass es uns nicht besonders schwer fiel, die Wohnung geschmackvoll einzurichten. Was wir sonst noch brauchten, durften wir uns kaufen. Der Barón zeigte sich großzügig. Wollte der alte Herr zu einem Termin fahren und benötigte meine Begleitung, habe ich mich fein gemacht und ihn in seiner alten Seat-Limousine hingefahren. Wenn Manuel uns kommen oder gehen sah, hat er oft geflachst: „Die Mafia von ‚Mimosa' ist wieder unterwegs."

Sein Großvater hat dann still vor sich hin gelächelt, für den alten Mann war das ein Kompliment. Generell schien ihm wichtig zu sein, was wir beiden jungen Männer für eine Meinung von ihm hatten. Oft hat er nachgefragt, ob man dies oder das heute noch so macht, er sei ein wenig aus der Übung geraten.

Anfang März fuhren wir zu einem Banktermin nach Barcelona. Der Barón erzählte mir unterwegs, um was es heute ging und wie er vorgehen wollte. Er trug sich mit der Absicht, eine nicht geringe Summe in einem Fond anzulegen, war jedoch mit der Höhe der Zinsen nicht einverstanden. Er spielte die Banken schamlos gegeneinander aus und feilschte um jedes Achtelprozent. Wir führten unsere Gespräche auf Spanisch. Das Märchen, der Alte würde nur katalanisch sprechen und verstehen, traf nicht zu, wie wir wissen. Katalanisch hat er nur dann mit seinen Geschäftsfreunden gesprochen, wenn er in schwierigen Verhandlungen stand und sich mit seinen Partnern kurzfristig abstimmen wollte. Der Barón sprach englisch, französisch und, wie wir wissen, auch deutsch.
Auf unseren Fahrten machte er mittlerweile den Versuch, mir die katalanische Sprache beizubringen. Während wir die alte Küstenstraße entlang fuhren, sagte er kurz vor Barcelona mehr beiläufig: „Ach ja, bevor ich's vergesse, da hat gestern Abend ein gewisser Diego angerufen. Ist das nicht einer von den Kellnern? Ich glaube, den Namen schon mal gehört zu haben. Ihr beiden habt gerade euren Ausritt gemacht, deshalb habe ich das Gespräch angenommen. Er habe gehört, dass Manuel wieder zur Schule geht. Er wollte wissen, was aus dem Lokal wird, wann ihr dieses Jahr eröffnen wollt?"
Wie kann man nur so schamlos lügen? Der weiß doch ganz genau, wer Diego ist, und hat bestimmt seine Hände im Spiel. Ich befolgte Manuels Ratschlag und fragte ihn ebenso unschuldig: „Und was haben Sie ihm gesagt, Barón?"

„Ich sagte zu ihm, da wir heute sowieso in der Gegend sind, könnten wir am Nachmittag kurz in Malpente vorbeikommen. Wir wollen uns um 17 Uhr vor eurem Lokal treffen. Ich hoffe, das ist Ihnen recht, Peter. Rufen Sie bitte meinen Enkel an, er soll ebenfalls dorthin kommen, das schafft er leicht nach der Schule. Übrigens, der Pharmavertreter, euer Vermieter, wie war doch gleich sein Name? Ach ja, Vincente Pascuale, der wird auch da sein. Da könnt ihr alle Formalitäten wegen der Rückgabe des Lokals mit ihm besprechen, vielleicht übernimmt ja dieser Diego eure Hütte?"

An dem war doch tatsächlich ein Schauspieler verloren gegangen, so ein Lügner! Das hatte er doch eingefädelt, wollte nichts dem Zufall überlassen. Nicht, dass wir noch abspringen und doch wieder selbst das Lokal betreiben würden! Über den Anruf hätte er uns schon morgens beim Frühstück informieren können, wenn überhaupt jemand angerufen hatte. Wahrscheinlich hat er mit Vincente die Geschichte eingefädelt. Heute Morgen wären vielleicht unangenehme Fragen gestellt worden, aber jetzt waren wir schon in Barcelona und ich musste nach einem Parkplatz suchen.

Wir sind aber auch nicht ganz ehrlich mit ihm umgegangen, wir wollten ja, dass er sich kümmert. Uns wäre es doch unangenehm gewesen, unserem Freund Vincente schon nach der ersten Saison den Pachtvertrag für die „Cabaña" zu kündigen. Wenn der Barón uns unterstützte, war es Manuel und mir mehr als angenehm. Wir haben mit ihm und er mit uns Katz und Maus gespielt.

Der Barón de Santana brachte an diesem Vormittag sein Geld zu sehr günstigen Bedingungen an den Mann bzw. an die Bank und war hochzufrieden. Für mich war seine Verhandlungstaktik wieder ein Paradebeispiel für seine Schlitzohrigkeit.

Und am Abend gab es in Malpente auch nur zufriedene Gesichter. Der Kellner Diego und seine Frau übernahmen die „Cabaña". Carmen und Vincente willigten schnell in den neuen

Pachtvertrag ein. Der Alte hatte nun endgültig die Gewissheit, dass wir ihm nicht mehr davonlaufen würden. Ich erhielt von Diego einen Scheck für die Ablöse des Lokals. Wir wunderten uns nur, wie der arme Teufel so plötzlich zu Geld gekommen ist, waren uns jedoch ziemlich sicher, dass der Barón auch bei dem plötzlichen Geldsegen seine Hände im Spiel hatte.

Für Manuel und mich war die Übergabe der Hütte mit ein wenig Wehmut verbunden. Gewiss, wir wohnten nicht weit weg, würden immer wieder hierher kommen, aber es würde nie mehr so wie früher sein. Unser leichtes Strandleben von einst war nun endgültig vorbei.

Es wurde eine harte Schule, durch die uns der Barón de Santana trieb. Selbst in den Schulferien, in Spanien sind die Sommerferien lang, war nicht an bummeln oder gar Freizeit zu denken, wir hatten keine ruhige Minute. Manuel musste bei Señor Ovelo, dem Verwalter des Gutes, ein landwirtschaftliches Praktikum machen und mich nahm der Barón weiterhin unter seine strenge Fuchtel. Manuel kam in der Schule so gut voran, dass er bereits vor den Sommerferien 1969 zum Abitur zugelassen wurde, konnte also im Wintersemester 1969/70 sein Landwirtschaftsstudium an der Akademie in Banyoles aufnehmen. Zugegeben, für einen 27-jährigen Mann ein später Einstieg in das Studentenleben.

An einem jener langen Winterabende saß ich im Arbeitszimmer und prüfte Rechnungen. Der Barón übertrug mir neuerdings immer mehr Dinge, die er früher noch selbst erledigen konnte. Er war alt und müde geworden, manchmal stand ihm die Anspannung förmlich ins Gesicht geschrieben. Manuel wollte ich damit nicht belästigen, er war mit seinem Studium beschäftigt.

Manuel betrat das Zimmer und grinste verschmitzt vor sich hin. Ich sah auf und lächelte ihn fragend an: „Na, schöner Spanier, was ist denn so Lustiges passiert?"

„Hör mir nur auf, von wegen schön! Ich bekomme bereits Falten im Gesicht und gestern habe ich drei graue Haare im Kamm entdeckt."

„Jetzt hab dich nicht so, du eitler Gockel. Wir werden alle nicht jünger. Für mich bist du immer noch der schönste Mann zwischen hier und Gibraltar."

„Ich muss dir was erzählen, von meinem Großvater! Stell dir vor, er hat gerade zu mir gesagt: ‚Dein Peter lebt jetzt schon so lange mit uns unter einem Dach, ich möchte so gerne ‚Du' zu ihm sagen dürfen'."

„Und warum tut er es nicht einfach? Ich habe nichts dagegen. Mir wäre es eine Ehre, vom Barón geduzt zu werden."

„Er traut sich nicht. Er möchte, dass du ihn dazu aufforderst. Tu es morgen, beim Frühstück, bitte, mach' es mir zuliebe."

„Kein Problem, ihr beide sollt euren Willen haben."

Ich konnte dem Barón das Du nicht mehr anbieten. Am 25. Januar 1970 verstarb er im Alter von 76 Jahren. Das Herz des Don Ernesto, Barón de Santana, hatte aufgehört zu schlagen. Ein leichter Tod.

Wir saßen zu dritt am Frühstückstisch, als sich der alte Herr an die Brust fasste und langsam zur Seite kippte. Der Hausarzt, Dr. Enrice Romero, konnte nur noch seinen Tod feststellen. Herzschlag.

Das plötzliche Ableben des Baróns brachte für Manuel und mich sowie für die Zukunft des Gutes unvorhergesehene Veränderungen mit sich, ja, es stellte unser bisheriges Leben total auf den Kopf. Die Verantwortung für ungezählte Hektar fruchtbaren Boden, für 120 Landarbeiter mit ihren Familien, für annähernd 10 000 Schafe und Ziegen ging von einer Sekunde zur anderen auf den noch unerfahrenen knapp 30-jährigen Absolventen der Landwirtschaftakademie von Banyoles über. Manuel, der künftige Erbe und Nachfolger, verfügte über keinerlei Kenntnisse in der Führung eines Gutes. Woher hät-

te er die auch nehmen sollen, hatte er doch vor kurzem erst mit dem Studium begonnen. Auf Grund dieser Tatsache geriet er in eine Konstellation, von der jeder Fachmann gesagt hätte: „Das geht nicht gut, der kann sein Gut nicht halten, dem fehlt jede Erfahrung."
Aber er konnte, und wie er konnte. So ganz allein stand er auch nicht da. Señor Ovelo, sein loyaler Verwalter, unterstützte ihn tatkräftig. Außerdem gab es da noch den Familienanwalt Señor Montalba. Beide haben Manuel über diese schwere Zeit hinweg geholfen. Manuel war vom plötzlichen Tod seines Großvaters mehr als betroffen, sein Leben hatte sich schlagartig verändert.
Die Existenz des Gutes hing nun vom Testament des Großvaters und vom guten Willen der in England lebenden Mutter ab. Sollte sie auf der Auszahlung ihres Pflichtteiles bestehen, würde es für Manuel nicht leicht werden, „Mimosa" in seiner jetzigen Form zu erhalten. In seinem Schmerz war Manuel oft nicht er selbst, stand meistens sehr weit weg von allem, versuchte, mit der neuen Situation klarzukommen. Ich habe Manuel Zeit gelassen, habe versucht, ihm die notwendigen Vorbereitungen für die Beisetzung des Baróns abzunehmen. Was konnte ich mehr tun, als dem Freund zu zeigen: Ich bin für dich da, ich stehe zu dir, du kannst dich bei mir anlehnen. Seine Trauer konnte ich ihm aber nicht abnehmen. Jeder Mensch benötigt seine ganz eigene Art der Trauer, um den Tod eines geliebten Menschen zu verarbeiten, da nützen alle gut gemeinten Worte der Welt nichts. Manuel war froh, dass ich mich um alles gekümmert habe. Es gab viel zu tun. Einladungen für die Trauerfeier mussten verfasst und verschickt werden. Die Mutter in England war zu benachrichtigen. Wir suchten einen Sarg aus, erledigten die Behördengänge. Manuel entschied sich spontan für eine bescheidene Trauerfeier mit anschließender Beisetzung auf dem Familienfriedhof. Auf eine pompöse Zeremonie in der Dorfkirche, mit Trauerzug

und Musik, wie sie dem alten Herrn auf Grund sein[...]
lung in der Gesellschaft zugestanden hätte, wollte [...]
verzichten. Er wollte es bescheidener, einfacher.
Die sterblichen Überreste des Baróns wurden in der Halle
aufbahrt. Täglich kamen Nachbarn und Freunde, um von dem
verstorbenen Barón Abschied zu nehmen. Manuel hielt tapfer die Totenwache, hatte für jeden Besucher ein freundliches
Wort. Eine schlimme Tortur, ich bewunderte ihn dafür, hätte
ihm das alles gerne erspart. Aber es ging nicht anders, Tradition und Ehre der Familie de Santana forderten diesen Tribut
vom künftigen Erben.
Zur Beisetzung wurden etwa 250 Personen aus dem engsten Familien- und Freundeskreis sowie dem öffentliche Leben eingeladen. Da selbst Manuel nicht wusste, wer alles zu diesem erlauchten Personenkreis gehörte, waren wir auf die Hilfe von Rosalita, Juan und dem Verwalter angewiesen. Erst mit Hilfe dieser drei Personen war es möglich, eine Liste zu erstellen, um die Einladungen den Trauergästen rechtzeitig zustellen zu können.
Nach der Trauerfeier hatte Manuel einen Stehempfang als würdigen Abschluss vorgesehen. Der ehemalige Ballsaal im Seitenflügel des Schlosses bot ausreichend Platz für die vielen Trauergäste. Die Bewirtung von so vielen Menschen konnten wir unmöglich unseren beiden Alten, Rosalita und Juan, zumuten. Rosalita bestand vehement darauf, ihrem „Patrón" diese letzte Ehre zu erweisen, ließ sich aber von uns überzeugen, dass der Aufwand für sie viel zu anstrengend gewesen wäre. Alfonso Hermandes, der Besitzer des „Rivera", war zwar nach Ansicht des Baróns ein Gauner und er hätte bestimmt nicht gewollt, dass er ihm seinen Leichenschmaus ausrichtete, aber sei's drum, seine Küche galt als die anerkannt beste weit und breit, sein Personal als freundlich und kompetent. Ich habe daher, mit Manuels Einverständnis, unseren alten „Freund" Alfonso mit der Lieferung und dem Service für ein kaltes Büfett und diverse Getränke für 250 Gäste beauftragt.

Am zweiten Abend nach dem Tod des Baróns saßen wir müde und abgespannt im kleinen Salon. Heute waren wieder so viele Verwandte und Freunde am Sarg vorbei defiliert, wir konnten sie gar nicht alle zählen. Manuel kannte die meisten Leute noch nicht einmal persönlich.
„Ach, ich bin so froh, wenn alles vorbei ist. Den ganzen Tag an diesem Sarg stehen und mit Leuten reden, die ich kaum kenne, aber das bin ich meinem abuelo schuldig."
„Morgen hast du es hinter dir, du Ärmster! Dann ist es überstanden. Ruh dich aus! Möchtest du ein Glas Chablis? Juan hat gerade eine Flasche aufgemacht."
„Ja, bitte, das wird mich beruhigen. Ich bin so froh, dass du mir den ganzen offiziellen Kram abnimmst, darum könnte ich mich nicht auch noch kümmern."
„Aber das ist doch selbstverständlich."
„Pedro, was sollen wir nur machen? Ich brauche doch den abuelo noch so nötig und du brauchst ihn auch. Wie sollen wir nur ohne ihn und seine Erfahrung auskommen? Ich bin kein Bauer und will auch keiner mehr werden und du bist bei den Geschäften noch nicht so gut wie er. Sie werden uns das Gut abnehmen, wie die Geier werden sie sich auf uns stürzen!"
„Niemand wird dir was wegnehmen und du gehst schön brav weiter auf deine Uni. Der Barón hat vorgesorgt, dein Vermögen ist gut und sicher in Immobilien und Beteiligungen angelegt. Du könntest allein von den Mieten und Zinsen ein sorgloses Leben führen. Um das Gut brauchst du dich nicht zu sorgen, Señor Ovelo ist ein kompetenter Verwalter. Er wird dir helfen, das Gut zu leiten, bis du mit dem Studium fertig bist. Der Barón hat gute Anwälte bezahlt, auch die stehen hinter dir. Was würde dein abuelo sagen, wenn du jetzt aufgibst?"
„Asche zu Asche und Staub zu Staub!"
Danach betete der Priester das „Vater unser". Ich habe in meiner Muttersprache gebetet, der spanische Text des Gebetes war mir nicht geläufig.

Ein kalter, aber sonniger Wintertag, als die dicht gedrängte Menge auf dem kleinen Familienfriedhof von Gut „Mimosa" Abschied nahm, Abschied von Don Ernesto, dem Barón de Santana. Manuel stand in der ersten Reihe, inmitten der offiziellen Vertreter, dem Bürgermeister, den Repräsentanten der katalanischen Provinz, den Funktionären der Vereine und Korporationen. Er bewahrte eine tadellose Haltung, jeder Zoll der Nachfolger und Erbe seines Großvaters. Die Mutter war nicht gekommen, sie hatte sich telegrafisch entschuldigt und einen Brief ihres Anwaltes angekündigt. Wir, das waren Carmen und Vincente Pascuale, Mercedes und Jan Koistra, Alfonso Hermandes, Claudio Ruiz, Paco und Julio, Diego mit seiner Frau, samt mir und all den vielen Freunden aus Malpente, standen etwas Abseits und hörten den vielen Rednern zu. Ich schaute mir die Umstehenden genauer an, meine Blicke blieben an den einzelnen Gesichtern hängen. Vor meinem geistigen Auge lief ein Film ab, ein Film von den vielen Jahren, die ich diese Menschen um mich herum nun bereits kannte. Keine Sekunde davon würde ich je hergeben wollen. Im tiefsten Inneren war mir bewusst: Ich habe nichts falsch gemacht, es war kein Fehler, in dieses Land zu gehen. Ich war stolz und glücklich, dass mir diese Menschen so nahe standen, dass sie meine Freunde waren.

Ein Begräbnis macht hungrig und durstig. Nach der Beisetzung strömten alle in den ehemaligen Ballsaal. Alfonso und seine Mannschaft hatten bestens vorgesorgt. Bald machte sich lautes Gemurmel breit und ganz zaghaft wurde bei der einer oder anderen Gruppe schon wieder gelacht. Señor Montalba, der Familienanwalt, zupfte mich am Sakko: „Señor Pedro, bitte, nur ganz kurz! Ich habe den Brief der Mutter gelesen. Sie verzichtet zu Gunsten ihres Sohnes auf ihren Pflichtteil. Ist das nicht eine wunderbare Nachricht? Entschuldigen Sie nochmals die Störung. Geben Sie bitte Señor Llancer Bescheid. Ich muss leider weg, Gerichtstermine, Sie wissen schon! Übrigens, bevor ich es vergesse, zur Testamentseröffnung werden Sie noch schriftlich eingeladen, Sie gehören mit zu den Begünstigten. Adios, señor."

An Manuel kam ich nicht heran, er stand, von einer dichten Menschentraube umlagert, in der Mitte des Saales und musste die Neugier der Trauergäste über sich ergehen lassen. Die Meute buhlte um den Erben.

Endlich war alles vorbei.

Wir hielten uns im Arbeitszimmer des Baróns auf. Manuel sichtete einige Papiere und ich lag auf dem schweren Ledersofa, der offene Kamin machte das Zimmer mollig warm. Jetzt endlich fand ich Gelegenheit, ihm vom Brief seiner Mutter zu erzählen.

„Bin ich froh, dass sie so fair ist. Sie hat vieles gutzumachen an mir und meinem abuelo. Sie hat uns damals ganz einfach im Stich gelassen."

„Möchtest du darüber reden, Mano? Ich hör dir gerne zu."

„Ein anderes Mal. Heute war so viel los, ich bin total ausgebrannt. Lass uns bald schlafen gehen, das wird uns beiden gut bekommen."

Es klopfte an der Tür und herein kamen Rosalita und Juan, unsere beiden Alten. Sie waren im Laufe der Zeit zu einer festen Institution auf „Mimosa" geworden. Niemand von uns konnte sich ernsthaft vorstellen, dass Rosalita, die Köchin, oder Juan, der Diener, einmal nicht mehr da sein würden. Als ganz junge Menschen sind sie 1930 in die Dienste des Baróns getreten, haben sich im Laufe der Jahre ihre heutige Vertrauensstellung erarbeitet. Zwischen beiden bestand so etwas wie das unausgesprochene Versprechen, ihren Lebensabend gemeinsam zu verbringen. Wenn man so lange unter einem Dach lebt, kommt man sich auch menschlich etwas näher. Rosalita, immer die Dominierende von beiden, ergriff zuerst das Wort: „Perdón, Señor Manuel, perdón, Señor Pedro, es ist schon spät, aber wir müssen mit Señor Manuel sprechen."

„Warum so förmlich? Kommt doch herein und setzt euch! Für uns alle ist der heutige Tag recht anstrengend gewesen. Was habt ihr mir denn so Wichtiges zu sagen, was nicht bis morgen warten könnte?"

„Wenn es wirklich wichtig wird, sollten nur die Männer reden", begann Juan mit dem, was beide dem neuen Herrn von „Mimosa" zu sagen gedachten. „Sollte ich etwas vergessen, kann Rosalita mich ja ergänzen. Señor Manuel, Sie werden in Kürze das Gut übernehmen und der neue Patrón sein. Wir haben Ihrem abuelo 40 Jahre lang treu gedient, standen immer loyal zu ihm. Wir haben vieles im Haus miterlebt und gemeinsam überstanden, den Bürgerkrieg, den Zweiten Weltkrieg, die Zeit nach den Kriegen mit ihren vielen Entbehrungen. Wir haben miterlebt, wie Ihr schwer verwundeter Vater ins Haus gekommen ist und wie Sie geboren wurden. Wir waren dabei, als Ihr Vater und Ihre Großmutter gestorben sind. Wir mussten erleben, wie der alte Barón unter dem Weggang Ihrer Mutter gelitten hat. Wir sahen Sie aufwachsen und versuchten, Ihren abuelo bei Ihrer Erziehung zu unterstützen." Juan holte tief Luft und sah, sichtlich stolz über sich selbst, in die Runde. Das war wahrscheinlich seine längste Rede, die ihm in den letzten 50 Jahren über die Lippen gekommen ist. Er galt als äußerst schweigsamer Mann.

„Das wissen wir doch alle, Juan. Und ich bin euch ewig dankbar für das, was ihr für meine Familie und mich getan habt. Ihr beiden seid immer mehr als nur Angestellte gewesen, ihr gehört zur Familie", antwortete Manuel.

Nun konnte sich Rosalita nicht mehr zurückhalten, nun kochte bei ihr, trotz ihres hohen Alters, das Temperament über: „Wenn es wichtig wird, sollen die Männer reden. Dass ich nicht lache, du alter Esel! Juan redet um den heißen Brei herum. Manuel, und ich werde auch weiterhin Manuel zu dir sagen, auch wenn du der König selbst wärst. Ich habe dich aufgezogen, als deine Mutter mit ihrem versnobten Engländer verschwunden ist, von da an warst du mein Kind. Ich habe dich gepflegt, wenn du krank warst, und ich habe dich getröstet, wenn der Barón wieder mal zu streng mit dir war. Ich habe als Erste bemerkt, dass du anders bist, als die übrigen Jungen auf dem Gut. Was Juan eigentlich sagen wollte, ist Folgendes: Wir wollen uns zur Ruhe setzen! Wir haben in Figueras ein Haus gekauft und möchten dort unseren Lebensabend verbringen. Wir bitten dich, dass du dich nach jüngeren Leuten umschaust, bevor wir das Gut verlassen. So in zwei bis drei Monaten wollen wir gehen, wir sind müde, haben lange genug gearbeitet. Juan und ich wollen euch aber noch helfen, die neuen Leute einzuweisen."

„Niemand auf der Welt weiß besser als ich, dass du für mich wie eine Mutter gewesen bist, Rosalita. Wie oft hast du zwischen mir und meinem abuelo geschlichtet. Wenn es dich nicht gegeben hätte, wäre ich schon viel früher aus dem Haus gegangen. Ich kann mir zwar nicht vorstellen, wie es ohne euch weitergehen soll, aber ihr beiden habt Recht, genießt euren Lebensabend, das steht euch zu. Wir werden eine Lösung finden. Ich hoffe nur, dass wir wieder so treue Menschen wie euch finden werden."

Still gingen die beiden aus dem Zimmer. Manuel sagte nichts mehr, er musste erst alles überschlafen. Dieser Tag war hart genug für ihn gewesen, hatte so viel in seinem Leben verändert.

Der erste Februar war ein wunderschöner Frühlingstag. Ich wachte sehr früh auf und schlich leise aus dem Zimmer. Manuel bemerkte nichts von meinem Weggehen, er schlief ruhig und fest. Der Sinn stand mir nach einem Ausritt. Bereits von frühester Kindheit an hatte ich die besten Einfälle, wenn ich mich in der freien Natur befand. Die frische Luft, der Anblick eines Waldes oder einer grünen Wiese machte mir schon damals den Kopf frei für neue Gedanken und neue Ideen. Was mir in den Kindertagen bei der Lösung meiner kleinen Probleme geholfen hatte, würde auch heute noch funktionieren. Es galt, einen Weg zu finden, der es erlaubte, unseren Alltag weiter in der bewährten Weise ablaufen zu lassen, wie vor dem Tod des Baróns. Manuel, noch Student, und ich, beileibe kein so erfahrener Geschäftsmann wie der Alte, mussten beweisen, was wir konnten. Rosalita und Juan wollten uns verlassen, also benötigten wir zunächst einmal verlässliches Personal.

Im Stall habe ich mir „Hero" gesattelt und los ging der Ritt, hinaus in den jungen, frischen Morgen. Fast drei Stunden lang bin ich unterwegs gewesen und Zug um Zug entstand in meinem Kopf eine Konstruktion, die zu begehen sich als erfolgreich für unsere Zukunft erweisen könnte. Meine Gedanken musste ich aber noch mit Manuel abstimmen, war mir jedoch sicher, dass er einverstanden sein würde.

„Beeil' dich bitte, Pedro! Um 11 Uhr ist die Testamentseröffnung", rief mir Manuel von der Terrasse aus zu, als ich auf den Hof geritten kam.

„Ich habe gerade mit dem Frühstück angefangen, komm' setzt dich zu mir, du hast bestimmt noch nichts gefrühstückt. Jaime soll ‚Hero' inzwischen absatteln."

„Meinst du wirklich? Die Pferde habe ich bisher immer selbst abgesattelt, wenn ich ausgeritten bin. Eigentlich sind mir solche Herrschaftsallüren fremd. Wer reitet, muss sich auch hinterher um das Pferd kümmern. Bei meinem früheren Reitverein ist der Satz ‚Zuerst das Pferd und dann der Mensch' die gängige Regel gewesen."

„Mache heute Morgen in Anbetracht der knappen Zeit mal eine Ausnahme, Pedro! Lass Jaime das Pferd absatteln, trocken reiben und füttern. Rosalita hat für zwei Personen eingedeckt. Ihr Frühstück ist jeden Tag eine neue Verführung, ich werde es in Zukunft schmerzlich vermissen."

In der Kanzlei von Abogado Montalba, dem Familienanwalt derer „de Santana", trafen sich an diesem Vormittag all die Personen, die der Barón in seinem Testament bedacht hatte.

Manuel erbte, dank des Verzichtes seiner Mutter, das Schloss, das Gut mit sämtlichen Ländereien und Vieh, dazu das gesamte Vermögen aus Beteiligungen und Immobilien. Auf den Adelstitel verzichtete er, unter gewissen Voraussetzungen hätte er ihn beantragen können. Da er aber nicht heiraten würde und Kinder sowieso nicht zu erwarten waren, hatte der Titel eines Baróns für ihn keine Bedeutung. Ich gab zu Bedenken, ob es nicht klüger wäre, den Titel zu erhalten. Manuel überlegte kurz, dann sagte er laut und deutlich: „Llancer ist auch ein guter Name."
Das war sein Wunsch und niemand hatte das Recht, ihm diesen auszureden. Damit endete das Geschlecht der Baróne de Santana am Morgen des 1. Februar 1970 für immer.
Rosalita, Juan, Señor Ovelo und seine Familie erhielten jeweils eine stattliche Summe zugesprochen. Kirche und karitative Einrichtungen kamen ebenfalls nicht zu kurz. Für mich hatte der Barón das lebenslange Wohnrecht auf dem Gut ins Grundbuch eintragen lassen. Darüber hinaus sollte ich fünf Prozent des Jahresgewinns aus allen Geschäften erhalten, die in meiner nun eigenen Verantwortung als neuer Geschäftsführer der Santana-Immobilienfirmen erzielt wurden. Eine großzügige Geste des alten Herren.
Manuel wollte mir die Hälfte des Gutes überschreiben lassen, das habe ich aber abgelehnt. „Manuel, nein. Durch das Wohnrecht und die fünfprozentige Beteiligung bin ich mehr als abgesichert, das war sehr großzügig von deinem abuelo. Halte dein Erbe zusammen, wer weiß, was noch alles kommt!"
Am Abend dieses denkwürdigen Tages habe ich in unserem gemeinsamen Arbeitszimmer einige private Briefe geschrieben. Manuel saß mir gegenüber und blätterte lustlos in seinen ökonomischen Fachbüchern. Ich kannte ihn nur zu gut, wusste genau, er wollte mit mir zusammen sein und reden, nahm aber Rücksicht, bis ich mit den Briefen fertig war. Anscheinend fühlte er sich von mir vernachlässigt, denn zwi-

schendurch blickte er immer wieder auf und sah mich verstohlen an.

„Gleich bin ich fertig, amigo mio, bitte nur noch ein paar Zeilen."

„Wem schreibst du denn da alles? Ich kenne gar nicht so viele Leute, denen ich schreiben könnte."

„Wanda hat geheiratet und ist mit ihrem Mann nach Norddeutschland gezogen, da musste ich ihr dringend ein paar Zeilen schreiben. Sie war früher immer für mich da, wenn ich sie brauchte. Meinem kleinen Bruder habe ich geschrieben und ihn noch einmal für den Sommer eingeladen. Dann ein Brief an Klaus in die alte Heimat, zumindest sollen die dort auch wissen, dass dein abuelo gestorben ist und du das Gut geerbt hast."

„Komm mit mir rüber in den Salon, dort ist es schön warm! Ich habe den Kamin gut geheizt. Bei den Weinbeständen meines Großvaters habe ich eine Flasche 20 Jahre alten Rotwein gefunden, lass uns den mal probieren. Wir kommen gar nicht mehr zum Reden und so richtig miteinander geschmust haben wir schon lange nicht mehr. Wenn ich da an die Nächte in unserer Bucht denke …"

„Na, dann auf, du armer, vernachlässigter Mann! Hoffentlich ist dein Feuer im Kamin genauso heiß wie du, die Nächte sind immer noch ganz schön kalt."

Später haben wir es uns auf dem breiten Sofa gemütlich gemacht. Er hatte Recht gehabt, das wohlige Feuer im Kamin, die körperliche Nähe, der Wein, leise Musik, dies alles vertrieb uns schnell die Zukunftssorgen.

„Was hast du denn heute Morgen für Pläne gemacht? Immer, wenn du allein ausreitest, kommst du zurück und hast den Kopf voll mit neuen Ideen."

„Darüber wollte ich mit dir sprechen, aber meinst du, das passt jetzt? So ernste Dinge und Liebe? Wollen wir nicht bis morgen früh damit warten?"

„Wir haben doch alle Zeit der Welt. Ein bisschen reden, ein bisschen trinken und zwischendurch … So haben wir es doch immer gemacht, früher, als wir noch ganz einfache Leute waren. Du, der Tourist aus Deutschland, und ich, der spanische Kellner."

„Vermisst du diese Zeiten sehr, Manuel?"

„Manchmal schon, aber das Leben hat uns nun einmal hierher verschlagen, wir müssen diese Verantwortung annehmen, wenn es mir auch oft schwer fällt. Also, sag schon, Pedro, was hast du dir ausgedacht?"

„Zuerst habe ich mal die Probleme erfasst, die wir momentan haben. Da ist zunächst das Gut, also der rein landwirtschaftliche Teil. Du musst noch fünf Semester, also rund zweieinhalb Jahre studieren. Das ist nicht weiter schlimm, denn Señor Ovelo steht loyal zu dir und macht einen guten Job."

„Da stimme ich dir zu, hier wird es keine Probleme geben. In meinen Semesterferien kann ich mich Zug um Zug einarbeiten. Die Geschäfte mit den Immobilienfirmen hast du im Griff, das hat mir der abuelo bestätigt. Aber was ist mit dem Hauspersonal, wer soll für uns kochen?"

„Du erinnerst dich doch sicher noch an Dolores, die Dolores, die unseren Freund Claudio Ruiz geheiratet hat. Vor ihrer Ehe arbeitete sie als Köchin im Hotel ‚Sol y Mar' in Tossa. Wenn wir sie überreden könnten, für uns zu arbeiten, wäre das die Lösung aller Probleme."

„Schön und gut, aber was ist mit Claudio? Glaubst du im Ernst, der alte Sturkopf würde seiner Frau erlauben, hier bei uns zu kochen? Niemals."

„Claudio möchte ich mit dabei haben. Ich trage schon lange die Idee mit mir herum, auf dem Gut Rassepferde zu züchten. Die schönen Weiden brauchen wir nicht alle für Schafe und Ziegen. Mit Pferden könnten wir sehr viel Geld verdienen und Claudio Ruiz ist ein ausgezeichneter Pferdekenner. Was hältst du davon?"

„Du bist ein Gauner, Pedro, fast schon so gerissen wie mein Großvater! Eine tolle Idee mit den Pferden, meinen Segen hast du. Aber Claudio zu überzeugen, dass er seinen Reitstall aufgibt und zu uns nach ‚Mimosa' kommt, das wird er dir nicht leicht machen, da bin ich gespannt."

„Ja, ich weiß, es wird nicht leicht werden, aber einen Versuch ist es allemal wert, und deinen Verwalter müssen wir auch noch überzeugen. Pferde und Schafe gleichzeitig zu züchten, ist nicht so einfach, die Fachleute sehen das nicht gerne, aber mit etwas gutem Willen wird es gehen."

„Rede mit Claudio! Überzeuge ihn! Du mit deinem Dickschädel wirst das schaffen, auch bei Señor Ovelo. Aber wo bekommen wir einen Ersatz für Juan her?"

„Manuel, brauchen wir wirklich einen Diener?"

„Eigentlich nicht, Juan war sowieso nur für den Barón da. Uns hat er nur beim Essen mitbedient. Das kann genauso gut eines der Mädchen machen, wir stellen besser noch eine zusätzliche Küchenhilfe ein. Wenn Dolores tatsächlich kommt, wird sie jemanden brauchen."

„Das sehe ich genauso. Ich werde also mit Claudio und Dolores sprechen. Wenn du morgen wieder zur Akademie gehst, fahre ich nach Malpente. Claudio wird nicht leicht zu überzeugen sein. Vielleicht mache ich eine Sauftour oder sonst was mit ihm. Weiß der Himmel, was dieser sture Bock alles von mir verlangt."

„Versuch es, egal wie! Komm aber nicht ohne die beiden. Es ist dein Wunsch, hier Pferde zu züchten, also erfüll' ihn dir, Pedro."

Claudio Ruiz erwies sich wahrhaftig als ein harter Brocken. Señora Dolores Soleer-Riuz war da schon leichter zu begeistern. Ihr gefiel der Gedanke, als Köchin auf „Mimosa" für die beiden verliebten Señores zu kochen, sofort. Die Unterredung fand in dem kleinen Café von Claudios Mutter statt. Wie oft haben Manuel und ich früher hier gesessen und über unsere

Zukunft gesprochen. Dass ich in diesem Lokal einmal einen sturen Pferdenarren von seinem Glück überzeugen musste, konnte ich damals noch nicht ahnen.

Die Festung ist dann doch noch gefallen. Spätestens als er mich fragte: „Und wo sollen wir wohnen?", und verlauten ließ, dass ich mich auf ein saftiges Gehalt einzurichten hätte, und zwar für jeden von ihnen, hatte ich gewonnen. Die angebotene Bedenkzeit lehnte er entrüstet ab. Er war fast beleidigt und hätte mich wahrscheinlich gefordert, wären wir nicht so gut befreundet gewesen. Verstehe ein Mensch die spanischen Männer und ihre Vorstellung von Stolz und Ehre!

Mit funkelnden Augen sah er mich an: „Ein Ruiz entscheidet sich entweder sofort für eine Sache oder gar nicht! Ich bin dein Partner, Pedro."

Gelebte spanische Logik. Beim Gehalt wurden wir uns schnell einig. Als Wohnung habe ich ihnen zunächst den Seitenflügel angeboten, später würden wir im Herrenhaus eine Wohnung für sie einrichten. Bei einigen Flaschen Rotwein haben wir den endgültigen Vertrag ausgehandelt.

Als ich am nächsten Morgen nach Angeles zurückfuhr, hatte ich eine neue Köchin für das Gut, einen Partner für meine Pferdezucht und einen gewaltigen Brummschädel.

Die nächsten Monate wurde es sehr hektisch auf dem Gut, es fand ein gewaltiger Umbruch auf dem jahrelang so friedlichen ruhenden Herrensitz statt. Handwerker und Baumaschinen machten Lärm, überall wurde gebaut, umgeräumt, das gesamte Anwesen auf den Kopf gestellt. Wir zogen ins Herrenhaus und richteten dort auch die Wohnung für Dolores und Claudio ein. Da Manuel mit seinem Studium ausgelastet war, habe ich mich um alles gekümmert. Bei den gewaltigen Ausgaben wurde mir oft schwindelig vor den horrenden Summen. Gewiss, unsere Kalkulation stand auf soliden Beinen, die notwendigen Mittel waren vorhanden. Aber wenn

ich sah, wie mir das Geld sprichwörtlich durch die Finger rann, wurde ich manchmal skeptisch. Ist das alles richtig, was wir da machen? Was würde der alte Barón dazu sagen?
Manuel war glücklich. Die schönen neuen Räume im Herrenhaus, die Pferdezucht, sein Studium. Im Herbst schien das Gröbste erledigt.
Rosalita und Juan haben das Gut verlassen, der Übergang beim Personal ist fließend verlaufen. Dolores, von Rosalita eingewiesen, wusste nun auch, was die beiden Señores gerne aßen und tranken, welche Marotten sie hatten. Es ist alles viel besser gegangen, als wir gedacht hatten. Der Übergang von einer Generation zur anderen ging fließend vonstatten. Claudio begleitete mich nach Andalusien, um Pferde für die Zucht zu kaufen. Dabei erwies sich sein Pferdeverstand als unschätzbar. An dem Tag, als der Transportwagen mit den ersten Zuchtpferden ankam und die Pferde auf der saftigen Koppel nahe beim Schloss umher sprangen, waren wir so stolz. Stolz wie Männer nun mal sind, wenn sie sich einen Traum erfüllt haben. Für das kommende Frühjahr erwarteten wir die ersten Fohlen. Auch Señor Ovelo war nach anfänglichem Zögern inzwischen der Meinung, dass wir mit der Entscheidung, mit Hilfe der Pferdezucht ein weiteres Standbein aufzubauen, richtig lagen und unterstützte das Vorhaben tatkräftig.

Zwei Jahre später schloss Manuel sein Studium auf der Akademie für Landwirtschaft in Banyoles als Diplomlandwirt ab. In den nächsten Jahren verlebten wir, im Einklang mit uns und der Natur, unsere wohl schönste Zeit auf dem Gut. Der ewige Lauf der Jahreszeiten bestimmte die Vorhaben. Die Winter waren ruhig und still, da konnten wir unseren Hobbys nachgehen, endlich wieder lesen, Musik hören, lang aufgeschobene Briefe schreiben, Freunde besuchen. Wenn im Februar oder März die Natur zu neuem Leben erwachte, die ersten Mandelbäumchen zu blühen begannen, gab es wieder

Arbeit genug, Arbeit bis weit in den Herbst hinein. Bohnen und Tomaten für die Märkte Spaniens und Europas sähen und ernten, immer wieder neu. Fohlen wurden geboren, Dreijährige verkauft. Schafe und Ziegen kamen auf die Welt, wurden aufgezogen und geschoren oder an die Schlachthöfe der großen Städte verkauft. Ein stetiger Kreislauf, der unsere Tage auf dem Gut nie langweilig erscheinen ließ.
Die heftige Begehrlichkeit auf den Körper des Geliebten, die wir in unserer Jugend so sehr genossen hatten, wich einer Vertrautheit, die durch nichts zu ersetzen war. Eine glückliche, nicht alltägliche, aber dauerhafte Beziehung zweier Männer. Nicht einmal wir selbst hätten am Anfang darauf geschworen, dass wir so lange zusammenbleiben würden. Männer haben nicht immer diese Ausdauer ...

Nach zwölf Jahren Aufenthalt habe ich 1978 die spanische Staatsbürgerschaft angenommen. Manuel war glücklich darüber, für ihn ist meine endgültige Integration in sein Heimatland zum Symbol geworden, für mich mehr zur Formalität. Ich, ein überzeugter Europäer, würde tief in meinem Herzen immer ein Hesse bleiben, zu sehr war ich, auch ohne es ständig vor mir her zu tragen, in meiner angestammten Heimat verwurzelt. Nun war ich eben offiziell Spanier, jeder konnte es in meinem Pass nachlesen. Mir ist der Antrag auf Eingliederung leicht gefallen, Spanien hatte sich verändert. Nach Francos Tod im Jahr 1975 kehrte Spanien zur Monarchie zurück. Juan Carlos l. bestieg den Thron und wurde drei Tage nach Francos Tod als spanischer König vereidigt. Franco hatte sich von der Machtübernahme Juan Carlos' eine Fortsetzung seiner Politik erhofft. Der König war jedoch die treibende Kraft bei der behutsamen Entwicklung hin zu demokratischen Strukturen. Er ernannte am 3. Juli 1976 Adolfe Suarez zum ersten Regierungschef, die politischen Parteien wurden legalisiert und freie Wahlen zugelassen. Am 31. Oktober 1978 billigte das Parlament die neue spanische Verfassung, die durch einen Volksentscheid am 5. Dezember 1978 verbindlich wurde. Der Katholizismus wurde als Staatsreligion abgeschafft. Das Land, nun endgültig frei von der Diktatur, konnte sich politisch entfalten.

1981 wurden Manuel und ich 40 Jahre alt. Anderthalb Jahre später trat ein Ereignis ein, mit dem keiner auch nur im Entferntesten rechnen konnte. Ein junger Mann trat in unser Leben und wirbelte unser ruhiges Dasein auf dem Gut gründlich durcheinander.

An einem der letzten schönen Oktobertage 1982, die Sonne strahlte, vielleicht heute zum letzten Mal in diesem Herbst, warm vom wolkenlosen Himmel, saßen wir zu dritt, Manuel, Claudio und ich, auf der schattigen Terrasse und redeten uns die Köpfe heiß. Claudios Frau Dolores stellte uns eine große Kanne „Kaffee Alemania" auf den Tisch. So sehr ich Spanien auch schätzte, aber mit seinem Kaffee stand ich immer noch auf Kriegsfuß. Vor Jahren schon hatte ich durchgesetzt, dass zumindest am Nachmittag richtiger deutscher Kaffee serviert wurde.

Unsere Geschäfte verliefen in den letzten Jahren sehr erfolgreich. Das Gut warf satte Gewinne ab, Massen an Bohnen und Tomaten für die Märkte Europas, Schafsfleisch und Ziegenkäse für die Feinschmecker in aller Welt. Manuel und Señor Ovela samt ihren Landarbeitern leisteten vorzügliche Arbeit. Mit der Pferdezucht hatte sich Claudio Ruiz inzwischen einen guten Namen gemacht. Die von ihm gezüchteten andalusischen Vollblüter erzielten gute Preise, waren vor allem in den spanischen und südfranzösischen Stierkampfarenen heiß begehrt.

Die Geschäfte mit den Immobilien und Beteiligungen waren eine einzige Erfolgsstory. Spanien befand sich im Aufbruch, sein Anschluss an Europa brachte dem Land zweistellige Wachstumsraten. Also, kein Grund für Pessimismus ...

Manuel hob seine Kaffeetasse und sagte: „Salute Amigos!" Dann hielt er inne und wies in Richtung Auffahrt. „Pedro, Claudio, wer ist denn das? Wer kommt denn da zu uns? Pedro, da kommst du! So hast du ausgesehen vor zwanzig Jahren!"
Wir beiden folgten seinem Blick. Tatsächlich, im Schatten der Korkeichen-Allee kam ein junger Mann die Auffahrt hoch. Der Junge sah so aus, wie ich ausgesehen haben mag, als ich zum ersten Mal nach Malpente de Mar gekommen bin, damals im Sommer 1961. Die gleiche Figur, die gleichen frechen blauen Augen, die gleichen blonden Wuschelhaare. Wer ist dieser Junge? Mir blieb fast das Herz stehen, denn ich ahnte im Stillen, wer da unsere Auffahrt heraufkam.
Er, lässig gekleidet, Jeans, Polohemd, Turnschuhe, begrüßte uns: „Guten Tag, ich bin Benedikt Schröder aus Frankfurt. Ich suche meinen Vater, er soll hier auf dem Gut leben."
Manuel und Claudio verhielten sich schweigend, waren nur noch stille Zuschauer. Ihnen war bewusst: Hier sind wir nur die Statisten, die Akteure sind jener junge Mann und unser Freund Pedro.
Bei mir drehten sich alle Rädchen im Kopf. Schröder? In welchem Zusammenhang habe ich diesen Namen schon mal gehört? Schröders gibt es in Deutschland viele, aber dieser Name stand in Bezug zu meiner Vergangenheit, war verbunden mit einem ganz bestimmten Ereignis. Was ist davon in meinem Gedächtnis hängen geblieben?
Firma Hauff. Lehrzeit. Marina. Rheinfahrt 1958. Wie hatte Doris damals zu mir gesagt? „Marina hat einen älteren Mann geheiratet, einen Herrn Schröder, und bald darauf einen kleinen Sohn bekommen. Es geht den beiden gut und du, rechne mal nach!" Sollte dieser junge Mann etwa? Nein, das konnte nicht sein! Nach all den Jahren! Aber die Ähnlichkeit, diese nicht zu verleugnende Ähnlichkeit, das war kein Zufall.
Einer musste was sagen, also fragte ich den Jungen mit zitternder Stimme: „Woher wollen Sie wissen, dass Ihr Vater hier

wohnt? Wer hat Ihnen das gesagt? Außer uns dreien gibt es hier niemanden."

„Das ist eine lange Geschichte. Ihre Adresse habe ich in Malpente bekommen, von einer Señora Ruiz oder so ähnlich."

„Geben Sie mir Zeit, Benedikt. Erzählen Sie mir mehr von sich, ich bin fassungslos. Warum hat Ihre Mutter, Marina, nie ein Wort ... Ich habe von Ihnen nichts gewusst, keinen blassen Schimmer gehabt. Wir waren verliebt damals, beide erst 17 Jahre alt, haben uns bald wieder getrennt und später total aus den Augen verloren, das geht manchmal so. Was werden Sie nur für eine Meinung von mir haben?"

„Mir hat es an nichts gefehlt. Herr Schröder ist mir ein guter Vater gewesen. Meine Eltern besaßen in Frankfurt ein großes Haus mit Garten, dort verbrachte ich eine schöne Kindheit. Nach dem Abitur begann ich mein Medizinstudium. Im Sommer sind meine Eltern mit ihrem Auto tödlich verunglückt. Vater, schwer herzkrank, hätte eigentlich nicht mehr fahren dürfen. Er hat auf der B 45 bei Erbach im Odenwald ein anderes Fahrzeug überholt, dabei ist es passiert. Meine Eltern waren auf der Stelle tot. Beim Ordnen des Nachlasses, ich bin das einzige Kind, fand ich ein Foto. Es zeigt meine Mutter mit einem jungen Mann, ich gehe davon aus, das sind Sie, auf einem Schiff. Das Foto ist beschriftet mit ‚Rheinfahrt 1958 mit Peter'. Mich hat fast der Schlag getroffen, dieser junge Mann auf dem Foto, das war ja ich! Jedenfalls sah der Junge so aus. Meine Mutter als junges Mädchen auf einem Foto mit einem jungen Mann, der damals so ausgesehen hat, wie ich heute aussehe. Was hatte das zu bedeuten? Tante Doris, Ihre ehemalige Arbeitskollegin Doris, sagte mir, als ich sie danach gefragt habe: ‚Das ist der Peter, dein richtiger Vater. Deine Mutter hätte längst mit dir darüber sprechen müssen, das war so nicht in Ordnung.' Da stand ich nun mit meinen zwei Vätern, der eine tot, der andere verschollen."

Es begann zu dämmern. Manuel und Claudio zogen sich diskret ins Haus zurück.

„Das tut mir Leid mit deinen Eltern. Aber wie hast du mich hier ausfindig gemacht? Ich darf doch ‚du' zu dir sagen?"

„Ja, selbstverständlich. Tante Doris wusste noch, wo Sie als junger Mann gewohnt haben. Über das Einwohnermeldeamt kam ich nicht weiter, Sie sind dort nicht mehr registriert. Auch nirgendwo ein Hinweis auf Verwandte von Ihnen. Einer der Mitarbeiter erinnerte sich: ‚Nach so vielen Jahren, wir sind alle neu hier und kennen die Verhältnisse nicht so gut, ich glaube aber, mal etwas gehört zu haben, dass einer mit diesem Namen irgendwann nach Spanien ausgewandert ist.' Bingo, das war der erste Treffer!"

„Entschuldige, Benedikt, ich bin ein schlechter Gastgeber. Hast du Hunger? Willst du etwas essen? Möchtest du etwas trinken?"

„Vielleicht ein Bier, wenn Sie eines da haben."

Ich ging in die Küche und bat Dolores, uns zwei Gläser Bier zu bringen.

„Das Bier kommt sofort. Und wie ging es dann weiter?"

„Ja, was nun folgte, ist relativ einfach zu erklären. Das spanische Konsulat in Frankfurt besitzt noch alle Ihre Unterlagen. Die sagten mir, dass Sie nach Malpente de Mar gezogen sind. Also bin ich dorthin gefahren und habe mich durchgefragt. In einer Bar am Bahnhof zeigte ich der alten Wirtin das Foto von Ihnen und Mama. Sie hat gelächelt und gesagt: ‚Ich weiß, wo unser Señor Pedro lebt.' Und hier bin ich nun, Vater. Du bist doch mein Vater, oder?"

„Ich denke schon, Benedikt. Ich bin dein Vater, das ist nicht zu übersehen."

Die halbe Nacht saßen wir zusammen und redeten miteinander, Vater und Sohn. Er hat mir von seinem Leben erzählt, von seiner Kindheit in Frankfurt, von seinen Eltern, von der Schule, vom Studium.

Gegen 21 Uhr servierte uns Dolores ein kleines Abendessen, Brot, Käse, Salat, Obst und Wein. Manuel kam kurz aus dem Haus, um mir eine gute Nacht zu wünschen.
„Soll ich Rebecca sagen, dass sie ein Zimmer für … für deinen Sohn richten soll, Pedro?"
„Ja, mach' das bitte. Benedikt bleibt heute Nacht hier." Und zu Benedikt gewandt: „Wenn du möchtest, kannst du gerne eine Zeitlang bei uns bleiben, ich möchte, dass wir uns besser kennen lernen. Ein, zwei Semester auf einer spanischen Uni würden dein Studium bereichern, wir haben sehr gute Universitäten hier. Denk mal darüber nach, so ein junger Bursche im Haus würde uns allen gut tun."
„Ich bleibe gerne eine Zeitlang hier, es gefällt mir bei euch. Wir werden uns schon vertragen. Aber was wird dein … dein Freund dazu sagen?"
„Er ist sicher einverstanden, einen Sohn haben wir uns immer gewünscht."
Benedikt ist geblieben. Nachdem er seine Angelegenheiten in Deutschland geordnet hatte, ist er nach „Mimosa" gekommen und setzte in Barcelona und Sevilla sein Medizinstudium fort.
1990 haben wir ihn adoptiert und als Erben eingesetzt. Wenn er in den Semesterferien auf das Gut kam, brachte er unseren Männerhaushalt so gründlich durcheinander, dass die liebe Dolores schier an den Rand der Verzweiflung geriet. Zu oft vergaß er, dass sie für unser leibliches Wohl zuständig war und er seine „Befugnisse" deutlich überschritt, wenn er sich so mir nichts dir nichts in „ihrer" Küche ein „Bocadillio con Jamon" (Schinkenbrötchen) zubereitete oder gar die Gazpacho aufaß, die sie für unser aller Abendessen vorgesehen hatte.
Einige Jahre später, als er zum „Doctor Medico" wurde, sein Studium der Medizin also mit Erfolg abgeschlossen hatte, hätte er in ihrer Küche Rollschuh laufen können, sie hätte

nichts gesagt. Er war ihr Liebling geworden. Sie kümmerte sich so sehr um ihn, dass der arme Claudio manchmal richtig eifersüchtig wurde. Später, nach seiner Hochzeit mit Señorita Juanita Calinda, der Tochter unsers Hausarztes, und der Geburt der Zwillinge Eva-Maria und Mario, verehrte sie ihn wie einen Heiligen. Als dann das neue „Doktorhaus" gebaut wurde und Benedikt sich eine Praxis auf dem Gut einrichtete, wollte sie uns verlassen, um nur noch für ihn und seine Familie zu sorgen. Es bedurfte Claudios ganzer Überredungskunst, sie umzustimmen, doch bei uns zu bleiben und ihrer Nichte Maria den Doktorhaushalt zu überlassen.

Viele Jahre später, an einem schönen Vorfrühlingstag saß ich mit Manuel auf der Terrasse bei einem Glas Jerez. Ein warmer Wind wehte von den Bergen, die Natur erwachte zu neuem Leben. Auf den Weiden grasten junge Lämmer und Fohlen. Drüben, vor dem Doktorhaus beschäftigten sich die zwölfjährigen Zwillinge, meine Enkel, mit ihren Hausaufgaben. Um uns herum jede Menge Leben, junges Leben. Manuel sah mich lange an und sagte fast feierlich: „Erinnerst du dich noch an unser erstes gemeinsames Silvester, Pedro? Wenn ich mich recht entsinne, war das 1966, in dem Jahr, als du nach Spanien gekommen bist. Damals habe ich uns beim Traubenessen in der Silvesternacht eine Familie gewünscht, kannst du dich noch daran erinnern? Alles hat sich erfüllt. Heute sind wir die Alten. Wir hatten bisher ein schönes Leben. Ich hoffe nur, dass uns noch viele gemeinsame Jahre bleiben. Der liebe Gott hat es gut gemeint mit uns beiden. So sehr haben wir mit unserer Liebe anscheinend doch nicht gesündigt."
Ich habe ihn liebevoll angesehen und gelächelt.

*****

30. April 2003

JVA Kassel I Krankenstadion

Nachdem der katholische Anstaltspriester ihm, der in Sachen Glauben immer ein Skeptiker war und daher der Kirche nie besonders nahe stand, die Sterbesakramente und den Segen erteilte, bat er den Priester darum, allein gelassen zu werden. Die letzten Minuten brauchte er für sich. Seinem Wunsch wurde entsprochen.
Mit dem letzten klaren Gedanken wurde PP bewusst: In den vergangenen Tagen habe ich einen wunderschönen Traum erlebt. Die stillen Jahre in Spanien, die Zeit mit Manuel auf dem Gut „Mimosa", der Sohn Benedikt, alles nur Fantasien eines kranken Mannes. Das ist so niemals geschehen. Mein geteiltes Leben findet hier in der Krankenstation sein Ende.
Mit diesen Gedanken ist PP gestorben, wenige Tage nach seinem 62. Geburtstag.
Still und friedlich ist er gegangen. Im festen Glauben daran, dass er dort, in jener anderen Welt seinen Frieden finden wird. In den letzten Sekunden vor seiner großen Reise erkannte er: Ich habe mein halbes Leben nur gewartet, gewartet auf den Tag, an dem ich meinen hübschen Spanier wieder treffe. Nun ist dieser Tag gekommen. Manuel ist immer auf der anderen Seite des Weges neben mir hergegangen. Jetzt nur noch ein paar Schritte und unsere Wege führen wieder zusammen, er wartet hinter dem weit geöffneten Tor auf mich.

Und in der Ferne hört er das Meer rauschen und aus der „Cabaña" klingt leise und zärtlich das „Maria-Maria" aus der „Westside Story", ihr Lied ...

Der Autor

Hans-Peter Gaußmann

1941 in Darmstadt geboren, verheiratet, keine Kinder. Die Kinder- und Jugendzeit verbrachte der Autor in Egelsbach. Nach Schulabschluss, einer Mechanikerlehre und Ausbildung zum Nähmaschinen-Techniker war er von 1968 bis 1985 in der Niederlassung eines amerikanischen Konzerns als Werkstattleiter beschäftigt.
1985 folgte er einem Angebot aus München und nahm dort die Tätigkeit als Nähtechniker und Kundenberater in einem mittelständischen Unternehmen auf. Die Jahre in München zählt H.-P. Gaußmann zu den Schönsten seines Lebens. Diese Stadt war für ihn nicht nur ein zufälliger Wohnsitz, sondern immer auch ein Stück Lebensqualität. Die Belegschaft der Firma nahm ihn als einen der ihren auf, hatte Vertrauen zu ihm und wählte ihn zum Betriebsrats-Vorsitzenden. Dieses Amt war davon geprägt, den unabwendbaren Niedergang der Firma hinauszuzögern.
2002, nach dem Ausscheiden aus dem Berufsleben sind er und seine Frau in ein kleines Dorf im Chiemgau gezogen, um dort den Lebensabend zu verbringen. Im Sommer 2006 sind sie wieder nach Egelsbach zurückzugegangen.
Seine Interessen sind lesen, Geschichte und Politik, lange Spaziergänge und Reisen. Die Schriftstellerei ist für ihn ein interessantes und schönes Hobby.

Georg Petershofer

Der gestohlene Vater
Biographical

Der Autor hat seinen Vater nie gekannt. Dieser fiel im 2. Weltkrieg an der Ostfront, als der Autor gerade sechs Wochen alt war.
Der Anfang des Buches behandelt die Suche des Autors nach seinem Vaterbild.
Das fehlende Urvertrauen ließ ihn die Welt als stets bedrohlich empfinden. Diese Urangst, nicht zu überleben, prägte ihn und seine Handlungen.
Der Autor hält sich selbst den Spiegel vor, berührend, schmerzlich offen und auch heiter.
Das Geschehen wird in kurzen Rückblenden aufgearbeitet, für sich, für seine eigene, traumatisierte Generation, und die seiner Kinder, die das alles nicht mehr begreifen können ...

Preis: 12,50 Euro **Paperback**
ISBN 978-3-86634-221-7 180 Seiten, 13,8 x 19,6 cm

Klaus Schwier

Tausend Jahre Deutschland

Fünfzehn Frauen und Männer im Alter von siebzig Jahren gingen gemeinsam in Zeitz, im Süden Sachsen-Anhalts, zur Schule und berichten aus ihrem Leben.
Darunter der DDR-Staatstrainer, der 1979 die Wettkämpfe um den Leichtathletik-Europapokal in Turin zur Flucht in die Bundesrepublik nutzte, ebenso der Direktor der Messerschmitt AG, der die Einführung des berühmten Starfighters bei der Bundeswehr von Anfang an begleitete, oder der Leiter des radioaktiven Endlagers der DDR in Morsleben, der uns in den Alltag des DDR-Wirtschaftslebens blikken lässt.
Ob Ärztin oder Fernsehfachmann, Tunnelbauer oder Lehrerin, alle gemeinsam vermitteln uns ein authentisches Bild über das Schicksal dieser Generation in Ost und West.

Preis: 24,90 Euro   **Hardcover**
ISBN 978-3-86634-064-0   **512 Seiten, 14,5 x 20,2 cm**